서양사의 이해

김병용 저

형설출판사

머리말

일반 독자나 대학 강의를 위해서 고대부터 현대까지의 서양사를 혼자서 정리하는 일은 사실 위험천만한 일로 생각해 왔다. 그러나 시대와 주제마다 전공자를 정하여 함께 엮는 작업의 고단함과 부조합성에 비하면, 기존의 연구를 읽고 체계를 세워 정리하는 작업이라면 '홀로 작업'이 유익할 수 있다는 생각을 문득 했다.

집필해야 할 내용이지만 알 수 없는 부분에 대한 작업을 어떻게 할 것인지에 대한 우려에 대한 염려가 있었지만, 용기를 내 집필을 시작했다. 고대사 부분은 그간 강의하면서 틈틈이 보충해 두었던 것들을 재정리하는 정도로 가능했다. 중세사 부분은 본인의 전공 분야이며 강의도 많이 했고 써 두었거나 모아 놓은 글들도 많았지만, 정작 체계를 세워 쓰는 일이 쉽지 않았다. 그간 논문으로 발표했던 연구 결과를 이 책에 반영하는 일은 생뚱맞을 수 있다는 생각을 했지만, 오히려 좋을 것이라는 생각도 함께 했다.

책을 쓰면서 어려웠던 부분은 근현대사 부분이었다. 이 부분은 서양사 개론이나 서양 문화사 강의를 하기 위해 잠시 공부하여 강의하고는 잊어버리곤 했다. 먼저 긴 흐름을 시민 혁명과 세계 전쟁의 축에 모든 시대와 주제가 연결될 수 있도록 세부 주제를 정한 후 필요한 내용을 찾아 채워가는 방식으로 작업했다. 필요하다고 생각하는 대부분은 국내 저술이나 번역서들로 채워질 수 있었지만, 더러는 그럴 수 없는 부분도 있었다. 그럴 때에는 Jackson J. Spielvogel(*Western Civilization. A Brief History*, 3rd Edition, Thomson Learning, 2005)과 Imanuel Geiss etc.(Ed.)(*Epochen und Strukturen. Grundzüge einer Universalgeschichte für die Oberstufe*, 2Bde., Frankfurt am Main, 1996)의 내용 등 외국 서적들을 비교하며 보충했다.

이 책을 쓰면서 놓치고 싶지 않았던 것은 전후 관계가 이어져서 앞과 뒤가 서로 이해를 도울 수 있도록 집필하는 것이었다. 틀리지 않으려 노력했지만 그렇지 않다면 모든 책임은 저자에게 있다. 이 책의 집필을 권유하시고, 편집하느라 애써주신 형설출판사 관계자 여러분께 진심으로 감사드린다.

2012년 초

저자 김병용

차 례

제1장
서양 문명의 탄생

1 문명의 기원

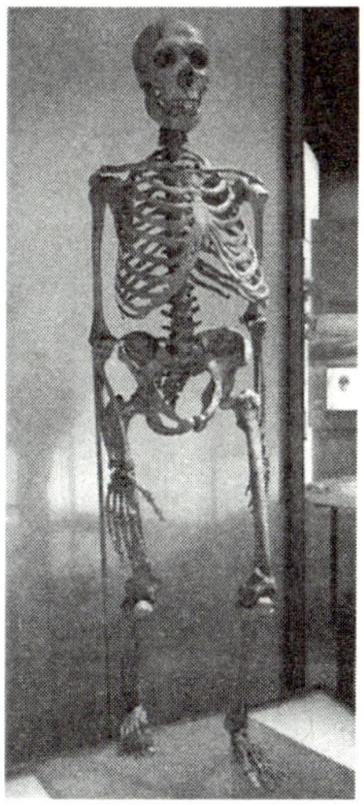

▲ 네안데르탈인

인류는 수백만 년 전부터 존재했던 것으로 알려져 있다. 고고학자들은 아프리카에서 350만 년 전쯤의 인류로 추정되는 인간의 흔적을 발견했다. 그들이 발견한 인간은 유럽으로 이주했으며 빙하기를 거치면서 사라졌다고 한다.

그 후 제3간빙기(10～15만 년 전)에 살았던 인류의 것으로 추정되는 유골이 유럽을 중심으로 한 서아시아, 중앙아시아, 아프리카 등지에서 발견되었다. 이 유골의 주인공은 석기와 불을 이용했고 매장의 풍습을 가지고 있어서 어느 정도의 문화생활을 유지했던 것으로 판단된다. 1856년 독일의 뒤셀도르프 근교 네안데르(Neander) 계곡(Tal)에서 인골이 발견되었기 때문에, 네안데르탈(Neandertal)인으로 불렸다. 이들은 약 4만 년 전 마지막 빙하기의 자연재해 혹은 새로 출현한 인류에 쫓기어 자취를 감춘 것으로 여겨지고 있다.

오늘날 현대 인류의 조상인 호모 사피엔스는 스페인 북부의 알타미라(Altamira)와 프랑스의 크로마뇽(Cromagnon) 등지에서 35,000년 전에 살았던 흔적을 남긴 크로마뇽인이다. 크로마뇽인은 네안데르탈인과 마찬가지로 동굴에서 거주했으며, 많은 동굴 벽화들을 남겼다. 그들은 네안데르탈인보다 더 잘 조직되고 안정적인 공동체 속에서 살면서 도구를 사용하여 후기구석기 문화를 일구었다. 기원전 1만 년 전부터 시작된 해빙기와 함께 새로운 인류가 출현하여 중석기 시대 문화를 만들어갔다. 이렇게 유럽 역사상 최초의 농업공동체가 탄생했다.

도구 제작 기술에서 혁명적인 변화는 기원전 5000년부터 서서히 시작된 신석기 시대에 이룩되었다. 이와 같은 변화는 인간이 자연의 도전을 극복한 결과로 나타났다. 다시 말해 당시 유럽인은 북부에서 진행된 해빙과 함께 발생한 기후의 변화에 적응하기 위해 구석기 문화에서 중석기 시대를 거쳐 신석기 문화를 발전시켰다. 남부 유럽으로부터 전해졌을 종자로 농사를 시작하면서 유목 생활을 끝내고, 집을 짓고, 마을을 만들었다. 정주 생활로 얻은 안정으로 농업기술과 사육기술이 발전했고, 농촌사회는 전문화, 분업화되었다. 그 결과 생산이 늘고, 빈부의 격차가 생겼다.

생산의 증대로 풍요와 여가 생활을 즐길 수 있었고, 죽음과 죽음 후의 세계에 대한 관심 또한 고조되었다. 서부 유럽의 대부분 지역에서 석기 시대의 유물로 발견되는 선돌, 고인돌, 봉분 속의 석실 등의 거석문화가 발전했다. 유럽의 거석문화가 오리엔트 문명에서 기원하는지 혹은 서부 유럽 각 지역끼리의 빈번한 교류를 통해 발전했는지 논란의 여지가 있지만, 청동기 문명이 오리엔트에서 기원하고 있음은 잘 알려진 사실이다.

2 문명의 탄생

기원전 2000년경 금속문화가 유럽에 출현하면서 유럽은 혁명적인 변화를 겪었다. 무엇보다도 강력한 지배층이 등장하여 고대국가를 형성했다. 그리고 문자의 사용으로 계약과 거래가 늘었고 문학작품이 쓰였다. 유럽인이 사용한 최초의 금속은 주석과 구리를 섞어 만든 청동으로 이것은 기원전 3000년경에 메소포타미아 지역과 이집트에서 발전한 오리엔트 문명에서 전해진 것이다.

오리엔트의 청동기 문명은 페니키아인과 유대인들의 활약으로 지중해를 통해 크레타 섬으로 전해졌던 것으로 보인다. 당시 크레타 섬은 동부 지중해에서 에스파냐에 이르는 지중해 상의 무역거점으로 기능했다. 크레타 섬은 포도, 올리브, 직물류 등을 생산했으며, 이집트로부터 밀, 금, 상아, 파피루스 등의 물건은 물론 이집트의 동물숭배와 상형문자 등을 전해 받았다. 기원전 2000년에서 1450년경까지 크레타 섬에는 관료사회가 잘 조직된 유럽 최초의 고대국가가 발전했다.

1) 메소포타미아 문명

메소포타미아라는 용어는 그리스인이 티그리스(Tigris) 강과 유프라테스(Euphrates) 강 사이의 계곡지역을 그렇게 일컫는 데서 유래했다. 이 지역은 비가 적었지만, 남쪽 지역은 두 강의 퇴적물로 넓고 풍요로운 토양의 평지가 펼쳐져 있었다. 늦봄에 두 강이 범람하면서 비옥한 침니(모래와 진흙 중간)가 퇴적되었다. 범람은 두 강의 발원지인 아르메니아 고산지대에 쌓인 눈이 녹아내리면서 발생하기 때문에 아주 불규칙적이었다. 그래서 범람은 가끔 큰 재앙을 불러일으키기도 했다. 이와 같은 자연환경에서 관개와 배수공사 없이 농사짓는 일은 불가능했다. 농사를 지어 수확하기 위해서 강의 흐름을 통제할 수 있는 기술이 필요했다. 대규모의 관개시설이 건설되어 이 지역의 농업발전과 풍부한 식량생산을 보장했다. 그리고 농업생산량의 증가는 새로운 문명을 일구었다.

두 강 사이에서 형성된 '비옥한 초승달지대'는 개방적이어서 여러 민족이 왕래하면서 매우 복잡한 역사가 전개되었던 곳이다. 사막과 바다로 막힌 이집트의 지역적 고립과는 달리 메소포타미아는 동쪽에서는 이란인들이, 북쪽에서는 아르메니아인들이, 시리아 사막지역으로부터는 유목민족인 셈족이 끊임없이 쳐들어왔다. 메소포타미아 문명은 초승달 지역의 동쪽 끝에 해당하는 페르시아 만에 인접한 지역에서 시작했다.

(1) 메소포타미아의 정치

■ 주요 연표

수메르 왕국 : 기원전 약 3000~2340년
아카드 왕국 : 기원전 약 2340~2100년
우르-남무 왕조 : 기원전 약 2112~2000년
바빌로니아 왕국 : 기원전 2000~1750년
함무라비 통치 : 기원전 1792~1750년
아시리아 제국 : 기원전 1300~612년
칼데아 제국 : 기원전 612~539년

① 수메르인의 문명(기원전 약 3000~2350)

수메르인은 메소포타미아에서 최초로 문명을 창조한 민족이다. 그들의 민족적 기원은 불분명하지만, 그들은 기원전 3000년경 메소포타미아의 남쪽에 에리두(Eridu), 우르(Ur), 우룩(Uruk), 움마(Umma), 라가쉬(Lagash) 등의 독립적인 도시들을 건설했다. 이 도시들은 주변의 농촌을 지배하면서 도시국가로 발전했고, 이를 토대로 수메르 문명이 탄생했다.

수메르 도시들은 성벽으로 둘러싸여 있었는데 우룩의 경우 도시 면적이 1,000에이커에 달했고, 성벽의 둘레길이는 6마일 정도였다. 성벽 곳곳에는 30에서 35피트에 달하는 망루들이 방어목적으로 설치되었다. 도시에서 거주하는 공무원이나 사제 등의 관료들은 진흙 벽돌로 지은 비교적 큰 집에서 살았지만, 농촌의 농민들은 초라한 작은 집에서 살았다.

수메르 도시의 건물 중 가장 유명한 것은 도시의 수호신을 모시기 위해 지구라트의 꼭대기에 지은 신전이다. 사원은 도시의 많은 토지와 가축을 소유했고, 도시의 정치, 경제, 일상생활의 중심에 있었다. 수메르인은 신이 도시를 통치한다는 신정국가에 대한 믿음을 가지고 있었기 때문에 도시국가 형성기에는 사제들이 정치적으로 중요한 역할을 담당했다. 그러나 통치권은 곧 왕으로 알려진 세속적 통치자에게 넘어갔다. 왕은 곧 신의 대리자로 여겨졌고, 왕권은 신성하게 생각되었다. 수메르인은 왕을 하늘의 신 아누(Anu)의 아들로 생각했기 때문에 그의 말은 곧 신의 말이었다. 왕은 군사권, 사법권, 행정권 등 전권을 행사했고, 군대, 정부관료, 사제들은 왕을 도왔다. 그는 또한 농사를 위한 관개시설 공사를 지휘했다.

수메르 도시국가의 경제는 주로 농업에 의존했지만, 상업 또한 중요성을 잃지 않았다. 메소포타미아의 사람들은 모직물, 도자기, 금속품 등을 생산했다. 서쪽으로는 육로로 동부 지중해까지, 동쪽으로는 해로로 인도양까지 광범한 지역에서 행해진 무역은 대개 왕실에서 독점했다. 주요 수입품은 구리, 주석과 같은 사치품이나 향나무, 과일나무 등이었고, 수출품은 금속품이나 보리, 밀 같은 농산물 등이었다. 무역활동은 기원전 3000년경에 수레바퀴가 발명되면서 더욱 발전했다.

수메르인의 도시국가는 사회적으로 귀족, 평민, 노예 등 3계층으로 구성되었다. 귀족은 왕과 성직자 가족이었고, 평민은 왕과 사원의 경작지에서 일하는 귀족들의 가신, 자영농, 상인, 어부, 서기, 수공업자 등이었다. 전 인구의 90% 이상을 차지한 농민은 생산한 곡식을 가지고 시장으로 가서 수공업자들이 만든 제품과 교환했다. 노예들은 궁중, 사원의 관료층, 대지주 등이 소유했다. 궁중 관료는 건축공사의 인부로 노예를 사용했고, 사원관료는 예식을 위해 옷을 짓고 곡식을 빻는 일에 주로 여자노예를 사용했다. 대지주는 농사를 위해 노예를 소유했다.

수메르인은 조각, 건축술, 종교적 이미지, 문학 형식, 왕권에 대한 관념, 법률과 사회 등 다양한 분야에서 괄목할만한 발전을 꾀했다. 그들은 수학, 천문학, 식물학, 의학 등의 과학을 발달시켰다. 특히 수학과 천문학에서 뛰어난 업적을 남겼다. 60진법을 바탕으로 하는 수학을 고안해냈고, 농지를 측량하고 건축물을 바로 세우기 위한 목적으로 기하학을 개발했다. 60개를 단위로 하늘의 별자리를 분리했고, 달력은 12달로 구성된 음력을 사용했다. 때때로 윤달을 사용하여 양력과의 차이를 조절했다. 수메르인은 그들의 문화를 한 세대에서 다음 세대로 여러 세기에 거쳐 전해주었을 뿐만 아니라 고대 근동 지역을 넘어선 방대한 지역에도 전파했다. 그들은 제국주의적으로 팽창하지 않았고 적당한 크기의 도시 국가들에서 계속 살았다.

② 아카드(Akkad) 왕국(기원전 약 2340~2100)

우르(Ur)의 루갈자기시(Lugalzaggisi) 왕국은 수메르 전 지역을 지배했지만, 아카드의 사르곤(Sargon)에게 정복당했다. 사르곤은 기원전 2350년경에 최초의 셈족 왕국을 건설했다. 아카드는 사르곤이 건설한 도시의 이름이자 왕국의 이름이다. 사르곤은 수메르 도시국가들을 복속시켰고 아시리아와 시리아까지 지배영역을 확장시켰다. 아카드 왕국은 15~20개의 도시국가를 복속하여 전 메소포타미아지역은 물론 서쪽으로는 지중해에 이르는 지역까지를 통치했던 것으로 보인다.

각 도시에는 승려, 전사, 귀족, 상인, 공인 등 다양한 사회계층이 거주했다. 수메르 문화와 셈 문화는 이렇게 자연스럽게 결합해갔다. 아카드인은 문자와 종교적 이미지, 과학 원칙과 문학 형식을 포함하는 많은 것들을 수메르로부터 물려받았다. 그래서 더 커다란 정치조직인 제국을 수립하고 마침내 메소포타미아를 통일했다. 그러나 아카드인은 자신들의 고유한 신들을 숭배하고 자신들의 고유 언어를 사용함으로써 그들의 문화의 고유성을 지키려했다. 아카드 왕국은 2100년경 안으로부터 일어난 저항 운동과 동쪽 이란 고원에서 온 구티(Guti)족의 공격으로 멸망했다.

③ 우르-남무 왕국(기원전 약 2112~2000)

기원전 22세기 중반 아카드 제국은 붕괴하고 다시 수메르의 도시국가들이 독립하여 메소포타미아를 장악했다. 수메르족이 메소포타미아 전 지역을 다시 평정하여 우르-남무(Ur-Nammu)가 하부 메소포타미아 전역을 통치했다. 이 시기에 수도 우르에 장대한 지구라트가 건설되었고, 신전들이 축조되거나 재건되었다. 관개시설이 확충되고 운하가 건설되었고, 광범한 무역이 전개되었다. 왕국의 행정기록의 일부인 10만여 개의 점토판이 발견되어 왕궁이 신전을 능가하여 완벽한 경제적 통제권을 쥐고 있었음이 밝혀졌다. 이 시기에 우르-남무의 법전이 편찬되었고 전설적 영웅 길가메시의 대서사시가 쓰였다.

④ 바벨(Babel) 왕국(바빌로니아 왕국, 제2셈 왕국 : 기원전 2000~1750)

기원전 2000년경 또 다른 셈족 계열인 아무르인이 시리아와 아라비아에서 메소포타미아로 이주하여 인구가 크게 증가했다. 6대 왕 함무라비(Hammurabi, 기원전 약 1792~1750, 혹은 근래 연대기에 따르면 기원전 약 1728~1686) 때 메소포타미아 문명은 전성기를 맞이했다. 함무라비는 무엇보다도 수메르인과 셈족 사이의 민족적 갈등을 해결하려 노력했고, 수메르 문화를 중심으로 전제국가를 건설하여 아시리아(Assyria) 북쪽까지 지배권을 확대했다. 함무라비 시대에 중앙 집권 체제가 확립되었고, 관료제와 직업 군인제가 발달했다. 그리고 행정력이 향상하고, 무역과 상인계급이 성장했다. 그러나 바벨 왕국은 내적 동요와 히타이트인(Hittites)의 침입을 견디지 못하고 급격히 쇠퇴하여 이란 산맥에서 나타난 카시트인(Kassites)에게 멸망했다. 카시트인은 야만인들이었으며 6세기 동안 메소포타미아를 지배하면서 문명을 침체하게 했다.

기원전 1750년경 편찬된 함무라비 법전은 수메르 왕 둥기(Dungi)의 법전(기원전 2000년경)을 수정하고 체계화한 것으로 높이 2m의 검은 돌기둥에 282개 조항으로 되어있다. 이 법전은 중형주의, 보복주의, 남녀불평등주의의 원칙에 입각해있고, 사회계급을 귀족, 평민, 노예로 구분하고 경제행위, 결혼문제에 이르기까지 자세히 규정해 놓고 있다.

⑤ 아시리아 제국(기원전 1300~612)

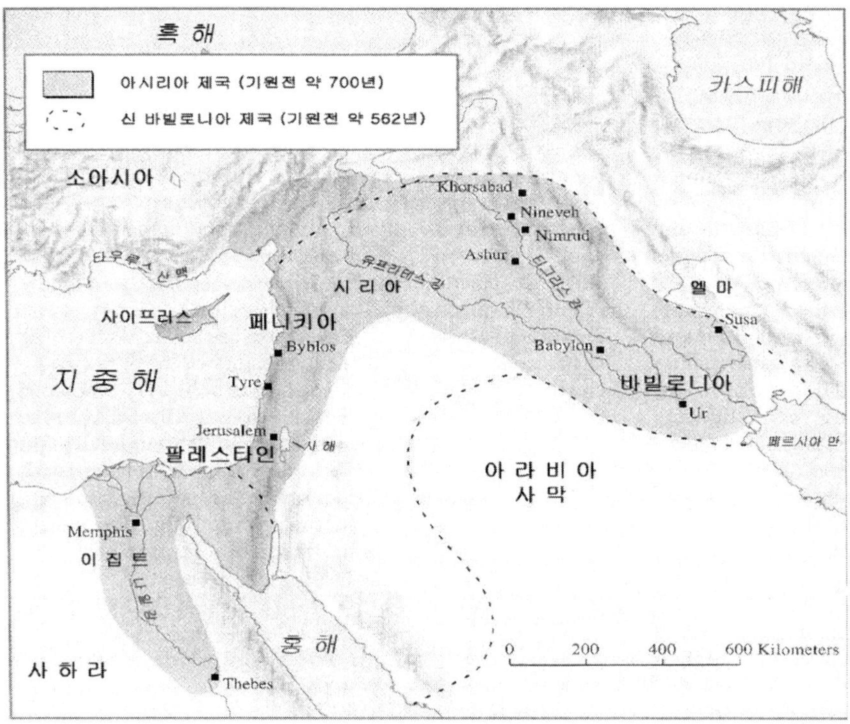

카시트인이 바빌로니아를 정복한지 약 6세기가 지난 후 셈족인 아시리아인이 다시 나라를 세웠다. 아시리아의 왕들은 기원전 1350년경 미탄니 왕국이 히타이트에 의해 전복되었을 때 미탄니로부터 독립했다. 아시리아는 기원전 1300년경에 북부 전 지역을 차지했고 사르곤 2세(Sargon Ⅱ, 기원전 722~705) 때 가장 강성했다. 시리아, 페니키아, 이스라엘 왕국을 점령하여 메소포타미아에서 최초의 통일국가를 수립했다. 아시리아인은 반란 지역이 생기면 그 지역의 주민을 대규모로 제국의 수도로 이주시켜 건축 토목 작업에 투입하거나 왕들의 상비군으로 복무케 했다. 이와 같은 아시리아인의 무자비한 이주 정책으로 시리아 등 여러 나라가 이탈했고, 소아시아에서도 리디아(Lydia), 메디아(Media) 등이 이탈하면서 아시리아 제국은 기원전 612년 니네베의 함락과 함께 멸망했다.

⑥ 칼데아 제국(신바빌로니아, 기원전 612~539)

칼데아인(Chaldeans)은 셈족에 속한 민족으로 아시리아 제국을 최종적으로 멸망시켰다. 그들은 아시리아의 지배를 받았었으나, 아시리아의 뒤를 이어 메소포타미아의 새로운 지배자가 된 후 아시리아의 흔적을 지웠다. 느부갓네살 2세(Nebuchadnezzar Ⅱ, 기원전 604~562) 때는 유대왕국을 공격하여 기원전 586년 예루살렘을 정복했다. 유대왕국을 정복한 후 유대인 지도층은 강제 이송되었고 기원전 582년에는 더 많은 시민이 바빌로니아로 끌려갔다. 이 사건이 이른바 '바빌로니아 유수'이며 이를 '제1차 성전 파괴'라고도 한다. 그는 또한 바빌로니아를 다시 부흥시켜 놀랄 만한 공중 정원을 만들고 마르두크 신전과 함께 지구라트를 재건했다.

칼데아인은 바빌로니아의 전통에 크게 영향을 받았다. 그들은 유목 생활 방식을 정착 생활로 바꾸었고 바빌로니아의 신들을 숭배했으며 바빌로니아식 이름을 가졌다. 칼데아 제국의 전성기에 바빌로니아는 다시 고대 세계의 상업과 문화의 중심지로서 활기를 띠었다. 그러나 제국은 사제계급의 지위가 상승하고 군주의 탐욕스런 전제 정치가 강화되면서 1세기도 안 되어 기원전 539년 페르시아의 고레스 대왕에게 멸망했다.

(2) 메소포타미아의 문화

① 종교의 중요성

메소포타미아 사람들은 신의 존재를 믿었기 때문에, 종교가 그들에게 대단히 중요했다. 그들은 도시국가를 신국의 한 모델로 생각하고 신과 연계된 신성한 곳으로 여겼다. 수메르의 최초 도시국가 니푸르(Nippur)는 바람의 신인 엔릴(Enlil)을 수호신으로 모셨다. 그리고 모든 도시국가는 도시 중심부에 지구라트를 중심으로 한 성역을 두고 있었으며 도시의 수호신을 모시는 신전은 지구라트의 꼭대기 층에 있었다. 사람들은 신전에 신이 살고 있다고 믿었고 지구라트를 중심으로 생활했다. 재정의 많은 부분이 신전 건축과 사제들의 거주지를 짓는데 소요되었다. 신전은 메소포타미아 사람들의 사적인 혹은 상업적인 삶을 지배했다. 이는 메소포타미아의 종교와 문화가 아주 밀접했음을 보여주고 있다.

메소포타미아의 종교는 다신교였다. 주요 신은 4명으로 아누(Anu), 엔릴(Enlil), 엔키(Enki), 닌후르사가(Ninhursaga)였다. 아누는 하늘의 신으로 우주에서 가장 강한 힘을 가지고 있었다. 그는 땅을 지배하는 권력을 포함한 모든 권력의 원천이고 모든 행위의 원칙이었다. 엔릴은 바람의 신으로 우주에서 두 번째로 강한 신이었다. 그는 바람의 힘으로 우주와 땅에서 권력의 정당한 사용을 감독했다. 엔키는 땅의 신이었다. 땅은 생명을 주는 물의 원천이었기 때문에 그는 강, 우물, 운하의 신이었다. 다시 말하자면 그는 물을 이용하여 발명하고 기술을 발전시키는 등 창조적인 일에 책임을 지고 있었다. 닌후르사가는 땅, 산, 식물을 통제하는 여신이었다. 그녀는 모든 어린이들의 어머니 신으로 숭상되었으며, 왕의 탄생을 주관하고 왕위를 감독하는 여신이었다.

수메르 신화에 따르면 신은 그들이 하기 싫은 손일을 시키기 위해 인간을 만들었다. 그래서 인간은 신을 추종해야 했지만 신이 원하는 바가 무엇인지 알 수가 없어서 항시 불안해 했다. 인간은 신의 의도를 알아내어 불안을 극복하려 끊임없이 노력했으며, 그 결과 점술이 발전했다.

점술은 여러 가지가 있었다. 먼저 왕이나 사제 등 지배층이 보는 점이 있었다. 그들은 양이나 염소 같은 동물을 죽여 간과 내장의 모양새를 관찰하여 다가

올 사건을 예측하고 정책을 결정하는 점술을 주로 사용했다. 어느 점술에 관한 책자에는 희생된 동물 내장이 x자 모양을 하고 있으면 전쟁의 결과는 y가 될 것이라고 적혀 있다. 이와 같은 점은 큰 비용이 들었기 때문에 개인적으로 점을 치는 사람들은 비용이 덜 드는 방법을 사용했다. 그들은 타오르는 향의 연기 모양이나 물에 기름을 부었을 때 생기는 모양을 보고 운을 점쳤다. 메소포타미아의 점술은 신의 뜻을 알아내기 위한 염원에서 시작되었다. 점술로 신의 뜻을 알아낼 수 있다면 다가올 사건을 예측하고 현명하게 행동할 수 있다고 믿었다.

② 문자와 문학의 발전

메소포타미아의 문명이 뛰어난 것은 문자와 문서의 존재 때문일 것이다. 가장 오래된 문서는 기원전 약 3000년경에 쐐기 모양의 문자로 쓰인 수메르인의 문서이다. 수메르인은 쐐기 문자를 젖은 진흙 판 위에 쓴 후 햇빛에 말려 보관했다. 햇빛에 말린 진흙 판은 수천 년 간 보관되어 오늘날 메소포타미아의 역사에 관심 있는 학자들에게 많은 정보를 제공하고 있다. 이 문자는 다른 초기 문자들과 마찬가지로 물체의 형상에서 발전되어 점차 간소화되었다. 동시에 간단한 생각을 문자로 표현할 수 있는 음성 체계도 발전했다.

상형 문자 기원전 약 3100년	번역	설형 문자 기원전 약 2400년	설형 문자 기원전 약 700년	발음기호	의미
	별			dingir, an	신, 하늘
	수평선 너머(?) 태양			u4, ud	날, 태양
	개울(?)			a	물, 씨앗, 아들
	보리 이삭			še	보리
	황소의 머리			gu4	황소

	그릇			nig2, ninda	음식, 빵
	머리+그릇			ku2	먹다
	정강이			du, gin, gub	걷다, 서다
	감싼(?) 몸			lu2	남자

메소포타미아인들은 주로 기록을 보관하기 위한 일상적인 문서를 작성했지만, 왕궁의 건축물과 석상에 새기는 등 영구히 기념하기 위한 목적에서 글을 남기기도 했다. 그리고 수많은 교육용 교본들도 쓰였다. 기원전 2500년경에 쓰기 학교가 이미 있었다. 이와 같은 교육은 쐐기 문자를 익히는 데 많은 시간이 요구되었기 때문에 절대적으로 필요한 과정이었다. 배우는 학생들은 모두 남자였고 대개 부유층의 자식들이었다. 학교를 졸업한 학생들은 사원, 왕궁, 군대, 정부 등의 공공기관에서 전문서기로 일했다.

생각이 글로 표현됨으로써 많은 과거의 일들이 더 정확하게 기억될 수 있었을 뿐 아니라 문학이라는 새로운 의사전달방법이 개발되었다. 가장 잘 알려진 문학작품이 '길가메시'이다. 이것은 지혜롭고, 강하고 완전한 육체를 지닌, 반은 인간이고, 반은 신인 우룩(Uruk)의 전설적인 왕 길가메시의 모험담을 적은 서사시이다. 길가메시는 야수인 엔키두(Enkidu)와 친구가 된다. 둘은 영웅적인 모험을 계획한다. 엔키두가 죽었을 때 길가메시는 죽음의 고통을 경험하고 영생의 길을 찾는다. 그러나 그의 영생을 얻으려는 시도는 실패로 끝난다. 그는 영생은 신의 것이고 인간은 죽을 수밖에 없음을 깨닫는다.

③ 가족 사회

메소포타미아 사회의 기본단위는 가족이었다. 결혼은 일종의 상업적 계약에 의해 이루어졌다. 신랑과 신부의 아버지가 모든 혼인절차를 맡아 처리했다. 결혼한 여자는 결혼생활에 충실해야 했으며 간통은 죽음을 의미했다. 여자는 정절을 지키고 충실하게 결혼생활을 해야 했지만, 남자는 그렇게 하지 않아도 되었다. 결혼은 아이를 얻기 위한 수단으로 생각되었으며. 남편은 아내가 아이를 낳지 못하면 이혼할 수 있었다. 그러나 이 경우 여자에게 혼인지참금을 돌려주어야 했다. 결혼 제도를 통해 본 메소포타미아의 사회는 전적으로 남성 중심 사회였다.

2) 이집트 문명

이집트 문명은 나일 강을 따라서 등장했다. 원래 유목생활을 하던 이집트인들은 나일 강 주변에 정착하여 이집트 문명을 일구었다. 나일 강은 동아프리카에 있는 빅토리아(Victoria)와 알버트(Albert) 호에서 시작해서 약 6,000km 이상을 흘러 지중해에 이른다. 5월경 남방으로 3,000km 떨어진 아베신(Abessin)의 고지대에서 내린 비 때문에 6~7월에 점점 수심이 높아가고 9~10월에 이르면 최고 수위에 이른다. 고지대에서 내린 빗물은 오늘날의 수단과의 경계지역인 지중해로부터 약 1,000km 떨어진 엘레판틴(Elephantine)의 협곡을 지나면서 급류로 변하여 검은 흙을 하류로 쓸어왔다. 이렇게 매년 쓸려온 부드러운 충적토는 10월 이후 서서히 물이 빠지면서 '나일 강의 선물'로 칭송된 기름진 검은 토양을 남겼다. 이에 따른 생산력의 발전은 이집트인의 정치·사회·경제·종교·학문·예술 등 모든 분야에 커다란 영향을 미쳤다.

나일 강의 범람은 메소포타미아에서의 범람과는 달리 위협적이지 않고 점차 물이 불어가면서 인간생활에 유익함을 가져다주었다. 그렇다고 관개시설 없이 개인적으로 농사를 지을 수 있는 환경이 조성되는 것은 아니었다. 농사를 짓기 위해서는 대규모 관개시설이 필요했고, 이를 위해서 대중동원을 할 수 있는 국가의 개입이 불가피했다. 이집트의 농업은 오랫동안 이집트인의 삶을 추동했고, 거의 항구적으로 농사를 잘 지을 수 있는 나일 강변을 따라 거주공간들이 발전했다.

이집트는 나일 강 상류 지역을 중심으로 한 '상 이집트'와 삼각주 지역을 중심으로 한 '하 이집트'의 두 지역으로 크게 나뉘었다. 기원전 4000년을 전후하여 함족은 상부에 22개, 하부에 20개의 노모스(Nomos)를 건설했다. 노모스는 '운하로 구획된 토지'라는 의미가 있는 것으로 일종의 도시국가를 지칭했다. 도시국가들은 점차 통폐합되었으며, 기원전 3000년경에는 상부 이집트가 삼각주지대를 병합하여 나일 강 유역을 통일했다. 한 때 힉소스인들(Hyksos)의 지배(기원전 1800~1600년경)나 아시리아인의 침략(기원전 670)을 겪기도 했으나, 사막과 바다로 둘러싸여 고립된 지역이었기 때문에 외부침략을 비교적 받지 않고 단일종족에 의한 통일국가의 체제를 오래도록 유지할 수 있었다.

(1) 이집트의 정치

■ 주요 연표

초기 왕조 : 기원전 약 3100~2686년(1~2왕조)
고왕국 : 기원전 약 2686~2125년(3~6왕조)

제1공위 시대 : 기원전 약 2125~2055년(7~10왕조)
중왕국 : 기원전 약 2055~1650년(11~12왕조)
제2공위 시대 : 기원전 약 1650~1550년(13~17왕조)
신왕국 : 기원전 약 1550~1085년(18~20왕조)
후기 제국 : 기원전 1085~30년(21~31왕조)

이집트의 역사 연구는 기원전 3세기 이집트의 사제이자 역사가였던 마네토(Manetho)의 저서에서 기원한다. 그는 이집트의 역사를 31왕조로 나누었다. 근대의 역사가들은 마네토와 다른 왕 목록들을 참고하여 이집트의 역사를 고왕국, 중왕국, 신왕국 등 세 주요 시대로 분류했다.

① 초기 왕조(제1~2왕조)

이집트는 전통적으로 여러 부족국가로 나뉘어 있었다. 약 3100년경 상·하 이집트를 통일한 메네스(Menes)왕에 의해 최초의 왕정이 나타났다. 이후로 왕은 두 지역을 지리적으로뿐만 아니라 정치적으로 통합해 다스렸다.

② 고왕국(제3~6왕조)

고왕국은 기원전 약 2686~2125년까지 약 560년간 지속했다. 이 시기에 이집트는 크게 번영했으며, 가장 크고 위대한 피라미드도 지었다. 고왕국의 수도는 삼각주의 남쪽에 있는 멤피스(Menphis)였다. 왕권은 신성했기 때문에 왕의 명령은 곧 신의 명령이었다. 이집트의 왕들이 이처럼 절대권을 가지고 있다고 원칙이 없고 독단적인 것은 아니었다. 이집트에는 진실과 정의를 의미하는 마아트(Ma'at)의 원칙이 있었다. 파라오는 이 원칙을 따르고 유지해야 할 의무를 지고 있었다.

왕들은 이론적으로 절대적인 권력을 행사하는 사람이었지만 실제적으로는 그렇지 않았다. 초기에는 왕의 가족 구성원들이 행정업무를 수행했지만, 4왕조부터는 규칙적인 절차에 따른 관료층이 형성되었다. 가장 중요한 관리는 전 왕국의 행정을 책임지는 장관이었고, 그의 밑에 경찰, 사법, 교통, 기타 공무 등을 맡는 부서가 있었다. 농업과 재무를 담당하는 기관이 가장 중요했다. 농업은 이집트의 경제적 번영의 초석이었으며 재무는 땅을 정확히 측량하고 과세하여 국가 재정을 늘렸다. 과세하기 위한 단위로 상 이집트에 22개의 노메스(nomes), 하 이집트에 20개의 노메스가 만들어졌다. 노메스는 부족국가 혹은 도시 국가적 성격을 띠고 있었고, 각 노메스에는 수장이 있었다. 이 수장은 왕과 장관의 명령을 따라야 했지만, 영토를 늘리고 자치적인 통치를 강화해가면서 파라오와 경쟁도 했다.

③ 중왕국(제11~12왕조)

왕권의 신성함에도 불구하고 고왕국은 결국 무너지고 말았다. 그 후로 아주 혼란한 시기가 한동안(기원전 약 2125~2055) 계속되다가 중왕조(기원전 약 2055~1650)가 시작하면서 왕국은 안정을 다시 찾았다. 이와 같은 안정을 찾는데 무엇보다도 노메스 구조를 혁신한 것이 큰 도움이 되었다. 노메스의 영역을 보다 확실하게 하고 왕국에 대한 노메스의 의무사항을 분명하게 규정했다. 노메스의 수장 직은 왕국에 대한 의무를 충실히 이행한다는 조건으로 상속될 수 있었다. 그 의무란 대개 세금을 거두어 국가에 납부하고, 왕국의 건축물 작업을 위한 채석장 인부 등을 조달하는 것 등이었다.

중왕국의 왕권은 고왕국보다 훨씬 친 국민적이었다. 고왕국의 왕이 접근이 어려운 신적인 왕권을 행사했다면 중왕국의 왕은 양치기의 모습으로 국민의 공공업무와 복지를 증진하는 정치를 했다고 볼 수 있다.

④ 신왕국(제18~20왕조)

기원전 1700년경 침입한 셈어계에 속하는 힉소스인을 물리치고 신왕국(기원전 약 1550~1085)이 아모세(Ahmose)에 의해 다시 테베에 건설되었다. 힉소스인은 이집트인에게 청동제 농기구와 무기를 물려주었고, 이를 바탕으로 18왕조의 창시자인 아모세가 신왕국을 건설했다. 그리고 기존의 어떤 체제보다도 더욱 공고한 정권을 확립하여 제국주의적인 팽창을 했다. 신왕국의 세력은 유프라테스 강 유역까지 나아가 중동에서 가장 강력한 국가를 수립했다.

제국주의적 팽창으로 부를 획득했지만, 이집트인은 곧 사치와 향락의 늪으로 빠져들었다. 그리고 합리적 종교관을 잃고 미신과 주술의 세계에 빠져있었다. 『사자의 서』에서 발견되는 제문들이 당시의 미신적인 이집트인의 내세관을 잘 말하고 있다. 그들은 죽어서 묻힐 때 부적을 무덤에 함께 넣으면 천상의 세계로 쉽게 갈 수 있다고 생각했다.

아멘호테프 4세(Amenhotep Ⅳ, 기원전 약 1364～1347)는 제국주의적 팽창을 멈추고 종교 개혁을 단행했다. 그러나 개혁이 실패하자 더욱 과격한 조치를 취해 테베의 수호신인 아멘(Amen)에게 제사 지내는 사제들을 신전에서 쫓고 전통적 신들의 이름을 공공 기념물에서 삭제하는 등 종교 혁명을 시도했다. 그는 아몬-레(Amon-Re) 신 대신 새로운 태양신 아톤(Aton)을 유일신으로 섬기도록 했다. 자신의 이름 또한 '아몬 신이 기뻐한다'라는 의미가 있는 아멘호테프(Amenhotep)에서 '아톤 신이 만족한다'라는 의미의 아케나톤(Akhenaton)으로 개명했다. 그의 부인 네페르티티(Nefertiti)도 이름을 '아톤 신은 아름답다'라는 의미의 네페르-네프루-아톤(Nefer-nefru-aton)으로 바꿨다.

그런 후 아케나톤은 수도를 테베에서 엘-아마르나(El-Amarna)로 옮겼다. 그러나 그의 종교 혁명을 지지한 세력은 대다수 국민이 아니라 상류층의 사람들이었다.

그의 뒤를 이은 투탄카멘(Tutankhamen, 기원전 1347～1338)은 아케나톤이 죽은 뒤 아멘 신앙을 부활하고 수도도 다시 테베로 옮겼다. 아케나톤의 새 종교가 대다수 국민의 지지를 받지 못한 것은 내세관이 없었기 때문이었다. 그러나 투탄카멘의 복고 정책은 사제들을 다시 부패하게 했다. 사제들은 신들을 속여서 구원을 얻도록 해 준다는 명목으로 사람들에게 제문과 부적을 팔았다.

제19왕조는 이집트의 힘을 다시 찾으려고 노력했다. 람세스 2세(Ramses Ⅱ, 기원전 약 1290～1224) 때 이집트는 팔레스타인에 대한 지배권은 다시 찾는 등 다시 번영을 누렸지만, 기원전 13세기 히타이트, 리비아, 북쪽 해양민족의 침입을 받아 팔레스타인을 또 다시 잃고 옛 본토로 돌아갔다. 람세스 3세(Ramses Ⅲ, 기원전 약 1184～1153) 때 이집트는 끊임없는 피정복민들의 반란으로 대부분의 정복지를 잃었고, 이집트 제국 시대는 기원전 1085년 제20왕조를 끝으로 막을 내렸다.

⑤ 이집트의 몰락

이집트는 기원전 10세기 중반에서 8세기 말까지 리비아에 정복당했고, 뒤를 이어 에티오피아와 누비아에게 정복당했다. 그 이후 기원전 670년 아시리아가 쳐들어와서 약 8년 동안 지배했다. 아시리아로부터 독립한 후 이집트는 문화적으로 찬란한 부흥 시대를 다시 맞이했지만, 메소포타미아 지역을 장악하고 진격해 온 페르시아에 의해 525년 정복되고 말았다.

(2) 태양력과 과학의 발전

이집트인이 나일강의 범람을 다스릴 수 있었던 것은 많은 노력의 결과였다. 강의 범람을 다스리기 위해 그들은 운하와 관개수로를 만드는 방법을 찾았다. 그리고 더 근원적인 홍수대책을 위해서 정확한 달력을 새로 만들었다. 이집트인의 달력은 1～11월이 각 30일이고, 12월이 35일인, 다시 말해 1년을 365일로 한 12달 체제로 되어 있었다. 그러나 이 달력은 1년의 실제 길이(365년 5시간 48분 46초)와의 차이로 4년 마다 약 하루, 40년이면 약 10일의 오차를 만들었고, 이 오차는 시간이 흐를수록 커졌다. 그래서 농민들은 새로운 달력을 만들 것을 요구했지만, 왕과 제사장들은 그들의 종교적인 의례에 누가 된다는 이유로 개혁을 거부했다. 그러나 기원전 2769년 강의 범람 시기에 뜨는 시리우스(Sirius : 천랑성)가 뜨는 7월 초를 한 해의 시작으로 삼는 시리우스력을 사용하기로 합의했다.

나일강의 범람은 한 해 동안 구획 지어진 땅들을 원점으로 돌려놓았기 때문에 농지는 매년 다시 측량되고, 구획되고, 정리되어야 했다. 이러한 일의 반복으로 수학, 기하학이 발전하고, 농지 측량기술도 함께 발전했다.

(3) 이집트의 문화

① 이집트의 문자

이집트인들은 왕조 이전 시대에 벌써 독특한 문자를 만들어냈다. 이 문자는 하이에로글리픽(Hieroglyphics : 신성 문자)이라 불리는 상형 문자로 승려들이 사용했다. 원래는 돌 위에 쓰다가 약 3000년경부터 나일 강을 따라 풍성하게 자라던 갈대의 일종인 파피루스(Papyrus)를 이용하여 만든 종이에 쓰기 시작했다. 파피루스 위에 기록한 문서는 고대 이집트의 궁중생활이나 왕의 업적, 신이나 사후세계에 대해 알 수 있는 귀중한 자료이다. 관습, 역사, 내세관에 관한 문장 등이 원래 신전이나 분묘의 벽면, 또는 기둥 등에 조각되었으나, 파피루스를 사용하면서부터 두 가지의 단순화된 필기문자, 즉 하이에라틱(hieratic)과 데모틱(demotic)이 사용되었다. 하이에라틱은 초창기부터 사용되었고 기원전 약 7세기부터는 더 단순화된 데모틱을 사용했다.

▲ 로제타 스톤(대영 박물관)

이집트 문자가 해독된 것은 1799년 나폴레옹 원정 때 나일 강 계곡에 있는 로제타에서 발견된 로제타 스톤(Rosetta Stone) 덕분이다. 이 돌에는 멤피스 사원의 사제들이 프톨레마이오스 왕들에게 전하는 고마운 마음이 세 가지 문자, 즉 하이에로글리픽, 데모틱, 그리스 문자로 새겨졌다. 1822년 샹폴리옹(Jean-François Champollion, 1790~1832)이 이 금석문 중 이집트 문자로 된 부분을 최초로 해독했다. 그 뒤로 그리스 문자로 된 부분을 해독하면서 보다 정교한 내용이 알려질 수 있었다.

▲ 데모틱

▲ 하이에로글리픽

② 태양신과 파라오

고대 이집트의 종교는 원래 다신교로서 도시국가마다 그들의 신을 가지고 있었다.

국가의 통합은 정치적 통일일 뿐만 아니라 종교적 통일을 의미했다. 여러 지역의 신들이 위대한 태양신 라(Ra 혹은 Re)로 통합되었다. 중왕조 시기의 테베의 왕들은 이집트를 재통일했으며 테베 지방의 주신 이름을 따서 태양신을 아몬(Amon 혹은 Amon－Re)이라고도 불렀다.

태양신은 정의, 질서, 진리의 신으로서 국가와 국민에게 영생불멸을 주었으며, 파라오는 지상에 있는 태양신의 아들 혹은 대리인이었다. 파라오의 시체를 미라로 만들어 영원의 무덤 속에 보존시키면 국가가 영속하리라고 믿었다.

③ 오시리스 전설

오시리스(Osiris)는 고대 이집트에서 풍요를 상징하는 신이다. 그는 자비로운 사후심판관임과 동시에 나일 강의 범람을 주관하고 식물을 포함한 모든 것에 생명을 부여하는 지하세계의 신이다.

전설에 따르면 오시리스는 이집트의 왕으로 사람들의 절대적인 지지를 받았다. 그러나 이를 시기한 동생 세트(Set)는 에티오피아 여왕과 72명의 공범자들과 함께 그를 속여 상자(관)에 가두고 납으로 봉하여 상자를 나일강에 던졌다. 오시리스의 시체는 나일강 속에 뿔뿔이 흩어졌다. 아내이자 누이인 이시스(Isis)가 흩어진 모든 사체를 수습하고 아버지로부터 배운 주문으로 그를 부활시킨 후 호루스(Horus)를 잉태했다.

그 후 오시리스는 다시 죽고, 이시스는 그의 시체를 사막에 잘 감춰 두었고, 그로부터 몇 달 후 아들 호루스가 유복자로 태어났다. 어느 날 밤 세트가 사냥을 하던 중 오시리스의 시체를 발견하고 다시 14조각으로 찢어 이집트 전역에 뿌렸다. 이시스는 메기 종류의 큰 물고기가 삼켜버린 그의 남근을 제외한 모든 조각을 다시 수거한 후 봉합하여 매장했다.

이를 지켜본 신은 이시스의 사랑에 감동하여 오시리스를 지하세계의 신으로 부활시켰다.

▲ 이시스 사원

그의 죽음과 부활은 겨울에 줄어든 나일강의 물이 여름에 다시 불어나고, 겨울에 말라 죽은 식물이 봄에 소생한다는 믿음을 잘 나타내고 있다. 오시리스는 생명을 부여하여 땅을 기름지게 하는 나일강이며, 이시스는 씨를 받아들이는 대지였다. 그리스의 디오니소스(Dionysos) 신앙과 기독교에서의 부활 신앙의 근원이 바로 이집트에서 발견된다. 그는 이집트에 크리스트교가 들어와서 이집트 종교를 억압할 때까지 가장 널리 숭배되었다.

④ 이집트인의 내세관

이집트인의 내세관은 중왕국 후기에 더욱 발전했다. 이집트인들은 죽은 몸은 죽은 자가 있는 곳으로 간다고 믿었지만 죽은 후에도 영혼(Ka 또는 Ba)은 죽지 않고 다시 육체 속으로 들어온다는 영혼 불멸 사상을 믿었기 때문에 몸을 완벽하게 보존했고, 무덤에 필요한 물건들을 함께 두었다. 이와 같은 영혼 불멸 사상과 더불어 여유가 있는 사람들은 부식되지 않도록 시체에 발삼향유를 잘 바른 후 붕대로 단단히 감아 미라(Mummy)를 만들었다. 미라의 제작은 신분의 고하에 따라 제작되는 정밀도가 달랐다고 전해진다. 무덤은 안전하게 만들어졌고 음식은 장례식 때, 그리고 그 후로도 가능한 한 주어졌다. 들판을 관리하면서 추수를 하는 등의 죽은 자의 모습들을 무덤의 벽에 그리거나 축소된 모습으로 만들어 놓은 것을 볼 수 있다.

이집트인들은 궁극적인 것으로 하늘에 있는 즐거움과 나일 강 아래에 있는 악어와 불의 지옥 같은 것을 생각하고 있었다. 태양이 있는 하늘로의 여행을 위해서 죽은 자에게 때때로 모형의 배와 선원들을 만들어 두기도 했다. 이승에서의 삶에 대한 사후 심판이 행해진다고 믿었다.

▲ 사후 심판

자칼 모양의 저승사자가 죽은 자를 심판대인 천칭 앞으로 인도하여 그의 심장을 꺼내 천칭의 한쪽에 얹고, 다른 한 쪽에는 정의와 진실의 여신 마아트(Ma'at)의 상징인 새의 깃털을 올려놓아 무게를 비교함으로써 죽은 자의 이승에서의 삶을 심판한다. 심판대 앞에는 새 모양의 신이 심판을 지켜보고 결과를 기록한다. 기록된 결과에 따라 악한 자는 악어 모습을 한 신에게 잡혀 먹히고, 선한 자는 매 얼굴을 한 호루스의 인도로 오시리스의 저승세계에 들어간다. 그러나 이러한 사후의 삶에 대한 소망은 상류층의 전유물이었다.

⑤ 여성과 가족

고대 이집트인들은 인생을 아주 긍정적으로 생각했으며, 젊은 나이에 결혼하여 가정과 가족을 건사하라는 현자들의 말을 따랐다. 일부일처 제도가 확립되어 있었으나 아내가 불임일 경우 다처제가 허용되었다. 파라오는 후궁을 거느릴 수 있었다. 그러나 여왕이 후궁들보다 정실로서 더 높은 지위를 가졌다. 남편은 집안의 주인이었고 주로 바깥일을 했고, 아내는 매우 존중되었고 집안일과 아이들 교육을 담당했다.

여성은 결혼해도 재산권과 상속권을 가지고 있었다. 대부분의 직업과 공직은 여성에게 폐쇄적이었지만, 소수 여자는 직업 활동을 했다. 농촌 여성은 긴 시간을 들에서 일했고, 많은 집안일도 했다. 상층 여성들이 여사제가 될 수 있었고, 몇몇 여왕들은 파라오가 될 수 도 있었다. 여왕이 파라오가 된 대표적인 경우가 신왕국의 하트셉수트(Hatshepsut)다. 그녀는 자기의 의붓아들 투트모시스 3세(Thutmosis Ⅲ)의 섭정을 하면서 죽을 때까지 스스로 왕권을 행사했다.

▲ 하트셉수트

하트셉수트의 통치는 번영하였고 특히 신전 건축에서 뛰어난 업적을 남겼다. 그녀는 테베, 나일강 서편의 델 엘 바리(Deir el Bhari)에 스스로에게 봉헌한 유명한 신전을 지었다. 그리고 군대 출정권을 행사했고, 광산업과 농업을 육성했으며, 아프리카와 무역을 시도했다. 파라오가 대부분 남자였기 때문에 그녀는 공식적으로 남자로 입혀지고 왕처럼 턱수염이 달린 모습으로 조각되기도 했다.

하트셉수트란 이름은 '가장 고귀한 숙녀'라는 의미이다. 이집트학을 하는 학자들은 하트셉수트의 시대를 역대 파라오의 치세 중에서도 매우 성공적이었던 시대로 본다. 대내적 정치 안정, 행정조직 재편성, 농업과 무역 진흥 및 문화 부흥을 위한 정책을 폈다. 또한, 제국주의적 대외 정책을 채택했다.

결혼은 무엇보다도 아이를 얻기 위한 것으로 생각했다. 결혼은 부모가 주도했으며 남아를 선호했다. 아들만이 가족의 성을 지속적으로 사용할 수 있었지만, 딸이 무시되는 것은 아니었다. 몇몇 남아 있는 시에서 보듯이 연애결혼도 있었던 것으로 추정된다. 이혼은 가능한 것이었으나 아내에게 응당한 보상을 해야만 했다. 간통은 엄격하게 금지되었다. 여성이 간통한 경우에는 코를 베어내거나 화형에 처하는 등의 아주 엄한 처벌을 했다.

3) 동부 지중해 문명

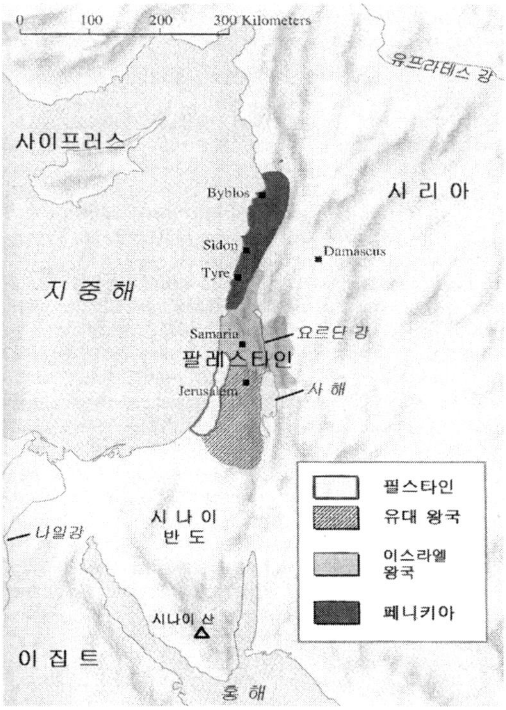

(1) 히타이트인(Hittites, 기원전 약 2000~717)

히타이트인은 청동기 시대에 아나톨리아 지역에서 살면서 철기 시대를 발전시킨 민족이었다. 그들은 인도 유럽어족에 속하는 아나톨리아어를 사용했다. 히타이트 제국은 고왕국(기원전 약 1750~1500), 중왕국(기원전 약 1500~1430), 신왕국(기원전 약 1430~1180) 시대로 구분된다. 기원전 18세기경 히타이트인은 고왕국을 건설했다. 그들은 아나톨리아의 대부분 지역을 점령하여 하투사(Hattusa)를 중심으로 상부 유프라테스 유역에 이르는 강대한 제국을 건설했다. 히타이트 제국은 신왕국 시대인 기원전 14세기경 최전성기를 맞이했다. 수필룰리우마스 1세(Suppiluliumas Ⅰ, 기원전 약 1380~1340)는 소아시아의 미타니(Mittani)를 정복하고, 남쪽으로 오늘날의 레바논에 있는 리타니(Litani) 강 입구에 이르는 북시리아를, 동쪽으로 메소포타미아 상류지역을 점령하여 이집트 다음가는 대국을 만들었다. 무와탈리 2세(Muwatalli Ⅱ, 기원전 1295～1272)는 기원전 1286년 이집트의 왕 람세스 2세(Ramses Ⅱ, 기원전 약 1314～1224년 혹은 1302～1212)의 군대를 카데시(Kadesh) 전투에서 물리쳤다. 그러나 동편에서 성장해오는 아시리아, 소아시아 서부에서 대두하는 후리기아의 압박을 견뎌야 했고, 기원전 1190년경 그리스계 해상 민족의 침입으로 히타이트 제국은 여러 도시국가로 해체되었다. 기원전 717년경 히타이트의 모든 영토는 아시리아, 리디아 등에게 정복당했다.

히타이트인의 문화적 공헌은 동서 문화의 중개인으로서의 역할을 했던 점이다. 그들은 이집트, 메소포타미아 및 에게 문화를 연결한 민족으로 야금법이나 제련법 등의 최초의 철기 문화를 전달하여, 마차와 농기구의 철기화에 크게 기여했다.

(2) 페니키아인(Phoenicia, 기원전 약 1200～700)

페니키아는 고대 가나안의 북쪽, 오늘날의 레바논과 시리아, 이스라엘 북부로 이어지는 해안에 위치하고 있었다. 페니키아인은 기원전 1200년경 히타이트 세력이 약해지면서 레바논 산악 지대와 지중해 사이의 좁은 지역에서 상업을 통해서 세력을 팽창하여 도시 국가들을 만들었다.

페니키아 문명은 이집트와 바빌로니아의 영향을 크게 받았다. 그들은 유리, 금속공업과 항해술에 매우 뛰어났었다. 페니키아인은 낮에는 물론 밤에도 지중해를 가로질러 북극성을 보고 항해했으며 진취적인 해상 문화를 가꾸었다. 그들은 최초로 갤리선을 이용하여 해상무역을 발달시켰다.

그들의 가장 큰 문화적 업적은 무엇보다도 알파벳을 완성하여 보급시킨 점이다. 페니키아어는 셈어계에 속하는 문자였으며, 해양 무역을 통해 자신들의 알파벳을 북아프리카와 유럽에 전파해서 그리스어, 에트루리아어, 로마어의 형성에 기여했다. 그리고 후일 카르타고 언어의 모태가 되어 기원후 5세기까지 사용되었다.

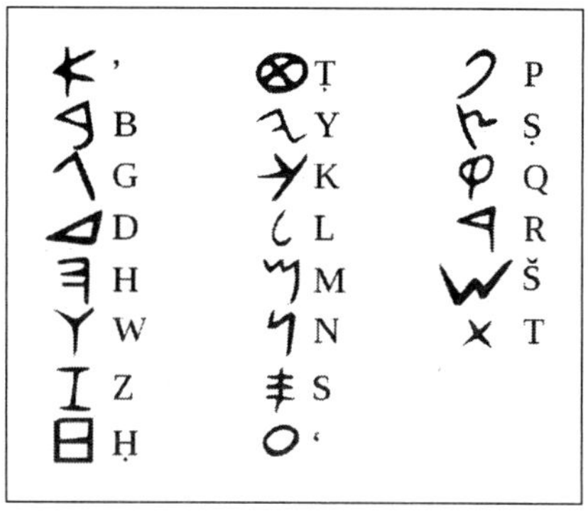

▲ 페니키아의 알파벳

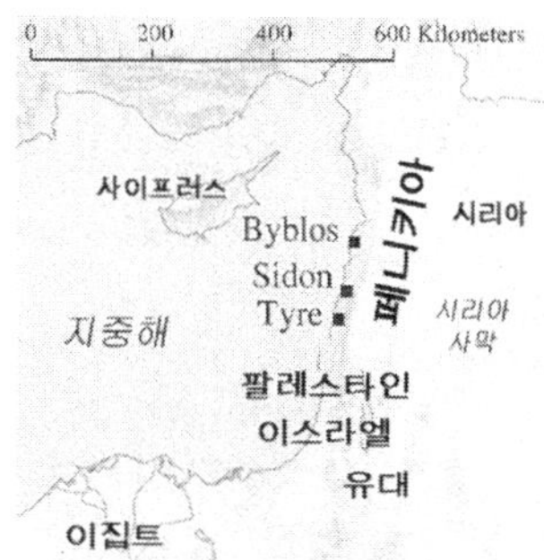

페니키아 문명이 단일한 민족에 의한 것이었는지는 잘 알려지지 않고 있다. 그들은 고대 그리스에서처럼 정치적으로 독립된 도시 국가로 이루어져 있었다. 도시 국가들은 서로 동맹을 맺어 서로 도울 수도 서로 적대관계가 될 수도 있었다. 정치 체제는 왕, 성직자, 원로원 등으로 구성되었다.

페니키아는 기원전 1200년경부터 형성된 최초의 도시 국가 중 가장 강력했던 것은 비블로스(Byblos)였다. 비블로스는 페니키아의 주요 거점이었으며, 이곳에서 페니키아 알파벳이 고안되어 사용되었다. 그 후 기원전 1000년경 티레(Tyre)와 시돈(Sidon)이 발흥해서 페니키아의 헤게모니를 다투었다. 티루스의 왕 히람 1세(Hiram I, 기원전 969~936)는 당대의 가장 강성한 왕으로 알려져 페니키아를 대표했다. 이 시기에 페니키아인은 그 지역과 도시의 이름을 따라 가나안인, 티르인, 시돈인 등으로 불리기도 했다. 페니키아인들은 남 스페인의 카디츠, 시칠리아의 팔레르모, 북아프리카의 카르타고(기원전 814) 등을 식민지로 두어 그들 무역의 해상기지로 삼았다.

(3) 히브리인(Hebrews, 기원전 1800년경~586)

히브리인은 페니키아인과 마찬가지로 셈어계에 속하는 유목민으로 원래의 고향은 아라비아 사막이었는데 기원전 1800년경에 메소포타미아 서북부 지방에 정착했으며, 그 후 팔레스타인을 정복했다. 이집트에 들어갔던 일부 히브리인들은 파라오의 압제에 시달리다가 기원전 13세기경에 지도자 모세의 인도로 이집트를 탈출하여 가나안에 정착하였다.

기원전 1025년경에는 히브리왕국이 수립되어, 다윗 왕과 솔로몬 왕 때(기원전 약 1000~925) 전성기를 맞이했다. 이 시기에 예루살렘을 정복하고 수도를 건설했으며, 강력한 정부와 군사력 아래서 경제적 번영을 누렸으나, 끝없는 전쟁, 강제노역, 중세 등으로 국민의 생활을 압박했다. 특히 솔로몬은 현명한 군주였지만, 그의 지나치게 호화롭고 사치스러운 궁중 생활로 국민의 반감을 샀다.

솔로몬의 사망 후 폭동이 일어나 북부의 열 개 부족은 이스라엘 왕국을 건설하고, 남부 두 개 부족은 따로 유대 왕국을 세웠다. 그 후 이스라엘은 아시리아에게 정복당하고(기원전 722), 유대는 신바빌로니아에 멸망하였다(바빌로니아유수, 기원전 586).

히브리인들은 원래 종족마다 다른 신을 섬겨 왔으나, 모세의 영향력으로 야훼(Yaweh)를 민족의 신으로 채택했다. 야훼는 우주로서 또 우주의 도덕질서를 수립하는 존재로서 히브리인들에게 존경받는 유일신이 되었다. 히브리인들은 그들의 사고와 행동이 야훼로부터 유래하고, 유일신 야훼가 그들의 일거일동을 감시하고 있다고 믿었다. 그들은 바빌론유수에서 풀려나 돌아온 지도자들을 통해 야훼에 대한 신앙을 재확인했고, 이때 유대교가 재확립되었다.

제2장
그리스 문명의 성립과 전개

1 그리스 초기 문명

■ 주요 연표

기원전 1100~1000 : 도리아인의 침입, 이오니아인의 소아시아 서부 식민지 건설
기원전 776 : 올림픽경기 시작
기원전 750~550 : 지중해 서부와 흑해 식민지 건설
기원전 8세기 말 : 호메로스의 서사시 일리아드와 오디세이 탄생
기원전 594 : 아테네에서 솔론의 개혁
기원전 560 : 페이시스트라토스의 참주정
기원전 약 550 : 스파르타 주도의 펠로폰네소스 동맹 결성
기원전 507 : 클레이스테네스의 아테네 민주화 개혁
기원전 500~479 : 페르시아 전쟁(490 마라톤, 480 살리미, 479 플라테이아)
기원전 478~7 : 아테네 주도의 델로스-아티카 해상 동맹
기원전 460~429 : 아테네의 페리클레스 시대
기원전 449~8 : 아테네와 페르시아 사이의 칼리아스 화의
기원전 446~5 : 아테네와 스파르타의 30년간 평화 조약
기원전 431~404 : 펠로폰네소스 전쟁
기원전 338 : 케로네아 전투에서 마케도니아의 승리, 코린트 동맹 결성
기원전 336~323 : 알렉산더 시대
기원전 168 : 로마의 지배

그리스인의 본향은 도나우 강 부근으로 추측되며, 그들이 그리스 반도로 이주해 오기 시작한 것은 기원전 2000년경이었다. 그들은 이주해 오는 동안 알프스 지역, 지중해 등지의 거주민과 섞이면서 가축을 몰고 서서히 그리스 반도에 침투했다. 그리고 기원전 1200년경까지 그리스 반도 북부의 대부분을 점령했다. 초기 이주민의 대부분은 이오니아인과 아카이아인이었다. 이오니아인은 아티카를 중심으로 소아시아 동부 해안까지 광범하게 퍼져 있었고, 아카이아인은 남쪽으로 더 내려와 미케네를 건설한 후 트로이를 정복하고 크레타 섬을 석권했다. 기원전 1100년경 도리아인의 침입으로 그리스는 파괴되고 암흑 시대가 도래했다. 도리아인은 중부 그리스에 일부가 정착하고, 나머지 대부분은 펠로폰네소스 동부와 에게 제도를 정복하여 정착했다.

1) 에게 문명

▲ 에게해

에게해는 오늘날 발칸 반도와 터키의 서부해안 사이에 있는 해역을 말한다. 1870년 호메로스의 시에 심취했던 독일인 쉴리만(Heinrich Schliemann)은 이곳에서 기원전 3000년경 오리엔트 문명과는 다른 문명이 존재했음을 확신했다. 그리고 소아시아 북부의 트로이 성을 발견했고, 미케네(Mykene)와 티린스(Tirins)에서 아가멤논 왕의 것으로 추정되는 황금 마스크와 황금 컵 등 놀랄만한 유물들을 찾아냈다.

1900년 영국인 에반스(Arthur Evans)는 크레타 섬에서 오늘의 헤라클레이온(Herakleion) 가까이에 있는 크노소스(Knossos)의 고대도시를 발굴한 결과 왕궁, 수세식 화장실, 진흙으로 만든 토관, 도자기, 프레스코 벽화 등을 발견했다. 그는 무엇보다도 이 섬에서 발견된 유물에 쓰인 문자를 분석해 '선상 A(Linear A)' 문자와 '선상 B(Linear B)' 문자로 구분했다. 그리고 이를 통해 크레타 섬의 미노아 문명과 그리스 본토의 미케네 문명 사이의 관계를 밝혔다.

2) 미노아 문명

▲ 크노소스 궁

미노아 문명은 크레타 섬에서 유래한 까닭에 크레타 문명이라고도 말한다. 미노아인들은 그리스에 처음 정착한 민족이었으나 순수 '그리스' 혈통은 아니었을 것으로 추정한다. 선상 A 문자는 인도유럽어계에 속하지 않는 문자로 기원전 2000년경부터 이곳에서 사용된 것으로 나타난다. 이는 이 섬의 거주민들이 소아시아계 민족일 가능성을 보여준다. '선상 A 문자' 사용시기부터 기원전 1800년경까지가 전성기로 이 무렵 크노소스, 파이르토스, 말리아, 자크로스 같은 화려한 신전이 들어서는 등 비약적인 발전을 이룩했다.

기원전 16세기에는 크노소스를 중심으로 통일왕국이 성립되었으나 1570년의 지진으로 파괴되었다. 그리고 이집트에서 추방된 힉소스족이나 그리스 본토의 미케네인에 의해 1550년경 멸망했을 것으로 추정한다. 기원전 1450년경부터 '선상 B 문자'가 사용되었던 것으로 보아 늦어도 이때부터 미케네인들이 크레타를 지배하기 시작했음을 짐작할 수 있다. 기원전 1400년경에는 크노소스 궁전이 완전히 파괴되었는데, 이에 대한 원인으로 미케네인의 침입과 미노아의 폼페이라 불리는 에게해의 테라(Thera)섬과 산토린(Santorin)섬의 화산폭발을 들 수 있다.

미노아의 예술은 이집트의 영향을 많이 받았다. 정교한 도자기와 궁전의 프레스코벽화에서 그 대표적인 예를 찾을 수 있다. 이는 미노아 문명이 고대 오리엔트 문명을 그리스에 전달하는 교량 역할을 했음을 잘 보여준다. 그 뿐만 아니라 미노아 문명은 유럽의 근원을 설명해 주는 많은 근거를 제시하고 있다.

먼저 신화적인 설명에 의하면 제우스가 페니키아(Phoenicia) 지역의 한 해변에서 친구들과 놀고 있던 페니키아의 공주 에우로페(Europe)를 유혹하여 크레타 섬으로 데려가 그곳에서 세 아들을 낳았는데 그 중 한 아들의 이름이 미노스(Minos)였다고 한다. 크레타 왕국을 건설했던 미노스의 이름에서 미노아의 명칭이 유래한다. 미노스의 어머니인 에우로페는 풍요를 가져다주는 여신으로 추앙되었으며, 이 풍요의 여신에 의해 유럽은 풍요로운 곳이라는 '유럽이념'이 생겼다고 한다.

다음으로, 어원적인 설명에 의하면 무역 강국으로서 전 지중해에 대한 패권을 장악하고 있던 페니키아인들은 이 지역을 해가 지는 곳이라는 뜻의 'ereb'이라 불렀다. 오늘날 유럽(Europe)이란 단어는 이 'ereb'이라는 단어에서 유래한다고 한다. 이 해석에 따르면 유럽의 의미는 해가 지는 곳, 곧 페니키아의 근원지인 동부 지중해의 서쪽을 의미하며, 오늘날의 서양을 의미한다는 것이다.

3) 미케네 문명

크레타 문명이 몰락하면서 에게 문명의 중심은 미케네로 옮겨갔다. 미케네는 아카이아인이 세운 도시국가의 이름이다. 미케네인은 기원전 1400년경 크레타를 정복한 후 계속하여 소아시아로 세력을 팽창해서 기원전 1250년경 트로이를 함락시켰다.

▲ 미케네의 성문(사자문)

미케네 문명은 미노아 문명과는 대조적으로 호전적이고 남성적인 문화였다. 왕궁은 성벽으로 둘러싸여 있었고, 성을 중심으로 주변의 주민을 지배했다. 미케네인은 '선상 B 문자'를 사용한 문명인이었다. 그러나 기원전 12세기경에 남하한 도리아인의 철기 문명에 미케네는 굴복했고, 그리스에는 무역과 교통이 끊기는 등 혼란한 암흑시기가 시작됐다.

에게 문명의 종교적 특징은 여신을 주신으로 한 일원론적인 종교였다는 점이다. 이 여신은 온 우주, 즉 하늘과 땅, 그리고 해를 다스리는 지배자였다. 그리고 악의 근원임과 동시에 선의 원천이기도 했고, 폭풍과 파괴를 가져오지만 동시에 자연을 소생시키는 일도 했다. 사람들은 죽음을 생의 전제조건으로 믿었다.

2 그리스의 암흑 시대(기원전 1100~800)

그리스의 암흑 시대는 도리아 인의 침입으로 미케네 문명이 파괴되고 시작된 문자 없는 야만의 시대를 말한다.

이 시대는 호메로스 시대로 불리기도 한다. 왜냐하면 이 시대에 대한 기록을 호메로스의 『일리아드』와 『오디세이』 말고는 찾기 어렵기 때문이다. 호메로스는 왕으로 해석할 수 있는 바실레오스(Basileos)와 부왕 격인 아낙스(Anax)에 대해 언급하고 있다. 이로 보아 그리스 암흑 시대에 왕정이 있었음을 추론하기도 한다.

호메로스에 따르면 귀족은 왕권으로부터 독립해 살았고 상호 선물교환이 빈번하게 있었다. 자유민은 미약했지만, 정치적인 역할을 했다. 직업인으로 구성된 중간층은 주로 가수, 의사, 군인, 상공업에 종사했으며 이들 중 상공업자는 천시되었다. 하층민은 여러 형태의 예속민과 노예로 구성되었다. 이러한 다양한 사회적 신분계층이 있었음에도 전체적으로 보아 비교적 수평적 사회였다고 한다.

올림포스의 신들은 하늘의 신 제우스, 바다의 신 포세이돈, 사랑의 신 아프로디테, 전쟁의 신 아테나 등 다신으로 성경이나 코란에 등장하는 유일신과는 전혀 달랐다. 그리스의 종교는 선악의 이원론적인 종교가 아니라 인간의 삶을 특징적으로 형상화한 신들로 이루어진 인간적이고 현실적인 종교였다.

3 그리스 고대 시대(기원전 800/700~500)

이 시기에는 문자가 다시 사용된 시기로 문헌자료를 통해 비교적 잘 알려져 있다. 기원전 800년 이후로 그리스는 빠른 속도로 변했다. 무역이 발달하면서 이민과 식민 활동이 왕성해지면서 부를 획득한 새로운 계층이 등장하여 사회와 국가의 구조를 바꾸어 갔다. 그리스는 이 시기에 여러 도시국가로 구성되어 있었지만 '헬렌(Hellen)'을 그들의 공동조상으로 생각하는 민족의식이 있었다. 그러나 같은 언어를 사용하지만 저급한 언어를 구사하는 주변 민족들은 야만으로 취급 받았다. 늦어도 기원전 8세기에 페니키아어를 모태로 한 그리스어 모음이 만들어져 최초의 그리스 음표 문자가 완성되었다. 이 그리스어는 나중에 라틴어 알파벳으로 발전했다.

작은 도시국가들이 건설되어 가던 이 시기에 트로이 전쟁에 대해 적고 있는 『일리아드』를 통해 '범 헬렌주의' 의식이 싹텄다. 호메로스보다 조금 더 어렸던 헤시오도스는 최고의 신 제우스와 11명의 다른 주요 신들로 구성된 올림피아 신 계보를 만들었다. 그리스의 세 민족(이오니아, 아카이아, 도리아)이 헬렌을 그들의 공동조상으로 모신 것처럼 각 귀족 가문은 그들의 조상을 신화 속에서 찾았고, 다른 가문과 결혼, 군사적 원조 등을 통해 세력을 확대해 갔다.

올림피아에는 제우스 숭배사상이 오랫동안 전해왔다. 제우스 숭배는 기원전 776년부터 펠로폰네소스 반도에서 시작하여 차츰 전 그리스로 퍼졌다. 그리스의 귀족들은 4년마다 아곤(Agon)이라는 공식적인 축제를 치렀는데, 이 행사는 5일 동안 진행되었으며 운동 경기와 음악, 시, 춤, 웅변 경연대회로 구성되었다. 이와 같은 행사를 통해 그리스인의 민족적인 유대가 발전했다. 축제에 참가하는 모든 사람은 안전하게 출전하고 귀가할 수 있도록 보호받았다. 경기 참가는 그리스 자유인 남자에게만 허용되었고, 여성에게는 참가가 제한되었다. 경기종목 중 가장 인기 있는 종목은 600피트(192미터) 달리기경기였다. 그러나 귀족 사회의 체신을 유지하고 신분을 알릴 기회로 작용한 경기는 4마리의 말이 끄는 마차경기였다. 이는 귀족의 부를 과시할 뿐만 아니라 경기의 승리자는 올리브 관을 쓰는 명예와 함께 제우스의 보호를 받는 최상의 신분이 되었다.

올림피아에서 시행된 아고네(Agone)는 니메아(Nimea), 코린트(Korinth), 델피(Delphi)에서도 개최되었다. 여기에 규칙적으로 참가한 그리스인은 범 헬렌주의자들이었음에 틀림이 없었다. 그러나 범 헬렌주의는 단지 문화적인 동질성의 상징이었을 뿐 정치적인 통일을 위한 기초가 되지는 못했다.

1) 폴리스의 형성과 발전

폴리스(Polis)는 도리아인의 공격을 막기 위해 고안된 요새에서 유래한다고 한다. 그리고 이 요새를 중심으로 촌락들이 모이면서 폴리스로 발전했던 것으로 보인다. 폴리스는 원래 지역적인 의미로 생성된 것이 아니라 성채와 신전을 함께 축조한 혈연적인 인적 구성체로 성립되었고, 시간이 흐르면서 점점 주변 촌락의 구성원도 포함해 갔다.

늦어도 기원전 8세기경 귀족, 수공업자 내지는 상인들이 폴리스의 중심부인 아크로폴리스(Acropolis)에 몰려 도시라는 새로운 거주공간을 만들었고, 나머지 농민들은 촌락에 머물면서 농업에 종사했다. 폴리스 건설에 참여한 부족의 구성원이나 그 후손만이 완전한 시민권을 가졌고, 정책 결정권을 행사했다. 폴리스의 크기는 100km^2∼8,400km^2(코린트 : 880, 아테네 : 2,550, 스파르타 : 8,400) 정도로 정치 군사 종교의 중심지 기능을 했다. 도시의 중심부에는 수호신을 모신 신전을 둔 아크로폴리스가 있었고, 아크로폴리스 밑에 아고라(Agora)라는 광장이 있어서 회합, 교역 등이 여기에서 이루어졌다.

에게해 주변에서 성립된 폴리스체제는 기원전 8세기 후반부터 시작된 그리스인들의 식민 운동과 함께 지중해 각지에 전래되었다. 인구가 증가하면서 일부 주민들은 새로운 정복지에 이주하여 폴리스를 세웠다. 이렇게 탄생한 식민도시들은 흑해 연안, 아프리카 해안, 시칠리아 섬, 남부이탈리아 해안, 프랑스, 에스파냐 해안에 이르기까지 널리 퍼져 있었다.

2) 아테네

(1) 정치 체제

아테네의 정치 체제는 최고 국가 공무원을 의미하는 아르콘(Archon)으로 구성된 귀족 정치 체제였다. 기원전 683년 아르콘의 임기가 1년으로 정해졌고 3명의 주요 아르콘이 있었다. 아르콘체제는 디오니소스 축제를 관장하는 종교관인 아르콘 바실레오스(Basileos), 도시국가의 주석으로 그의 이름으로 그의 집권한 해가 명명되었던 아르콘 에포니모스(Eponymos), 군통수권을 가지고 있던 아르콘 폴레마르코스(Polemarchos)로 구성되었다. 기원전 7세기 중엽 6명으로 구성된 입법과 사법 업무를 담당한 아르콘 테스모테타이(Thesmothetai)가 아르콘 체제에 편입되었다. 아테네의 아르콘 체제는 이렇게 9명의 아르콘과 귀족회의를 의미하는 아레오파고스(Areopagos)를 중심으로 행해졌다. 아레오파고스는 아테네 아크로폴리스의 서편에 있는 아레스 언덕(Áreios págos)에 있었기 때문에 그렇게 불리었으며, 각 관료를 관리하고 감독하는 최고 법정의 기능을 했다.

▲ 아레스 언덕

기원전 594년 솔론의 개혁으로 아르콘의 권한과 역할이 다시 강화되었다가 클레이스테네스 개혁(기원전 508)으로 아르콘 폴레마르코스의 군사권만 제외하고 모두 명예직으로 전락했다. 기원전 487년 아르콘 직을 500명의 지원자 중

추첨으로 선출하면서 아르콘 체제는 무력화 되고, 10인으로 구성된 장군회가 권력을 장악했다. 아레오파고스도 마찬가지로 기원전 461년 암살당한 민주투사 에피알테스(Ephialtes)에 의해 무력화되었다.

그리고 혈연 단체(Phyle, Phratrie, Genē, Orgeone)로 불리는 일종의 부족 공동체적인 성격을 지닌 많은 사적인 조직이 있었다. 각 공동체의 장은 귀족이었으며 각종 집안의 크고 작은 일들을 맡아했다. 이 혈연 단체는 후에 민회 발전에 많은 공헌을 했다.

(2) 식민 활동과 사회 변화(기원전 750~550)

그리스인들의 식민 활동은 지중해 세계의 교역을 촉진했다. 그리스는 올리브유와 포도주 등을 수출했고, 곡물과 목재 등을 식민지에서 수입했다. 교역의 발전으로 농민은 그들이 생산한 올리브유나 포도주를 시장에서 직접 판매할 수 있었다.

그리스 식민 활동의 원인은 무엇보다도 인구증가로 인한 토지 부족에 있었다. 즉, 토지를 소유하지 못한 시민들의 토지에 대한 갈망이 주원인이었다. 그러나 상업적인 원인 또한 중요했다. 노예, 목재 등의 무역이 성한 흑해연안과 곡창인 이집트와의 교역이 특히 활발했고, 이 교역을 원활하게 하기 위해 해상기지로서 많은 식민도시 건설이 요구되었다. 그리고 정치적인 이유로는 귀족층 내부의 갈등과 분쟁에서 패한 시민들이 새로운 정치기반을 찾아 식민도시를 형성하기도 했다. 식민도시는 모(母) 도시의 제도, 법률, 관습 등을 그대로 사용했지만, 정치적으로는 완전히 독립해 있었다.

상업의 발달과 더불어 사회계층이 분화되면서 귀족은 무역업자와 제조업자들에 대한 통제를 점차 잃었다. 해상 무역이 왕성해지면서 상공업과 화폐경제가 발전하고 농촌의 포도주와 올리브 생산이 대규모화되었다. 이에 따라 소농들은 소작이나 노예로 전락했다.

군사적으로는 그 전투방식과 편제에서 변화가 일어났다. 트로이 전쟁의 시대에는 영웅적인 두 인물 간의 개인적인 싸움이 주류였다. 그 후로는 군제에 있어서 귀족 중심의 기사 편제였으며 기원전 8~7세기경에는 도시와 농촌의 유산 시민으로 형성된 중장보병(Hoplite)의 밀집대(Phalanx)가 전쟁의 승패를 가름했다. 대개 4열 이상으로 된 밀집대의 전투 대형에는 방패(Hoplon)와 투구, 흉부 갑옷, 갑옷의 정강이 받이, 창 등으로 무장된 수많은 보병이 필요했다. 군대에서 평민세력의 대두는 곧 귀족 정치에 대한 도전을 의미했고 민주주의 발전의 발판이 되었다.

(3) 솔론의 개혁(기원전 594)

솔론(기원전 638~558년경)은 기원전 594년 아테네의 아르콘으로 선출된 후 그리스의 식민 활동의 결과로 빚어진 아테네의 정치, 경제의 위기를 막기 위해 새로운 법을 제정했다. 그는 토지 재산 소유 정도에 따라 시민을 4등급으로 나누고, 각 등급에 따라 참정권과 군사 의무를 따로 정했다. 제1등급은 대지주 귀족(펜타코시오메딤노이, Pentacosiomedimnoi : 백만장자의 뜻), 제2등급인 중소귀족(히페이스, Hippeis), 제3등급인 농민과 중장보병의 도시민(쥬기타이, Zeugitai), 제4등급인 노동자(테테스, Thetes)로 구분했다.

솔론의 개혁은 부유한 시민에게 귀족과 똑같은 권리를 인정하여 시민의 최고층이 최고 관직에까지 나아갈 수 있도록 했다. 제4계급은 아무런 관직에도 나아갈 수 없었지만 4부족에서 100명씩 선출되어 400인으로 구성된 민회에 참석할 수 있게 함으로써 그들의 정치적 불만을 덜어 주었다. 그리고 경제적인 악화로 인한 채무노예가 법으로 금지되었고, 자유인의 부채를 말소해 줌으로써 상공업을 장려했다. 이처럼 솔론의 개혁은 종래의 귀족정치를 지속하면서 평민들과의 갈등을 해소하려 했지만 실패로 끝났다.

(4) 페이시스트라토스와 참주정(기원전 560~510)

솔론의 개혁 실패 후 아테네는 사회적 긴장이 지속되었고, 귀족들은 이와 같은 불안한 사회적 환경을 이용하여 권력을 장악하려 했다. 기원전 561년 권력투쟁에서 빈농층과 평민의 지지를 얻은 페이시스트라토스가 권력을 장악했다.

그는 귀족 세력을 약화시키고자 저항 귀족들을 추방하고 그들의 토지는 빈농에 분배했다. 상공업을 장려하고 은광을 개발하여 시민들의 세금부담을 감소했다. 기원전 527년 그의 사망 후 그의 두 아들(Hipparcos, Hippias)에게 정권이 계승되었으나 귀족들의 반격으로 기원전 514년에 히파르코스는 살해되었고, 히피아스는 폭군이 되어 민심을 잃고 기원전 510년 아테네에서 추방되었다.

반세기에 걸친 참주 정치는 사회경제적 변화에 따른 귀족과 평민 사이의 갈등과 대립을 이용해 비합법적으로 권력을 장악했다. 그것은 아레오파고스와 아르콘 체제를 무력화 하고 반대파 귀족들의 간섭을 완전히 배제했지만, 전통을 존중하고 농업을 장려하고 상공업 활동을 지원했다. 그리고 국민의 신망을 얻기 위해 많은 종교 행사와 축제를 개최했다. 특히 4년마다 대 제전을 열어 운동경주와 음악, 무용, 웅변 등의 경연 대회를 열었다. 아테나와 디오니소스 숭배를 위한 국가적인 차원의 종교 행사를 추진함으로써 귀족의 종교 행사에 얽매어 있던 평민들을 해방했다. 페이시스트라토스의 참주정치는 귀족 정치에서 민주정치로 넘어가는 과도기적 현상이기도 했다.

3) 스파르타

(1) 정치 체제

스파르타는 도리아인이 기원전 7세기경 그리스 반도에서 가장 비옥한 땅인 라코니아(Laconia)지방에 세운 도시국가로 펠로폰네소스 도시동맹 중 최강의 도시국가였다.

스파르타에는 군사적, 종교적 권한을 맡은 2명의 왕이 있었다. 왕은 민회(Apella)의 동의를 얻어 왕권을 행사했다. 민회의 임무에는 이 외에도 법안 의결권과 공직자 선출권이 있었다. 원로원(Gerusia)은 30명으로 구성되었다. 28명은 민회에서 60세 이상 남자 중 종신직으로 선출되었고, 2명의 왕이 여기에 포함되었다. 원로원은 민회를 통제했으며, 법안제안권과 재판권을 행사했다. 원로 행정관으로 이른바 에포로이(Ephoroi)가 있었다. 에포로이는 5명으로 구성되었고 민회에서 선출했으며, 임기는 1년이었으나 연장이 가능했다. 그들은 전시에 왕과 함께 전장에 나갔고 모든 공무원에 대한 감찰권과 재판권을 행사했다. 그들의 권한은 왕까지도 파면시킬 수 있을 만큼 막강했다.

이상 스파르타의 정치 체제는 왕정, 귀족정, 민주정의 혼합체로 이해되지만, 실질적으로는 에포로이가 실권을 휘두르는 전제 정치 체제였다.

(2) 사회와 교육

스파르타사회는 스파르타인이라 할 수 있는 전체 인구의 약 5%를 차지하는 시민, 농업에 종사하는 노예(Heilotai)와 변경에 거주하던 법적으로 자유민 집단이었던 페리오이코이(Perioikoi) 등으로 구성되었다. 스파르타는 소수로 다수를 다스릴 수 있는 교육제도를 개발해야 했다. 우리에게 잘 알려진 스파르타식 교육은 이와 같은 필요에 의해 입법가 뤼쿠르구스가 만든 제도이다. 그는 이상적인 시민을 육성하기 위해 장기간에 걸쳐 하나의 정교한 공교육 제도를 만들었다. 그는 아테네를 비롯한 나머지 다른 그리스 국가들의 제도 혹은 관행과는 정반대로 교육제도를 창안하여 대 성공을 거두었다. 그의 교육제도는 군사적 훈련과 효율성을 십분 발휘하기 위해 마련되었고 일종의 평생교육이었다. 그것은 유아기(출생～7세), 소년기(7～20세), 청년기(20～30세), 장년기(30～60세), 노년기(60세～종신)의 5단계로 구분되어 실시되었다.

① 유아기(출생～7세)

스파르타에서 훌륭한 전사가 되기 위한 첫 번째 자격은 출생 직후에 그 아이의 아버지가 아니라 국가가 부여했다. 아버지는 아이를 양육할 권리를 갖고 있지 않았다. 아기가 태어나면 아버지는 아기를 레스케(Leskhe)라 불리는 곳으로 데려가서 에포로이의 생사 판결을 받아야했다. 에포로이의 검사를 통과하여 살아남은 아이는 일단 7세가 될 때까지 집에서 부모나 유모가 양육했다. 아이에게는 음식이 규칙적으로 주어졌고, 옷을 더럽혀가며 마음껏 놀 수 있는 일이 허용되지 않았다. 홀로 두거나 어두워졌을 때 무서움을 타지 않도록 했으며 울고 보채는 일이 없도록 했다. 그러나 만일 아이가 비정상적이고 건강하지 못하면, 그 아이는 타이게토스산 근처에 있는 구덩이처럼 생긴 아포테타이(Apothetai)라 불리는 곳에 버려졌다.

② 소년기(7～20세)

아이들은 7세가 되면 집을 떠나 아고게(Agoge)에 들어가 공교육을 시작했다. 아고게의 교육기간은 7세에서 20세까지의 14년간이었다. 학생들은 대체로 7～11세까지 초등반, 12～13세까지 중등반, 14～18세까지의 고등반 그리고 19～20세까지의 종합반으로 나뉘어 각기 적합한 교육과 훈련을 받았다.

초등반 어린이들은 몸을 단련시키는데 대부분 시간을 보냈지만, 생활에 필요한 기본적인 읽기와 쓰기와 같은 학습도 했다.

12세가 되면 교육과 훈련의 강도가 더 높아졌다. 일 년 내내 단벌인 겉옷을 입고, 아주 소량의 식사를 했고 더운물에 목욕하는 일도 없었다. 공동 침실을 사용했지만, 침구는 동심초로 엮어 만든 각자의 것을 사용했다. 신체훈련과 함께 음악, 춤, 시 등도 배웠다. 이 외에도 말은 아주 짧고 신중하게 하도록 교육받았고, 겸손한 마음을 지니는 것은 소년의 미덕으로 강조되었다. 노인이 나타나면 일어나서 경의를 표했으며, 남을 다스리고 다스림을 받는 기술도 이때에 배웠다.

14세에서 20세까지의 소년들을 '에페베'라 했다. 군사훈련은 에페베부터 시작되었고 종합반에서의 군사훈련은 실전과 비슷했다. 군사훈련에 노래와 춤은 필수적이었다. 트럼펫 대신에 율동적인 소리를 내는 이중피리나 7현금의 라이어를 연주하고 군가를 부르면서 전투연습을 했다.

청년들은 아고게를 졸업함과 동시에 또 다른 40년간의 집단생활을 했다. 이 새로운 집단생활을 피디티온(Phidition) 혹은 아테네에서는 시시티온(Syssition)이라 불렀다. 이 40년간의 집단생활은 청년기와 장년기로 나뉜다.

③ 청년기(20～30세)

아고게에서 교육과 훈련을 마치게 된 청년들은 30세가 될 때까지 10년간 기숙사에서 공동숙박을 하면서 집단생활을 했다. 전쟁이 일어나면 스파르타 군대의 일원으로서 전투에 참가했다. 이들은 소년기는 벗어났지만 완전 시민은 아직 아니어서 민회에 참석할 수 없었다. 따라서 민회에서 선출되는 정무관이 되거나 정무관을 뽑는 등의 참정권을 행사할 수가 없었다. 청년기의 특징은 장발이 허용되었다는 점이다. 그러나 사생활이란 원래 없어서 사생활도 군대생활과 거의 다를 바가 없었다. 똑같은 음식을 먹고 공동의 일을 수행하며, 자기의 몸이 자기 것이 아니라 나라의 것으로 생각했다.

④ 장년기(30~60세)

30세가 되면 스파르타인은 비로소 완전 시민의 자격을 얻었다. 가정에서 정상적인 부부 생활이 가능했고, 시장에 나가 장을 볼 수도 있었다. 또 민회가 소집되면 거기에 나가 투표권과 피선고권 등을 행사할 수 있는 참정권도 부여받았다. 군사 복무는 필요할 때만 하면 되었다. 그러나 그들은 잠만 집에서 잘 뿐 피디티온(Phidition)의 단원으로서 공동식사를 해야 할 의무를 여전히 지니고 있었다.

스파르타인의 병역 복무 기간은 60세까지였다. 20세부터 치더라도 군사 복무 시작 후 40년이라는 기나긴 세월이었다. 스파르타인은 30~40세까지의 전사로서 전성기 이후에도 항상 훈련을 해서 적절하고 기민한 체력을 유지했다. 이들은 스파르타인에 적합한 신체를 잃을 경우에는 시민권을 잃을 수 있었다. 군사 복무 기간 동안 운동을 해야 했으며, 그렇지 않을 경우 처벌을 받았다. 60세가 지나면 비로소 처벌받지 않고 쉴 수 있었다.

⑤ 노년기(60세 이후)

스파르타 시민은 60세가 되어야 군사복무의 의무에서 완전히 벗어났다. 그러나 시민으로서의 역할이 끝나는 것은 아니었다. 그들은 매달 한 번 모여 신생아의 신체검사를 하고, 아고게에서의 소년교육과 훈련을 감독하기도 했다. 노년기의 사람 중 28명이 선출되어 2명의 국왕과 함께 30명으로 구성된 원로원(Gerousia)이 구성되었다. 원로원은 정치와 재판에 참여하는 등 나라의 중요한 임무를 수행했다. 스파르타 시민은 태어난 순간부터 무덤에 묻힐 때까지 국가만을 위해 살았던 것이다.

4 그리스 고전 시대(기원전 500~336)

기원전 513년 페르시아 제국이 프로폰티우스(Propontius) 및 북 에게해를 점거하면서 그리스 사회를 위협했다. 기원전 500년 밀레토스의 참주 아리스타고라스(Aristagoras)를 중심으로 이오니아인들이 페르시아에 저항했다. 그러나 스파르타의 클레오메네스가 아리스타고라스의 도움요청을 거부함으로써 이오니아의 저항은 실패로 끝났다. 기원전 494년 페르시아는 이오니아를 진압하고 일부 그리스인을 소아시아로 추방하고 지속적인 팽창을 했다. 이에 테베는 자진 승복했고, 아테네와 스파르타는 대항했다. 기원전 490년 아테네는 마라톤(Marathon)전투에서 페르시아를 격퇴했다.

페르시아가 재공격 계획을 세우자 기원전 481년 스파르타가 나서서 아테네와 헬렌 동맹(Helleniac League)을 맺었다. 기원전 480년 페르시아의 크세르크스(Xerxes)는 아테네를 정복했다. 헤로도투스의 기록에 의하면 당시 페르시아의 총병력이 근로 인원을 포함해서 500만 이상이었다고 한다. 이는 근대에 이르기까지 역사상 최대 규모의 병력이었다고 할 수 있을 것이다. 제2차 전쟁은 기원전 479년 스파르타의 왕 파우사니아스(Pausanias)가 통솔하는 헬렌 동맹이 승리했다. 페르시아 전쟁에서 그리스의 승리는 동방의 전제주의에 대한 폴리스의 시민적 자유의 승리였다고 말한다. 그 후 아테네는 찬란한 고전 문화를 꽃피워서 유럽 문화의 초석이 되었다.

아테네와 스파르타는 페르시아가 공동의 적으로 있을 때는 단결했지만, 위험이 사라졌을 때는 멀어졌다. 기원전 478년 페르시아의 공격에 대비한다는 명분으로 아테네를 중심으로 전체 폴리스들이 참여하는 델로스 동맹이 맺어졌다. 아테네의 영향력이 강화되자 이에 스파르타는 펠로폰네소스 동맹을 강화하여 아테네의 주도에 대항했다. 기원전 449년 그리스의 계속적인 승리 끝에 아테네와 페르시아 사이에 조약서 없는 휴전 조약이 맺어짐으로써 아테네의 지배력은 보다 확대되었다. 아테네와 스파르타 사이의 대립은 기원전 431년 펠로폰네소스 전쟁으로 이어졌다. 아테네의 강력한 함대는 펠로폰네소스의 해안 지대를 휩쓸었고, 우수한 육군을 보유한 스파르타는 매년 여름 아티카의 성벽들을 공격했다. 전쟁이 장기화되자 결국 민주주의의 취약점이 드러났고, 펠로폰네소스 동맹과 스파르타의 엄격한 군대기강은 전쟁의 시련을 보다 잘 견뎌냈다. 기원전 404년 페르시아왕의 지원을 받아 함대를 건조한 스파르타는 아테네인들에게 최종적인 패배를 안겨주었다.

1) 아테네 민주정

▲ 도편(Ostracon)

아테네 민주정은 오늘날 민주정치의 토대가 되었던 것으로 민회, 사법부, 행정부, 10인 장군회 등으로 구성되었다. 민회(Ecclesia)는 시민권을 가진 모든 성년남자로 구성되었다. 클레이스테네스(Cleisthenes, 기원전 508∼502) 때는 20세를, 페리클레스(Pericles, 461∼429) 때는 18세를 성년으로 보았다. 노예, 외국인(페니키아인, 유대인), 여자에게는 시민권을 부여하지 않았고, 각종 조세 등의 의무만 주었다. 민회는 최소한 1년에 40회 정도 개최되었으며, 매회 약 4,000∼6,000명이 참여했다. 오스트라시즘(Ostracism : 도편제도)이라는 제도를 통해 참주의 출현을 막았다. 위험한 정치인의 이름을 그릇 조각 또는 조개껍데기에 적어서 민회에 마련된 함에 넣게 하여 6,000표 이상의 표를 얻은 정치가를 10년간 추방했다. 민회는 국가의 최고권자인 스트라테고스(Strategos)를 선출하였고 주요한 국정과 법률을 심의했다. 아테네 민회는 시민권 부여 등 기타의 국사를 심의하는 국가 최고의 의결기관이었다.

사법부(Heliaia)는 매년 초 30세 이상의 시민 중 6,000명(10개 부족에서 각각 600명씩 선출)의 배심원으로 구성되었다. 선출된 배심원은 재판이 있을 때 필요한 수만큼 재판에 참여했다. 각 법정이 열릴 때 사건의 중요도에 따라 201명에서 3,001명까지의 많은 배심원이 추첨으로 선출되었다. 이는 뒷거래에 의한 부정을 방지하고 공정한 재판이 이루어지도록 하기 위함이었다.

행정부는 500인회(Boule)였는데, 이것은 솔론의 400인회를 변혁한 것이었다. 10부족에서 각각 50명으로 된 부족 위원회를 갖고 있었으며, 각 부족 위원회가 합쳐져 500인회가 구성되었다. 각 부족 위원회의 장이 36일씩 돌아가면서 500인회의 장을 맡아 정무를 수행했다. 그 구성원은 30세 이상의 시민 중 각 데모스(Demos)에서 선출하였는데 임기는 1년이며 연임이 가능했다. 이들은 민회와 상호 연관 업무로 일반 입법, 선전포고, 강화 조약, 직접세 징수 등 정책을 제안하여 민회에 제출하였다. 또한, 외국사신 접견, 재정, 공유 재산 관리 등 제반 행정 사항을 처리하였다.

군대 통솔과 행정 수반 역할을 한 10인 장군(Strategos)은 매년 민회에서 선출되었고 연임이 가능했다. 페리클레스는 거의 매년 장군으로 선출되어 30여 년간 계속 장군회에 소속되었다. 장군회는 이렇게 오랜 경력을 지닌 자가 권력을 독점하는 길을 터놓고 있었다. 장군회의 권한은 아레오파고스(Areopagos, 귀족회의)의 권한을 능가하였으며, 성공적인 내외 정책을 수행하는 한 민회에서 매년 재선될 수 있었다. 장군들의 정책결정은 민회의 승인을 받아야 했고, 위법행위는 기소되었다. 이와 같은 민회의 통제에도 불구하고 장군들은 정부 정책, 특히 군사 문제에서 결정적인 영향력을 행사했다.

아테네 사회는 시민, 외국인, 노예 등으로 구성되었다. 시민, 즉 18세 이상의 성년남자는 약 4만 명 정도였다고 한다. 이를 4인 가족 기준으로 보면 당시 아테네의 시민가족의 전체 수는 약 16만 명으로 추정된다. 외국인(Metoikoi)은 아테네에 오래 거주하고 있는 자유인이었고 군사의무를 지니고 있었다. 그들에게 토지 소유권은 부분적으로 허가되어 있었지만, 정치 참여권은 없었다. 아테네 시민이 주로 농업에 주력하고 있었던 반면, 외국인은 상업 무역에 종사하고 있었다. 외국인의 수는 약 10,000명에서 12,000명 정도였다. 노예는 약 10만 명으로 시민 수의 2.5배였다. 이들은 농업, 수공업, 은광작업에 종사했으며 임금은 자유인과 비슷한 수준이었다. 노예 노동은 아테네의 경제에 크게 이바지하고 있었다.

2) 그리스의 사상과 문화

(1) 철학

플라톤과 아리스토텔레스의 학문적 궁극적 목표는 영원히 변하지 않는 것을 찾는 데 있었다. 호메로스와 헤시오도스는 자연현상, 운명, 법, 진리에 대한 설명과 올림피아의 신들과 신화 속에서 존재하는 세상의 흐름을 찾으려 노력했다. 반면 이오니아의 철학자들은 삶의 조건에 대한 논리적 사고를 했고, 현상 속에 숨겨진 원칙, 다시 말해 세계를 탄생시킨 시초 혹은 최초의 물질이 무엇이었는지에 대한 탐구를 시작했다.

우주본질에 대한 그리스인들의 체계적인 성찰은 자연철학으로 나타났다. 그리스 최초의 자연철학자는 탈레스(Thales)이다. 그는 기원전 6세기 초 수학적이고 자연적인 법칙을 발견했으며 기원전 585년 5월 28일의 일식을 예고했다. 그리고 지구에 있는 만물을 잉태한 최초의 물질이 물이라고 했다. 기원전 6세기 중엽 피타고라스(Pythagoras)는 정신적이든 물질적이든 모든 형태는 마치 현악기의 줄의 길이에 따라 음의 높낮이가 결정되는 것처럼 수의 조합으로 이루어진 것이라고 여겼다. 이와 같은 생각 끝에 그는 태양계를 발견하고 인간이 사는 땅이 공 모양을 하고 있음을 알아냈다. 기원전 6세기 말엽과 5세기 초엽에 활동했던 헤라클레이토스(Herakleitos)는 만물의 유전을 주장하고 모든 것은 변화와 생성의 끊임없는 모순대립의 산물로 보았다. 기원전 5세기 중엽 데모크리토스(Demokritos)는 만물이 더는 쪼개질 수 없는 원자라는 입자로 구성되었으며, 이것들의 이합에 따라 만물의 생성변화가 일어난다고 주장했다.

만물의 기원에 대한 견해가 많아질수록 제기된 학설들의 객관적인 가치는 줄어들었다. 민주 정치가 발달함에 따라 웅변술이 중요해졌고, 이를 가르치는 소피스트(Sophist)들의 활약이 두드러졌다. 프로타고라스(Protagoras)는 소피스트의 대표자로 자연철학자들과는 달리 눈을 자연에서 인간으로 돌려 주권의 절대성을 강조하면서 인간이 만물의 척도라고 주장했다. 소피스트들은 도덕, 법, 종교적인 가치에 대해 비판을 했고, 그 결과 이성에 근거한 윤리를 찾아냈다. 그들은 법을 자연적인 것이 아니라 인간 이해관계의 표명으로 생각했고, 포괄적인 교육과 웅변학습을 통해 청소년들을 보다 강하게 키우려고 시도했다.

▲ 소크라테스

소크라테스(Socrates, 기원전 469~399) 또한 인간 자체에 대해 연구를 했다. 그는 청소년들에게 스스로에 대한 무지를 일깨움으로써 진리와 덕에 대해 지금까지 알지 못했던 것을 알 수 있도록 했다. 그는 인간은 도덕적인 행위를 함으로써 자신 속에 내재된 영혼의 평화(Eudaimonia)를 얻어야 한다고 믿었다. 소피스트들이 객관적 진리를 부정했던 데 반하여, 소크라테스는 모든 사람에게 공통되는 이성을 인식의 기원으로 보아 객관적 진리의 실재를 주장했다. 객관적 지식을 부정하고서는 사회적 혼란을 막을 길이 없다고 생각했으며, 지덕일치의 사상을 주장하여 몸소 실천했다. 펠로폰네소스 내전(기원전 431~404) 후 소크라테스는 소피스트들의 회의주의와 상대주의를 비판하면서 보편진리와 도덕의 실재를 강조하였지만, 현실정치에는 무력했다. 그는 소피스트들에게 정면으로 맞섰고, 국가와 사회의 인습을 어기고 청소년을 오도하고 신들을 무시(Asebie)했다는 죄목으로 기원전 399년 죽임을 당했다.

소크라테스의 사상은 그의 제자 플라톤(기원전 427~347)이 쓴 『대화』를 통해 잘 알려졌다. 플라톤은 아카데미아(Akademia)라는 학교를 만들었으며 이상국가론을 주장했다. 그에 따르면 인간이 알고 있는 현상세계에는 동일한 대상들이 있고, 이 같은 대상은 다양한 형태를 지니고 있으며, 이 다양한 형태는 변하지 않고 지속하여 온 '이데아(Idea)'라는 원형을 내포하고 있다. 이와 같은 이데아는 인간의 영혼 속에 존재하며, 오로지 이성을 통해서만 현실 세계의 기억 속으로(Anamnesis) 불러올 수 있을 뿐이다. 그의 『국가론(Politeia)』은 정의로운 국가는 철인정치를 통해 이룩될 수 있고, 정치적 권력과 철학의 공존만이 정의실현을 가능하게 하고, 각자가 자신에게 주어진 것을 가질 수 있음을 말하고 있다.

플라톤의 제자로 유명한 사람은 아리스토텔레스(Aristoteles, 기원전 384~

322)였다. 아리스토텔레스는 아테네에 아폴로 신의 사당 입구 홀을 의미하는 '페리파토스(Peripatos)'라는 자신 고유의 학교를 설립했다. 그는 그가 관찰한 자연 과학적 내지는 인문학적인 수많은 현상을 체계적으로 정리했다. 그래서 그는 근대 학문의 창시자로 여겨지기도 한다. 그는 플라톤의 현상세계와 이데아의 이원론적인 세계관을 뛰어넘어 모든 개물은 질료(Hyle)와 형상(Eidos)을 동시에 가지고 있다고 믿었다. 그리고 실재하는 것은 질료와 형상의 상호작용을 통해 형성된 개물뿐이라고 주장했다. 그는 인간 삶의 궁극적인 목적은 최고의 선인 행복에 있다고 보았다. 그래서 극도의 비겁함과 과도한 결단력 등 극단을 피하고 중용을 취해 살아가는 용기가 필요하다고 했다. 그는 소크라테스나 플라톤이 주장한 도덕적인 행위 이외에도 외적인 조건인 복지, 평화, 건강 등도 인간적인 삶의 조건임을 강조했다. 그는 두 스승보다 더 현실적인 철학자였던 것이다. 그의 정치적인 식견은 158개의 도시국가의 헌법을 모아 만든 그의 저서 『아테네인의 국제』에 잘 보이는데, 그의 이상 국가는 플라톤적인 유토피아가 아니라 가장 좋은 헌법에 기초하는 국가였다.

자연과학적인 연구와 인문학적인 사상은 서구의 정신사 속에서 다시 부활했을 뿐만 아니라, 서구에도 부분적으로 전달했던 아랍의 정신세계 형성에 지대한 영향을 미쳤다.

(2) 문학

그리스 최초의 문학작품은 호메로스가 쓴 서사시이다. 『일리아드(Iliad)』는 오랫동안 구전된 트로이 전쟁 이야기로 영웅 아킬레스의 사랑과 분노, 헥토르의 죽음을 다루고 있다. 『오디세이아(Odysseia)』는 트로이 전쟁이 끝난 후 영웅 오디세오스(Odysseos)가 귀국 길에 10년간 방랑하면서 모험적인 생활을 보내다가 마침내 아내 페넬로페(Penelope)를 만나는 이야기다. 이와 같은 서사시의 전통을 이어간 사람은 헤시오도스(Hesiodos)이다. 그는 고대의 신앙과 신화를 이용하여 『신통기(Theogonia)』를 썼다. 그리고 농업 등의 실제 생활을 묘사하고 세상의 불의를 개탄한 『일과 날들(Erga kai Hemerai)』이라는 작품은 고대 그리스인의 사회적 관계를 알려주는 아주 귀중한 사료이다. 아르킬로코스(Archilochos), 알카이오스(Alkaios), 테오그니스(Theognis) 그리고 레스보스(Lesbos) 출신의 여류 시인 사포(Sappo) 등이 주목할 만한 그리스의 서정시인이다. 그들의 작품은 기원전 7세기 그리스의 식민 활동, 귀족 사이의 불화, 독재권력을 위한 투쟁 등에 대한 궁금증을 풀어주는 사료이기도 하다. 그리고 솔론(Solon)이 쓴 시들은 대개 도시국가의 미래에 대한 염려를 주제로 하고 있다. 다음으로 핀다로스(Pindaros, 기원전 518~441)의 작품이 있다. 범 헬렌주의를 위한 경기의 승자에게 바치는 그의 시 『에피니키아(Epinikia)』는 당시의 귀족생활을 잘 알려주고 있다.

그리스의 비극과 희극은 아테네 민주정의 산물이었다. 특히 비극이 많이 쓰였다. 비극은 종교에 기원을 두고 있으며, 대개 재생의 신이며 비극의 신인 디오니소스(Dionysos)의 숭배의식에서 시작되었다. 비극은 또한 사회적 정치적인 의무를 표현한 것이기도 했다. 신화의 세계는 도덕적 문제의 무한한 배경이고, 동시에 발전 가능한 세계질서와 신권과 인간권 사이의 발전된 관계를 표현하고 있다. 매년 디오니소스의 축일에는 경연대회에서 통과된 세 편의 비극과 한 편의 풍자극이 공연되었다.

기원전 4세기 초엽 아이스킬로스(Aischylos, 기원전 525~456), 소포클레스(Sophokles, 기원전 496~406), 에우리피데스(Euripides, 기원전 480~406)의 작품만을 공연하도록 법적으로 규정했다. 이와 같은 규정 덕분에 세 작가의 작품이 오늘날까지 전해지고 있다(아이스킬로스와 소포클레스는 각각 7편, 에우리피데스는 18편).

아이스킬로스는 기원전 490년 마라톤 전투, 기원전 480년 살라미 전투에 참전한 용사였다. 그의 전쟁경험을 바탕으로 페르시아의 왕 입장에서 쓴 비극 『페르시아인』인은 전해지고 있는 비극 중 가장 오래된 작품으로 기원전 472년 공연되었다. 그의 작품은 『페르시아인』 외에 『묶인 프로메테우스』, 『오레스테스』 등이 대표적인 작품이다.

아이스킬로스보다 한 세대쯤 늦은 페리클레스 시대의 영광과 깊게 연관된 비극작가는 소포클레스이다. 그는 아테네의 고위 관직을 지냈으며, 비극을 최고의 수준으로 끌어올리는 데 큰 공을 세웠고, 논문을 발표할 만큼 뛰어난 문학이론가이기도 했다. 그는 100여 편의 작품을 썼는데 이 중 7편이 전해지고 있다. 『안티고네(Antigone)』, 『오이디푸스(Oedipus)』가 그의 대표작이다.

비극의 발전에 지대한 공을 세운 사람으로 에우리피데스를 빼놓을 수 없다. 그는 비극을 종교적, 신화적 전통으로부터 독립시켰다. 자유의지의 표현과 책임감이 그의 작품의 특징이다. 그의 작품제목에는 이전에 비해 많은 여성 주인공들이 등장한다. 그리고 이 여성들의 심리상태를 잘 분석한다. 예를 들어 그는 작품 『메데아(Medea)』에서 남편에게 버림받고 남편을 살해한 메데아의 심리 탐구, 특히 어두운 정서적 면을 모색하고자 했다. 그는 비판적 이성주의를 추구하는 계몽적 성격을 띤 작가였다. 그는 80여 편의 작품을 썼고, 그의 작품이 3비극작가 중 가장 많이 전해지고 있다. 그의 다른 대표작으로 디오니소스의 거친 의식을 소개하는 『박케(Bacchae)』라는 작품이 있다.

희극은 아리스토파네스(Aristophanes, 기원전 450~385년경)의 11편이 전해지고 있다. 기원전 5세기에 희극작가들의 이름은 전해지고 있지만 작품과 함께 전해지는 작가는 아리스토파네스가 유일하다. 그의 희극은 정치적이며, 사회적 정신적인 변혁을 반영하고 있다. 당대의 상황을 과장하여 풍자하고 있으며, 음탕하고 외설스러운가 하면 때로는 심각하고 고상하기도 하다. 소크라테스를 비판하는 풍자극인 『구름(Nephelai)』, 비극작가들, 특히 에우리피데스가 연극을 망쳐 놓았다고 비판하고 있는 『개구리들(Batrachoi)』, 아테네와 스파르타 여성들이 단결하여 남편과의 잠자리를 거부함으로써 펠로폰네소스 전쟁을 종식했다는 줄거리의 『뤼시스트라테(Lysistratē)』, 여성들이 민회를 점령하여, 공산제를 확립하고 남성을 공유한다는 풍자극 『여성의회(Ecclēsiazusai)』 등이 대표적인 작품이다.

기원전 5세기 중엽 오늘날까지도 영향을 미치는 두 편의 역사서가 나왔다. 한 편은 역사의 아버지로 불리는 헤로도토스(Herodotos, 기원전 485~425년경)가, 다른 한 편은 비판적 역사학의 창시자로 알려진 투키디데스(Thukydides, 기원전 460~399년경)가 쓴 것이다. 두 사람은 오리엔트 지역의 연대기에서 보는 것처럼 사건을 단지 연대순으로 나열하는 방식이 아니라, 사건의 연관관계를 서술하려 노력했다.

헤로도토스는 소아시아 남부 도시인 할리카르나소스(Halikarnassos) 출신으로, 『역사(Historiae)』라는 작품에서 페르시아 전쟁의 원인을 기원전 500~479년 사이의 그리스와 페르시아의 관계를 중심으로 기술했다.

그리고 투키디데스는 아테네에 멸망을 가져다준 펠로폰네소스 전쟁(기원전 431~404)사를 기술했다. 그는 아테네의 장군이자 정치가로서 이 전쟁을 직접 경험했다. 역사를 통해서 교훈을 주어야 한다는 목적을 가지고 서술한 정치사의 대표적인 작품이다.

아테네 민주정의 결과 생산된 것 중 역사서보다도 더 많은 발전을 한 것은 웅변술이다. 민회나 법정에서 대다수의 지지를 얻기 위해 웅변은 중요했다. 오늘날 기원전 4세기의 웅변가들에 의해 행해진 웅변기록물들이 전해지고 있다. 변론을 편집한 리시아스(Lysias), 아테네의 반 마케도니아 정책의 기수였던 데모스테네스(Demosthenes), 친 마케도니아 정책을 역설했던 아이스키네스(Aischines)와 이소크라테스(Isokrates)의 민회에서의 연설문 등이 전해지고 있다.

(3) 건축

그리스의 건축은 기둥 모양에 따라 3가지 양식으로 구분된다. 가장 오래되고 단순한 형태가 도리아식이다. 기둥 받침이 없고 기둥머리에 장식이 없어 장중한 느낌이 든다. 대표적인 도리아식 건축은 아테네의 파르테논(Parthenon) 신전과 헤파이스토스(Hephaistos) 신전이다.

기원전 5세기 중엽에 아테네는 페르시아인들에 의해 파괴되었던 것들을 복구하면서 문화적 황금시기를 맞이했다. 기원전 447년 아크로폴리스(Acropolis)에 지은 파르테논 신전이 이때 건립되었다. 당시의 설계책임자는 익티누스(Ictinus)였고, 조각책임자는 페이디아스(Phedias)였다. 그는 고대 세계의 7개의 경이 중의 하나인 올림피아 신전에 있는 금과 상아로 만든 제우스의 신상을 만들었다. 그리고 아테나 여신상도 조각하여 파르테논 신전 안에 안치했고 내부 벽 대부분을 조각했다.

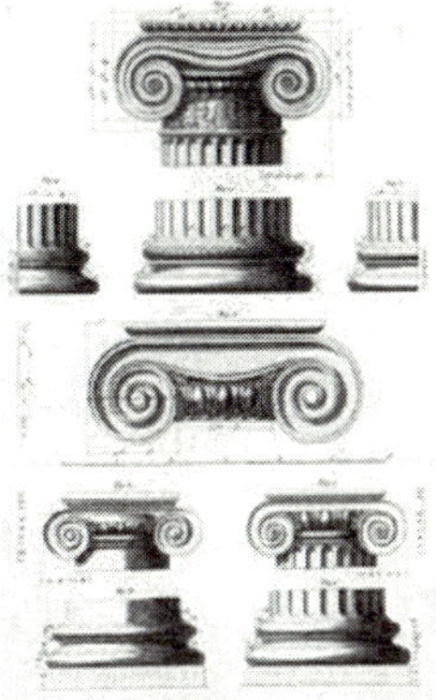

▲ 이오니아식

▲ 도리아식

▲ 코린트식

이오니아식은 도리아식보다 날씬하고 우아한 소용돌이 형식의 기둥머리 장식을 하고 있다. 에레크테온(Erechtheon) 신전이 이 양식으로 지어졌다. 이오니아식은 도리아식과 함께 그리스 고전 시대에 널리 사용된 건축 양식이었다. 이에 반해 코린트식은 고전 시대에는 별로 사용되지 않다가 헬레니즘 시대에 많이 사용되었다. 이것은 이오니아식을 변형한 것으로 더 화사하고 세밀한 아름다움을 보여준다. 코린트식 신전으로는 로마의 판테온(Pantheon) 신전과 아테나 알레아(Athena Alea) 신전이 대표적이다.

5 헬레니즘 시대(Hellenism, 기원전 336~30)

마케도니아인은 원래 그리스의 일족이었으나 그리스 본토인들에 의해 바바르(Barbar)로 불리다가 페르시아 전쟁 후 헬렌(Hellen)으로 편성되어 올림픽 경기에 참여할 수 있었다. 마케도니아인들은 원래 부족국가 전통의 가부장 사회였으나, 기원전 359년 필립(Philipp)이 24세로 마케도니아를 통일하여 국가를 세우고 왕이 되었다. 그 후 그는 에게해의 해상권을 장악하려 했으며, 이로 인해 아테네인들은 찬반으로 갈리어 분열되었다.

마케도니아의 팽창에 찬성한 대표자는 아이스키네스(Aischines)와 이소크라테스(Isocrates)였다. 아이스키네스는 필립과 합세하여 아테네의 약화를 방지하여야 한다고 주장했고, 이소크라테스는 모든 그리스 국가들이 필립과 연합해야 함을 강조했다. 이 외에 많은 아테네인들이 필립에게 매수되어 그의 의도를 지지했다. 데모스테네스(Demosthenes)는 마케도니아의 해상권 장악을 반대하며 필립의 침략주의적인 저의를 호소했다.

▲ 알렉산더

결국 민회의 결정은 데모스테네스의 반대의견에 힘을 실어주었다. 그러자 기원전 339년 필립은 그리스 본토를 침입했고, 아테네와 테베가 동맹하여 이에 대항했다. 그 이듬해인 기원전 338년 케로네아(Chaeronea) 전투에서 마케도니아군은 아테네와 테베의 연합군을 격파하고 실질적인 그리스의 지배자가 되었다. 테베의 용사들은 최후의 한 사람까지 용맹스럽게 싸웠고, 데모스테네스를 포함한 아테네인들은 전쟁을 피해 도망했다.

알렉산더(Alexander, 336～323)는 18세의 나이로 케로네아 전투에 참가했었다. 기원전 336년 필립이 마케도니아의 청년의 개인적인 복수로 암살되면서 알렉산더의 시대가 개막되었다. 마케도니아는 기원전 333년 시리아의 이소스(Issos) 전투에서 승리하고 기원전 331에는 가우가멜라(Gaugamela) 전투에서 승리하여 다리우스 3세를 중앙아시아로 내쫓았다. 다리우스 3세 그 곳에서 죽음으로써 페르시아는 멸망했다. 알렉산더는 기원전 327～325년까지 인도정복에 나섰으며, 기원전 324년에는 이란의 수사(Susa)에서 본인은 페르시아 여인 록사네(Roxane)와 결혼식을 올리고, 장교, 사병, 노병 등 약 만 명에 이르는 군인들도 페르시아 여인들과 결혼하게 함으로써 융화 정책을 시도했다. 바빌로니아에서 아라비아 원정을 계획하던 알렉산더는 기원전 323년 열병으로 사망했다.

헬레니즘 시대에는 마케도니아의 군사력에 의한 정복 전쟁과 더불어 그리스인의 폴리스 제도가 오늘날의 중동 지역과 인도에 이르는 지역으로 전달되어 그리스식 도시문화를 전달했다. 10여년 만에 이룩한 알렉산더 제국은 그가 죽은 후 시리아의 셀레우코스(Seleucos) 왕국, 이집트의 프톨레마이오스(Ptolemaios) 왕국, 마케도니아의 안티고노스(Antigonos) 왕국으로 분해되었다.

▲ 에피쿠로스

이후 셀레우코스 왕국과 프톨레마이오스왕국은 페니키아를 두고 쟁탈전을 벌였고, 프톨레마이오스 왕국과 안티고노스 왕국은 에게해의 패권을 두고 다투었다. 세 왕국은 통일 화폐를 사용함으로써 경제적으로 부흥했으나 기원전 2세기에 헬레니즘 세계의 대부분이 로마의 지배하에 들어갔다. 헬레니즘 시대는 이집트의 프톨레마이오스 왕국이 기원전 30년 망하면서 막을 내렸다.

헬레니즘 시대에 가장 중요한 철학적 과제는 어떻게 살 것인가에 대한 해답을 찾는 일이었다. 헬레니즘 시대의 부흥기에 스토아(Stoa)철학과 에피쿠로스(Epicuros, 기원전 342~270)학파가 활약했다.

스토아는 아고라(Agora)의 채색기둥을 말한다. 기둥들이 열 지어 서 있는 회랑을 담론의 장소로 이용한 데서 그 이름이 유래한다. 스토아철학은 셈족계열의 사이프러스 출신 제논(Zenon, 기원전 335~263)에 의해 주창되었다. 물론 이 회랑에서 소크라테스와 같은 철인들도 담론을 즐기곤 했다. 제논은 보편적인 정의에 의해서 지배되는 세계 국가의 필요성을 강조했다. 그리고 그의 사상의 핵심은 행복을 위해서는 모든 욕망으로부터 벗어나야한다는 것이었다. 금욕 생활을 통해 아무것에도 제한받지 않고 고요한 아파테이아(Apatheia, 부동심)의 경지에 이름으로써 모든 것으로부터 자유로워질 수 있다고 생각했다.

에피쿠로스도 인생의 목표를 행복으로 보았고, 행복은 쾌락에 의해 채워진다고 생각했다. 쾌락은 최고선이며 이는 곧 덕과 일치하는 것으로서 육체적 쾌락을 강조한 것이 아니고 영속적인 정신적 쾌락을 중시했다. 정신적 쾌락을 위해서는 아타락시아(Ataraxia, 마음의 평정)가 필요하고, 이와 같은 개인의 생존과 행복을 위해 국가가 봉사해야 한다는 사실을 일찍이 깨우쳐주었다.

수학과 과학적인 면에서도 발전을 이루었는데 아리스타르코스(Aristarchos, 기원전 310년경~230)는 지동설을, 히파르코스(Hipparchos, 기원전 190~126)는 지구 중심설을 주장했다. 유클리드(Euclid)는 기하학 이론을 체계화했으며, 아폴로니우스(Appolonius)는 원뿔 곡선의 특질과 응용 이론을 마무리 지었다. 아르키미데스(Archimides, 기원전 287년경~212)는 부력의 원리를 밝혔다.

제3장
로마 문명의 성립과 변천

■ 주요 연표

기원전 753 : 로마 건국

기원전 451 : 12동판법

기원전 366 : 리키니우스－섹스티우스법(평민 콘술, 평민 원로원)

기원전 287 : 호르텐시우스법(신분투쟁 종결)

기원전 218~201 : 한니발 전쟁(제2차 포에니 전쟁)

기원전 168 : 로마의 세계지배 시작

기원전 146 : 카르타고와 코린트의 파괴

기원전 133, 123/2 : 그락쿠스 형제의 개혁

기원전 82~79 : 술라의 독재

기원전 61 : 폼페이우스의 세 번째 승리

기원전 46~44 : 카이사르의 독재

기원전 27 : 아우구스투스의 원수정

기원후 14 : 아우구스투스 죽음

기원후 약 30 : 예수의 죽음

기원후 43 : 브리타니아 정복 시작

기원후 68 : 네로의 죽음(율리아－클라우디아 왕조의 종말)

기원후 161~180 : 마르쿠스 아우렐리우스(동쪽의 파르트족, 서쪽의 게르만족 방어)

235부터 : 군인황제 시대

250~303 : 기독교 박해

284~305 : 디오클레티아누스 황제

306~337 : 콘스탄티누스 대제

313 : 밀라노 칙령

391 : 테오도시우스 황제(기독교 국교화)

395 : 동, 서로마 분리

476 : 로물루스 황제의 퇴위

493~526 : 테오데릭의 동고트왕국

527~565 : 유스티니아누스 1세

570~632 : 모하메드

586 : 라벤나 총독부 설치

622 : 헤지라

730~843 : 성상 파괴운동

751 : 랑고바르드족의 침입

1054 : 로마 교회와 정교의 분리

1071 : 셀주크 투르크족의 정복

1095~1291 : 십자군 전쟁

1204 : 제4차 십자군의 콘스탄티노플 점령

1372 : 비잔틴 제국이 오스만 투르크족에게 처음으로 조공 바침

1453 : 비잔틴 제국의 멸망

---

1 로마의 발전

기원전 2000년경 북유럽에서 알프스를 넘어 이탈리아 반도로 인도게르만계 민족들이 남하했다. 그들 중 란틴족은 티베르(Tiber) 강 남쪽에 자리 잡았고, 움부르족은 북 이탈리아에, 사빈족은 라틴족과 인접하여, 삼니트족, 루칸족, 브루티족은 남 이탈리아에 정착했다. 이들은 이른바 이탈리아(Vitulus, Italia)인으로 호칭됐으며 농경생활과 유목생활을 했다.

그 후 기원전 900년경 에트루리아인이 오늘날의 토스카나(Toscana) 지방으로 이동하여 포(Po) 강과 티베르 강 사이 지역을 지배하면서 카르타고, 그리스 도시들과 무역을 했다.

1) 로마 건국

로마는 티베르 강변의 작은 지역에서 출발하여 먼저 이탈리아를 지배한 후 그리스 문명을 계승하고 지중해의 수많은 문명들을 통합하여 새로운 문명을 창조했다. 로마의 이와 같은 성장의 원인에 대해 여러 의견이 있으나 로마는 3면이 바다를 접한 좋은 지리적 위치 혹은 로마의 피정복민에 대한 포용력 등을 주요인으로 들 수 있다.

로마의 역사는 전기, 편지, 연설문, 수많은 금석문, 동전, 파피루스 고문서 등 많은 자료들이 있기 때문에 비교적 정확하고 다양한 분야의 역사서술이 가능하다. 그러나 로마 초기 역사를 전해주는 확실한 자료는 없다. 단지 아우구스투스 황제시기에 살았던 리비우스(Livius)나 그리스인 디오니스(Dionys)의 작품에 의존하여 왕정과 공화정 초기의 역사를 짐작할 뿐이다. 로마의 초기 역사에 대한 연구는 약 200년 전부터 본격적으로 시작되었다.

로마의 초기 역사는 그리스 신화와 연계된 설화로 시작된다. 로마인의 조상은 트로이 전쟁에서 패한 후 망명한 아에네아스(Aeneas)에서 시작된다. 그는 비너스(Venus)의 아들이었고, 로마의 유명귀족인 율루스(Julus, 카이사르와 로마 초기 황제가문의 조상)의 아버지였다. 바로(Varro, 기원전 1세기)에 따르면 수세대가 흐른 후 기원전 753년 로물루스(Romulus)가 '로마'를 건설했다. 당시 로마는 7부족의 장이 공동으로 지배하고 있었다.

고고학적 발굴로 기원전 9~10세기에 이미 에스퀼리누스 언덕(Mons Esquilinus)에 거주지가 있었음이 확인되었다. 거주지는 기원전 8세기에 이르러 다른 언덕과 포룸(Forum)지역으로 확산되었다. 종교적인 중심지는 베스타(Vesta) 여신을 모시면서 피난처 역할도 했던 카피톨(Capitol)이었다.

기원전 600년경 이후부터 7부족을 통합한 왕정이 실시된 것으로 보인다. 에트루리아인이 주축이 된 왕정은 7부족 공동체를 지배했다. 로마라는 명칭의 유래는 에트루리아인의 한 귀족가문의 성인 'Rumilier'에서 'Ruma'로 부르던 것이 다시 변하여 현재 우리가 알고 있는 'Roma'가 되었다고도 한다. 당시 이탈리아의 남부와 시칠리아 섬은 그리스인들의 식민지였다.

로마의 왕은 제사장과 재판관, 군지휘관까지 겸하였던 왕과 신하인 24명의 릭토르(Lictor), 300명의 귀족(Patricii)으로 구성된 원로원(Senat)이 있었다. 원로원은 왕의 모든 정책에 관여했으며, 왕의 후임결정에도 영향을 미쳤다. 로마 시민은 30개의 씨족 공동체(Curia)로 구성되어 있었고 일 년에 두 번 모임을 가졌다. 모임에서 하는 일은 신입회원의 신분검증을 하는 일이었으나 경우에 따라서는 전쟁을 결의할 수도 있었다. 이 외에도 많은 평민(Plebis)이 있었는데 이들은 대개 소농, 외국인, 수공업자들이었다. 그리고 노예계층이 있었다. 로마의 사회를 구성하는 것은 가족단위의 공동체였는데 각 가족은 가부장(Pater Familias)이 중심을 이루고 있었고 이들의 권한은 막대했다.

2) 로마 공화정의 성립

에트루리아 왕정을 통해 로마는 강한 도시국가로 발전할 수 있었지만 왕권강화에 대한 귀족들의 반발로 인해 공화정(Res Publica)으로 전환했다. 그 과정을 살펴보면 다음과 같다.

로마 귀족들은 기원전 510년 에트루리아의 마지막 왕 타르퀴니우스(Tarquinius Superbus)를 축출했다. 리비우스에 따르면 왕의 아들인 섹스투스(Sextus Tarquinius)가 동료 콜라티누스(Coolatinus)의 로마인 아내 루크레티아(Lucretia)를 겁탈했던 사건으로 민란이 일어났고 왕이 축출되었다. '루크레티아의 치욕'으로 알려진 이 사건은 물론 설화에 불과하지만 이 시기에 에트루리아의 왕정은 실제로 무너지고 있었다.

왕이 축출되고 없는 동안 원로원이 권력을 행사했고 원로원 중 한 사람에게 임기 1년으로 행정권을 위임했다. 기원전 5세기 중엽에는 행정부의 수반을 두 사람으로 늘렸다. 이들은 처음에는 프레토르(Praetor)로, 후에는 콘술(Consul)로 불렸다. 정부의 기능이 왕정에 비해 많이 축소되었다. 이제 새로 수립된 공화정을 이루고 있는 주축은 민회와 정부였다.

(1) 민회

민회는 정무관을 선출하고 법률을 제정하며 재판을 했다. 그리고 전쟁, 평화, 동맹 등의 주요 국가 정책을 직접투표로서 결정하는 기능을 했다. 민회에는 쿠리아회, 켄투리아회, 트리부스 인민회가 있었다. 쿠리아회(Comitia Curiata)는 귀족을 중심으로 씨족과 부족의 중간단위인 30개의 쿠리아로 구성되어 있었으며 투표는 만장일치 원칙을 따랐다. 켄투리아회(백인대, Comitia Centuriata)는 최소의 군대단위인 100명을 단위로 하며 193개의 백인대로 구성되어 있었다. 이것은 로마의 제6대 왕인 세르비우스 툴리우스(기원전 578～533)에 의해 재편된 것이다. 귀족으로 구성된 기병부대가 18개였고, 평민으로 구성된 중무장 보병이 80개였다. 이들의 투표방식은 과반수 원칙이었다. 트리부스 인민회(Comitia Tributa Populi)는 35개의 지역구로 구성(기원전 241)되었다. 이 민회도 로마의 제6대 왕인 세르비우스 툴리우스 때 군대소집, 세금징수 등 행정적 목적을 위해 설치되었다가 얼마 안가서 정무관의 선출, 입법, 재판 기능을 담당했다. 켄투리아회가 끝나면 곧 이어 콘술의 주도로 35개의 트리부스의 성원명부에 이름이 올라 있는 시민, 즉 귀족과 평민 모두 지역구별로 참가하여 투표를 했다. 트리부스는 원래 로마시에 4개, 농촌에 15개가 있었다. 그러다가 이탈리아 정복(기원전 471～387) 후에 2개가 더 늘어났고, 기원전 387년 베이(Veii)가 로마로 흡수되면서 4개가 증가했다. 그리고 기원전 358부터 241년까지 10개가 더 늘어 모두 35개의 트리부스가 있었다.

(2) 정부

로마 공화정의 정부는 대정무관과 소정무관으로 나뉘었다. 대정무관은 집정관, 감찰관, 재판관 등이었다. 집정관(Consul)은 두 명으로 임기는 1년이었다. 이들은 사법(재판관), 행정(군 지휘관)권을 행사했으며, 명령을 시행하고 보좌하는 12명의 관리(Lictor)를 두었다. 국가위기 시에는 6개월에 한하여 한 명에게 전권이 주어졌다(Dictator). 다음으로 감찰관(Censor, 기원전 443년 이래로)은 두 명이었고 임기는 5년이었다. 이들은 인구조사를 통해 재산과 수입을 조사하여 시민을 5등급으로 분류하고 징병대상자를 조사하는 역할을 맡았다. 그리고 원로원들의 부당행위나 부도덕성을 감시하고 적발했다. 마지막으로 재판관(Praetor)은 기원전 366년에 재판 전담을 위해 1명의 재판관을 선출했으나, 후에는 속주 총독들로 임명하기 위해 8인까지 뽑기도 했다. 소정무관에는 경찰행정관과 재무행정관이 있었다. 경찰 행정관(Aediles)은 귀족과 평민을 위한 관료를 따로 두었으며(aediles curules : 귀족, aediles plebis : 평민), 임기는 1년이었고, 처음에는 2명이었으나 후에 4명으로 늘어났다. 이들은 로마의 경기를 개최하고 치안, 위생, 건물, 시장, 곡가를 감독했다. 재무 행정관(Quaestor)은 임기 1년으로 세금징수 등 재무를 담당했다.

3) 로마 공화정의 발달

(1) 신분투쟁

로마 공화정에서 중요한 것은 귀족과 평민의 갈등과정이다. 로마는 에트루리아인들에 의한 왕정을 무너뜨리고 공화정을 수립하기 위해 평민들의 힘이 필요했다. 이를 계기로 평민들은 세력을 신장할 수 있었다. 평민은 중무장 보병의 역할이 전투에서 막중해지면서 이에 걸맞은 법적, 정치적 평등을 요구하고 나섰다. 원래 귀족들의 관직독점과 자의적 재판에 반대하여 일찍부터 신분투쟁을 벌였던 평민은, 자신들의 요구가 관철되지 않으면 로마를 떠나 평민만의 국가를 새로 건설하겠다고 위협했다. 그 결과 기원전 494년에 호민관직이 만들어졌다. 그리고 호민관들의 활약으로 기원전 471년 귀족이 빠진 평민만의 민회인 트리부스 평민회(Concilium Plebis Tributum)가 만들어졌다. 기원전 450년경에는 12표법(Livius : fons omnis publici privatique iuris)이 10명의 귀족에 의해 3년간 그간의 모든 법문들을 모아 12동판에 성문화되었다. 귀족의 통치수단으로서의 법이 성문화되면서 오히려 평민들을 보호하는 역할을 했다. 기원전 367년 두 명의 콘술 중에 한 명은 평민 출신이 될 수 있었고, 300년에는 평민도 제사장(Pontifex Maximus)이 될 수 있었다. 물론 콘술과 제사장이 될 수 있었던 평민은 부유층이었으나 신분제도가 무너졌다는 점에서 대단한 발전이었다. 트리부스 평민회의 기능은 기원전 287년 호르텐시우스법에 의해 크게 확대되었다. 그동안 다른 민회에서 법률안이 통과되면 그것은 법으로서 효력을 발생하였으나 트리부스 평민회의 결의들은 법적 구속력을 갖지 못하고 있었다. 그러나 호르텐시우스법은 평민회도 독자적인 입법 기능을 할 수 있도록 보장했다. 이에 따라 트리부스 평민회는 민회의 대표 기관이 되었다.

(2) 포에니 전쟁(기원전 264~146)

로마인들은 기원전 493년 주변 경쟁국들로부터 로마를 보호하고자 라티움 지방의 도시들과 라틴 동맹을 맺었다. 기원전 5세기 후반 사빈족을 완전히 정복했고, 기원전 396년 로마에서 북서쪽으로 18km 떨어진 에트루리아의 도시였던 베이(Veii)를 점령했다. 그러나 기원전 387년에는 갈리아인들의 침입을 받기도 했다. 이후 로마는 라틴 동맹을 해체시켜 라티움을 완전히 장악했으나 이 지역을 노리던 삼니트족과 두 차례의 전투(기원전 326~304, 298~290 : 삼니움 전쟁)를 치러야했다. 이 전투에서 승리한 로마는 기원전 272년 남부 이탈리아의 그리스 식민지(Magna Graecia)를 정복했고, 그 후 점차 전 이탈리아에 대한 지배권을 확보하고 티르헤니 해(Mare Tyrrhenum)와 아드리아 해(Mare Adriaticum)의 해상권 장악을 시도했다.

로마의 지중해 팽창은 카르타고의 지중해세력과 마주칠 수밖에 없었다. 이렇게 시작된 포에니 전쟁은 3차례에 걸쳐 일어났다. 제1차 포에니 전쟁(기원전 264~241)은 시칠리아 섬 쟁탈전이었으며 로마의 승리로 끝났다. 로마는 시칠리아 섬을 발판으로 보다 쉽게 지중해로 팽창할 수 있었다.

제2차 포에니 전쟁(기원전 219~201)은 카르타고의 반격으로 시작되었다. 카르타고의 한니발은 기원전 218년 스페인 동부해안의 로마 동맹 시 사군툼(Saguntum)을 함락시키고 알프스 너머로 진격했다. 그는 216년 칸네(Cannae) 전투에서 로마군을 포위하여 섬멸했다. 로마의 위기는 기원전 206년 로마의 명장 스키피오(Scipio Africanus)가 나타나면서 역전되었다. 그는 한니발의 근거지인 이베리아 반도로 쳐들어가서 기원전 202년 카르타고의 자마(Zama) 전투에서 승리했다. 한니발이 이듬해 자살하여 전쟁은 끝이 났다.

제3차 포에니 전쟁(기원전 149~146)은 카르타고의 재성장에 로마가 개입하며 시작한 것으로 이 전쟁으로 카르타고는 초토화되었다. 포에니 전쟁은 페르시아 전쟁, 알렉산더 대왕의 동방원정과 더불어 동서 문명의 대립이었다. 전쟁의 승리로 로마는 지중해에 대한 패권을 장악하고 헬레니즘 세계로 세력을 뻗쳤다. 이로 인한 헬레니즘 문화의 유입은 한편으로는 로마문화의 발전에 기여했지만, 다른 한편으로는 사치와 향락문화가 조장되어 로마를 위기로 몰아가기도 했다.

4) 로마 공화정의 위기

포에니 전쟁에서 승리하고 지중해를 장악한 로마는 시칠리아와 아프리카에서 싼 곡식을 수입했고 헬레니즘의 국가들로부터 노예를 수입했다. 그 결과 로마의 중·소농이 몰락했고, 대농들이 기업화(Latifundium)되었다. 대농들은 올리브유와 포도주 생산을 증진했고, 가축사육을 위한 방목지를 넓혔다.

기원전 2세기 그리스적 삶과 사상은 그리스 세계로 팽창한 로마 귀족층의 일상생활은 물론 로마의 정치 경제에도 많은 영향을 미쳤다. 로마의 장군들은 헬레니즘 세계를 정복하여 쉽게 왕위를 차지하거나 왕과 같은 대우를 받았기 때문에 로마로 돌아와서 원로원의 명령을 따르는 것이 쉽지 않았다. 정복지에서 누렸던 권력이 컸을수록 원로원과의 관계는 어려웠다. 한니발을 물리쳤던 스키피오의 비참한 죽음도 이와 같은 이치의 결과였다.

정치적 권력투쟁의 양상도 변했다. 화려한 축제행사나 물질공세를 통해 대중적인 지지를 확보하면 높은 지위에 오를 수 있었다. 거대한 재산가들은 그리스와 소아시아에서 총독이나, 프레토르 혹은 콘술을 역임하면서 많은 부를 축적했다. 부는 사회적 지위를 주었고, 사회적 지위는 다시 부를 늘렸다. 또한 부는 사치생활을 키웠고, 이는 사회변화의 중요한 변수가 되었다. 원로의원들은 상거래를 할 수 없었기 때문에 부를 농촌에 투자하여 대농장을 경영했다. 대농장경

영은 공화정과 로마군에서 중추적인 역할을 하던 자영농들을 노예로 만들었다. 그리고 기원전 2세기에 추진되었던 많은 원정들로 농민이 농사를 짓는 일이 어려워졌다. 이와 같은 자영농의 감소는 군사력 약화로 이어졌다.

로마인들은 위기상황을 잘 알고 있었다. 그래서 기원전 170년대에 벌써 토지 소유 상한선에 관한 법률이 제정되었으나 지켜지지 않았다. 이 법을 다시 적용하여 회수된 토지를 자영농에게 분배하여 시민군을 강화하려는 시도가 젊고 유능한 정치가 스키피오에 의해서도 제안되었지만 원로원의 반대로 시행되지 않았다. 그 후 스토아 철학의 영향을 받은 원로의원들과 법학자들이 모여 새로운 해결책을 모색했다. 그들의 대표가 133년 호민관이 된 티베리우스 셈프로니우스 그락쿠스(Tiberius Sempronius Gracchus)였다.

(1) 그락쿠스 형제의 개혁

기원전 133년 티베리우스 그락쿠스는 스토아 교육을 받아 고도의 윤리관과 성숙한 정치적 열정을 지닌 호민관이었다. 그는 원로원의 허가 없이 농지법을 민회에 제출하여 시민의 재산이 500유게라 이상의 토지를 소유할 수 없도록 했다. 규정 이상의 토지를 소유한 시민의 재산은 몰수하여 자신이 포함된 3인 위원회를 통해 가난한 자들에게 분배되었다. 원로원을 무시하고 법안이 처리된 것은 대단히 중대한 사건이었다. 왜냐하면 호르텐시우스법이 제정된 이래로 호민관이 원로원의 결정을 거역한 적이 없었기 때문이었다. 이 사건으로 호민관의 역할이 다시 강화된 것처럼 보였지만 최고사제단과 원로원이 함께 호민관을 집단구타로 죽였다. 로마에 영광을 가져다주었던 귀족과 평민 사이의 평화공존과 협조체제는 더 이상 존재하지 않았다.

동생인 가이우스 그락쿠스(Gaius Gracchus, 기원전 123, 호민관)는 형보다는 완곡한 개혁을 시도했다. 그는 빈민에게 시장가격보다 싸게 곡물을 공급할 것과 카르타고에 식민시를 건설하여 무산계급을 이주시킴으로써 빈민문제를 해결할 것을 제안했지만 뜻을 펼 수 없었다. 기원전 123년과 122년 두 해 동안 호민관을 지낸 가이우스는 연임을 시도했지만 실패했다. 가이우스의 추종자들이 무장을 하자 원로원은 국가비상사태를 선포했고, 콘술 오피미우스(Lucius Opimius)는 가이우스와 그의 추종자 약 300명을 재판도 없이 살해하여 티베르 강에 던져버렸다. 이 사건에 대한 책임을 놓고 원로원이 보수파인 옵티마테스(Optimates)와 그라쿠스의 개혁을 지지하는 포풀라레스(Populares)로 분열되었다.

(2) 옵티마테스와 포퓰라레스

옵티마테스(Optimates)와 포풀라레스(Populares)는 기원전 2세기 말부터 1세기 초까지 약 100년간 내란을 겪으면서 공화정을 끝나게 했다. 포풀라레스를 대표하는 마리우스(Marius, 기원전 157~86)는 자유농의 몰락으로 시민군의 유지가 어려워지자 무산자의 지원병으로 직업군대를 편성했다. 이 무산자들은 무장을 무상으로 공급받았을 뿐만 아니라 급여도 받았다. 이들은 16년간 복무하였고, 복무가 끝나면 토지를 부여받아 노후를 대비했다.

옵티마테스의 대표 술라(Sulla, 기원전 138~78)는 기원전 84년 소아시아 원정에서 돌아와 포풀라레스를 무자비하게 살해하고 그들의 재산을 몰수했다. 술라는 희생자들의 노예를 해방시켜 만 명으로 구성된 친위대를 만들었고, 몰수재산은 자신의 추종자들이었던 12,000명의 노병에게 나누어 주었다. 그는 기원전 82년 종신 독재관이 되어 평민회와 호민관의 권한을 축소시켰고 원로원을 장악하기 위해 원로의 수를 300명에서 600명으로 늘렸다.

(3) 제1차 삼두정

술라의 뒤를 이어 폼페이우스(Pompeius, 기원전 104~48)가 집권했다. 그는 젊은 장군출신으로 기원전 76년부터 72년까지 이베리아 반도를 평정하고 정계에 등장했다. 크라수스(Crassus, 기원전 112~53)는 술라 덕으로 대부호가 되었다. 그는 기원전 71년 스파르타쿠스의 반란을 진압했다. 카이사르(Caesar, 기원전 100~44)는 기원전 68년 재무관, 기원전 65년 경찰관이 되었다. 그리고 기원전 63년 최고사제(Pontifex Maximus)와 프레토르가 되었고, 기원전 60년 삼두체제의 일원이 되었다. 그는 딸 율리아(Julia)와 폼페이우스를 결혼시키고 기원전 59년 콘술이 되었으며, 기원전 58년부터 51년까지 갈리아를 정복했다. 전쟁 중인 기원전 54년 율리아가 사망하고 그 이듬해에 크라수스가 전사했다. 기원전 49년 1월 갈리아 총독의 임기 종료되자 카이사르는 다음 해 자신이 콘술이 될 때까지 갈리아 총독직을 연장하려했으나 원로원은 이를 허락하지 않고 그를 로마로 소환했다. 기원전 49년 1월 10일, 갈리아와 이탈리아의 경계인 루비콘 강가에서 카이사르는 장군과 병사에게 이렇게 외쳤다.

> 우리는 아직 돌아갈 수 있지만, 주사위는 던져졌다(alea iacta est). 작은 다리를 건너라, 그러면 그 후 발생하는 모든 문제는 이 칼이 해결해 줄 것이다.

그는 로마를 향해 진격하여 원로원 보수파의 지원을 받는 폼페이우스를 격파했다. 폼페이우스는 동방으로 피신했으나 기원전 48년 이집트에서 살해되었다. 카이사르는 기원전 46년 소아시아를 평정하고, 기원전 45년 에스파냐에서 폼페이우스의 잔존세력을 격파했다. 내란은 3년 이상 지속되었고 카이사르는 외교적 수완으로 완승할 수 있었고 패자에 대한 관용을 잃지 않았다. 로마의 모든 식민지가 그의 지배를 받았다. 이집트의 경우 프톨레마이오스 왕가의 마지막 왕이 되었던 클레오파트라는 카이사르의 애인이었으며 둘 사이에 자식도 있었다. 그는 권력을 장악했지만 권력을 행사하는 데 있어서 자유롭지 못했다. 그가 의도한 독재 권력은 공화정 수구파들의 큰 저항에 부닥쳤다. 그리고 기원전 44년 3월 15일 살해되었고, 제1차 삼두정치는 막을 내렸다.

(4) 제2차 삼두정

독재자는 죽었지만 공화정이 다시 수립된 것은 아니었다. 카이사르의 암살 사건으로 정국은 다시 어지러워 졌다. 카이사르의 정치적인 상속자인 옥타비아누스(Octavianus, 기원전 63～14)와 안토니우스(Marcus Antonius, 기원전 82～30)가 권력을 장악했다. 여기에 카이사르의 추종자였던 레피두스(Aemilius Lepidus, 기원전 약 90～12)가 합류하여 기원전 43년 11월 제2차 삼두정치가 성립했다.

옥타비아누스는 카이사르의 장조카였으며 훗날 양자로 입양되었던 인물이다. 안토니우스는 카이사르의 오른팔로 카이사르가 사망하자 남은 세력들을 지지기반으로 끌어들여 실권을 잡았다. 레피두스는 히스파니아 키테리오르(Hispania Citerior)와 갈리아 나르보넨시스(Gallia Narbobensis) 속주 총독으로 당시 최강의 정예군단들을 보유하고 있었다.

기원전 36년 옥타비아누스는 레피두스와 함께 폼페이우스(Sextus Pompeius, 기원전 67~35)를 상대로 승리했다. 레피두스는 승리에 대한 대가로 시칠리아섬을 요구했지만 옥타비아누스는 그를 무력화시켰다. 이제 제2차 삼두정은 안토니우스와 옥타비아누스의 대결구도가 되었다. 안토니우스는 알렉산드리아에 거주하면서 기원전 41년부터 클레오파트라와 사랑에 빠졌다. 안토니우스와 클레오파트라의 로맨스는 그의 아내였던 옥타비아를 자극했다. 옥타비아는 옥타비아누스의 여동생으로 기원전 41년 안토니우스와 결혼했었다. 옥타비아누스는 레피두스를 축출한 후 아프리카를 차지했으며, 안토니우스를 로마인의 배신자로 낙인찍었다. 그리고 기원전 31년 악티움(Actium) 해전에서 안토니우스와 클레오파트라의 연합군을 격파했다. 기원전 30년 안토니우스와 클레오파트라는 자결했고, 옥타비아누스는 오랜 권력투쟁 끝에 로마 전역에 대한 지배권을 장악했다.

2 로마 제정

1) 로마 제정의 성립

옥타비아누스는 카이사르의 비극적인 종말을 통해 권력만으로 로마를 다스릴 수 없음을 알았다. 그는 로마에서 왕정이 수립될 수 없음을 잘 알고 있었기 때문에 복고적인 태도로 선조들의 관례에 따라 정치를 했다. 그는 자신이 로마건국 가문인 율루스(Julus 혹은 Julius)의 후손임을 강조하면서 자신의 권력에 대한 정통성을 확립했다. 그는 최고 사제였고, 죽은 후 신으로 추대되었을 정도로 로마 시민과 원로의원들에게까지도 신뢰를 잃지 않았다.

기원전 29년 옥타비아누스는 원로원을 새로 구성하여 로마 본토는 원로원이, 국경은 임페라토르(Imperator)가 다스리도록 했다. 카이사르가 시민권을 남발했던 반면에 옥타비아누스는 노예해방에 소극적인 태도를 보여 시민과 노예간의 결혼을 금지시키기도 했다. 그리고 기원전 27년 1월 형식적으로 자신의 권력을 원로원과 시민에게 되돌려주었다. 이로써 공화정이 다시 수립되었다. 이에 원로원은 그를 '아우구스투스(Augustus)'로 칭했고 그에게 군대지휘권과 속주통제권을 부여했다. '아우구스투스'라는 단어는 로마건국신화에서 로물루스가 건국 2년째에 행했던 최초의 종교의식을 통해 알아내려고 했던 '가장 성스러운 예언(augustum augurium)'을 연상케 하는 것이었다. 그는 콘술직과 호민관직을 보유했으나 콘술직은 반대세력의 저항으로 내 주었다. 그러나 그는 공화정을 실제로 지배했다.

이와 같은 그의 치적은 무엇보다도 전통을 중시하는 원로원의 지지를 잃지 않았기 때문에 가능했을 것이다. 그는 자신과 원로원이 동일하다는 인식을 심는데 성공했다. 그래서 원로원의 군사권이나 법 집행을 아우구스투스가 대신할 수 있었다. 겉보기에는 이전의 공화정과 달라진 것이 없어 보였다. 그러나 황제가 하는 일을 거역할 수 없다는 사실 외에 무엇이 구체적으로 달라졌는지를 아는 것은 쉽지 않았다.

2) 제정의 발전

서기 14년 8월 19일 아우구스투스가 죽자 아무도 그가 만들어 놓은 황제권의 계승을 문제시 하지 않았다. 평화와 안정이 수백 년 간의 전쟁 끝에 찾아온 것이었다. 티베리우스(Tiberius, 14～37)가 그의 뒤를 이었다. 그는 독재적이라기보다는 민주적인 통치를 선호했고, 원로원의 권한을 확대했다. 그는 아우구스투스보다도 황제칭호 사용에 소극적이었지만 황제권이 계승되어야 한다는 점에서는 주저하지 않았다.

37년 티베리우스의 뒤를 이어 그의 장조카이면서 입양손자이고 아우구스투스의 증손자인 칼리굴라(Caligula, 37~41)가 25세의 나이에 황제가 되었다. 그의 원래 이름은 가이우스(Gaius)였지만 군화라는 의미의 별명인 칼리굴라로 불렸다. 티베리우스는 연로했고 원로원으로부터 위선자라는 소리를 듣고 있었다. 이와 같은 상황에서 칼리굴라는 그의 추천도 없이 황제에 걸맞은 어떤 정치적 능력도 없이 황제위에 올랐다. 그는 동방 군주를 모방하여 원로원을 무시하고 독재를 했고, 종교적인 전통마저도 저버리는 비정상적인 통치를 했다. 그는 시민과 군대의 지지를 잃고 41년 암살되었다. 그의 숙부인 클라우디우스(Claudius, 41~54)가 황제가 되어 아우구스투스가 이룩해 놓은 신뢰를 회복하려 노력했다. 그는 법에 의한 통치를 하면서 신뢰를 회복할 수 있었지만 자신의 노예를 해방시킨 일로 원로원과 다시 대립했다. 그의 뒤를 이어 칼리굴라처럼 악명이 높은 네로(Nero, 54~68)가 황제가 되었다. 네로는 스토아 철학을 바탕으로 정치를 했으며 집권 초기 원로원의 신뢰를 얻었다. 그러나 그는 시간이 흐르면서 포악해졌고, 마침내 그의 스승인 세네카를 죽였다. 모든 식민지의 군대가 궐기하고 친위대마저 반란에 가담하자 그는 자살했다.

이와 같은 폭군정치를 경험하면서도 아무도 로마의 정체를 진지하게 비판하지 않았다. 네로의 뒤를 이으려는 4명의 후보자들이 난립을 하다가 원로원의 지지를 받아 갈바(Galba, 68~69)가 황제로 추대되었다. 그러나 그는 군대와 친위대의 동의를 얻지 못했고, 혼란한 정국은 지속되었다. 66년부터 유대인 반란을 평정하는 데 공을 세운 베스파시아누스(Vespasianus, 69~79)가 황제가 되어 안정을 찾았다. 그의 뒤를 이어 두 아들, 티투스(Titus, 79~81)와 도미티아누스(Domitianus, 81~96)가 통치했다. 빨리 죽은 티투스의 뒤를 이은 도미티아누스는 독재를 했고 암살당했다. 이에 원로원과의 마찰이 생겼고 원로원은 황제세습제를 비판하면서 스토아 철학에 입각하여 황제의 자격문제를 논했다. 무엇보다도 가장 유능한 자가 황제가 되어야 하며, 황제는 제국과 국민 모두에게 공정하고 봉사하는 통치를 해야 한다고 주장했다.

플라비우스(Flavius) 황제家(베스파시아누스~도미티아누스)의 집권이 끝난 후 집권한 2세기의 황제들은 양자제도에 입각해서 황제 자리를 계승했다. 이전의 황제들과는 달리 2세기의 황제들은 가장 덕이 많고 가장 용기 있는 자들 중에서 양자를 택하여 황제 자리를 물려주었다. 이제 황제는 독재적인 위풍당당함을 보여서는 안 되고 중용(moderatio), 동참(comitas), 관용(munificentia), 자비(mansuetudo), 인간애(humanitas), 그리고 무엇보다도 시민정신(civilitas) 등의 덕목을 갖추어야 했다. 친자가 아닌 양자 계승 원칙은 유능한 황제를 선출할 수 있는 이상적인 방법이었다. 그러나 아우렐리우스(Marcus Aurelius, 161～180) 황제 때 이 원칙은 더 이상 지켜지지 않았다. 잘 알려진 대로 아우렐리우스는 스토아 철학자이기도 했다. 그의 재위기간은 게르만족의 침입, 페스트 등의 재난이 많아 민생이 피폐해졌다. 그는 그의 아들 코모두스(Comodus, 180～192)를 잘 교육시켜 공동통치자가 되게 했다. 코모두스는 나이 18세 때 벌써 황제권을 장악하고 마치 네로처럼 통치했다. 각종 축제를 권장했고 심지어는 직접 검투사로서 축제에 참여하기도 했다. 그러나 192년 12월 31일 측근의 음모로 암살당했다. 그가 죽은 후 로마는 네로의 죽음 후보다도 훨씬 더 혼란해졌다. 수년에 걸친 권력투쟁과 내전으로 식민지가 큰 피해를 입었다. 193년에 5명의 황제가 난립을 했고, 이와 같은 상황은 계속되었다. 거의 50년간 어느 누구도 합법적으로 권력을 장악하거나 장기집권을 할 수 없었다. 내전이 일상화되었다.

3) 제정의 쇠퇴

많은 역사학자들이 로마의 쇄락의 원인을 밝히려 했다. 그렇게 강력했던 대제국이 무슨 이유로 쇄락의 길을 갔는지, 특히 제국의 서쪽 지역에서 무슨 일이 벌어졌는지에 대한 관심은 유별났다. 영국 역사가 기번(Ediard Gibbon)은 그의 저서 『History of the Decline and Fall of the Roman Empire(1776～1788)』에 서로마 지도층의 타락과 기독교를 쇄락의 주요인으로 보았다. 19세기 말엽을 살았던 독일 사회학자 베버(Max Weber)는 내부분열로 야기된 사회경제제도의 붕괴가 로마를 쇄락의 길로 몰아갔다고 믿었다. 그 외의 학자들은 문화와 인종의 융합, 농경지 부족, 기후변화로 인한 강수량 부족, 인구감소로 인한 노동력 부족, 사회적 차별의 수평화, 납중독 된 물 등을 쇄락의 이유로 들었다.

이와 같은 주장들은 논리적 타당성을 바탕으로 주장되었기 때문에 있을 수 있는 쇄락의 이유는 거의 다 거론되었다고 볼 수 있다. 오늘날의 역사가가 해야 할 일은 각 주장들을 사료를 통해 논증하고 그것들을 서로 비교 검토하는 일이다. 로마의 쇄락의 원인은 한 가지 이유로 설명될 수 없고, 다양한 요인이 서로 얽혀 로마를 기울게 했을 것이기 때문이다.

로마는 180년 아우렐리우스 황제가 진몰하면서 황제의 군통솔권이 약화되었다. 235년부터 285년까지 이른바 '병영황제 시대'에 속주군단들의 패권싸움이 이어졌으며 26명의 황제가 난립했다. 또한 외부에서 쳐들어오는 북쪽의 게르만족과 동쪽의 사산조 페르시아 등의 이민족은 로마로 진입하여 로마인의 생활 속으로 파고들거나 아니면 침략하고 약탈을 했다. 중산층이 몰락해 로마의 재정이 악화되었다. 전비의 증가는 재정을 궁핍하게 했고, 과중한 세 부담으로 도시가 쇠퇴했다. 3세기 말 정복전쟁이 끝나면서 콜로니(Coloni, 부자유 소작인)의 수가 늘어났다. 이는 노예의 공급이 중단됨으로써 나타난 현상이었다. 노예노동에 의존하던 라티푼디움은 해체될 위기에 놓이고 노예해방이 촉진되었다.

284년 디오클레티아누스(Diocletianus, 284~305)는 제정을 부활하여 밀라노(Milano)로 천도했다. 그리고 그는 황제제도를 개선하여 두 명의 황제(Augustus)와 두 명의 부황제(Caesar)를 두었다. 로마를 동과 서로 분리하여 본인이 동로마의 황제가 되고, 그의 친구 막시미아누스가 서로마의 황제가 되었다. 각 황제는 부황제를 선출할 수 있었고, 20년 후 부황제가 황제로 승격하는 이상적인 제도를 확립한 것이다. 이와 같은 그의 4분 체제는 형식적인 면이 강해 실효를 거두기 어려웠다. 동로마에서 황제계승은 계획대로 부제였던 갈레리우스(Galerius)가 황제가 되고 막시미누스 다이아(Maximinus Daia)를 부제로 삼았다. 문제는 서로마에서 발생했다. 서로마 황제 막시미아누스는 약속대로 305년 20년의 통치를 마치고 부제였던 콘스탄티우스에게 황제자리를 물려주었지만 그 이듬해 브리타니아 원정에서 병사했다. 그의 아들 콘스탄티누스(Constantinus, 306~337)가 적법성에 대한 논란에도 불구하고 황제가 되었다. 콘스탄티누스는 중앙권력을 강화하기 위하여 중앙에 궁정과 궁정의 상위 기관으로 황제 직속의 콘시스토리움(Consistorium)을 두었다. 그리고 로마 영토에 4개의 식민지 총독부(Gallia, Italia Illyricum, Orient)를 두었다. 각 총독부는 대개 12개의 디오이케시스(Dioikesis)라는 중간 행정구역으로 나뉘었으며, 각 디오이케시스는 비카리우스(Vicarius)가 다스렸다. 따라서 지금까지의 로마 식민지가 디오이케시스로 재편성되었던 것이다.

이러한 관직들은 특정한 공로가 있는 사람에게 하사되거나 특정한 요구가 있는 경우에도 부여되었다. 각 직책 보유자는 자신의 사익을 위해서 직책을 이용할 수 있었는데, 보수는 일정하게 주어진 것이 아니었고 각기 부수입에 따라 결정되었다. 따라서 당시 사람들은 관료들의 수입이 각 관료가 거두고자하는 바구니의 크기에 따라 결정된다고까지 생각했다.

후기 로마 제국의 군사 조직은 행정 조직과는 분리되어 운영되었다. 장군들은 황제 직속으로 있으면서, 행정 조직에서와 마찬가지로, 특히 서로마 지역에서 흔하게, 독자적인 세력을 구축했다. 다시 말하자면 황제가 부여하는 모든 직에는 분명한 역할과 의무 및 대가가 규정되어 있었던 것이 아니라 융통성 있는 유연한 체제로 권력의 각 단계와 단위마다 다양한 연합과 연계가 가능했다. 이러한 연합과 연계에 황제가 직접 개입했으며, 원하면 언제라도 새로운 자리를 만들 수 있었다.

이와 같은 로마의 통치 체제는 외형적으로는 중앙 집권의 강화로 보였지만, 점차 관료들의 세력화를 허용하는 결과를 낳았고 이들에 대한 황제 통제권은 점차 약화되었다. 황제 통제권의 약화는 곧 원로원, 군대, 국민들과의 전통적인 관계조차 변화시켰으며, 이민족들이 로마의 권력체계 속으로 진입할 수 있는 배경으로 작동했다. 이러한 로마의 행정과 군사체계의 변화는 게르만족이 로마 제국 내에서 성장하고, 후에 유럽의 새로운 중심이 되는데 이바지했다.

4) 로마의 기독교화

콘스탄티누스는 313년 밀라노 칙령을 통해 그동안 박해해 오던 기독교를 공인해 주었고 330년 비잔티온으로 천도하여 콘스탄티노플(Constantinople)로 개

칭했다. 테오도시우스(Theodosius) 황제는 391년 기독교를 국교로 만들고 분할된 제국의 재통일을 시도했다.

이와 같은 로마의 종교정책, 특히 콘스탄티누스의 개인적인 종교문제는 아직 많은 것이 밝혀지지 않고 있다. 콘스탄티누스는 죽음 직전에 세례를 받았다고 한다. 그러나 그는 원래 태양신 숭배자로 로마의 전통적인 다신주의를 따르기 보다는 하나의 강력한 신을 숭배함으로써 효율적인 정치를 추구했다. 그는 기독교인들의 강한 믿음에 감복했고, 그의 어머니 헬레나(Helena)로부터 받은 개인적인 경험과 영향은 그에게 새 종교에 대한 새 희망을 갖게 했다. 그는 밀비우스 다리 전투에서 그 때까지 강하게 금지되었던 기독교 신의 이름으로 싸워 승리했다. 그의 태양신 숭배사상은 기독교의 유일신 사상과 잘 연결되었다.

그의 기독교의 수용은 로마 제국의 종교를 갈아치우겠다는 그와 같은 생각에서 시작된 것은 아니었다. 그는 종교적인 차원에서 로마의 전통에 머물러 있으면서 여느 다른 신보다도 강력한 기독교 신의 방해를 받지 않고 제국을 평화롭게 다스리려 했다. 그러나 이와 같은 제국의 이해관계 차원에서 시작한 기독교에 대한 종교적 관용은 오히려 제국을 어지럽히는 결과를 가져왔다. 기독교 세계를 분열시키는 가장 큰 문제는 예수의 신성에 관한 것이었다.

당시 지배적인 사상이었던 스토아 철학과 그 후 신플라톤주의 입장을 취했던 많은 신학자들은 오래전부터 그들의 신앙을 자신들의 전통 철학 속에서 해석하고 있었다. 그들의 전통 철학은 예수의 존재를 신의 체계 속에서 이해할 수 있는 길을 제공했다. 이에 따르면 예수는 유일신과 같지만 그 신의 밑에 위치한 존재, 즉 신 자체가 인간이 된 것이 아니라 신에 아주 가까이 서 있는 반쯤만 신인 존재였다. 이와 같은 신학을 정립시킨 사람은 알렉산드리아의 장로 아리우스(Arius)였다. 아리우스의 주장은 기독교 세계를 분쟁으로 몰아갔다.

콘스탄티누스는 리키니우스(Licinius)에게 승리한 후 기독교 세계의 분열을 막기 위해 325년 니케아에서 제1차 공의회를 소집해서 직접 회의를 이끌었다. 그리고 신의 아들인 예수 크리스투스는 아버지와 동일한 존재임을 선포함으로써 아리우스 신학은 이단으로 규정되었다. 아리우스 신학은 제국 밖으로 퍼져가 게르만족에게 영향을 미쳤다.

아리우스파를 강력하게 비난했던 사람은 328년에 알렉산드리아의 주교가 된 아타나시우스(Athanasius)였다. 그는 아리우스의 이원론적인 입장이 십자가에 죽음으로써 인간을 구제했다는 신의 인간구원론을 크게 약화시켰음을 강조했다. 아타나시우스의 삼위일체설은 많은 사람들의 공감을 샀고 381년 콘스탄티노플에서 열린 제2차 공의회에서 기독교의 기본원리가 되었다. 이 공의회를 주재했던 테오도시우스(Theodosius, 346~395)는 391년 기독교를 로마의 국교로 선언했다.

로마 제국에서 기독교가 공인되고, 이어서 국교가 됨으로써 고위 성직자들은 국가의 보호는 물론 공적인 생활에서 갈수록 중요한 역할을 했다. 주교의 법정이 공식 재판소가 됨에 따라 주교직은 많은 사회 엘리트들의 선망의 대상이었다. 교회도 국가처럼 계서제가 발전했다. 지금까지 지극히 개인적, 신학적으로 수평적이었던 교회는 주요 도시에 주교구가 건설되면서 수직적인 관계로 변해갔다. 주교구 중에도 중요한 곳은 대주교구로 발전했다. 제국의 동쪽에는 콘스탄티노플, 알렉산드리아, 안티오키아, 예루살렘과 같은 대도시에 주교구가 설치되어 경쟁적으로 발전했다. 제국의 서쪽에는 로마에 주교구가 설치되었다, 로마는 사도 베드로의 전통을 잇는다는 명분을 가지고 수위권을 주장했다. 로마 황제의 영향력이 덜 미친 곳일수록 주교의 역할이 컸다. 로마 주교인 레오 1세(Leo I, 440~461) 대교황은 훈족이 이탈리아를 침범했을 때, 455년 반달족이 로마를 정복했을 때 황제의 역할까지도 해냄으로써 이탈리아를 구해냈다. 그는 스스로 베드로 후계자임을 강조했고 죽은 후에는 바티칸에 묻히기를 바랐다. 그리고 로마 교구가 서쪽 로마지역 교회의 수반임을 공식적으로 표방했다. 그 후 한 세대가 흐른 후 겔라시우스 1세(Gelasius I, 492~496) 교황은 성과 속을 지배하는 두 개의 권력을 각각 상징하는 '두 칼 이론'을 내세워 국가에 대한 교회의 독립된 법적 지위를 확고히 했다.

이와 같은 시대적 변화는 동쪽 교회에서 더욱 복잡한 양상을 띠었다. 아리우스파와의 투쟁은 황제에게 커다란 정치적 부담이었다. 교리논쟁은 제국의 안정을 해치는 중요한 원인이었다. 다시 제기된 성부와 성자의 동일성 문제는 콘스탄티노플 공의회에서 해결을 할 수 있었지만, 그것만으로 모든 신앙의 문제가 설명될 수 없었다. 신이면서 인간인 존재의 속성이 무엇인지에 대한 의문은 마리아의 신성에 대한 논의로 발전했다. 신성과 인간성을 모두 가진 예수 크리스투스를 잉태한 마리아는 특별한 지위를 가지고 있으며 그렇기에 예수가 인간으로 태어난 후에도 신성을 잃지 않을 수 있었다는 단성론이 이집트에서 유행을 했고 동로마에서 많은 지지를 받았다.

이에 반해 428년 콘스탄티노플의 주교였던 네스토리우스(Nestorius)는 예수 크리스투스는 신과 인간의 두 본성을 다 지니고 있으며 마리아는 인간 예수를 낳았을 뿐임을 주장했다. 이 문제로 431년 에페소스 공의회가 열렸고, 네스토리우스의 이론이 이단으로 규정되었다. 이에 따라 네스토리우스는 파면되어 페르시아로 떠났다. 그 후로 단성론자들의 입지는 더욱 공고하게 되었으나 마르키아누스 황제(Marcianus, 450~457) 때 단성론은 다시 거부되었다. 단성론자들은 이에 맞섰고, 450년 칼케돈 공의회에서 레오 1세 대교황의 지지를 얻어 합의규정을 만들었다. 예수 크리스투스는 인간인 동시에 참된 신이 한 실체 속에 있는 존재로 규정되었다. 그러나 단성론자들은 이와 같은 합의규정에 완전히 찬성하지 않고 이집트와 시리아 일부 지역에서 집결하여 동로마 기독교를 크게 분열시켰다. 이러한 분열은 결국 7세기 이 지역이 신속하게 이슬람화되는 계기가 되었다.

5) 로마 제국의 분리

(1) 비잔틴 세계

비잔틴(Byzantion)은 지중해에서 흑해로 통하는 보스포러스 해협에 있는 고대 그리스의 식민지에 속한 도시였다. 콘스탄티누스는 324년 황제에 오른 후 이 도시를 새로운 모습으로 건설하기 시작하여 330년 5월 11일에 콘스탄티노플(Constantinople)이라 개칭하고 제국의 수도를 로마에서 이곳으로 옮겼다. 콘스탄티누스는 비잔티온으로 천도한 후에 국호를 '새로운 로마'라고 했다. 395년 테오도시우스 황제가 두 아들에게 제국을 양분하여 상속함으로써 로마 제국은 동과 서 두 제국으로 양분되었다.

비잔틴인들은 스스로를 로마인이라 생각했고 그들의 제국을 로마니아(Romania)로 칭했다. 비잔틴 제국 황제의 칭호는 629년부터 바실레오스(Basileos)를 사용했다. 비잔틴 제국의 황제는 아우구스투스에서 콘스탄티누스로 이어져 내려오는 로마 제국의 정치적인, 제도적인 전통에 입각한 황제의 계승자로 자처했다. 그러나 지배층은 로마적이었지만 제국의 주민은 기독교적, 그리스적 그리고 아르메니아적인 비 로마적 요소에 바탕을 둔 사회 경제적인 전통에 길들어 있었다. 그렇기 때문에 비잔틴 제국의 황제들은 이러한 사회적인 변수에 항시 탄력성 있는 정책을 마련하여야 했다.

유스티니아누스 1세(Justinianus I, 527～565) 황제와 그의 후계자들은 더욱 효율적인 통치를 위해서 지리적인 통일을 시도했다. 그들은 다양한 문화를 하나로 묶을 방법을 종교에서 찾았고, 강한 정치력을 이용하여 교회를 정치권력에 봉사하게 했으며, 단 하나의 교의만을 인정함으로써 기존의 기독교인들을 통합해 갔다. 재정복 전쟁으로 지중해와 흑해의 대부분 옛 영토를 회복했다. 그러나 이 시기에 도나우 강을 넘어 쳐들어오는 슬라브족과 동쪽의 페르시아인들의 침입을 받았다.

유스티니아누스 이후의 비잔틴 황제들은 슬라브족과 페르시아의 침입에 효과적인 방어를 하지 못 했다. 그러나 회복한 영토들을 보존하기 위하여 라벤나와 카르타고 등지에 총독부(Exarchat)를 설치했다. 총독부를 유지하고 전비를 충당하기 위해 국민들의 세금부담이 늘었다. 중과세로 사회가 불안해졌고 국력 또한 약화되었다. 카르타고의 총독이었던 헤라클리우스(Flavius Heraclius, 575～641)가 제위에 오르면서 질서를 회복하기 시작했다. 그는 행정구역을 '테마(Thema, 군관구)'로 새로이 편성해서 소토지 경작을 활성화 하고, 외국인 용병들을 해산했다. 이 개혁 후 비잔틴 제국은 622년 페르시아를 공격하여 6년 후 아르메니아, 시리아, 팔레스타인, 이집트 그리고 메소포타미아 등을 돌려받았다. 그리고 626년 아바르족에 의해 콘스탄티노플이 포위되었지만, 곧 승전했다. 그리고 이슬람화된 아랍인들이 622년부터 조직적인 팽창을 함으로써 동부 지중해에서 비잔틴 제국과 충돌했다.

동방의 로마 속주였던 시리아와 이집트는 7세기에 페르시아인과 아랍인의 진격으로 영원히 잃어버렸다. 8세기에 이르러 아랍인들은 비잔틴 제국을 본격적으로 공격했다. 717년 말엽 아랍인들은 바다와 육지를 통해서 콘스탄티노플로 진격했고, 740년 소아시아를 침략했지만 실패했다.

제국의 북쪽국경인 발칸 반도에서는 불가리아가 제국을 위협했다. 두 국가 사이의 전쟁은 755년부터 시작해서 전쟁의 승패를 알 수 없는 전투가 20여 년간 계속되다가 비잔틴 제국의 승리로 끝났다. 그 후 811년 불가리아는 비잔틴 세계를 다시 공략하여 813년에는 콘스탄티노플까지 진격했지만, 평화 조약이 체결되었다. 불가리아는 864년 그리스 정교로 개종하여 대주교 관구가 설치되었다. 불가리아의 개종으로 슬라브어도 지금까지의 히브리어, 희랍어 그리고 라틴어와 더불어 예배를 드릴 수 있는 언어로 허락되었다.

불가리아의 차르(Zar) 시메온 1세(Simeon I, 893~927)는 896년 비잔틴 제국을 침략하여 불가로피곤(Bulgarophygon)에서 비잔틴 군대를 대파하고 매년 조공을 바치도록 했다. 비잔틴 제국의 황제 알렉산더(Alexander, 912~913)가 즉위하면서 조공을 거부하자 시메온은 콘스탄티노플로 진격하여 927년까지 전쟁을 계속했다. 전쟁에 승리한 시메온은 불가리아-비잔틴 제국을 건설하여 황제로 즉위하려 했지만 927년 갑자기 죽음으로써 제국은 다시 쇠퇴했다.

시메온의 아들 페타르 1세(Petar I, 927~969)는 비잔틴 황제 로마노스의 딸과 결혼하여 비잔틴과 평화협약을 맺고, 불가리아에 총대주교구를 설립했다. 불가리아는 997년과 1017년 다시 비잔틴 제국을 공략했으나 패배했다. 그 결과 비잔틴 제국은 1018년 불가리아를 두 개의 '테마'로 분할하여 통치했다. 그리고 총대주교구를 다시 폐지하고 자치 독립적인 대주교구를 신설하여 약 150년 동안 불가리아를 통치했다.

비잔틴 제국은 마케도니아 왕조(867~1081) 때에 전성기를 맞이했다. 10세기 초까지 지중해에서 큰 세력을 구축했던 아랍인들의 공격이 점점 둔화하면서 비잔틴 제국은 934년에 에데사, 961년에 크레타, 969년에는 키프로스, 티론, 킬리키아, 안티오크 등을 재정복했다. 제국은 실제로 유스티니아누스 치세 때만큼 광대한 영토를 확보했고, 효율적인 행정과 안정된 정치 및 경제 정책으로 부흥했다.

노르만족은 1071년 4월에 이탈리아의 바리시를 점거했고, 뒤이어 셀주크 투르크족이 같은 해 8월 19일에 침입하여 소아시아를 점거했다. 그 후로 여러 형태의 위협이 있었지만, 제국은 제국의 수도인 콘스탄티노플을 잘 방어했다. 그러나 1204년 상권장악에 눈이 어두운 베네치아 상인들, 그리고 팔레스티나에서 이교도들과 싸우기 위해 제4차 십자군 전쟁에 참가했던 프랑스, 이탈리아 및 독일의 십자군들에 의해 콘스탄티노플은 정복당했다. 베네치아는 콘스탄티노플 일부와 크레타 섬, 그리고 주요 항구도시를 획득하고, 그리스 본토에는 유럽식의 봉건국가를 수립했다. 이렇게 수립된 라틴 제국이 실제로 지배할 수 있었던 지역은 많지 않았고, 원주민들의 반발 또한 심했다. 유럽으로부터의 지원마저 없어지자 라틴 제국은 1261년에 멸망하고, 비잔틴 제국이 재건되었다.

그 후 콘스탄티노플은 1346년 발칸 반도로 세력을 확장해 오던 세르비아의 공격에 시달렸고, 1300년 이래로 끊임없이 침입해 오던 셀주크 투르크에 의해 1453년 마침내 함락되었다. 마지막 비잔틴 제국의 황제였던 콘스탄틴 11세가 전사하고 비잔틴 제국은 멸망했다.

(2) 이슬람 세계

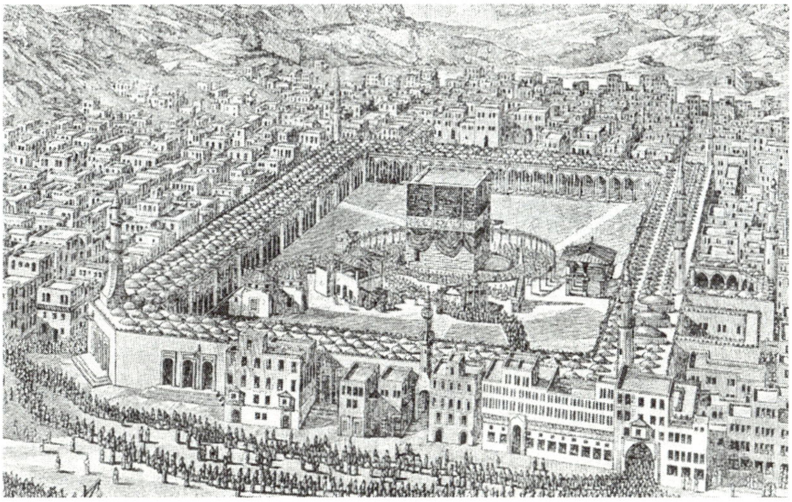

▲ 메카의 카바(18세기)

아라비아 사막의 서편 구석 옛 대상들의 길목에 메카(Mekka)라는 도시가 있다. 메카에는 검은 운석으로 둘러싸인 주사위 모양의 카바(Kaaba)라 불리는 아랍인들의 성전이 있다. 도시 거주민들과 아라비아 사막에 기거하는 베두인족들은 이 성전을 오래전부터 기려왔다. 아랍인들은 다신교를 믿고 있었기 때문에 부족들 사이에 싸움이 끊이질 않았다.

모하메드는 570년경 성전을 지키는 의무를 지고 있던 부족의 한 가문에서 태어났다. 그는 어린 나이에 부모를 잃고 친척들 집에서 성장했다. 그는 목동생활을 하면서 많은 사색시간을 가졌고, 성년이 되어서는 대상으로서 시리아까지 여행하면서 유대교와 기독교에 관해 알았다. 여러 부족 사이의 끊임없는 싸움은 많은 경우 부족신들 때문이었다. 모하메드는 이와 같은 부족 간의 반목을 끝내기 위해 자신의 영적인 체험을 알리고 그들을 교화하기 시작했다. 그러나 성전을 지키던 메카의 쿠라이쉬족 대부분은 그를 예언자로 받아들이지 않았고, 성전이 유명해져 많은 순례자가 이곳을 찾는 것도 원하지 않았다. 그들은 그들의 상권이 많이 침해당할 것으로 생각한 나머지 모하메드를 살해할 계획을 세웠다. 그래서 모하메드는 622년 9월 추종자들과 함께 메카를 떠나 야슬립(메디나)으로 갔다. 이 이주를 히즈라(Hidschra)라 부르며 이슬람의 원년으로 삼고 있다.

모하메드의 가르침은 히즈라 이전부터 메디나에 알려져 있었다. 모하메드는 메카에서 그와 함께 온 그의 추종자들과 메디나의 신자들을 합쳐 새로운 단체를 만들었다.

히즈라 후 1년 만에 메카의 공격이 시작되었다. 그리고 모하메드는 히즈라 8년째에 전쟁을 승리로 이끌고 그의 고향도시로 돌아갔다. 그는 메카에서 카바에 있는 여러 신의 형상을 제거하고 이 성스러운 신전에 알라(Allah) 신만을 안치해서 성 라마단 달에 경배할 수 있게 했다.

모하메드는 다음과 같이 가르쳤다.

> "알라 이외에는 아무 신도 없으며, 모하메드는 그의 예언자이다."

모세와 크리스투스는 진짜 예언자인 모하메드 이전의 예언자에 불과하다. 모하메드 교도들은 알라신에게 신으로의 길을 안내하는 기도, 천국의 문에 이르게 하는 단식, 천국의 문을 열게 해주는 가난한 자에 대한 도움, 신앙고백, 그리고 메카순례 등의 다섯 가지 의무를 지고 있었다. 믿음전파를 위한 전쟁이 무엇보다도 실질적인 그들의 의무였다. 성전을 위해 죽은 자들은 물과 숲이 많고 봄날만 있는 기쁨의 천국으로 간다고 믿었다.

그렇기 때문에 많은 전사가 이슬람을 위해 기꺼이 용감하게 쓰러졌다. 그들은 어느 누구도 그들의 목숨을 가져갈 수 없고 단지 알라신만이 그들의 목숨을 결정한다고 믿었다. 죽어야 할 자는 전장이 아닌 곳에서도 죽도록 이미 정하여져 있으며, 오래 살도록 정하여진 자는 어떠한 위험 속에서도 살아남는다는 믿음이 그들을 지배했다. 이와 같은 믿음은 목숨을 두려워하지 않는 신자집단을 만들었다.

'이슬람(Islam)'이란 뜻은 '신의 뜻에 절대 따름'이란 뜻으로 모하메드는 이와 같은 믿음을 바친 자들을 무슬림(Muslime)이라 불렀다. 예언자 모하메드의 어록은 나중에 이슬람 경전인 코란에 쓰여졌다.

무에친(Muezzin)은 기도시간을 알리는 사람을 일컫는데 그는 회당의 탑(Minarett)에서 기도시간을 알렸다. 기도시간이 알려지면 모든 신자는 성스러운 도시 메카가 있는 곳을 향해 모였다. 금요일이 예배일이었다.

632년 모하메드가 죽었을 때 아랍 세계는 이미 그의 말씀과 칼로 종교적, 정치적으로 통일되어 있었다. 그의 죽음 후 성직과 세속의 대리자들(칼리프)이 그를 계승했다. 무슬림의 군대는 예언자들의 군기를 앞세우고 전 세계로 진군했다.

700년경 아랍 세계는 인더스 강에서 근동, 아랍, 이집트, 북아프리카를 거쳐 대서양에 이르렀다. 이로써 동로마 제국은 영토의 2/3를 잃었고 기독교는 그들의 성지를 잃게 되었다.

아랍인들은 동쪽에서 일어나 서쪽 기독교의 유럽으로 진격했다. 그들은 동로마 제국의 심장이었던 콘스탄티노플 정복에는 실패했지만, 서유럽 공략에 성공했다(711). 아랍의 타릭(Tarik) 장군은 아프리카와 스페인 사이의 해협에 있는 가파른 산 위에 진을 쳤다. 그 후로 이 지역은 '타릭의 산(Dschebel－al－Tarik)'의 의미를 담고 있는 '지브롤타(Gibraltar)'로 명명되었다. 아랍인들은 이베리아 반도에 도착한 지 7년 만에 서고트족을 물리치고 북쪽 산악지역의 게르만족만을 빼고 반도 전역을 장악했다.

732년 아랍계 사라센이 피레네를 넘어 프랑스의 투르(Tours)와 프와티에(Poitiers) 사이 지역인 로와 강 남쪽 평야까지 쳐들어왔다. 그러나 당시 카롤링 왕국의 궁재였던 카를(Karl)이 사라센을 막아 전투를 승리로 이끌었다. 그 후로 카를은 망치라는 의미의 마르텔(Martell)이라는 별명을 얻어 카를 마르텔로 불렸다. 그리고 전투에 패배한 사라센은 피레네 남쪽지역으로 다시 돌아가 그곳을 수백 년 통치했다. 그리고 827년 사르디니아 섬, 831년 시칠리아 섬과 이탈리아 남부 해안지역을 점령했다.

아랍인들은 피정복민이었던 기독교인, 유대교인에 무장을 허용하지는 않았지만, 종교의 자유와 재산권을 허용했다. 그러나 피정복민은 종교의 자유를 얻는 대신에 많은 세금을 지불해야 했다. 이 지역에서 기독교도는 점차 소멸해갔다. 아랍은 정복지에 군을 주둔시킴으로써 안정을 꾀할 수 있었다. 762년 칼리프 알 만수르(Al－Mansur, 754～775)는 티그리스 강변에 평화를 상징하는 도시인 바그다드(Bagdad)를 건설하기 시작했다. 그는 이곳에서 화려한 궁중 생활을 즐겼으며 종교의 수장(Imam), 군 통수권자(Emir), 세속권과 사법권(Kadi)을 장악한 유일한 왕으로 군림했다. 그러나 거대한 아랍 제국이 전적으로 그의 지배를 받는다는 것은 현실적으로 어려운 일이었다. 각 소왕국들이 분쟁을 일삼았고, 제국은 곧 메소포타미아 지역의 바그다드 칼리프와 스페인의 코르도바 칼리프로 갈라졌다.

아랍 세계의 도시들에는 많은 이슬람 사원인 모쉐(Mosche)가 지어졌고, 기도 전에 씻기 위한 우물이 화려하게 지어졌다. 아랍 건축의 최고 걸작품은 스페인 그라나다의 알함브라 궁이다.

메카, 다마스쿠스, 바그다드, 카이로 등 아랍 세계의 정신, 종교, 상공업의 중심지 역할을 했던 대도시들이 있었다. 이 중 바그다드에는 100여 개의 서점이 있어 아랍 세계의 문화중심지 역할을 했다. 천일야화라는 동화를 통해 잘 알려진 칼리프 하룬 아르 라쉬드(Harun ar－Raschil, 786～809)가 800년경 바그다드에서 통치했다.

아랍인은 피정복민인 페르시아인과 인도인, 그리고 그리스, 로마인이 남긴 서적들로부터 많은 것들을 열심히 배워 터득한 천문학, 철학, 의학에 관한 다양한 지식을 나중에 유럽인에게 전했다.

(3) 게르만 세계

4세기 후반 훈족이 동고트족을 침입하였을 때, 동고트족은 도나우 강을 건너 로마 영토로 진입했다. 378년 동로마 황제 발렌스(Valens, 364~378)는 아드리아노플 전투에서 침입하는 동고트족을 막다가 두 명의 장군과 함께 전사했다. 서로마 황제 그라티아누스(Gratianus, 375~383)는 379년 테오도시우스(Theodosius, 379~395)를 동로마 황제로 임명했다. 380년 그라티아누스는 동고트족에게 로마의 식민지인 발레리아(Valeria)와 판노니아(Pannonia)에 거주하도록 허가했고, 382년 테오도시우스는 훈족의 위협에 대비하여 동고트족과 동맹을 맺었다.

프랑크족과 반달족이 로마 용병으로 등장하는 시기는 370년경이다. 프랑크족 메로바우데스(Merobaudes)는 발렌티아누스 1세(Valentianus I, 364~375) 때 로마군의 보병 장군으로 활약했다. 그는 377년과 383년 두 번이나 콘술에 임명되기도 했다. 테오도시우스는 판노니아에서 막시무스(Magnus Maximus, 383~388)를 제거하고 서로마 지역을 장악했다. 이탈리아에서는 발렌티아누스 2세(Valentianus Ⅱ, 375~392)가 어머니 유스티나의 섭정으로 통치하고 있었다. 그는 383년 아리우스파인 프랑크족 바우토(Bauto)를 장군으로 임명했고, 그가 죽은 후 387년 그의 아들로 추측되는 아르보가스트(Arbogast, ?~394)가 장군으로 임명되었다.

아르보가스트는 아리우스파에 속한 이교도들을 중심으로 발렌티아누스 2세의 친위대를 지휘했으나 392년 발렌티아누스 2세가 죽자 에우게니우스(Eugenius)를 황제로 추대했다. 그러나 테오도시우스는 이를 인정하지 않았다. 아르보가스트는 테오도시우스의 종교 정책을 맹비난하면서 대립했으나, 394년 9월 6일 프리기두스(Frigidus) 강변 전투에서 패한 후 자살했다. 테오도시우스는 이 전투에서 아리우스파 프랑크족 아르보가스트를 처단하기 위해 아리우스파 고트족 알라릭(Alarich, 370년경~410)을 이용했다.

테오도시우스에게는 반달족 출신 스틸리코(Stilicho, 365년경~408) 장군이 있었다. 그는 프리기두스 강변 전투에서 황제를 도와 큰 공을 세웠다. 그리고 395년 황제가 병으로 죽고, 큰아들 아르카디우스(Arcadius, 395~408)와 작은 아들 호노리우스(Honorius, 395~423)에게 제국이 분리 상속되었을 때, 제국을 실제로 통치했다. 스틸리코의 딸은 황제 호노리우스의 왕비가 되었고, 아들은 테오도시우스 황제의 딸 갈라 플라치디아(Galla Placidia)와 결혼하여 황제의 사위가 되었다.

스틸리코는 훈족을 물리치기 위해 고트족 지도자 알라릭과 두 차례 연대했지만 큰 성과를 거둘 수 없었다. 고트족과의 연대는 당시 제국의 적으로 몰렸기 때문이었다. 그는 알라릭을 로마 제국의 통제 하에 두기 위해 그를 일리리쿰의 장군으로 임명하고 에피루스(Epirus)에 머물게 했으나, 알라릭은 생활의 어려움과 동로마의 적대감 때문에 그 곳에 오래 머물지 않았다. 401년 알라릭은 발칸반도를 거쳐 이탈리아로 진격하여, 402년 서로마의 수도인 밀라노에 도착했다.

스틸리코는 알라릭의 침입을 막기 위해 수도를 밀라노에서 라베나(Ravenna)로 옮겼다. 그리고 406년 알프스를 넘어 토스카나 지역으로 쳐들어온 동고트족을 피에술레(Faesulae) 전투에서 물리치고 족장 라다가이스(Radagais)를 처형했다. 이 전투에서 같은 고트족이었음에도 알라릭은 중립을 지켰다. 그리고 이탈리아 국경 지대에 머물면서 서로마 황제 호노리우스에게 고트족의 영구 정착지를 지정해줄 것을 요구했다.

스틸리코는 406~407년 갈리아로 쳐들어오는 반달족, 알란족, 수에비족 등의 이민족들을 차례로 물리쳤다. 갈리아는 브리타니아의 총독 콘스탄티누스 3세가 그곳의 원로원 귀족 및 야만족과 연대하여 지키고 있었다. 그는 알라릭과 지원을 전제로 협상하면서 로마 시민을 대상으로 징병을 했다. 그러나 로마 군대는 스틸리코가 야만족인 고트족 편을 든다며 분개했고, 로마 시민은 스틸리코의 잘못된 정책을 비난했다. 마침내 스틸리코가 자신의 아들을 황제로 앉힐 음모를 꾸민다는 소문이 나돌자 호노리우스는 스틸리코를 멀리했고 자신을 위해 10년 동안 헌신적으로 봉사한 스틸리코를 408년 8월 암살했다.

스틸리코의 죽음은 서로마 제국의 큰 손실이었다. 스틸리코 사후 로마군에 복무하고 있던 야만족 용병들이 로마군에게 학살당했고, 대다수는 서로마 제국을 버리고 알라릭에게 가담했다. 이러한 위기 앞에 호노리우스는 어떤 대책도 내놓지 못한 채 로마로부터 멀어진 라벤나에 틀어박혀 로마를 떠나줄 것을 요청할 뿐이었다. 그의 소극적인 태도로 서고트족은 이탈리아 국내를 유린하고 410년 로마를 약탈했다.

▲ 테오데릭 왕

스틸리코의 죽음에서도 보듯이 476년 이전까지 이민족 출신이 가지는 로마에서의 한계도 여전한 것이었다. 이는 그들이 아직 로마의 중심 세력으로 성장할 만큼 강력하지 못한 연유이기도 하지만 로마 제국이 아직 건재한 탓이기도 했다. 476년 오도아케르(Odoacer, 435~493)가 황제 로물루스를 폐위시킨 사건은 게르만족이 서로마 제국을 정복한 사건은 아니었다. 로마 제국은 로물루스(Romulus Augustulus, 463~?)를 폐위시킨 오도아케르가 독자적인 권력을 추구하자 동고트족 왕 테오데릭(Theoderich, 471~526)을 시켜 493년 암살했다.

그 후 테오데릭은 동고트왕국을 수립하여 왕국 내의 로마인은 로마법으로, 고트족은 전통적인 법률과 관습으로 다스렸다. 테오데릭은 프랑크족 왕 클로드비히(Chlodwig, 482~511)의 여동생 아우도플레다(Audofleda)를 왕비로 맞아들여 결혼 동맹을 맺었으며, 서고트족, 반달족, 부르군트족 왕들과도 동맹을 맺었다. 그러나 테오데릭은 클로드비히와 506년과 523년, 전쟁을 벌였고 반달족의 침입을 받기도 했다.

▲ 라베나에 있는 테오데릭 왕 무덤

테오데릭은 아리우스파 신자였고 이점 때문에 재위 말 비잔티움 황제 유스티니아누스 1세(Justinianus I, 527~565)와 마찰이 생기기도 했다. 그러나 테오데릭이 살아있는 동안은 동로마 제국과 충돌이 없었다. 그러나 동로마 제국은 테오데릭이 죽은 후 후계 문제가 생기자 개입하여 벨리사르(Belisar) 장군을 보내 동고트왕국을 정복한 후 535~552년경까지 다스렸다.

▲ 508년경의 동고트왕국

유스티니아누스 황제의 죽음(565) 후 이탈리아의 대부분은 다시 랑고바르드족 왕 알보인(Alboin, 560/565~572/573)의 손아귀에 들어갔다.

6세기 말엽 로마 교황청은 영국선교에 나서 서유럽 공동체를 만들어가기 시작했다. 그리고 스코틀랜드와 아일랜드 선교사들에 의해 오늘날의 프랑스와 독일이 기독교화 되었다. 그러나 서로마에 대한 동로마의 영향력이 사라진 것은 아니었다. 마우리키우스 황제(Mauricius, 582~602)가 584년 라벤나에 설치한 총독부는 751년 랑고바르드족의 침입으로 폐쇄될 때까지 로마 교황청을 관리하고 감독했다.

지중해를 두고 이룩된 게르만과 로마 문화의 결합은 아랍의 유럽 침입과 함께 해체되어갔다. 아랍인이 지중해의 동, 남, 서부 지역을 모두 정복하여 전통적인 상업로를 폐쇄하면서 지중해는 이제 더는 로마와 유럽 세계의 중심 역할을 하지 못했다. 거래가 축소되고, 화폐사용이 중지되고, 물물교환경제가 다시 성행했다.

이것은 고대 지중해 세계의 단절을 의미했고 새로운 대륙의 시대를 예고했다. 유럽의 대륙 문명이 시작된 것이다.

제4장 유럽 문명의 형성과 변천

1 게르만족의 전통 문화

게르만 민족은 민족이동(4세기)을 하기 이전까지는 남북으로는 도나우 강 이북, 동서로는 라인 강과 비스툴라 강(폴란드) 사이에서 살았던 자유전사 집단이었다.

민족의 규모는 2~3백만 명에 이르렀고, 각기 소가족 단위로 호프(집)를 짓고 살았다. 이 호프에는 부모와 자식이 함께 거주했고 자식은 출가하면 부모의 집을 떠났다. 이와 같은 게르만 민족의 호프에는 별거하면서 조세의무만을 지고 있던 노예들이 집안일과 재산관리를 맡았다.

친척관계는 일상생활에서는 중요하지 않았으나 법적인 문제, 흔히 상속문제가 있을 때에는 중요한 역할을 했다. 여자의 무덤에서 나오는 소장품이 남자의 것보다 많은 경우가 흔했는데 이는 초기 게르만 민족에게 상속 상의 남녀의 차별이 없었음을 증명한다.

이와 같은 소가족 단위의 호프는 10개에서 50개 정도가 모여 하나의 군을 형성하여 마을을 이루었다. 각 호프는 울타리를 쳐 경계를 분명히 했지만, 마을에는 그런 경계가 없었다. 게르만 민족은 약 2세기경부터 말이 끄는 쟁기를 사용하여 농사를 지었는데 주로 보리를 재배했으며 당근, 유채, 상추, 사탕무, 무, 콩 등도 재배했다. 이들은 농업 외에 가축도 사육했는데, 소는 마차를 끌었고 우유와 고기도 공급했다. 해안지대에서는 양을 많이 사육했고, 그 외의 지역에서는 돼지가 많았다. 말은 드물었으며 개, 닭, 거위 등도 사육했다. 고양이도 있었는데 이는 로마에서 전래된 것으로 보인다. 상업은 물물교환 수준에 머물러 있었으며 수공업은 전사들의 무기제조기술과 관련되어 있어서 어느 정도 발전되어 있었다. 더 좋은 무기를 갖는 것은 힘의 우위를 말하는 것이었기 때문에 무기제조기술의 비밀을 유지하기 위해 귀족들이 직접 대장기술을 익힘에 따라 수공업은 아주 배타적으로 발전했다.

게르만 민족은 종교적인 민족이었다. 그들은 요정, 물귀신, 난쟁이, 거인 등의 초자연적인 존재를 믿었으며 이들을 관장하는 권선징악의 신들이 있다고 생각했다. 그러나 이와 같은 신들을 위한 신전을 따로 짓지는 않았고 숲 속에 '하인'이라 불리는 사당을 지었는데 이 사당의 중앙부에는 돌로 된 제단이 있었다. 사제도 따로 두지는 않았고 대개 가부장이 제사를 주도했다.

게르만 민족의 대표적인 신으로는 오딘(Odin, Wodan)이 있는데, 그는 외눈박이로 죽음과 전쟁의 신이며 여덟 개의 발이 달린 말을 타고 하늘을 순회한다. 그의 외투는 구름이고 그의 외눈은 태양이다. 전쟁의 여신들은 누가 전쟁을 할 것임을 결정하고 전사자들을 준마에 태워 오딘에게 인도한다.

오딘의 아내는 가정과 결혼의 신인 프라이야로 두 마리의 고양이가 끄는 마차를 타고 다닌다. 오딘은 세 아들을 두었는데, 프라이야와의 사이에 아들 발더, 거인인 요르드와 사이에 토르, 린드르와의 사이의 발리였다. 세 아들 중 가장 잘 알려진 신은 천둥 신 토르다. 이 신은 두 마리의 염소가 끄는 수레를 타고 하늘을 날아다니며 망치로 구름을 때려 번개를 치게 한다. 이처럼 천둥 신은 날씨를 관장함으로써 풍작과 흉작에 관여하기 때문에 농부들은 그를 숭배했다.

오늘날 독일어와 영어의 목요일(Donnerstag, Thursday)은 바로 천둥 신의 이름 도나르나 토르에서 유래되었고, 독일의 시골 농촌에서는 풍요를 상징하는 이 신의 요일인 목요일에 결혼하는 풍습이 아직 남아 있다.

2 프랑크 왕국의 형성

1) 클로드비히 왕(Chlodwig, 482~511)의 메로빙(Merowinger) 시대

클로드비히는 루드비히(Ludwig, 482~511)로도 불리며, 메로베히(Merowech, Merowinger) 가문 출신으로 벌써 15세에 마을 공동체의 지배자(Gaufürst)가 되었고, 그 후 음모와 모략을 통하여 가까운 친척들과 다른 부족들을 제거하고 모든 프랑크족(Franken)의 지배자가 되었다. 그는 이탈리아 반도에서 동고트 출신 테오데리히(Theoderich, 471~526)가 오도아케르를 정벌하여 지배하고 있을 때 남쪽과 동쪽으로 지배권을 팽창했다. 그리고 486년 로마의 마지막 식민지였던 솜(Somme) 강과 르와르(Loire) 강 사이를 정복하여 스야그리우스(Syagrius)로 하여금 통치하게 했다.

그는 496년 로마 속주를 떠돌다가 5세기 말엽 알자스와 스위스 북부지방에 영토를 확보하고 있던 알레만족을 정복했다. 그 후 알레만족(Alemannen)은 수에비족(Swabian) 내에서 느슨한 부족연맹체를 결성하고 있다가 6~9세기에 동프랑크 왕국에 편입되었다. 그는 또한 이탈리아 반도의 동고트족의 도움을 받고 있던 서고트족을 피레네 산맥 이북으로 몰아내고 르와르 강과 가론(Garonne) 강 사이 지역을 확보했다. 클로드비히는 이와 같은 정복 전쟁에 승리함으로써 동고트의 테오데리히와 나란히 게르만족의 가장 강력한 왕 중의 하나가 되었다. 동로마 제국의 황제도 그의 업적을 인정하여 그에게 콘술(Consul)과 파트리키우스(Patricius)라는 칭호를 부여했다.

정복 전쟁 도중 클로드비히는 치밀한 계획을 세워 갈리아 지역의 많은 주교의 도움을 얻었다. 그는 가톨릭 신자였던 부르군트 공주와 결혼했다. 그리고 알레만족에게 승리한 후 3,000명에 달하는 프랑크족이 렘스(Reims)에서 개종했다. 그는 게르만족의 지배자 중 아리안교가 아닌 로마 가톨릭교를 믿는 최초의 왕이었다. 그의 개종은 프랑크 왕국의 발전에 지대한 역할을 했다. 교회는 이교도가 아닌 가톨릭교도를 왕으로 갖게 된 것에 안심했고 그가 교회를 보호해 줄 것을 기대했다. 그리고 그러한 그를 위해 교회가 할 수 있는 모든 일을 다 했다.

클로드비히가 죽은 후 그의 아들들은 왕국을 남쪽과 서쪽으로 확대해 갔다. 왕국령은 북해에서 지중해, 그리고 대서양에서 보헤미아숲에 이르는 지역으로 넓어졌다. 론(Rhône) 강과 사온(Saône) 강 사이의 계곡에 거주한 부르군트족(Burgunder), 튜링족(Thüringer), 나머지 알레만족 그리고 바이에르족(Bayer)이 프랑크족에게 정복되었다. 삭스족(Sachsen)과 프리즈족(Friesen)만이 독립적인 지위를 갖고 있었다.

프랑크족은 정복지에서도 여전히 농경 생활을 했다. 로마인들이 소유했던 광활한 땅들과 주인이 없거나 몰수된 땅들을 전리품으로 확보했다. 이와 같은 땅의 대부분은 충성에 대한 대가로 귀족들에게 주어지거나 교회에 기증되었다. 그리고 프랑크족 자유농민에게도 정착할 수 있도록 농지를 주어 왕령지, 교회 혹은 귀족령의 주변에서 농가를 일구어 살도록 했다. 시간이 흐름에 따라 프랑크족은 그곳에 거주하고 있던 로마인, 켈트-갈리아 원주민 등과의 통혼으로 혼혈되었다.

▲ 금으로 된 손잡이가 금으로 된 프랑크족의 칼

첫 번째와 세 번째 칼은 투르네(Tournai) 근처에 있는 프랑크족의 지배자였던 클로드비히 아버지 힐데리히(Childerich)의 무덤에서 발견되었다. 가운데 칼 또한 5세기경 것으로 라인헤센 주의 플론하임(Flonheim)에서 발견되었다. 세 칼 모두 기하학적으로 뛰어난 초기 프랑크족의 금가공술의 한 단면을 보여주고 있다.

왕권은 점차 강화되었다. 로마 계열의 사람들은 프랑크 왕국의 왕을 로마 제국의 황제로 여겼으며 프랑크족들에게도 왕의 강력함이 인식되었다. 왕국령은 그간 정기적으로 모이던 군사회의(Heeresversammlung)가 열리기 어려울 정도로 넓어졌다. 왕은 부족들의 고유권을 제한할 수 있었지만, 조세 징수권은 로마인들이 했던 대로 행사할 수 없었다.

프랑크 왕은 많은 관료를 두었다. 왕의 재정을 담당했던 트룩세스(Truchsess), 말과 안장을 관리했던 마샬(Marschal), 식사 때 마실 것을 당당했던 문트쉥크(Mundschenk), 물류의 출입을 관리하던 켐머러(Kämmerer) 등이 있었다. 그리고 궁중 최고관리로서 하우스마이어(Hausmaier, maior domus)가 있었는데 그는 왕과 신하들의 생활근거지였던 왕령지를 관리했다.

클로드비히의 후계자들은 왕국을 효과적으로 관리하지 못했다. 그 결과 왕국은 셋으로 쪼개졌다. 동쪽에는 메츠(Metz)를 중심으로 아우스트리엔(Austrien), 파리를 중심으로 노이스트리엔(Neustrien), 그리고 부르군트 등 3개의 독립적인 국가가 형성되었다. 알레만족, 튜링족 그리고 바이에르족은 독립해 갔다.

쪼개진 프랑크 왕국의 왕들은 서로 다투었고 날로 약화되어 갔다. 이 혼란기를 틈타 궁중의 실질 살림을 맡아 하던 하우스마이어들의 입지가 강화되었다. 아우스트리엔에서 하우스마이어 직은 메츠 주위에 터를 잡고 있던 카롤링 왕조의 세습직으로 고착되었다. 카롤링 왕가는 곧이어 노이스트리엔의 하우스마이어 직도 차지했다. 이 가문의 대표적인 인물은 카를 마르텔(Karl Martel)이었으며, 그는 프랑크 왕국을 아랍인들의 침입으로부터 보호했다.

2) 왕국의 기독교화

라인 강 서편에서도 트리어와 같은 도시에서는 농촌과는 달리 벌써 로마 시대부터 기독교 공동체가 형성되어 있었다. 기독교가 이곳의 원주민과 로마 군인들에게 전파되는 데에는 많은 어려움이 따랐다.

클로드비히 왕의 개종으로 프랑크 왕국 전역이 기독교화된 것은 아니었다. 메로빙 왕국의 왕권이 약해지면 교회의 영향력도 약해졌다. 당시의 많은 성직자가 있었지만 임무가 분명하게 명시되어 있지 않았다. 주교나 수도원장은 귀족 가문 출신이었기 때문에 세속 귀족과 크게 다르지 않게 생활했다.

(1) 아일랜드 선교사의 활약

아일랜드는 로마의 식민 지배를 받지 않았다. 그곳은 도시 문화가 발전하지 않고 족별을 중심으로 한 작은 부족국가들이 다스렸다. 이곳에 복음을 전파한 최초의 사람은 패트릭(Patrick, 약 385∼461)이었다. 그는 브리타니아(Britania) 출신이었으나 해적들에게 잡혀 아일랜드로 왔으며 이곳에서 약 6년간 양치기로 일하다가 다시 고향으로 도망쳐 왔다. 그 당시 그는 이미 기독교도였으며 자신을 '신을 향한 사랑의 포로(Profuga ob amorem Dei)'라 칭하고 자유의 몸으로 아일랜드에 돌아와 복음을 전파한 아일랜드의 첫 사도였다. 패트릭은 원래 주교 교회의 설립을 계획했지만, 그의 후계자들인 콜룸 실레(Colum Cille, 521/ 22∼597)와 콜룸반(Columban, 543∼615)은 수도원 중심의 기독교를 발전시켰다.

아일랜드 선교사들은 600년경 길고 검은 외투를 입고 유럽에 나타났다. 그들은 프랑크 왕국의 기독교를 개혁하려는 목적을 갖고 있었다. 당시 프랑크 왕국의 성직자들은 전통적인 의식을 버리지 못하고 있었다. 그들은 무리를 지어 숲 속을 방랑하거나, 태양신의 황금 마차 주위를 서성대거나, 잿빛 머리를 한 사제와 함께 포로들의 피를 모아 둔 청동 솥 주위를 돌며 춤을 추는 의식을 행하고 있었다.

프랑크 왕국을 찾은 아일랜드 수도사들은 이교도들의 선교를 목적으로 유럽 대륙을 찾았기 때문에 게르만인의 이교적인 행동에 크게 놀라지는 않았다. 그러나 프랑크인의 이단적인 행위를 비난하고, 그것을 중지할 것을 경고했다. 주거지를 성스럽게 한다는 믿음을 주고 있던 말 해골을 부숴버렸다. 그리고 이교적인 제단을 나무로 된 기독교의 예배당으로 바꾸었다.

대륙 선교를 맡은 최초의 선교사 중의 한 사람이 콜룸반(Colimban)이다. 그는 543년경 아일랜드의 남동쪽에 위치한 랜스터(Leinster)의 귀족가문에서 태어났다. 그는 좋은 환경에서 좋은 교육을 받고 성장했다. 그리고 고행 중이던 한 여인을 알게 되면서 560년에 벵고(Bangor) 수도원의 수도사가 될 것을 결심했고 이곳에서 30년간 아주 엄격한 금욕생활을 했다.

콜롬반은 50세 즈음 12명의 제자와 함께 벵고 수도원을 떠나 르와르 강을 따라 프랑크 왕국의 왕과 귀족들에게 크리스투스의 복음을 전하려다 거절당했다. 그러나 그는 차츰 메로빙 왕들과 귀족들의 도움을 받아 안느그레이(Annegray), 룩쇠(Luxeuil), 폰텐느(Fontaines) 등 3곳에 수도원을 건립했다. 이곳에는 약 200여 명의 수도사들이 함께 생활했다. 595년경에는 수도사들의 수행방법을 통일하기 위하여 수도원법(regula monachorum)을 만들었다. 이 법은 전체 10장으로 구성되었으며, 형벌에 관한 조항만 한 장으로 구성하여 엄격한 금욕생활을 강조했다. 한 번 받은 형벌은 죽을 때까지 유효했으며 나중에는 많은 판례로 보충되어 새로운 수행법(regula coenobilais : regula patrum)이 만들어졌다. 609～610년 룩쇠를 떠나 보덴 호수(Bodensee)에 거주하다가 613～614년 이탈리아의 보비오(Bobbio)로 가서 새로운 수도원을 건립했다. 보비오 수도원은 628년 왕과 교황으로부터 보호권(immunitas)을 부여받은 최초의 수도원이었다. 이러한 켈트족의 대륙선교가 성장하여가면서 갈리아-프랑크족의 주교 교회와의 대립이 불가피했다.

그를 동행했던 수도사 중 갈루스(Gallus)는 보덴 호수 근처에 생 갈렌(St. Gallen) 수도원을 지었고, 포도주 제조자들의 수호신인 킬리안(Kilian)은 뷰르츠부르크(Würzburg)에서 프랑크인들에게 설교하며 지냈다. 그리고 엠메람(Emmeram)은 도나우 강변의 렌겐스부르크(Regenburg)에서 활약했으며, 로마인으로 추정되는 피르민(Pirmin)은 보덴 호수의 라이셰나우(Reichenau) 섬에 수도원을 건립했다.

(2) 그레고리우스 교황(Gregorius I, 540～604)의 활약

그레고리우스는 부유한 원로원 귀족이었던 아버지로부터 많은 재산을 상속받았으나 전 재산을 수도원 건립에 바치고 수도사의 길을 택했다. 그는 로마 켈리오 언덕에 성 안드레아스 수도원과 함께 시칠리아에 6개의 수도원을 건립했다. 랑고바르드족이 쳐들어와 교황청이 위기에 처했을 때 그는 579년 교황 펠라기우스 2세(Pelagius Ⅱ, 579～590)의 사신으로 콘스탄티노플을 방문했다. 그리고 그곳에서 동로마 황제들에게 랑고바르드족의 위협에 대해 알리고 도움을 요청했다. 펠라기우스 교황이 590년 흑사병으로 죽자 그의 뒤를 이어 교황에 선출되었다. 그는 교황이 된 후 아프리카의 도나티스트파, 랑고바르드 왕국의 아리우스파 등의 이단들과 투쟁했다.

그는 수도사로서 교황이 된 첫 경우로 그의 집권 기간 많은 수도사들이 교황 주위에서 일하게 되었고, 교회에서 수도원의 역할이 강조되고, 수도사들의 권리가 신장되었다. 수도원은 세속군주나 주교들의 위협으로부터 교황의 직접적인 보호를 받았다. 그의 중요한 업적 중의 하나는 영국 선교였다. 전하는 바에 의하면 그레고리우스는 영국에서 노예생활을 하고 있던 앙엘족(Angli)이 천사(Angel)들이라고 믿고 선교를 다짐했다고 한다.

그는 또한 귀족들의 폭력으로부터 영국 교회를 해방하기 위해 교회 국가(Patrimonium Santi Petri)를 세워야 한다고 믿었다. 이와 같은 그의 꿈을 실현하기 위해 그는 595~6년에 로마에 세웠던 성 안드레아스 수도원의 부수도원장(Prior)이었던 아우구스티누스를 40명의 수도사와 함께 영국으로 보냈다. 영국에 도착한 이들은 앵글로색슨의 왕 에텔베르트의 도움으로 켄터버리에 한 주교좌 교회를 설립했다. 이 켄터버리 교회가 영국 최초의 주교 교회이고 아우구스티누스가 첫 주교가 되었다.

(3) 보니파티우스(Bonifatius)의 활약

700년에서 1050년 사이의 시기에 유럽은 기독교화와 함께 정치적인 통일을 이루었다. 기독교를 대륙에 선교하여 유럽의 정치적인 통일에 지대한 공을 세운 사람은 보니파티우스였다. 그는 672~675년 영국의 웨섹스 왕국에서 태어났다. 어려서부터 수도원에서 교육을 받고 자랐으며 자란 후에는 수도사로서 어린 학생들을 가르쳤다. 그러다가 그는 716년이 되던 해에 프리즈란트에서 빌리브로드의 주도 하에 그의 첫 번째 선교활동을 시작했다. 그러나 프리즈란트의 군사지도자 라드보드와 프랑크 왕국의 군 지휘권을 갖고 있던 궁중의 최고 관리 카를 마르텔 사이에 전쟁이 일어나면서 영국으로 돌아갔다.

718년 그는 다시 대륙 선교에 나섰다. 그러나 이번에는 먼저 로마로 가서 교황 그레고리우스 2세로부터 선교활동을 허가해 줄 것을 요청했고, 교황으로부터 보니파티우스라는 이름을 받아 선교활동을 시작했다. 그는 719년에서 722년까지 먼저 프리즈란트에서 빌리브로드의 조수로 활동하다가 헤센과 튜링엔에서 독자적인 선교를 했다. 그는 아뫼넨부르크 수도원을 설립하여 그의 선교의 근거지로 만들었다. 이곳은 이미 아일랜드-스코틀랜드와 프랑크 왕국의 순례 선교사들에 의해 기독교가 이미 전파되어 있었다. 그러나 그것이 오히려 그의 선교활동을 방해했다.

그는 교황과 카를 마르텔의 보호 하에서 723년부터 732년까지 헤센 지방을 다시 선교했고, 725년부터는 보다 조직적이고 체계적인 선교활동을 펼쳤다. 그는 선교활동을 위해 고향으로부터 많은 지원을 받았으며 교황과도 끊임없이 연락했다. 교황 그레고리우스 3세는 732년 그를 관할구역 없는 대주교로 임명했다. 그리고 새로 편성되는 주교구의 주교를 임명할 권한을 그에게 부여했다. 그럼에도 불구하고 당시 보니파티우스는 주교구를 설치하지는 못했고, 단지 프리츨라에 수도원을 설립하여 동향의 영국 출신 비그베르트에게 수도원장직을 맡겼다. 그리고 타우버비숍스하임 수녀원에는 리오바를 키칭엔과 옥센푸르트 수녀원에는 테클라를 수녀원장으로 임명했는데, 이들도 모두 영국 출신이었다. 그가 이렇게 주교구 대신에 수도원을 짓게 된 데에는 프랑크 왕국의 주교들과 귀족들이 이방인에게 자신들의 권리가 침해당한다는 생각에 방해했기 때문이었다고 한다.

그는 738년부터 747년 사이에 프랑크 왕국의 교회를 개혁하고 조직화하는 데 전념하여 바이에른 주의 파사우, 잘츠부르크, 프라이징, 레겐스부르크, 그리고 얼마 후에(745) 아이히쉬테트 등의 주교구 경계를 확실하게 했다. 그리고 튜링엔에서는 뷰르츠부르크, 부라부르크, 에어푸르트에 각각 주교구를 설치했다. 프랑크 왕국의 새로운 지배자들인 아우스트라시엔의 카를만과 노이스트리엔의 피핀의 도움으로 그의 교회 개혁은 평탄하게 진행되었다.

이처럼 보니파티우스의 개혁 작업은 741년 이래로 프랑크 왕국 통치자들의 적극적인 협조하에 진행되었으나 독일 제후들의 방해를 받아 745년 공석이 된 쾰른 대주교에 임명될 수 없었다. 그러나 그는 그 뒤로 748년 마인츠의 대주교에 임명되었으며, 자신이 744년에 설립했던 풀다 수도원은 제자인 쉬투르미에게 맡겼다. 그는 수도사로서 그리고 대주교로서 생활했지만, 당시 궁중 최고관리였던 피핀이 메로빙 왕조의 왕위를 찬탈한 후 교황 착하리아스와 앞날을 논의할 때, 그리고 751년 혹은 752년 피핀이 카롤링 왕조의 첫 왕으로 즉위할 때에도 크게 관여하지 않았다.

교황 스테파누스 2세가 753~754년에 청원을 하러 프랑크 왕국에 와서 피핀의 왕 대관식을 다시 거행하고 있을 때, 보니파티우스는 그의 마지막 선교를 위해 프리즈란트로 떠났다. 그리고 그곳에서 754년 6월 5일 그는 52명의 동행자와 함께 프리즈란트의 이교도들에 의해 독쿰에서 암살당했다. 그의 순교는 전 프랑크 왕국을 놀라게 했고 그의 시신은 화려한 장례식과 함께 풀다 수도원으로 이송되었다. 그가 기초한 교황과 프랑크 왕국 사이의 동맹이 성사된 것은 바로 그가 죽은 해의 일이었다.

3) 프랑크 왕국과 로마 교회

(1) 피핀(Pippin)의 카롤링(Karolinger) 시대

피핀 왕(751~768)의 아버지 카를 마르텔(714~741)은 자의식이 강하고 세력이 강한 궁재였다. 그는 아랍의 공격을 막아냄으로써 메로빙 왕국을 안정시키고 권력을 장악해갈 수 있었다. 카를 마르텔의 메로빙 왕국에 대한 이와 같은 실권 장악은 그의 아들 피핀에게 왕위를 찬탈할 수 있는 계기를 마련해 주었다.

751년 피핀은 교황의 도움을 받아 지킬 수 없는 왕권은 제거되어야 하고 실질적인 권력의 소유자가 왕이 되어야 한다는 게르만법을 제정했다. 메로빙 왕국의 마지막 왕 힐데리히 3세(743~751)는 왕의 위엄을 상징하던 긴 고수머리를 잘리고 그의 가족과 함께 수도원으로 보내졌다. 프랑크의 군대는 회의를 통해 피핀을 왕으로 선출했고 보니파티우스가 도유식을 거행했다.

피핀은 교황의 은혜에 대한 보답으로 로마를 침탈하고 있던 이탈리아의 랑고바르드족을 정벌할 것을 약속했다. 교황은 그를 교회의 보호자로 칭했고, 그와 그의 자손들에게 로마인의 보호자(Patricius Romanorum)라는 칭호를 부여했다. 피핀은 랑고바르드족을 정벌한 후 알프스를 넘어 돌아왔고, 라베나에서 로마를 잇는 지역을 교황에게 제공했다. 이것은 교황령이 되었고, 이를 통해 교황의 정치적 입지가 강화되었다.

(2) 카를 대제(샤를마뉴) 시대

카를(Karl, 742~814)은 피핀의 두 아들 중 큰아들이었다. 그는 동생 카를만(Karlmann)과 함께 754년 교황에 의해 도유식을 받아 왕이 되어 로마의 보호자 역할을 수행했다. 프랑크 왕국은 756년 랑고바르드족이 차지하고 있던 교회령을 회수하여 확장해갔다. 768년 피핀이 죽자 카를은 생 드니(St. Denis)에서 카를만은 스와송(Soisson)에서 각각 교황에 의해 재차 도유식을 받음으로써 프랑크 왕국의 정식 왕이 되었다. 그러나 771년 카를만이 갑자기 죽자 카를은 그의 아들들의 상속권을 무시하고 왕국을 독차지했다. 교황은 카를의 행위를 비판했고, 카를은 교황과의 관계를 계속 유지하려 했다. 그는 교황을 위협하고 있던 랑고바르드 왕 데시데리우스의 딸과의 결혼약속을 취소하고 교황을 돕기 위해 771년 이탈리아로 진격했다.

카를이 재위에 오를 당시, 랑고바르드 왕국은 이탈리아 전역을 지배하려 했다. 그럴 경우 교황은 결코 안전할 수 없었다. 더구나 카를은 랑고바르드 왕과 개인적으로 적대 관계에 있었다. 이에 카를은 773년에 전사들을 이끌고 이탈리아로 들어가 랑고바르드 왕국의 수도인 파비아를 포위 함락했고, 774년엔 랑고바르드 왕을 수도원에 연금시키고 랑고바르드의 왕이 되었다. 통치의 편의를 위해 아들 피핀을 이탈리아 왕으로 즉위시키긴 했지만, 카를은 죽을 때까지 랑고바르드 왕국을 실질적으로 통치했다.

4년 뒤인 778년 대군을 이끌고 스페인 북부로 진격했지만 그리 성공적이지 못했다. 같은 기독교인 바스크족과 싸우는 데 시간을 허비했고, 피레네 산맥을 넘어 본국으로 돌아갈 때는 바스크족의 공격을 받았다. 카를에 관한 전설 가운데 가장 훌륭한 것이라 할 유명한 『롤랑의 노래』는 바로 이 불운한 사건을 배경으로 하고 있다.

그는 787년 바이에른을 침공하여 바이에른을 여러 지역으로 분할하여 흡수했다. 바이에른 정복으로 영토가 확장되면서 기마 민족인 아바르족과 마주쳤다. 그리고 791년에 대군을 이끌고 아바르족을 몰아내는데 성공했다. 이로써 카를의 동쪽 정복사업은 완결되었다.

그는 베저 강과 엘베 강 사이에 있던 슬라브족에게도 여러 번 쳐들어갔으나, 이는 본질적으로 응징을 위한 원정이었다. 그래서 영토를 항구적으로 획득하지는 않았다.

카를은 773년에 랑고바르드를 정복하기 전부터 이미 삭센의 정복 및 개종을 위해 준비했다. 772년에 삭센 지방 곳곳으로 진격하여 항복을 받아냈으나, 카를이 이탈리아로 떠나자마자 반란을 일으켜 프랑크의 외곽 지역을 약탈했다. 775년 카를은 삭센으로 되돌아와 다시 제압했다. 삭센은 완강하고 거칠며 호전적인 종족이었다. 카를은 수천 명의 삭센 전사를 학살하는 등 가혹하게 무력으로 제압함으로써 겨우 그들을 기독교로 개종시킬 수 있었다. 마침내 785년에 삭센의 지도자 비두킨트는 카를에게 항복하고 기독교를 받아들였다. 30년 동안의 압제와 복음화가 동시에 추진된 뒤, 삭센은 완전히 카롤링 제국의 한 부분으로 통합되었다.

카를은 781년 이탈리아로 제2차 원정을 떠나 로마, 라벤나 그리고 펜타폴리스 등에 대한 로마 교회의 지배권을 재확립했다. 그리고 당시 4살이었던 카를의 둘째 아들 피핀은 이탈리아의 왕, 셋째 아들 루이는 아퀴타니엔의 왕으로 즉위했다. 그 후 787년 카를은 베네벤트 공작을 자신의 수하에 두어 이탈리아 남부에 있던 비잔틴 세력도 제거했다.

칼은 801년 스페인에 변경 백작을 두었다. 그 외에도 서쪽 변경에는 독립적인 브레타뉴를 보호하기 위해, 남동쪽으로는 비잔틴 제국으로부터 달마티아의 변경을 수비하기 위해, 남쪽으로는 남부 이탈리아를 방어하기 위해, 동쪽으로는 엘베강 유역의 마그데부르크와 할레의 요새를 안전하게 하기 위해 변경 백작을 두어 다스리게 했다. 카를은 변경 백작에게 전권을 주거나 순찰사를 통해 통제했다.

이것은 앵글로-색슨 왕국과 이슬람 지배하의 스페인 및 북아프리카, 그리고 비잔틴의 지배를 받던 시칠리아 섬을 제외하면 과거 서로마 제국의 영토의 대부분이 카를에 의해 회복되었음을 뜻했다. 다시 말해 많은 정복 활동으로 제국의 영토는 아이더 강(독일, 덴마크 국경)에서 티베르 강까지, 엘베 강에서 에브로 강(스페인 동북부)까지, 영불 해협에서 프라텐 호수(헝가리)까지 뻗어 있었다. 이로써 사실상 카를은 '서유럽'의 기본 틀을 마련했다.

카를은 롬바르드족과의 전투에서 기병의 중요성을 깨닫고 기병을 육성했다. 기병은 숫자는 적었지만 프랑크 군대의 핵심이었다. 대부분 귀족으로 구성돼 있어 높은 자부심과 긍지를 갖고 있었고, 쇠사슬 갑옷과 단단한 투구, 방패, 창, 칼, 도끼 등으로 완전 무장한 최고 정예들이었다. 문명의 퇴보와 함께 전쟁기술 역시 함께 퇴보한 상황에서 카를의 중장기병은 중세 유럽의 전장을 휩쓸었다.

또한 프랑크군은 군사행동을 할 때 현지조달과 약탈로 물자를 얻었으나, 이는 현지인들의 반감을 사며 내부불안을 초래할 수 있었다. 또한 약탈을 하면서 병력이 분산되기 쉬웠기 때문에 기습을 당하기도 쉬웠다. 그래서 카를은 보급 수송대를 포함하는 병참조직을 만들어서 식량과 보급품을 호송하도록 했고, 이런 체계적인 병참을 바탕으로 프랑스에서 수천km 떨어진 곳으로의 원정을 가능케 했다. 심지어는 로마 이후 처음으로 서유럽에서 사라졌던 겨울 전쟁을 할 수 있었다.

카를은 선친의 위업을 지속하려고 노력했다. 세금을 거둬들일 수 있는 제도가 없었기 때문에 카를은 왕령지에 의존하여 제국을 통치할 수밖에 없었다. 제국을 통치하기 위해서는 많은 궁중 관료들이 필요했다. 그는 그에게 충성을 바치는 귀족들에게 왕령지의 일부를 일생동안 보유하도록 함으로써 궁중 관료가 되게 했다.

궁중 관료 외에도 제국의 국경 지역에 백작을 두어 다스리게 했다. 이들은 메로빙 왕조의 귀족 출신으로 그들의 사유지에서 사법권, 지휘권 그리고 왕령의 집행자로서 공권력을 행사했다. 그러나 메로빙 왕국이 무너지면서 왕국의 재산과 권한을 모두 사유화해갔다. 카를은 이 백작들을 자신의 백작령에 평생 머물게 하는 것이 아니라 근무지를 주기적으로 순환시키는 방법으로 이들을 통제하기 시작했다. 그는 백작직을 임명직으로 하여 자식에게 관직을 상속하는 것을 방지했다. 뿐만 아니라 순찰사(missi dominici)를 두어 관료들의 동태를 파악하게 했다. 그럼에도 불구하고 광대한 제국을 효율적으로 다스릴 수 있기란 어려운 일이었다. 그러므로 왕과 관료 사이의 개인적인 신뢰관계가 아주 중요했다.

(3) 카를의 황제 대관식

카를은 제국 통치에 로마 교회의 역할을 중요하게 생각했다. 7세기 말엽에 교회는 이렇다 할 제도를 갖고 있지 않았다. 많은 교회의 요직이 빈 상태이거나 왕의 친인척들에 의해 점거되었다. 피핀과 카를은 주교와 대주교 제도를 도입하여 교회가 개혁될 수 있도록 했다.

교황은 기독교가 제국의 공식 종교로 인정받게 된 4세기부터 사도 베드로의 계승자로서 서방 전체의 교회 내에서 최고의 권위를 수립하고자 노력했다. 6세기 유스티니아누스(527～565)의 시대까지도 교황은 현실적으로 비잔티움 황제의 지배를 받는 주교의 지위에 머물러 있었다. 유스티니아누스 황제는 라베나에 총독부를 설치하여 로마 교회를 감독하게 했다. 그러나 751년 라베나가 랑고바르드족에 점령되면서 총독부도 더 이상 기능을 할 수 없게 되었다. 이는 비잔티움 제국이 더 이상 로마 교회를 보호할 능력이 없음을 의미했고, 교황에게 새로운 보호자를 찾을 기회를 준 셈이었다.

754년 랑고바르드가 위협했을 때 스테파누스 교황은 비잔티움 제국의 원조를 원했으나 실패하고, 프랑크 왕국의 피핀을 찾아가 도움을 간청했다. 피핀은 왕위를 찬탈하여 새 왕조를 수립하는데 지원해준 교황의 원대로 라벤나의 교황령을 회복해 주겠다고 서약했다. 이 승낙에 대한 보답으로 스테파누스는 피핀과 그의 두 아들인 카를과 카를만에게 도유하고 '프랑크 왕'과 '로마의 보호자'라는 칭호를 부여해 주었다. 이는 프랑크 왕을 교회와 교황령의 보호자로 삼겠다는 것을 뜻함과 동시에 이미 로마 교회를 실질적으로 보호할 능력을 상실한 비잔티움 제국과의 결별을 의미했다.

이렇듯이 카를의 프랑크 왕국은 기독교에 바탕을 두고 거대한 영역과 힘을 가졌으며 로마 교회는 자신을 보호할 능력이 없음은 물론 자신들을 보호해 줄 누구도 없었기에 로마 교회는 그나마 기독교 이념에 바탕을 둔 프랑크 왕국을 그들의 보호자로 선택할 수밖에 없었다.

771년 카를이 프랑크 왕국의 왕이 되었을 때 그는 두 가지 정책을 계획했다. 첫째는 모든 게르만족을 하나의 왕국으로 통합시키기 위한 정복 전쟁이었고, 둘째는 전 프랑크 왕국은 물론 그가 정복한 모든 나라들을 기독교로 개종시키는 일이었다. 그의 생은 거의 전쟁으로 이어졌고, 그 결과 800년경 그의 왕국은 오늘날의 프랑스, 벨기에, 네덜란드, 스위스, 대부분 독일 지역, 많은 이탈리아 지역, 스페인 등을 포함했다. 정복 전쟁에서 이룩한 그의 성과는 로마 시대의 콘스탄티누스 내지는 아우구스투스를 연상하게 했다.

이에 800년이 저물어 갈 무렵 교황 레오 3세가 그를 로마로 초대하자, 카를은 베드로 성당의 성탄절 미사에 참여했다. 기도가 끝난 후 바로 교황은 카를 앞으로 가서 정중한 태도로 그의 머리에 관을 씌워주었다. 그리고 "카를 황제여, 신에 의해 제위 된 위대하고 평화를 구현하는 로마의 황제여 건강과 승리를 빕니다."라고 외치면서 카를이 로마의 황제임을 선포했다.

4) 카롤링 시대의 문화

(1) 카롤링 르네상스

카를은 학문을 부흥시켜야겠다는 큰 열망을 가지고 있었다. 이것은 교회와 정부를 위해 봉사하는 성직자와 관리들의 교육을 위한 것이기도 했지만, 그의 지적 호기심에서 출발한 것이기도 했다. 그의 노력은 카롤링 시대의 교육과 문화를 크게 부흥시켰다. 몇몇 역사가들은 그의 치적을 카롤링 르네상스로 불렀다.

라틴 문화를 보존하기 위한 대부분의 고전연구는 수도원에서 행해졌다. 고전연구는 7~8세기 아일랜드와 영국 선교사들에 의해 정착되었다. 9세기까지 베네딕트 수도자들이 하는 중요한 작업은 필사본을 베끼는 일이었다. 그들은 수도원에 필사(scriptoria)실을 따로 두어 크리스트교 초기 성경 등의 저작물이나 라틴 고전작가들의 작품을 베꼈다. 카롤링 시대의 수도원 필사실은 고대 유물을 보존하는 매우 중요한 장소였다. 약 8천 개의 필사본이 카롤링 시대에 복사되었다. 이 복사본 덕분에 오늘날 고대 로마 작품의 약 90%가 남아 있는 것이다. 카롤링 시대에는 소문자체(Minuskel)가 개발되어 메로빙 시대의 글씨보다 편하게 읽을 수 있었다. 이 소문자체는 12세기까지 사용되다가 고딕문자로 발전되었다.

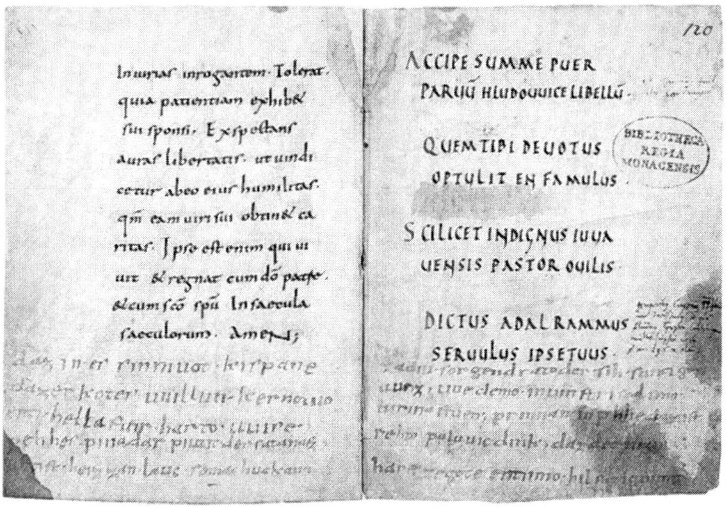

▲ 카롤링 시대의 소문자체(왼쪽)와 대문자체(루이 독일왕 소유의 수사본으로 830년경 제작된 것임) 각 면의 밑 부분의 글씨는 9세기 말엽 후기의 독일 카롤링 시대 소문자체임(Muspilli)

카롤링 문화 운동은 영국 선교사들이 전해온 수도원 문화와 프랑크 왕실의 조직적인 문화의 결합으로 이루어졌다. 영국 선교사 가운데 대표적인 사람은 알퀸(Alcuin)이었다. 그는 훗날 '카를 대제의 문화 대신'이라고 불렸을 정도로 카롤링 르네상스를 이끄는데 많은 영향을 끼친 사람이었다. 그는 고위 성직자들에게 문화 운동에 앞장설 것을 요구했을 뿐만 아니라 제국의 다양한 지역을 다스리는 궁정 대신들에게도 교육을 원하는 자유민의 자제와 하인의 자식을 위한 학교 등의 시설물을 제공하도록 요청했다.

카를 대제는 알퀸과 같은 학자들을 각처에서 아헨에 불러 궁정 학교를 개설하고 고전, 라틴어 문법, 논리학 등을 가르치게 했다. 또한 그는 알퀸에게 성서와 교회 서적을 재편하도록 함으로써 중세 교회에 대한 인식이 변하는데 기여했다.

예술과 건축의 부문에서도 새로운 경향이 나타났다. 건축에 있어서는 문학과는 달리 고전적인 여러 요소들이 혼재되어 나타났다. 비잔틴, 모슬렘, 영국적인 전통들이 그것이다. 아헨에 있는 유명한 궁중 교회에는 당시 유행하던 팔각형으로 지어졌는데, 이것이 비잔틴에서 직접 영향을 받은 것인지 또는 라벤나의 성 비탈레(Vitale)의 교회를 모방한 것인지는 확실하지 않다.

(2) 일상생활

지식인의 삶뿐만 아니라 일상생활에서도 유럽 세계는 로마, 게르만족, 기독교의 영향이 융합되어 새롭게 발전했다. 그중에서도 기독교의 영향력이 점차 증대되었다.

게르만족은 로마인들과 결혼을 통해 새로운 사회를 형성했다. 그럼에도 그들의 전통적 관습은 여전히 중요한 역할을 했다. 게르만 사회를 유지하는 가장 큰 요소는 가족이었다. 그들은 부계 중심의 대가족 제도를 두고 있었고 함께 경작하고 상속했다. 이와 같은 가족 제도는 혼란했던 메로빙 시대의 위기를 넘길 수 있는 좋은 제도였다.

게르만법은 로마법과는 달리 법정을 통한 공식적 절차를 거치는 것이 아니라 개인적인 차원에서 처리되었다. 게르만족은 원칙적으로 소가족 단위로 생활했으나 법적인 문제가 발생하면 범죄나 형벌 문제의 해결을 위해 주변 친인척이 관여했다. 위법행위로 피해를 입은 사람은 가해자 가족에 대한 복수로 전투(Fehde, feud)를 했다. 승자는 패자의 손과 발을 절단하거나 눈을 빼거나 귀나 코를 자르는 등의 잔인한 복수를 했다. 그래서 이와 같은 복수극을 막기 위해 살인 배상금(wergeld) 제도가 발전하여 가해자는 죽은 자의 가장 가까운 남자 친척에게, 남자가 없으면 여자 친척에게 벌금을 지불했다. 자유인 남자의 배상금은 18파운드로 당시 말 18마리의 값에 해당했다. 소작인의 배상금은 10파운드, 유부녀의 배상금은 남편의 반, 미혼여성은 아버지의 반이었다.

게르만족은 죄를 판별하고 벌금을 부과하기 위해 면책선서(Compurgation)나 신의 심판(Gottesurteil, Ordeal) 등의 재판 절차를 거쳤다. 면책선서는 피고가 하는 맹세의 결백을 믿는 12명 혹은 25명으로 구성된 '면책선서자'가 하는 선서로 이를 통해 피고의 죄가 면책되었다. 신의 심판은 종교적 예언에 따라 하는 심판으로 다양한 종류가 있었다. 신의 힘은 옳은 자를 벌하지 않을 것이라는 믿음이 전제되어 있었다.

카롤링 시대에는 사람들의 삶, 결혼, 성생활 풍습에 기독교가 중요한 영향을 미쳤다. 결혼은 전통적 의례가 유지되었으나 기도와 함께하는 교회의 결혼식이 권장되었다. 결혼 결정권은 아버지에게 있었고, 아버지가 없을 경우 작은 아버지가 대신했다. 여성에게는 정절이 요구되었던 반면 프랑크 귀족 남성들은 종종 노예소녀나 그들 영지의 자유민 여성을 첩으로 삼을 수 있었다. 카를 대제도 많은 첩을 두었었다.

교회는 점차적으로 결혼과 가족생활에 관여했다. 결혼에서 개인적인 의사를 존중하도록 했고 축복을 더해주기 위해 결혼식 절차를 확립했다. 789년 프랑크 왕국에서 개최된 종교회의에서 일부일처제와 결혼의 영속성을 강조했고 첩의 관행과 이혼을 비난했다. 루드비히 황제(814~840)의 통치 기간 동안 교회에서는 공식적으로 이혼을 금지했다.

교회의 이혼금지로 핵가족이 발달했다. 친족은 여전히 사회적 및 정치적으로 영향력을 행사했지만, 사회의 기본 구성단위로서 부부단위가 나타나기 시작한 것이다. 핵가족 사회에서 여성은 가정과 자녀에 대한 통제력을 가질 수 있었지만 남편에겐 여전히 지배당하는 관계였다.

초기 교부들은 금욕과 독신주의가 결혼보다도 이상적임을 역설했다. 그 결과 초기 교회에서 사제들의 독신주의가 권장됐지만 제도적 차원에서 이를 강제하는 일은 불가능했다. 그래서 사제의 결혼은 사실상 허용되었다.

교회는 결혼이 성생활의 전제조건이어야 함을 강조했다. 그리고 그것은 쾌락이 목적이 아닌 오직 출산을 목적으로 하는 것에 한했다. 교회는 실행에는 실패했지만 피임과 낙태를 강하게 비난했으며 임신과 유산을 방지하기 위한 약초를 개발하기도 했다. 그리고 성교의 금지나 주기적인 금욕을 통해 출산을 제한하고자 했다.

교회는 동성애에 대해서 매우 비판적이었다. 로마 제국의 종교나 법은 이성과 동성 간의 성교를 구분하지 않았다. 그래서 이에 대한 법적인 어떤 조치도 없었지만, 비잔틴 제국에서 538년 유스티니아누스 황제가 동성애를 금지했다. 그는 동성애는 신의 분노를 살 것이고 나라의 안녕을 위태롭게 할 것이라고 강조했고, 어긴 자들을 거세했다. 중세 초기의 교회에서도 동성애를 금지했지만 혼인한 부부가 피임하는 것이 더욱 더 큰 비난의 대상이었다.

카롤링 시대의 주식은 빵이었다. 빵의 대량 소비층은 귀족과 승려 계층이었고, 농민은 가끔 보리와 귀리로 만든 죽으로 끼니를 대신하기도 했다. 상류층의 식사는 농민보다 훨씬 다양했다. 돼지고기는 그들의 기본적인 음식이었다. 돼지는 방목하여 길렀으며 가을에 도축되어 겨울양식을 위해 소금을 쳐서 훈제해 보관했다. 카롤링 귀족들은 고기(구운 고기)를 즐겼기 때문에 사냥 문화가 발전했다. 그들은 사냥한 고기를 식용으로 사용했다. 소와 양 등 대표적인 가축이 있었지만, 그것들은 쟁기를 끌고 양모를 생산해야 했기 때문에 거의 고기용으로는 사용하지 않았다.

카롤링 시대에는 우유나 양젖이 빨리 상했던 까닭에 치즈와 버터와 같은 유제품이 만들어졌다. 그리고 닭의 사육으로 많은 달걀을 생산하여 식생활이 풍요로웠다. 부유층, 빈곤층 모두 즐길 수 있는 음식은 콩, 완두콩, 편두와 같은 콩과 식물과 마늘, 양파, 당근과 같은 뿌리식물들이었다.

과식과 폭음은 카롤링 사회의 악덕 중 하나였다. 8세기 수도원에서 수도사 일인 당 하루 배급량은 빵 3.7파운드, 와인, 맥주의 일종인 에일 1.5쿼터, 치즈 2~3온스, 채소 8온스였다. 이는 하루 6,000칼로리에 해당되는 음식량으로 많은 수도사들이 배불뚝이가 될 수밖에 없었다. 또한 수도원장이나 승려를 포함해서 카롤링 시대 사람들은 술을 굉장히 많이 마셨다. 선술집은 시장, 성지, 왕령지, 주교구, 수도원 영지 등 어디에서나 쉽게 발견할 수 있었다. 귀족과 수도사들은 주로 포도주를 즐겼으며 카롤링 세계의 북부와 동부 지역에서는 맥주를 즐겨 마셨다.

카롤링 시대의 의술로는 주로 약물과 방혈 치료법이 사용되었다. 방혈법이 보편적이었으나 두 가지의 경우를 함께 사용할 것이 권장되었다. 많은 의사들이 수도원에서 교육을 받고 수련의가 되었다. 수도원에는 병의 증상과 처방법이 설명되어 있는 고대의 의학서적들이 있었다. 수도사들은 부인과 분야에는 별 신경을 쓰지 않았으나 고대의 의학서적에는 이에 대한 정보도 들어 있었다.

중세 초기의 의사들은 약물치료와 미신적인 자연치료를 병행했다. 주술적인 치료방법은 기독교화 되기 이전부터 게르만족이 수 세기 동안 사용해온 전통적인 방법이었다. 이와 같은 비현실적인 치료법은 기독교화와 더불어 신, 예수 혹은 성인들의 기적적인 치료로 대체되었다. 이처럼 중세의 많은 연대기는 성인의 몸을 만진 후 치료된 수많은 사람들에 대한 기록을 전하고 있다.

3 농촌 사회의 발전

중세 농촌에서 한 농부가 어느 귀족 소유의 토지를 경작하며 살고 있고, 그는 수고하여 수확한 작물의 대부분을 토지의 주인에게 돌려주어야한다고 가정해 보자. 그리고 이와 같은 조건을 개선하기 위해 농부가 할 수 있는 일이 무엇일지 상상해보자.

1) 귀족 사회

게르만족은 원래 자유인이었고 경제적으로 비교적 평등한 사회를 구성하고 살았다고 한다. 살리카 법전에 의하면 살인 배상금 지급 면에서 귀족과 평민의 차등 현상이 나타나지 않고 있는데, 이로 미루어 보아 당시 게르만족들에게 있어서 출생 신분으로서의 귀족은 존재하지 않았던 것으로 여겨진다. 이와 같은 초기 게르만족 사회가 귀족 지배 사회로 이행되어 가는 시기는 대략 5세기에서 7세기 사이로 추정된다. 프랑크족의 귀족 무덤의 출토물과 그 외 발굴된 거주지들의 규모의 차이를 통해 우리는 당시의 사회가 이미 계층화되어 있었음을 확인할 수 있다. 비교적 큰 거주지의 주인은 대개 군사 지휘관이었을 것으로 추정한다.

게르만족의 초기 군사 제도를 종사제도(從士制度)라 부른다. 이 제도는 게르만족의 첫 왕조인 메로빙 시대(482~714)에 와서 쌍무 계약 관계로 발전하여, 7~8세기에 이르러서는 가난한 전사들에게 충성에 대한 대가로 기병이 될 수 있는 경제적인 토대를 토지(Beneficium, 베네피키움)로 제공해주었고, 이들이 그 토지에 정착해감에 따라 농촌 사회가 형성되었다. 종사제도가 토지를 매개로 발전한 상태를 우리는 주종제도라고 한다. 종사제도에서 군 지휘관으로서의 주인이 그들의 기사인 시종(侍從)에게 그들의 충성에 대한 대가로 의식주를 화폐나 물건 등으로 해결해 주었다면, 주종제도에서는 군 지휘관이 지주가 되어 자신의 시종들에게 충성에 대한 서약의 대가로 토지(봉토 : 封土)를 주어 경작하게 함으로써 그들의 의식주를 해결해 주었다.

주종제도는 흔히 바살제도(Vas(s)al system)라고도 부른다. 바살은 원래 켈트어(gwas)에서 라틴어화 한 단어(vassus)에서 나온 말로 젊은이 또는 종(從)을 의미하며, 8세기 이후 왕권이 강화되고 사회가 발전하면서 점차 이중 삼중의 바살관계가 성립되었다. 9～10세기에 이르러 바살관계는 점차 지배층 사이의 신분관계로 변화해서 궁중 귀족, 공작, 변경 백작, 백작 등의 계서제에 입각한 국가관료제가 확립되었다. 이와 같이 관료제로 발전한 주종제도는 11세기를 거치며 커다란 변화를 맞이했다. 프랑스에서는 중앙 집권적인 제도로 발전해 간 반면에 독일에서는 점점 분권화의 길을 열어 갔다.

11～12세기 사이에 사적 지배 체제를 유지한 채 대를 물려 자신들의 가문을 유지했던 귀족들이 영방 귀족으로 변했다. 그리고 예속민 중에서도 왕이나 영방 귀족의 신임을 얻어 신분 상승을 꾀할 수 있었다. 그들은 대개 그들에게 주어진 행정, 재무 또는 군사업무를 통해 이른바 미니스테리알레스(Ministeriales)계층을 형성했으며 영방 귀족으로까지 출세할 수 있었다. 왕은 군사와 행정에 예속민들을 미니스테리알레스로 임명함으로써 귀족 봉신에게 주어야 할 봉토의 상속에 대한 염려 없이 왕권을 강화하려 했다.

2) 농민

농민은 농촌에 살았던 사람 중 귀족신분을 제외한 사람들을 의미하기도 하지만, 농민이라 함은 가족들과 일꾼들(Gesinde)의 도움으로 농업 자가 경영 체제를 갖춘 사람을 의미한다. 전 중세기를 통해 농민은 농산물 생산과 농촌생활에 있어서 중심적인 위치를 차지한 사람들이었다. 신분상으로 농민은 농지의 보유자로서 지주의 권한아래 있었으나 농촌의 다른 하층민들보다는 위의 위치에 있었다.

중세 초기 농촌의 사회 구조를 살펴보면 귀족, 자유인, 반(半)자유인 그리고 비(非)자유인(노예) 등 법적으로 구분된 사회 신분 계층이 형성되어 있었음을 알 수 있다. 농지는 이 모든 계층이 공유하는 공간이었음에는 틀림이 없었지만, 귀족들은 촌락으로부터 떨어진 성에서 지배권을 행사했던 것이 아니라 대개 마을 내에 단독저택을 짓고 살았다. 귀족들의 집은 규모 면에서 크고 무엇인가 대표성을 띠는 저택일 경우도 있었지만 많은 경우 농가와 크게 다를 바가 없었다. 귀족의 집은 가내 예속농과 가내 노예들에 의해 관리되었다. 이러한 가내의 예속농 내지는 노예(mancipia, servi)들의 수는 상당히 많았던 것으로 추정된다. 이에 비하여 농민은 자신의 집을 갖고(servi casati) 임대지를 보유하던 계층으로 지대와 부역의 의무를 지고 있었다. 촌락에는 지주, 예속농, 가내 노예, 귀족 집 소속의 가내 수공업자 내지는 노역자 외에도 많은 자유농들이 있었는데 이들은 보유지의 크기와 위치에 따라 소작하거나 자기 땅에 농사를 지었다.

11세기에 작성된 사료에 의하면 한 농부가 결혼을 할 경우 신랑으로부터 받은 신부의 재산은 일 년 하루 동안 소유권에 별다른 문제를 일으키지 않으면 계속적으로 보유할 수 있었다. 남편이 먼저 죽을 경우에는 아내가 살아 있는 동안 보유했고, 아내가 죽은 후에는 후사가 있을 경우 자식에게 후사가 없을 경우 남편의 가장 가까운 친척에게 상속되었다. 아내가 먼저 죽은 경우도 남편이 먼저 죽었을 경우와 마찬가지로 처리되었다. 이와 같이 부부가 살아가면서 일군 재산은 둘 중 하나가 먼저 죽더라도 다른 하나가 계속 소유하며 자유의사대로 처분할 수 있었다. 하지만 신부가 시집올 때 친정에서 가지고 온 재산은 부부가 다 죽은 경우 자식에게 주어졌으며, 자식이 없을 경우는 교회에 기증되거나 어머니의 가장 가까운 친정 식구에게 상속되었다. 부부에게 자식이 있으면 부부가 모두 죽은 후 자식들에게 상속되었던 재산은 자식이 죽은 후에는 어머니의 가장 가까운 친정 식구에게 상속되었다.

이러한 상속 관계는 당시 촌락 구성원들이 결혼을 통해 재산 증식을 할 수 있는 기회를 차단하려는 목적으로 법문화되었다. 이는 역으로 사회가 여러 계층으로 분화되어 있었고 이러한 계층 분화의 지속적인 발전을 문서화된 상속법으로 통제하려는 지배층의 의도를 엿 볼 수 있다. 이러한 지배층의 노력에도 불구하고 당시 많은 소규모의 자영농들이 농업 생산성에서 경쟁력을 갖추지 못하고 무산층으로 떨어지거나 무산층이 자영농화 되는 등의 사회 변화 과정에서 신분 계층으로서의 '농민'이 형성되었다. 농민은 사회 경제적 삶의 양식에서 비슷한 성격을 나타내지만, 법적으로는 자유인, 반자유인, 비자유인 등 여러 신분으로 구성되었을 뿐만 아니라 보유재산 면에서도 서로 큰 차이가 있었던 집단이었다.

이러한 차이는 중세 초기부터 있었고, 중·후기를 지나면서 더욱 심화되었다. 계층간의 차별이 심화될수록 농민은 더욱 뚜렷한 신분 계층으로 성장해서 자치체적인 촌락을 형성해갔다. 촌락은 자연 환경적, 법적, 사회적, 경제적으로 다양했다. 촌락은 주로 농경과 축산을 주로 하는 사회였지만, 포도 재배, 고기잡이, 양봉 등을 목적으로 하거나 수공업을 주로 하는 촌락도 있었다. 상업의 발달로 시장에서 농산물 거래가 활성화 되면서 농산물 생산이 더욱 촉진되었다. 대개의 촌락은 마을 어귀에 주막을 갖고 있었다. 주막은 마을 상거래의 중심지 역할을 하는 시장을 형성하고, 원거리 상인들에게 숙박을 제공하기도 했다. 주막을 중심으로 한 촌락의 시장은 도시가 상거래를 독점하면서 자유로운 발전을 할 수 없었다.

3) 농업 기술의 발전과 생산력 향상

농업 기술은 19세기와 20세기에 크게 변했다. 특히 제2차 세계대전 이후로는 아주 빠르게 기계화되었다. 기계화가 빨리 이루어진 것은 인구 증가에 따른 대량생산의 필요성 때문이었다. 인구 증가는 농업 기술 발전의 필요성을 느끼게 했고 농업 기술이 발전되면서 인구는 더욱 증가할 수 있었다. 1850년경 독일 전체인구의 55%가 농업 인구였으나 1985년에 이르면 전체인구의 5%만이 농업에 종사하고 있었다. 이와 같은 농업 인구의 감소는 농업 기술의 혁명적인 변화 없이는 불가능했을 것으로 보인다. 중세의 농업 기술 역시 마찬가지로 인구 증가, 특히 도시 인구의 증가로 인한 대량생산의 필요성으로 인해 발전했는데, 특히 11세기 이래로 큰 변화가 생겼다.

(1) 쟁기

중세의 농업에서 가장 중요한 농기구는 쟁기였음에 틀림없다. 중세 시대의 쟁기는 바퀴 달린 것과 없는 것의 두 종류가 있었는데, 바퀴 없는 쟁기는 오래전부터 사용되었던 쟁기로 좌우 대칭형으로 만들어져서 땅을 파헤쳐 양방향으로 똑같이 부스러뜨릴 뿐 땅을 파서 뒤집어엎어 이랑을 짓지는 못 했다.

보습에 연결된 술은 전혀 없거나 있더라도 아주 작은 두 개의 술이 있을 뿐이었고 멍에에 연결시킬 수 있는 두 개의 성애가 있는 술이 있었다. 이 바퀴 없는 쟁기에 바퀴를 달아 사용하게 되면서 술의 모양도 비대칭적으로 변했다. 이 쟁기로 흙을 한 쪽으로 파 엎어 이랑을 지을 수 있었다.

이랑을 짓는 쟁기는 로마 말기에 로마의 식민지나 북해 부근에서 사용되었으나, 유럽에서는 10세기까지 아주 드물게 사용되었다. 10세기 이전에 일반적으로 사용된 바퀴 없는 쟁기로는 원하는 만큼 깊은 고랑을 팔 수도 없었고, 보습이 좁아 일의 능률도 기대하기 어려웠다. 11세기에 이르면서 바퀴 달린 쟁기는 빠른 속도로 바퀴 없는 쟁기를 대체하여 유럽 전역으로, 특히 중·북부 유럽으로 퍼졌다. 이 새로운 쟁기는 농업 생산량을 증대시키는 데 크게 기여했다. 경작을 용이하게 함으로써 노동 시간을 단축시켰을 뿐 아니라 불모지 개간에 많은 도움을 주었다.

바퀴 달린 쟁기는 이전의 쟁기에 비해 훨씬 무거워 쟁기를 끄는 가축 수가 많아졌다. 쟁기를 끄는 가축으로는 주로 소가 사용되었는데 여러 마리의 소 대신에 힘이 좋은 말이 사용되기도 했다. 12~13세기 이래로 북유럽 지역에서는 특히 개간이 어려운 지역에서 말이 많이 사용되었다. 대규모의 개간이 필요한 지역에서는 말을 이용했고 소규모의 농사에 소가 이용되었다.

말의 보유는 사회적 지위를 나타내는 것이기도 했다. 그리고 말은 쟁기보다 되갈아놓은 논바닥의 흙덩이를 바수거나 바닥을 판판하게 하는 써레를 끄는 데 더 많이 사용되었다. 쟁기에 소를 사용하던 지역에서도 써레에는 말을 사용했다. 이것은 말이 써레용 가축이었음을 말해준다.

▲ 여러 마리 소가 끄는 바퀴 달린 쟁기

▲ 말이 끄는 바퀴 달린 쟁기

▲ 1300년경에 사용된 도리깨
판슈비츠-쿠카우에 있는 시토교단의 마리엔슈테른 수도원 소장

(2) 낫과 도리깨

추수용 농기구로는 낫이 중세 초기부터 사용되었다. 낫날은 오늘날처럼 편편한 것이 아니라 톱니모양을 하고 있었으며 잘 익은 이삭의 손실을 적게 하기

위해 톱질하듯 곡식을 거두어 들였다. 12~13세기에 나무로 된 낫자루가 만들어져 일의 능률을 높였다. 편편한 날을 지닌 수확용 큰 낫은 북프랑스, 플랑드르, 라인란트 등의 농경이 발달했던 지역에서 14세기부터 점차 사용되었고, 중세 중기 이후로 목초지가 발달하면서는 풀 베는 용도의 낫이 만들어져 가축들의 겨울사료로 건초를 준비하는 데 사용되었다.

낟알이 완숙하면 낫 등으로 베어 건조시킨 뒤 탈곡을 했다. 탈곡용 기구로는 도리깨가 있었다. 이 도리깨는 프랑크 왕국 시절부터 갈리아 지방에서 사용되다가 13세기경에 널리 퍼졌다. 도리깨는 두 가닥으로 나뉜 가죽묶음을 나무 끝에 달아 만들었다.

중부, 북부, 동부 유럽 그리고 이탈리아 북부에서는 일반적으로 도리깨가 사용되었고 이탈리아 남부와 지중해 국가들에서는 곡식을 판판하게 바닥에 펼쳐 가축 떼를 그 위로 몰거나 널빤지를 이용하여 탈곡했다.

위의 농기구들은 12~13세기 동방 정주운동으로 인한 왕성한 개간활동과 도시의 발전으로 인한 곡물시장의 활성화를 통해 크게 발전했다. 14세기 초엽에 이르러서는 농사용 말이 쇠로 된 말발굽과 근대식 마구들로 치장되었을 뿐만 아니라 건초용 낫, 농사용 달구지, 도리깨, 물방아나 바람방아 등이 널리 사용되었다. 그리고 농기구의 철제화가 급속히 진행되었다.

▲ 추수하는 예속농

(3) 삼포제

중세 농업의 여러 기술적인 특징들 가운데서 잘 알려진 것은 삼포제이다. 이포제에서 삼포제로의 변화의 원인은 각 지역의 자연환경이나 토질에 따라 달랐다. 인구가 증가함에 따라 더 많은 곡물이 생산되어야 했지만 시비법(施肥法)이나 토지개량법이 발달되지 않았다. 그래서 동일한 면적에서 더 많은 곡물 생산을 목적으로 하는 삼포제가 발달했다.

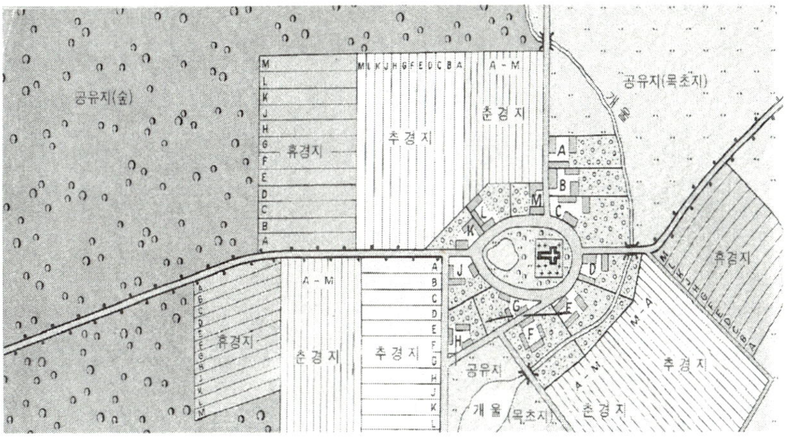

▲ 삼포제

12～13세기 농촌 사회가 자연 경제에서 화폐 경제로 점점 변하면서 마을들이 형성되었다. 그리고 이 시기에 새로운 경작 제도로서 삼포제가 정착했다. 삼포제가 실시되기 위해서는 먼저 마을 경작지가 춘경지(귀리, 콩), 추경지(밀, 호밀), 휴경지로 3분되어야 했고 농민은 3분된 경작지마다에 농지를 보유했다. 토지 이용계획이나 농지 보유 원칙은 마을 회의를 통해 결정되었다.

삼포제는 점증하는 인구증가에 따른 압력에 대처하여 자원을 최대로 이용하기 위해 실시되었다. 삼포제는 새로운 농작물의 파종으로 농작물이 다양해짐에 따라 식생활이 개선되어 농민들의 생활이 윤택해졌다는 긍정적인 측면을 가지고 있었다. 반면에 생산량의 하락과 목초지의 감소라는 문제점도 내포한 사회였다.

삼포제는 이포제보다 토지이용빈도가 더 많기 때문에 토질이 떨어지는 곳에서 삼포제를 시행하면 단위 면적당 생산량이 떨어질 수도 있었다. 그렇기에 대부분의 농경지에서 삼포제가 시행되었음에도 불구하고 여러 다른 형태의 농업 생산체제가 병존했던 것이다. 특히 농경지를 휴경지와 경작지로 2분한 이포제가 병행되었는데, 특히 포도 재배지에서나 비료와 노동력이 부족한 농경지에서는 곡물생산량은 떨어질지라도 이포제를 선호했다. 그리고 라인 북부지역의 토질이 좋은 땅에서도 특용작물의 생산량을 높이기 위해 이포제가 고집된 경우도 있었다.

4) 기사 제도

기사들의 전신은 기마병들로 신분적으로 다른 보병들과는 구분되던 사회 계층이었다. 이 기사(기마병)의 자격은 4후페(1후페 = 약 7.5ha) 이상의 사유농지와 봉으로 받은 농지를 보유한 자에게 주어졌다. 중세 초기 유럽이 형성되어 가면서 잦은 원정으로 기마병의 수요가 증가하고 그에 따라 농민 중에도 기사가 되는 사람들이 생기게 되는데 4후페 이상 농지 보유 농민들이 기사가 되었고 대략 4농가당 1명이 기마병이 되었다. 9세기에 이르면서 농민 출신의 기마병의 수는 점차적으로 감소하고, 봉토를 소유한 기마병들을 중심으로 관직 귀족이 탄생했다.

10세기에는 귀족들의 사유지보다는 봉토가 점차 사회 경제적으로 더 중요한 역할을 했다. 당시 기사들의 거주지였던 성들의 사회적 위상에도 변화가 생겼다. 초기 귀족들의 성은 개인 세력을 구축하기 위한 것이었지만, 10세기에 이르러서는 지역 사회를 지배하는 관청으로 기능하기 시작했다. 이때부터 성은 행정 관료들의 거주지로 기능하면서 기사들은 성의 상징이 되었다.

11세기에 인구가 급증하게 되자 예속민 중에서 행정 업무를 맡던 미니스테리알레스 계층에게도 기사가 될 자격이 주어졌다. 이들은 대개 직을 봉으로 받을 뿐 직에 대한 토지(봉토)는 받지 못했던 신분이었는데, 1037년의 봉법을 통해 봉직과 봉토를 상속할 수 있게 되었다. 기사 제도에 있어 큰 변화는 무엇보다도 노르만족의 침입과 더불어 생겼다. 1061년과 1091년 노르만족이 시칠리아 섬을 정복하고 교황과 결탁하여 교황의 기사가 되어 기독교의 수호자 역할을 담당했다. 이러한 교황과 노르만족의 결탁은 황제를 자극했으며 이로 말미암아 황제와 교황은 점점 더 심하게 대립했다. 이 갈등은 1095~1096년의 십자군 전쟁이 선포되면서 새로운 전기를 맞았고, 기사는 '크리스트투스의 군대(militia Christi)'가 되었다.

'크리스트투스의 군대'는 원래 12사도를 표현하는 용어였다. 이 용어가 기사와 연관되어 사용된 것은 십자군 전쟁 때였다. 프랑스에서 시작되었던 이른바 '신의 평화 운동(Treuga Dei)'을 통해 결투나 전쟁이 부분적으로 금지되었고, 부당한 무력행사를 제한하기 위한 세검의식이 정착되었다. 이와 함께 기사기와 성유물이 수여되는 기사 서임식이 제도화되었다. 기사도는 이렇게 형성되었으며 성지 회복과 이교도 개종이라는 십자군 정신과 결합했다. 그리고 기사도에 수도사들이 가세하면서 기사의 새로운 형태가 등장했다. 전투가 아닌 치료를 목적으로 하는 기사단들이 등장했다.

왕이나 영주들의 성에서도 성직 서임권 투쟁 이후로 새로운 기사 문화가 형성되었다. 기사들이 전쟁 대신에 스포츠에 몰두했다. 기사들의 훈련은 주로 돌 맞히기, 던지기, 달리기 등이었고, 훈련 후 시합이 실전만큼 위험한 경우가 많아 목숨을 잃기도 했다. 시합의 방법은 대개 토너먼트로 개인전(Tjost)과 단체전(Buhurt) 경기를 했다. 이 시합들을 통해 기사는 명예, 용기, 기술 등을 과시했고 영주는 이러한 시합의 개최를 통해 자신의 위세를 과시했다.

이들 기사들은 영주의 성에 살면서 군사 훈련 외에도 다른 많은 교육을 받았다. 이 교육의 담당자는 대개 사제나 수도사들이었다. 이런 사제나 수도사들은 성주의 가족, 기사와 기사가족을 대상으로 대학 전 단계의 교육을 했다. 교육 내용은 카를 대제의 전기와 같은 세속 군주들의 영웅전과 구약성서에 나오는 성인전 등에 관한 것이었다. 이를 통해 세속적 기독교 문학이라는 문학의 새로운 장르가 형성되었다. 기사들은 라틴어가 아닌 각자의 민족어로 대개 민족 영웅들이 조국을 사랑하던 영웅담을 시로 읊었다.

기사들은 이러한 언어와 문학교육 외에 여러 가지 예절교육, 특히 귀족 부인들과의 춤추는 법과 식사예절 교육을 받았다. 13세기의 식사예절에 관한 것이다.

"고귀한 자라면 누구든지 숟가락을 사용하지 않고 주발 채로 음식을 마시는 일을 삼가야 한다. 그리고 식사시간 동안 접시 위에 신체 부위를 올려놓아서는 안 되고, 헐떡거리거나 쩝쩝거리면서 먹어서도 안 된다. 식사용 칼을 이쑤시개로 사용해서는 안 되고, 손을 사용해서 음식을 숟가락 위에 올려서도, 식탁 앞에서 허리띠를 풀어서도 안 된다. 입 속에 음식물이 있을 때는 대화를 금하고, 코를 손으로 훔치거나 탁상 보에 닦아서는 안 되고, 귀를 후벼서도 안 된다. 그리고 식사 전에는 반드시 손을 씻어야 한다."

교육을 마치면 기사로 서임되었다. 기사 서임식에서 영주는 칼과 허리띠를 기사에게 채워준 후에 창과 방패를 주었다. 그런 후 기사는 황제와 제국에 충성을 다 할 것을, 교회를 적들로부터 보호하고 신앙심을 영구히 보존할 것을, 과부, 고아, 미성년자를 부당함으로부터 보호할 것을, 정당치 못한 전투를 행하지 않고 정의로운 자의 편에서 싸울 것을 맹세했다. 이 맹세 후 영주는 기사의 어깨를 가볍게 두드리는 도례식을 거친 후 모의 전투 시합을 했다. 이렇게 모든 기사 서임 절차가 끝났다. 기사 서임식은 성인식의 의미도 갖는 것이어서 결혼의 전제조건이 되기도 했다.

제5장
유럽 문명의 발전과 변화

1050년경 서유럽 사회는 거의 기독교화되었고, 서유럽보다 늦게 개종된 북유럽과 동유럽 및 러시아 등지의 지역도 서서히 기독교가 확립되어 갔다. 그러나 이들 지역보다 일찍 기독교를 받아들였던 북아프리카, 스페인, 시칠리아, 예루살렘 및 대부분의 서아시아 지역들은 이 시기에 오히려 이슬람화되었다.

당시 기독교화된 지역에서 사람들은 유아세례를 통해 어려서부터 충실한 신앙인이 되었다. 그들은 교회의 권위와 신의 은총을 믿었으며 사소한 일상사까지도 신의 심판에 따랐다. 왕은 신의 대리자로서 신의 심판에 의해 정의를 실현하면서 통치했다. 수도사들과 사제들은 기도했고, 그들의 기도는 평신도들의 기증으로 이루어졌다. 수도사와 사제들의 공동체에 평신도의 참여가 대중화되면서 기독교적 전통이 일상생활 속으로 파고들었다. 그러나 결혼이나 전쟁 등의 풍습은 기독교의 영향보다는 여전히 토착 문화적 성격을 더 강하게 띠고 있었다. 귀족은 세력을 증대하기 위해 교회를 사유화 해 갔다. 그들은 교회를 방앗간이나 제빵소처럼 사고팔거나 임대할 수 있었으며, 경우에 따라서는 주교좌 교회도 사유화 했다. 귀족들은 교회수입의 원천이었던 십일조에 대한 권리까지도 빼앗아 갔으며, 이에 따라 교회의 세력은 급격히 약화되었다.

이 무렵 수도원은 잘 체계화된 교육기관으로 기능했다. 당시의 대표적인 수도원으로는 몬테카시노, 플뢰리, 클뤼니 등이 있었다. 이 수도원은 초기 사도들의 행적을 수도생활의 지침으로 삼아 교회와 세속 사이에서 자신들의 생활방식을 만들어갔다. 그러나 이 수도원들도 귀족들의 위협에서 벗어나지 못했다.

1 교회 개혁

성과 속의 구분이 점점 교회개혁의 중심 문제로 등장하면서 교황과 황제는 첨예하게 대립했다. 유럽의 기독교화 이후에 나타난 여러 문제들 중 중요한 것은 성직자와 평신도의 구분 문제였다. 교회의 여러 문제들에 평신도의 영향력을 배제하려고 하는 이른바 교회의 '독립 운동'이 시작된 것이었다. 8세기 이래로 교황과 황제 사이에 맺어졌던 협조체제가 경쟁체제로 전환되면서 교황과 황제는 성직 서임권에 대한 권리를 서로 주장하며 첨예하게 대립했다. 이른바 '성직 서임권 투쟁'은 한 시대를 대표하는 역사적 사건으로 하인리히 3세(1017～1056)가 죽은 1056년 후부터 하인리히 5세(1111～1125) 치세의 끝까지를 일컫는다. 이 분쟁은 주교 서임권 문제가 발단이 되었지만 여러 양상으로 복잡하게 발전하여 교황과 황제사이의 관계를 새롭게 정립해갔다.

11세기에 교회개혁의 물결이 점점 거세게 일면서 봉건법에 입각하여 주교 지팡이와 반지를 건네주는 왕의 성직 서임권에 대한 비판 또한 강해졌다. 특히 오토 왕조 이래로 교회가 제국 교회로 되어감에 따라 제국 내의 주교들은 황제의 가장 중요한 봉신이었다. 이렇게 황제와 주교 사이에 봉신관계가 성립됨에 따라 황제는 개인적인 면에서도 교회에 대한 자신의 지배권을 포기할 수 없었는데, 이는 왕의 교회에 대한 사적소유권을 의미한 것이 아니라, 도유례의 절차를 통해 주어진 교회에 대한 왕의 권리를 의미했다. 도유례의 절차는 왕이 신정 정치를 할 수 있고 성직에 대한 제반권리를 행사할 수 있음을 의미했다. 그러나 이는 교리적으로 명확한 근거를 갖고 있지 않았다. 그리고 성직 매매(Simonia)에 대한 비판 의식이 구체화되면서 황제의 교회에 대한 어떠한 개입도 허락하지 않으려는 운동이 일어나고 있었다. 그간 '제국 교회 제도'를 바탕으로 지배권을 확장시켰던 독일 왕들은 이러한 움직임에 예민한 반응을 보였다.

이른바 성직서임권 투쟁의 발단은 황제 하인리히 3세가 가까운 친척인 레오 9세를 교황에 앉힌 1049년까지 거슬러 올라간다. 지금까지 교황들은 주로 로마 귀족 출신으로 로마 시를 벗어난 일이 아주 드물었다. 레오 9세(1002~1054)가 황제에 의해 교황으로 선출되면서 교회개혁은 착수되었다. 개혁의 골자는 당시 관행이던 성직매매와 성직자들의 결혼에 대한 금지조치였다. 이와 같은 개혁은 상당히 과격한 조치였음에 틀림없지만, 성직자 개개인에 대한 교육의 질과 인품을 향상하려는 의도를 지닌 것은 아니었고, 다만 성직자가 돈과 여자로 더럽혀진 손으로 성스러운 제단에 예배드릴 수 없다는 문제의식에 입각해 추진되었다. 그러나 개혁 추진자들은 지금까지의 잘못된 관행에 대한 책임을 성직자 개개인의 잘못으로만 돌리려 하지 않았다.

개혁의 최종적인 목적은 12사도 시대의 기독교 공동체의 이상을 실현하며 살아가던 수도사들의 금욕적인 삶을 교회에도 적용하는 것이었다. 그들의 이러한 의지는 1073년 이후 약 50년간 수도사를 교황으로 선출하여 교회개혁을 추진한 데서 잘 엿볼 수 있다.

1) 성직 서임권 투쟁

황제에 대한 교황의 성직서임금지령이 공식적으로 공포된 것은 1078년의 일이었다. 이때까지 황제와 교황은 공식적인 입장에서라기보다는 개인적인 이권에 따른 패권싸움만을 일삼았었다. 1075년 초에 하인리히 4세(1050~1106)는 자신의 궁중 사제였던 테달트를 밀라노 대주교로 임명했다. 이에 1074년에 교황이 된 그레고리우스 7세(1020~1085)는 1075년 2월에 황제에 의한 성직서임을 금지하는 칙령을 공포했다. 이러한 교황의 비협조적인 태도에 하인리히 4세는 불만이었고, 이에 대해 교황은 1075년 12월 8일 말을 듣지 않으면 파문하겠다는 위협적인 내용이 담긴 편지를 하인리히 4세에게 보냈다. 이에 맞서 하인리히 4세는 독일 주교들의 종교 회의를 보름스에서 소집하고 그들의 지지를 얻어 다음해 1076년 1월 24일에 그레고리우스 7세를 강탈자라고 비난하며 퇴위를 요구했다.

이에 맞선 교황도 1076년 2월 14일 사순절 종교 회의에서 하인리히 4세를 파문했다. 그 결과 하인리히 4세는 점차 독일 제후들의 지지를 잃었다. 파문

이전에 그를 지지했던 독일 제후들도 파문 후 그에게 등을 돌렸다. 그들은 트리부어에서 모여 그가 일 년 이내에 파문 상태에서 벗어나지 못할 경우 새로운 왕을 뽑겠다고 위협했다. 또한, 이러한 문제를 빨리 해결하기 위해 1077년 2월 아우구스부르크에서 개최되는 회의에 교황을 초대했으며 교황이 회의를 주재하도록 계획했다.

▲ 폐허가 된 카노사 성

이에 자신의 약세를 파악한 하인리히 4세는 자신의 백성들 앞에서 심판받는 모욕을 피하기 위해 카노사 성으로 향했다. 카노사(Canossa) 성은 여자 변방 백작인 마틸데가 거주하고 있었으며, 교황은 독일로 가는 길에 이곳에서 하루 묵어 갈 계획이었다. 하인리히는 카노사로 떠나기 전에 마틸데와 자신의 대부였던 클뤼니 수도원장 휴(Hugh)에게 자신을 위해 교황 그레고리우스 7세를 설득해 줄 것을 간청했다. 1077년 1월 25일부터 27일까지 참회복을 걸치고 맨발로 카노사 성에서 교황을 기다렸다. 그리고 1월 28일 교황은 수도원장 휴와 마틸데의 중재로 파문을 해제 받았다

하인리히는 아우구스부르크 제국 회의의 개최를 막아 일단 외교적인 승리를 거두었다. 그러나 교황이 1077년 3월 15일에 루돌프 폰 라인펠덴을 독일 왕으로 지명하여 하인리히에 대립시킴에 따라 하인리히의 정치적 세력이 크게 약화되었다. 그 후 루돌프를 지지하는 교황파와 하인리히를 지지하는 황제파들 사이에 여러 차례의 전투가 일어났다. 1078년 8월 멜리히쉬텟트 전투에서 하인리히가 승리하여 루돌프의 세력이 삭센 지역에만 국한되고 교황파의 세력이 약화되었다. 그러자 교황은 그해 가을 라테란 종교회의에서 황제의 성직 서임을 공식적으로 금지했다. 황제가 이를 위반하면 벌칙이 가해졌고, 이 법이 소 교구들

▲ 1114년경에 쓰인 『마틸데의 삶』 중에서

에도 적용되도록 했다. 그러나 1080년 1월 하인리히가 플라르히하임 전투에서 승리하자 그레고리우스 7세는 하인리히를 1080년 사순절 종교 회의에서 다시 파문했지만 첫 번째 파문만큼의 큰 효과를 누릴 수 없었다. 하인리히는 이에 맞서 그해 6월 25일 라벤나의 대주교 비베르트를 교황 클레멘스 3세로 즉위시킴으로써 그레고리우스 7세의 세력을 약화시켰다. 그리고 그 해 10월에 있었던 엘스터 전투에서 작센 귀족들, 특히 빌룽족이 하인리히에 동조하여 전투를 승리로 이끌었다. 이 전투에서 루돌프는 전사했다.

그 후 하인리히 4세는 1084년 부활절을 맞이하여 클레멘스 3세를 정식 교황으로 취임시켰다. 그리고 교황은 하인리히 4세와 그의 아내를 각각 황제와 황제비로 대관했다. 이 일로 황제를 지지하는 로마 시민들과 반대파들 사이에 전투가 있었다. 전세가 불리해지면서 그레고리우스 7세는 1059년 이래로 자신의 봉신이었고 자신을 지지했던 노르만족의 보호 아래 로마에서 빠져나와 살레르노로 갔다. 그곳에서 그는 1085년 5월 25일 죽었다. 그의 죽음으로 교황과 황제 사이의 갈등이 끝나지 않았다.

1095년 교황 우르바누스 2세는 클레르몽 종교 회의에서 황제의 성직에 대한 영향력을 과감하게 배제했고, 황제에 대한 성직자들의 봉신 관계를 부정했다. 황제 측에서도 1106년에 하인리히 4세의 뒤를 이은 하인리히 5세가 성직 서임권을 포기하지 않았다. 양 측의 주장은 1122년 9월 23일 보름스 조약을 통해 일단락되었다. 이 조약에 따르면 교황과 황제 모두 주교나 수도원장을 선출할 수 없었고, 주교는 황제 또는 그의 대리자의 출석 하에 주교 교회의 참사회에 의해 선출되었다. 황제는 선출된 주교를 자신의 봉신으로 간주하여 봉을 부여했고, 교황은 선출된 주교에게 반지와 지팡이를 줌으로써 그를 성직에 봉했다.

비록 이러한 조치를 통해 교황과 황제 사이의 갈등은 일단 해소되었지만, 오토 왕조 이래로 발전해 온 독일 제국 교회의 통치 체제는 많이 약해졌다. 제국의 중앙 집권 체제가 약화되자 제국 교회의 주교들은 세속 영주들과 경쟁하면서 각자 독자적인 세력을 구축했고, 이에 따라 제국은 많은 영방으로 나뉘었다.

▲ 그레고리우스 7세의 탈출과 죽음(오토 폰 프라이징의 연대기에서)

2) 십자군 전쟁

기독교인들은 수백 년 동안 아랍인들의 방해 없이 성지인 예루살렘을 순례할 수 있었다. 이 순례의 자유는 셀주크 투르크족이 이슬람을 정복하고, 시리아와 팔레스티나를 정복한 후 콘스탄티노플을 위협할 때까지도 보장되었다. 그러나 1078년 투르크족이 예루살렘을 정복한 이후부터 순례가 금지되었다. 예루살렘 정복 후 투르크족은 계속 콘스탄티노플을 위협했고, 이에 동로마 제국의 황제는 1095년 로마 교황에게 도움을 요청했다. 이렇게 하여 한편으로는 로마 교회와 비잔틴 교회가 다시 화합될 수 있는 계기가 마련되었으며, 다른 한편으로는 로마 교황이 신성 로마 제국의 황제와의 불편한 관계를 정리하고 기독교의 수반이 될 수 있는 기회를 얻었다.

교황 우르바누스 2세는 1095년 클레르몽 종교 회의에서 전쟁의 정당성을 설교했고, 참석한 수많은 성직자들과 기사들의 전폭적인 지지를 받아 이른바 믿음을 지키기 위한 '성스러운 전쟁'을 시작했다. 이 전쟁은 기독교인들의 성지 회복을 위한 투쟁이었다. 제1차 십자군 전쟁에 참가한 기사들은 대부분 프랑스 출신이었고 영국과 노르망디 출신의 노르만족들이 이에 가세했다. 독일에서는 단지 로트링겐 지역에서 소수가 참가했을 뿐이었다. 당시 참가한 십자군은 약 3만 명이었고, 곳트프리드(Gottfried), 레이몬(Raymond), 보에먼(Bohemund) 등 3명이 이끌었다. 1097년 소아시아로 진군해 먼저 보에먼이 에데사를 점령했고, 안티오키아는 레이몬이 점령했다. 많은 어려움을 딛고 스텝 지대와 사막 지대를 지나 1099년 여름 드디어 곳트프리드가 예루살렘에 도착했다. 그리고 약 다섯 달 동안의 피비린내 나는 전투 끝에 성지를 탈환했다.

예루살렘 정복 후 많은 기사가 그곳에 남아 성을 축조하고, 농경지를 일구고, 포도밭을 가꾸었다. 로트링엔 출신의 곳트프리트는 예루살렘의 새로운 영주가 되었다. 이곳에서도 유럽 본토에서와 마찬가지로 봉신들 사이에 빈번한 이권싸움이 벌어졌다. 곳트프리트의 후계자는 부실한 바살제도를 근간으로 예루살렘왕국까지 건설했지만, 에데사, 트리폴리스, 안티오키아 등지에서는 끊임없이 독립운동이 일어났다.

수도사 출신의 기사들은 '성전 기사 수도회' 같은 새로운 단체들을 창립하여 예루살렘을 방어하는 임무를 맡았다. 1119년에 처음으로 조직된 '템플러'라는 단체는 빨간 십자가가 그려진 흰 겉옷을 입고 있었으며, 이교도들과의 영원한 싸움을 선언했다. 그 후 이탈리아의 상인들이 그곳에 성지 순례자들의 건강을 위한 병원과 요한 교회를 지었고, 그곳 요한 교회의 성직자들 역시 십자군으로 편성되었다. 이들은 검은색 바탕에 흰 십자가가 그려진 겉옷을 입었는데, 전시에는 빨간색 옷을 그 위에 걸쳐 입었다. 제3차 십자군 전쟁 때에는 검은색의 십자가가 그려진 하얀색 외투를 입은 '독일 기사단'이 편성되었다.

십자군 전쟁은 기독교 세계와 다른 문명권 사이의 충돌을 의미했다. 그러나 전쟁 선포 당시에 제시했던 세 가지 목적 중 달성된 것은 아무 것도 없었다. 첫째로, 성지를 영구히 소유한다는 것은 거의 불가능한 일이었다. 기독교인들은 약 100년 후 다시 성지를 잃고 무슬림과 심한 종교적 갈등을 겪었다.

두 번째로, 비잔틴 제국에 대한 군사적인 원조 역시 일시적으로 성과를 거두었지만 약 2세기 동안에 걸친 투르크족의 공격에 무너지고 말았다. 제4차 십자군(1202~1204) 당시 베네치아인들은 군소 봉건 제후들의 야심을 엉뚱한 방향으로 돌려 성지가 아닌 콘스탄티노플을 공략하여 비잔틴 제국의 전략적인 원거리 상업 거점들을 탈취했다. 이렇듯 비잔틴 제국에 대한 그들의 충정은 언제나 변할 수 있었다.

세 번째로, 전쟁을 통해 바랐던 기독교인들 사이의 믿음과 교리의 통일 또한 이루어내지 못했다. 전쟁에 참여한 지도자들끼리 개인적인 경쟁 내지는 독일, 프랑스, 영국 사이의 민족적 갈등과 경쟁으로 인해 평화가 없었을 뿐만 아니라 성직자와 신자의 구분을 심화시켰다. 또한 강자와 부자들이 획득물을 독차지함으로써 빈부의 격차를 심화시켰다. 서부, 중부 유럽에서는 지금까지의 기독교인들의 유대인들에 대한 관용이 사라졌고, 십자군은 어느 곳에서든지 '그리스도의 살인자'인 유대인들에 대한 증오심에 불탔다. 이러한 증오심은 오래 전부터 유대인들의 거주지가 있던 라인강 유역의 도시들에서 많이 발견되었다.

당시 사회에 여러 가지로 영향을 미친 십자군 전쟁은 1187년에 투르크족에 의해 예루살렘이 재정복되면서 실질적으로 끝이 났다. 그 이후로 프랑스인, 영국인, 노르만인 그리고 독일인들이 여섯 차례에 걸쳐 계속적으로 전쟁을 주도했지만 실패했다. 십자군 전쟁을 통해 교황권이 강화되었지만 교회가 세속화되는 위험도 있었다. 십자군은 유럽 전역의 기사들로 형성 되었고, 이 기사들은 십자군 전쟁을 통해 새로운 신분으로 성장하면서 자신들만의 독특한 생활양식을 만들었다.

십자군 전쟁의 영향을 경제적인 측면에서 살펴보면, 유럽 기독교 상인들은 예루살렘, 특히 콘스탄티노플, 알렉산드리아, 북아프리카의 아랍지역 등지에서의 활약했다. 그러나 투르크족이 성지를 정복한 후부터 유럽 상인들은 악콘(Akkon)이나 티루스(Tyrus) 등 동부지중해 지역에서 무역을 할 수 없었고, 단지 비잔틴 제국 내에서만 무역이 가능했다. 십자군 전쟁 이후로 이탈리아의 도시들이 십자군 수송용 선박 축조, 식료품 조달, 군수자금 조달, 고리대금업을 통한 부의 증대 등으로 지중해 상권을 장악했다. 이에 반해 많은 전투에 실제 참여했던 기사들은 경제적인 대가는커녕 가난을 안고라도 고향에 무사히 돌아온 것에 만족해야 했다.

교황의 교시에 따라 십자군에 참여했던 사람들은 영주나 기사뿐만 아니라 농부나 도시민 등 폭넓은 대중이었다. 이들은 넓은 세상을 여행하면서 다른 문화와 다른 민족을 만나며 삶의 다양성을 경험했다. 많은 십자군들은 종교적인 경건성과 진실한 신앙심에서 전쟁에 참여했지만 그들이 전쟁의 경험을 통해 얻은 것은 종교적인 체험이 아니라 권력욕과 재산욕을 향한 처절한 인간성이었다. 이러한 경험을 통해 십자군들은 신과 세상에 대한 교회의 가르침에 회의하고 점차 독자적인 신앙생활의 지침들을 만들어 갔다.

결국 십자군은 성지회복이라는 본래의 목적을 달성하지 못했다. 그러나 십자군 전쟁은 그 결과보다는 오히려 전쟁을 치르면서 겪었던 과정들이 더 중요한 사건으로서 이 전쟁의 파장은 기존의 유럽 중세 사회를 점차 붕괴시키는 요인으로 작용했다.

3) 교황권의 위기와 교회의 분열

황제 프리드리히 1세 혹은 바바롯사(1152～1190)가 3차 십자군 전쟁 중 익사한 후, 그의 아들 하인리히 6세가 즉위했다. 하인리히 6세(1190～1197)는 독일, 이탈리아, 부르군트 그리고 그의 아내 콘스탄체에게 상속된 노르만 왕국이었던 남부 이탈리아와 시칠리아를 지배했으나 갑작스럽게 죽었다. 그 후로 한참 성장하던 황제권은 쉬타우프가(Staufer)와 벨프가(Welfen)의 패권 싸움으로 이어졌고, 교황 이노켄티우스 3세는 이 기회에 교황권을 강화했다.

하인리히 6세의 아들 프리드리히 2세(1212～1250)는 황제권의 강화를 시도했다. 그는 시칠리아는 물론 북 이탈리아에 대한 지배권을 다시 회복하려 했지만 성공을 거두지 못 했다. 교황권 또한 황제권의 약화와 함께 점차 무너져갔다. 이렇게 보편주의에 입각한 범 유럽주의는 민족적 지배 체제의 등장에 자리를 내주었다.

유럽에서 당시 가장 강력한 왕국을 수립한 프랑스는 추기경 회의(Conclave)를 장악함으로써 교황권에 대한 영향력을 확대시켜갔다. 교황 클레멘스 5세

(1305～1314)는 로마가 아니라 리용에서 즉위한 후 프랑스의 아비뇽에 교황청(1309～1378)을 마련하여 거주했다. 이로 인해 '영원한 도시'인 로마와 연관된 베드로의 후계로서의 정당성은 물론이거니와 신성 로마 제국이란 이름 아래 형성된 유럽의 보편주의는 무너져갔다.

그레고리우스 11세(1370～1378)는 시에나의 성 카타리나(St. Katharina, 1380 死)와 스웨덴의 성 브리기테(St. Brigitte, 1373 死)의 예언에 따라 난국을 타개할 목적으로 로마로 거주지를 옮겼다가 실망하여 아비뇽으로 다시 돌아오려 했지만 뜻을 이루지 못하고 그 이듬해에 로마에서 죽었다. 그가 죽은 후 70년 이상 로마를 떠났던 추기경 회의가 교황을 선출하기 위해 로마에서 열렸다. 당시 추기경 회의는 16명으로 구성되어 있었는데, 그 중 11명이 프랑스인이었기 때문에, 이러한 상태에서 교황은 다시 프랑스인이 될 수밖에 없었다.

로마인들은 이를 막기 위해 추기경에게 압력을 가해 로마인을 교황으로 선출할 것을 요구했다. 이에 따라 로마인은 아니었지만 이탈리아인이었던 바리(Bari)의 대주교를 우르바누스 6세(Urbanus Ⅵ, 1378～1389)로 선출했다. 그 후 석 달이 지나 11명의 프랑스 추기경들과 1명의 스페인 추기경이 함께 교황 우르바누스 6세의 선출을 무효화하고 프랑스인 로베르(Robert)를 교황 클레멘스 7세(1378～1394)로 임명하여 아비뇽 교황 시대를 지속했다. 이처럼 교황권은 로마 교황(우르바누스 6세, 1378～1389 ; 보니파티우스 9세, 1389～1404 ; 이노켄티우스 7세, 1404～1406)과 아비뇽 교황(클레멘스 7세, 1378～1394 ; 베네딕투스 13세, 1394～1423)으로 분리되었다.

4) 공의회 운동

앞서 살펴본 그레고리우스 11세가 1378년에 죽은 후 발생한 교회의 분열을 해결하기 위한 30년에 걸친 노력이 허사로 끝나면서 공의회가 갖는 중요성이 인식되었다. 교회의 대분열(1378～1417)이란 위기사태에 직면한 중세 교회는 공의회 운동으로 다시 결속을 시도했다. 이러한 공의회 운동은 14세기에 형성되고

15세기에 소위 개혁 공의회에서 사용한 규정으로 공의회의 권위를 교황권 위에 두었다. 이러한 공의회 운동의 뿌리는 12~13세기의 교회법학자들로까지 거슬러 올라간다.

공의회는 지금까지 교회의 여러 가지 문제들을 해결하기 위한 방법으로 사용되어 왔는데, 먼저 그레고리우스 7세, 이노켄티우스 3세에서 보니파티우스 8세에 이르기까지 주장되어 온 교황권의 절대성을 주장하기 위해 소집되었는가 하면, 만약 교황이 이단의 의혹을 사거나 혹은 정신이상의 반응을 보일 경우 추기경 회의나 로마 교회의 보호자인 황제에 의해 소집되어 교황의 행위를 심의하여 사실이 확인되면 폐위했다.

공의회의 역사를 살펴보면 1000년 이전에 있었던 세계 공의회는 총 8차례 열렸는데 모두 비잔틴 황제가 소집했다. 그러나 서유럽이 형성되고 발전하면서 공의회는 교황에 의해 소집되었다. 그레고리우스 7세는 그의 교령 「딕타투스 파페」(Dictatus Papae)의 제16조에서 공의회 소집권이 교황 고유의 권한임을 천명했다. 그리고 그 후 1123년 제1차 라테란 공의회가 실제로 교황 칼릭스투스 2세(Calixtus Ⅱ, 1119~1124)에 의해 소집되어 보름스 협약(1122)을 전 교회에 유효한 것으로 공포했다. 제2차 라테란 공의회는 이노켄티우스 2세(1130~1143)에 의해 소집되어 대립교황 아나클레투스 2세(Anacletus Ⅱ, 1130~1138)를 폐위했다. 제3차 라테란 공의회를 1179년 알렉산더 3세(1159~1181)가 그리고 제4차 라테란 공의회를 이노켄티우스 3세(1198~1216)가 1215년에 소집했다. 그 후 공의회는 리용(Lyon)에서 1245년 이노켄티우스 4세(1243~1254)에 의해 소집되어 황제 프리드리히 2세를 폐위했다.

두 번째 리용 공의회는 1274년 그레고리우스 10세(1271~1276)에 의해 소집되어 십자군과 동서 교회의 연합 문제를 토의했다. 여기에서 잘 알려진 추기경 회의에 관한 규정이 공포되었다. 이 규정에 따르면 추기경 회의는 교황이 죽은 후 10일 내에 밀실에서 다음 교황을 선출하여야 했고 시간이 흐를수록 식사량을 줄여서 되도록 이면 빨리 후임자를 선출하도록 했다. 다음 1311년의 비엔(Vienne) 공의회 역시 프랑스 왕의 감독 하에 진행되었지만 아비뇽 교황 요한 22세(1316~1334)가 그것을 소집했다. 다시 말해서 교황 없는 공의회는 상상할 수가 없었다.

그 후 공의회는 두 명의 대립 교황 체제 하에서 소집되지 않다가 1409년 비로소 두 체제의 대표로 구성된 13명의 추기경에 의해서 피사 공의회가 소집되었다. 이렇게 추기경 회의에 의해 소집된 공의회는 여러 가지로 위험을 감수하여야 했음에도 불구하고 100명의 주교와 100명 이상의 주교 대리자들, 약 200명의 수도원장, 그리고 성당 참사회와 대학 등이 대표로 참석했다. 이들은 기존의 두 명의 교황을 교회 통일의 방해자, 즉 이단으로 규정하고 새 교황을 선출했다. 그러나 새롭게 선출된 교황 알렉산더 5세(1409～1410)가 그 이듬해 죽고 요한 23세(1410～1415)가 뒤를 이었다. 피사 공의회는 법적인 정당성을 갖고 있었기 때문에 새 교황은 정당성을 갖고 있었고, 기존의 2명의 교황 역시 그들의 정당성을 포기하지 않고 있었기 때문에 교회의 분열은 해결되었다기보다는 2명에서 3명의 교황체제로 가중되었다.

피사 공의회의 교황 요한 23세는 독일 왕 지그문트(1410～1437)의 동의와 함께 콘스탄츠 공의회(1414～1417)를 소집했다. 그는 수많은 이탈리아의 고위 성직자들과 함께 나타나서 1414년 11월 5일 이 회의에서 단일 교황을 선출하려고 했다. 그러나 추기경들은 기존의 3명의 교황이 다 물러난 후 새 교황이 선출되어야 교회의 통일이 이룩될 수 있다고 주장했다.

그리고 프랑스, 독일, 영국은 이탈리아의 독주에 대항하여 사람 수에 의해서가 아니라 국가별로 하나의 표결권이 주어질 것을 주장했다. 그 결과 4국의 4표와 추기경 회의의 1표를 합하여 총 5개의 표결권을 통해 요한 23세와 이탈리아의 주도권을 제거했다. 이에 불만을 품은 요한 23세는 1415년 밤에 몰래 콘스탄츠를 빠져나가 공의회를 해산시키려는 시도를 했다.

그러나 지그문트는 공의회의 지속을 주장했고, 추기경 요한 게르손도 공의회 해산권이 교황에게 있지 않음을 열변함으로써 공의회는 지속되었다. 그리고 교회분열의 해결, 요한 후스의 인준문제, 전반적인 교회 개혁 등 현안이 다루어졌다. 콘스탄츠 공의회는 여러 문제들 중 적어도 교회 분열의 문제만은 해결했다. 26명의 추기경과 다섯 나라에서 각각 6명의 대표로 구성된 30명 등 총 56명의 교황 선거인단에 의해 1417년 11월 11일 추기경 오도 콜로나(Odo Colonna)를 교황 마르틴 5세(1417~1431)로 선출함으로써 서유럽 기독교 사회가 다시 통일되었다. 그러나 교회의 분열은 표면상으로 나타나는 것보다 더 뿌리 깊은 것이었다. 교회 분열의 근본적인 원인은 국가 사이의 대립, 수도원의 쇠퇴와 부패, 고위성직자들의 세속적인 경향 그리고 새로운 화폐 경제에 의한 사회 경제적 불안 등이었다.

제17차 세계 공의회는 에우게니우스 4세(1431~1447)가 1431년 바젤에서 소집했다. 이 바젤 공의회에서는 교황과 공의회주의자들이 서로 대립했다. 공의회주의자들은 공의회가 최고 행정 및 사법기관임을 천명했다. 그러자 교황은 1437년 페라라로 회의 장소를 옮겨 진행했으나, 완강한 공의회주의자들은 1449년까지 바젤에 머물면서 계속 저항했다. 그들은 공의회의 권위가 교황권 위에 있음을 공포하고 에우게니우스를 폐위하고 펠릭스 5세(1439~1449)를 옹립했다. 1449년 펠릭스가 교황직을 포기하면서 급진적인 공의회주의는 막을 내렸지만, 그들의 요구는 지속적으로 교황에게 영향을 미쳤다.

이처럼 공의회 운동은 교회 내에 일종의 입헌 정치를 수립함으로써 교황이 공의회의 결정을 준수하는 입헌 교황의 역할을 하도록 했다. 그러나 교황은 이러한 교회의 입헌 정치에 자신의 권한을 양보하지 않으려 했고, 이에 따라 종교 개혁이라는 다른 차원의 교황 배척 운동이 시작되었다.

2 종교 운동과 사회 변화

1) 종교 운동

(1) 대중 설교 운동

교회가 성직 매매 등으로 부패하자 이들에 대한 반대 운동이 비교적 인구밀도가 높은 도시 지역을 중심으로 확산되었다. 다양한 단체들이 대중 설교를 통해 자신들의 입장을 밝히고 대중의 지지를 호소했다. 이와 같은 방법으로 밀라노의 파타리니(Patarini)는 개혁파 교황들을 지지했고, 플로렌스의 발롬브로산(Vallombrosan)은 주교가 성직 매매자로 간주되면 그의 직을 박탈했다. 그리고 교황과 설교자들은 수도사와 황제 하인리히 4세를 시장과 같은 공공장소에서 공개적으로 비난했다. 1100년경 플랑드르와 북 프랑스에서 많은 유랑 설교자들이 대중에게 설교를 하고 다녔다. 그러나 설교가 람야르드(Ramihrd)가 1077년 캉브레(Cambrai) 주교에 의해 비밀리에 살해되는 등 설교자들의 활동은 목숨을 담보한 것이었다.

12세기 전반부에 몇몇의 설교자들이 십자가나 성상 숭배를 금지하거나 유아세례를 비판하며 많은 성직 매매 사제들을 비난하고, 성직자들의 특권과 교회의 재산소유에 반대하는 운동을 펼쳤다. 이 운동의 대표자는 대중적인 지지를 받았던 안트베르프의 탄켈름과 로잔느의 헨리였다. 특히 수도사였던 헨리는 1116년에 르망의 주민들에게 그들의 사제를 인정하지 말 것을 설교하는 등 반 사제주의 운동을 했고, 남 프랑스로 가서 브뤼스의 피터와 함께 교회가 치유될 수 없을 만큼 부패했다고 주장하면서 교회를 비판하는 대중 운동을 이끌었다. 이로 인해 많은 사회적인 문제가 발생하자 클뤼니의 수도원장 피터와 시토교단의 베르나르가 브뤼스의 피터에게 경고했다. 개혁 교황들도 대중 설교 운동가들을 극단주의자로 간주하여 이들에 대한 척결을 선포했다.

1143년 독일 쾰른에서 성관계를 통해 생산되는 모든 물질적인 것을 죄악시하는 무리들이 등장했다. 이들은 발칸 반도의 이원론자들(Bogumilian)의 영향을 받은 최초의 카타르파로 여러 이름으로 매우 빠르게 퍼져갔다. 1160년 이후에는 북 유럽에서도 이들의 활동이 확인되었다. 이들의 활동 중심지는 먼저 알비파(Albigensians)가 활동했던 남프랑스의 랑게독(Languedoc), 다음으로 롬바르디였다. 롬바르디에서는 정치적으로 자유로웠던 지방 토착 귀족과 상층 도시민들이 카타르파의 운동에 관심을 나타냈으며, 관심이 없더라도 최소한 억압하지는 않았다.

1200년 이전까지 카타르파들은 그들의 주교좌 교회들에서 자유롭게 예배를 볼 수 있었다. 카타르파에게 물질은 악 자체로서 악마의 창조물이었으며, 신이 창조한 것은 정신 세계뿐이었고, 구원은 사악한 물질로부터의 해방을 의미했다. 이러한 관점에서 이들은 가톨릭에서의 예수의 화체설을 엄청난 사실 왜곡으로 여겼을 뿐만 아니라, 구원자가 물질세계의 삶을 통해 더럽혀질 수 없기 때문에 예수가 십자가에 못 박혀 죽은 사실 또한 인정하지 않았다.

그들은 성관계를 물질의 법칙을 지속시키기 때문에 죄악시했다. 이에 따라 고기, 우유, 달걀 등 성관계를 통해 생산되는 모든 것들을 먹는 것 역시 죄악시했다. 그리고 성사를 비판했고 콘솔라멘툼(Consolamentum)이라는 간단한 절차를 통해 신자가 되게 했다. 그들은 신자를 콘솔라멘툼을 받은 신자(perfecti, perfectae)와 아직 받지 않은 신자(credentes)로 구분했다. 콘솔라멘툼은 카타르파 교회의 주교나 제일 나이가 많은 신자의 주도로 여러 차례 기도를 올린 후 신자 후보가 죄를 회개하고 참 신자가 되고 싶다는 뜻을 밝히는 절차였다. 콘솔라멘툼을 받은 후 후보의 머리 위에 요한복음을 올려놓고 완전신자들이 돌아가면서 오른손으로 후보의 머리를 만지는 절차를 통해 깨끗한 정신을 전달하면 모든 절차가 끝나고 후보는 완전한 신자가 되었다.

콘솔라멘툼을 받은 신자들은 카타르파의 엄격한 윤리 교육을 받을 의무를 지니고 있었으나 받지 않은 신자들은 완전신자들을 도와주고 존중해야 할 의무만을 지고 있었다. 이들 카타르파는 죽임을 당하는 위협 속에서도 완전 신자가 되기를 원했다. 그러나 얼마나 많은 카타르파 신자가 있었는지는 쉽게 파악되지 않는다. 가톨릭 교회는 그들의 활동에 대해 예민한 반응을 보였으나 실제로 그들의 교세는 염려했던 만큼 심각하지는 않았고 교회들은 그들의 활동에 대해 서로 엇갈리는 견해를 갖기도 했다.

(2) 걸식 수도회

대중 설교가 활발하게 이루어짐에 따라 수도사들의 수도원 생활에 문제가 생겼다. 왜냐하면 원래 수도사들은 수도원 규범에 따라 자신의 수도원에 소속되어 제약된 삶을 살아갔는데, 이들의 대중 설교를 위한 유랑 생활은 규범을 어기는 일이었기 때문이었다. 이에 따른 교회의 우려에도 불구하고 가난한 삶과 설교로 점철된 이들 걸식 수도회의 삶의 양식은 교육을 받지 못한 서민 가톨릭 신자 계층을 파고들었고 가톨릭 교회는 이로 인해 발생될 수 있는 피해에 대책을 세워야했다.

리용(Lyon)의 부유한 상인 발데(Valdès)가 1174년 자신의 전 재산을 포기하고 사도들의 삶을 좇아 살 것을 결정했을 때 교황 알렉산더 3세(Alexander Ⅲ)는 이를 문제 삼지 않았다. 그러나 발데의 추종자들은 스스로를 카타르파의 대안으로 생각하면서, 기존의 가톨릭 체제나 연옥에 대한 믿음을 불신했다. 그리고 교황의 칙서나 교회의 제 규정에 대한 권위를 부정함으로써 교황의 권위를 인정하지 않았다. 이와 같은 이들의 태도와 함께 성경을 각 민족어로 번역하여 설교하려는 이들의 노력은 교황청의 반발을 살 수밖에 없었고 1184년 발데는 파문되었다.

그러나 당시의 많은 걸식 수도사들 중 두 사람이 이단 판정을 받지 않고 교황으로부터 정식 인가를 받았다. 스페인 귀족 출신으로 추정되는 도미니쿠스(Dominicus, 1170～1221)가 그중 한사람이었는데 그는 사도들의 삶을 표본 삼아 원죄에 대한 참회를 주장하면서 청빈을 삶의 이상으로 삼는 수도회를 창시하여 1215년 교황 이노켄티우스 3세(Innocentius Ⅲ, 1198～1216)로부터 인준받았다. 도미니쿠스는 스페인을 떠나 남 프랑스에 도착하여 카타르파들을 지켜보면서 이들과 싸우기 위해 작은 수도원을 지었다. 그는 1217년 그의 생애 막바지에 추종자들을 파리와 볼로냐로 보내 교세를 팽창했고, 그의 교세는 짧은 시간에 전 유럽으로 퍼져나갔다. 이들은 이단 퇴치 운동에 앞장섰고 어학교육을 위한 학교를 설립했으며 유럽 외의 지역에 선교를 했다.

두 번째 인물은 이탈리아 아시시(Assisi)의 부유한 상인 출신이었던 프란치스쿠스(Franciscus, 1182～1226)이다. 그는 사람들뿐만 아니라 다른 피조물들에게도 설교했다. 프란치스쿠스 수도회는 다른 단체와는 달리 유대인과 다른 이민족들의 선교에도 힘을 기울였다. 기독교인과 이교도의 구분을 없앤 범 민족적, 범 종교적인 선교활동을 했다. 이들의 선교활동은 현실적인 이해관계와는 거리가 먼 순수한 종교적 목적으로 행해졌고 그리스도의 고통과 청빈을 상기시킴으로써 순교자적 자세를 신앙의 표상으로 강조했다. 이들은 또한 세속의 모든 권리를 포기하고 자신을 최대한으로 낮추는 겸손을 생활의 지표로 삼았는데 이들의 이러한 신앙자세는 쿠빌라이를 감동시켜 1294년에 중국 베이징에 대주교구 설치를 가능케 했다.

(3) 이단 척결 운동

이단 척결 운동이 공식적으로 거론된 것은 제3차 라테란 종교 회의(1179)에서였다. 이 회의에서 남 프랑스에서 활발한 활동을 하던 알비파의 척결에 관한 규정이 확정되었다. 그 후로 교황 루키우스 3세(Lucius Ⅲ, 1181～1184)는 1184년 10～11월에 이탈리아의 베로나(Verona)에서 열린 회의에서 프리드리히 바바롯사 황제의 종용과 모든 주교들의 동의 아래 이단들의 효과적인 척결을 위해 종교재판권을 각 주교들에게 부여할 것에 합의했다. 이 교황 칙서에 의해 각 교구에는 이단으로 의심되는 지역의 주민들로 감시체계가 확립되었다. 주민들은 서로의 신앙생활을 감시했고 이단으로 신고된 주민은 주교에 의해 개종되어야 했으며, 만일 개종하지 않았을 경우에는 주교가 직접 처리했다. 만약 주교로부터 벌금형을 받은 이교도가 계속 개종을 거부하거나 한번 개종을 한 후 번복을 했을 경우에는 종교재판에 회부되지 않고 군사재판을 받아야만 했다.

규정들 자체는 그다지 새로운 것은 아니었지만, 이 조치를 통해 주교들의 의무감이 고양되었다. 주교는 교황청 직속 수도원이라도 이단으로 규정되면 직권으로 처벌할 수 있었다. 이뿐만 아니라 이단에 동조한 자들도 법정에서 변호인이나 증인이 될 수 있는 자격을 박탈당했고 공인이 될 수 없었다.

교황 이노켄티우스 3세는 1209년 북 프랑스의 귀족과 주교들로 구성된 십자군을 남 프랑스로 보내 이단 척결에 나섰다. 1229년 피비린내 나는 긴 전투 끝에 부분적인 휴전이 이루어졌다. 비교적 도시가 발전한 북 이탈리아, 카타르파와 알비의 추종자들이 득세하던 남 프랑스에서 이단 척결은 성공을 거둘 수 없었다.

1231년에 교황 그레고리우스 9세는 도미니쿠스 수도회에 종교 재판권을 부여하여 이들로 하여금 강한 이단 척결 운동을 펼칠 것을 요구했다. 주로 독일, 북 프랑스, 랑게독, 이탈리아지역의 이단들에 대해 집중적인 척결 운동이 벌어졌으나 강한 반발로 거의 성과를 거둘 수가 없었다. 주요 색출 대상자는 카타르파의 완전신자들(perfecti)로 이들은 어떠한 법적인 변호도 받을 수 없었으나, 종교 재판에서 사형이 선고되는 경우는 극히 드물었다. 이 외에도 유대인에 대한 박해가 심했는데, 제1차 십자군 때 라인란트(Rheinland)에서 시작하여 점점 그 범위가 넓어졌다. 제4차 라테란 종교 회의에서는 유대인들에게 표식된 옷을 입도록 하는 칙령이 발표되었고 유대인들의 책들이 불살라지는 등 공식적인 탄압이 있었다. 1290년 영국에서는 유대인들이 추방되었고 그 후 17세기까지 입국이 금지되었다.

2) 도시의 발전

(1) 상인 길드

길드는 자치도시 운영의 주체로서 도시의 전형적인 경제 조직이었다. 상인 길드와 수공업자 길드는 원래 조합원 사이에 평등을 바탕으로 경조사에서의 상호부조와 친목을 목표로 한 공제 조합의 성격을 띠었다. 그러나 차츰 상호 간의 경쟁배제와 이윤획득의 기회 균등 보장을 위해 상품의 생산과 유통에 강력한 규제를 가하는 규제 단체적 성격을 띠게 되었다.

또한, 길드는 영업 시간, 영업 장소, 매매 가격, 제품의 양과 질을 규제했다. 특히, 수공업자 길드의 경우에 있어서는 도제·직인·장인의 훈련 기간과 자격요건, 자격심사 등을 규제했다. 규칙위반 시 벌금이 부과되었다. 그 결과, 12~13세기에 도시의 생산력은 향상되었으나 자유로운 경제 발전을 가로막기도 했다.

상인 길드는 중세 초·중기부터 존재해 오던 원거리 상인들과 11세기부터 등장하는 미니스테리알레스가 도시민의 상층부를 형성하면서 조직되었다. 상인들은 영주의 토지로부터의 예속에서 벗어나 원거리 상업을 할 수 있는 자유를 얻었으며, 이 자유를 지키기 위해서 단체를 형성했다. 이 단체에 가입하기 위해서는 아버지가 수공업자가 아니었음을 증인을 통해 입증해야 했을 뿐 아니라, 자신의 재산이 수공업으로 모아지지 않았음을 또한 증명해야 했다. 상인 길드는 원래 직업 상인들의 연합이었으며, 이 연합을 통해 자신들의 직업을 보호하고 권리를 확장했다. 상인들은 지금까지의 씨족적인 인적 관계에서 벗어나 의형제적인 서약관계로 조직되었다.

길드에 소속되기 위해서는 특정한 서약을 해야 했는데, 이러한 서약 때문에 길드를 서약 공동체(Coniuratio)라고 불렀다. 이 공동체에는 대표가 있었고, 정기적으로 회의가 열렸다. 길드는 회원 상호 간에 서로 돕는 부조 공동체일 뿐만 아니라 기독교적 사랑을 실천하는 단체였다.

(2) 수공업자 길드

상인길드는 물건거래의 새로운 형태를 발전시켰다. 상인들은 시설재에 투자하고 거래를 독점했으며, 이로 인해 그동안 더디게 발전하던 수공업자들이 타격을 받았다. 수공업자들은 상인들의 거래독점에 맞서 독자적인 단체를 만들어 상인 길드의 독주에 대항했다. 수공업자 조합은 유럽 전역에서 이런 식으로 형성되었다. 독일에서는 이들을 춘프트, 길데, 체센 혹은 아이눙(Zünft, Gilde, Zechen, Einung) 등으로 불렀으며, 이탈리아에서는 아르티 혹은 코르포라치오니(Arti, Corporazioni), 프랑스에서는 메티에 혹은 쥐랑드(Métiers, Jurande), 영국에서는 크라프트길드 혹은 미스테리스(Craftguild, Misteries) 등으로 불렀다. 이렇게 다양하게 불리던 수공업자들의 단체의 기원에 관해서는 여러 가지 의견이 있다:

첫째, 로마 시대의 콜레기아(Collegia)에서 수공업자길드의 유래를 찾는다. 그러나 서유럽의 어느 곳에서도, 이탈리아에서조차도, 확인되지 않았고, 단지 비잔틴에서만 10세기까지 콜레기아와 비슷한 형태의 수공업자 조직을 찾을 수 있었다.

둘째, 상인 길드의 한 분파로 보는 견해로 수공업자들이 상인들의 길드를 표본으로 자신들의 서약 공동체를 만들었다.

셋째, 종교적인 이유에서의 발생했다. 수공업자들이 길드를 만들 때는 항시 공동 예배, 공동 장례식 혹은 공동 구제 등의 오늘날 보험에 비유할 수 있는 사회 단체적 성격을 띠고 있었다.

넷째, 정치적인 이유에서 발생했다. 도시 영주가 수공업자들을 통제할 목적으로 만들었다는 것이다. 특히, 11세기 전반부부터 식료품을 관리 통제하기 위해 식료품업자들을 분류했던 데서 유래하고 있다는 주장 등이다.

이러한 수공업자 길드의 기원에 관한 여러 의견에 관해서 오늘날은 더 이상

선택하는 일은 없고, 여러 가지 경우들이 복합적으로 수공업자 길드를 형성하는데 역할을 했다고 본다. 확인 되는 최초의 수공업자 길드는 1106~7년에 독일 보름스의 어업업자, 1100년경의 파리와 루엥의 어업업자(marchand d'eau), 1147년의 프랑스 샤르트르의 주막업자, 1128년 독일 뷰르츠부르그의 신발업자, 1149년 쾰른의 침대보업자 길드 등으로 당시의 수공업자는 상업에 관여하고 있었다. 영국에서의 수공업자 길드는 대체적으로 상인 길드의 분파로 1100~1135년 사이에 독자적인 단체로 발전했다.

수공업자 길드는 13세기부터 유럽에서 일반화되었다. 각 직종별로 폐쇄적인 성격을 지닌 단체가 되었다. 이러한 직종별 조직화는 영주에게 나쁠 것이 없었다. 수공업자 길드가 단체로 세를 냄으로써 영주는 세수 관리를 더 편리하게 했고, 더 많은 세수입을 올릴 수 있었다. 하지만 만약 수공업자들의 조직화가 도시 영주의 이익에 반 할 때에는 많은 정치적인 제약을 감수해야만 했다.

수공업자 길드는 14세기를 거치면서 장인을 우두머리로 직인과 도제들로 이루어진 가부장적 사회로 조직되어 정치적 역할에 참여하기 시작했다. 시 의정에 참여권을 얻기 위해 많은 수공업자 단체들이 심지어는 유혈 투쟁까지도 마다하지 않았지만 많은 경우에 실패로 끝났다. 시의회의 의석을 차지하는 경우가 있었다 하더라도 힘 있는 금세공업자, 무기제조업자, 피혁가공업자, 정육업자 길드 등만이 그 뜻을 이룰 수가 있었다.

(3) 한자(Hansa)

같은 지역, 같은 업종의 상인들이 멀고 위험한 여행길에 대비해 서로 의형제 서약을 맺었다. 이렇게 맺은 서약 공동체를 한자(Hansa)라 불렀다. 한자는 11~12세기에 원거리 상업을 목적으로 북·서유럽에서 시작했다. 한자의 명칭은 출신지 혹은 여행목적지의 이름을 따라 각각 만들어졌다.

상인 한자는 어느 특정 무역로나 지역을 독점했고, 지역을 초월한 도시 동맹으로 발전했다. 1230년 플랑드르, 프랑스, 샹파뉴, 아르토이스 그리고 로트링엔 지역의 17개 도시가 동맹을 맺었다. 그들은 당시 가장 발전한 무역 시장인 샹파뉴의 장에 가는 동반자로서 무역 공동체적 역할을 했다. 한자 중 가장 오래도록 명맥을 유지한 것은 독일의 한자 동맹이었다.

상인 한자에서 도시한자로 두드러진 변화가 나타난 시기는 상인들이 길드 조직을 통해 도시 경제나 정치에서 주도적인 역할을 하던 13세기 말엽이다. 13세기 말엽까지 영국의 위스비(Wisby)가 한자의 중심 도시 역할을 했으나, 그 이후로는 독일의 뤼벡(Lübeck)이 한자의 중심 도시로 등장해 14세기에 한자도시의 수는 90개 정도에서 177개로 대폭 증가했다.

▲ 1445년 한자 도시 브라운쉬바이크와 13길드의 도시법 개정에 관한 합의서
브라운쉬바이크 시립 문서고에 보관되어 있음

(4) 도시의 형태

중세 도시는 대개 11～13세기에 발전했지만, 지역에 따라서는 벌써 11세기 이전부터 인구가 집중되어 도시의 기능을 하는 장소들이 있었다. 도시의 형태는 크게 두 가지로 나뉜다. 먼저 고대 로마의 유산을 이어 중세 도시가 된 경우와 중세 시대에 새롭게 생긴 도시의 경우로 구분된다.

로마 전통을 간직한 고대의 도시들은 전 유럽에 걸쳐, 특히 이탈리아, 이베리아 반도, 남부 프랑스 등지에서 완전히 사라지지 않고 중세의 도시 형성에 기여했다. 게르만족 이동 시기에 남부 유럽에서 도시가 점차 사라져 갔지만, 주요 도시들은 여전히 행정, 사법, 상거래와 문화 행사의 중심지의 역할을 계속했다. 이러한 도시들은 4~6세기에 군사적 요새 역할도 했었다. 다음으로 8세기 이래로 내륙이나 해안의 교통 요지, 성, 주교좌 교회 등에 상인들이 몰렸다. 상인들이 몰린 장소에 상인들의 거주지가 생겼고, 이 거주지는 그 지역의 시장으로 발전했고, 이 시장에서 도시가 발전했다.

① 키비타스(Civitas)

고대 말기의 도시들은 농촌 경제가 주종 제도를 근간으로 제자리를 잡아가고 지배층들이 농촌으로 이주하면서 더 이상 행정과 경제 활동의 중심지 역할을 할 수 없게 되었다. 그러나 도시가 군사적 기능만을 담당하는 장소로 전락하지 않고 중세에도 행정적 기능을 계속 할 수 있었던 것은 주교 교회가 있었던 덕분이다. 그러나 중세 도시는 고대 시기에 비해 기능이 많이 축소되었고 도시의 크기도 작아졌다. 예를 들어 볼로냐는 70ha에서 25ha로 도시의 크기가 작아졌다.

많은 고대의 도시들이 이와 같은 주교 교회와 함께 중세 도시로 이어져 발전했다. 주교 도시의 대부분은 주변의 농촌과 연관되어 발전했다. 농촌의 예속민이 분화되면서 도시 지역으로 이주하여 사는 사람들이 생겼다. 도시에서 자유롭게 살고 싶은 사람들이 교회의 보호 구역(immunitas) 안으로 들어와 살았다. 교회의 보호 구역은 자유의 산실이었으며 이곳으로부터 중세의 도시가 새롭게 탄생했다.

이와 같은 주교 교회를 중심으로 한 도시의 발전은 약 1100년에서 1250년 사이에 나타났으며, 모든 지역이 일률적으로 발전 단계를 거친 것이 아니라 각 지역의 지역적 특성이나 경제적·경제 외적인 요인에 따라 각각 달랐다.

② 상인 거주지(Wik)와 시장

8세기 이후 농촌 경제의 안정과 더불어 상업이 활성화되면서 도로변의 역사나 강과 바다의 선착장 등의 교통 요지, 그리고 성곽 주위에 상인들의 거주지가 형성되었다. 이러한 교통 중심지들은 중개 무역을 통해 쉽게 상권을 형성하여 도시로 발전했다.

성곽 주위에 생긴 상인 거주지는 이웃 농촌과의 관계 속에서 시장으로 발전했다. 시장의 중요한 기능 중 하나는 물물교환의 중재였다. 상거래는 중세초기부터 이미 주교 교회, 수도원, 궁전이나 성, 원거리 상인들의 거주지(Wik) 등에서 이루어졌다. 특히, 교회의 축일에는 많은 사람들이 교회를 찾았기 때문에 자연적인 상권이 형성되었다.

카롤링 왕조 말기에 시장은 왕의 보호를 받았다. 카를 대제(샤를마뉴)는 모든 상업로를 왕의 통제 하에 두어 원거리 상인들을 보호하고 시장에서 안전한 상거래가 이루어질 수 있게 했다. 시장의 질서를 어지럽히는 자는 60실링의 큰 벌금을 내야 했다. 왕은 시장의 활성화를 위해 직접 시장을 설치했다. 시장의 치안 유지는 왕 혹은 관할 구역 영주에 의해 임명된 시장 재판관이 담당했다. 시장 재판은 일반 법정에서와는 달리 즉결 재판이었다. 재판은 재판관의 진행에 따라 법에 조예가 깊은 상인들로 구성된 배심원들에 의해 판결되었고 판결은 재판관에 의해 공표되어 확정되었다. 이처럼 시장은 상인들과 농민들의 거래 장소로서 자치 규정을 만들어 독자적인 법정 구역으로 발전해갔다.

시장 설치권 외에도 화폐 주조권과 관세권 등이 왕권에 속했다. 시장에서의 화폐 거래는 이미 카롤링 시대에도 있었다. 여러 곳에서 화폐가 주조되었으며, 왕은 영주에게 화폐 주조권을 위임하기도 했다. 중세 초기의 화폐는 대개 제조된 지역에서만 유효했으며, 각 지역의 화폐는 환전상을 통해서 교환되었다. 그리고 화폐를 주조하는 사람은 시장에서 큰 영향력을 행사하는 시장의 유지들이었다.

10～12세기에 왕권에 속했던 시장 설치권, 화폐 주조권, 관세권을 영주가 행사하며 시장을 직접 지배했다. 당시 시장은 아직 공동체적인 특성이 없었기 때문에 설령 왕이 어느 시장의 상인들에게 특권을 부여했을지라도 이 권한의 집행자는 그 지역의 영주였다.

시장은 대개 주교 교회나 영주의 성 주위에서 열렸다. 이것은 무엇보다도 시장을 이용하는 사람들의 신변을 보호해 줌으로써 시장을 활성화시키기 위한 것이었다. 시장의 활성화를 위해 시장 이용자에게 이주와 거래의 자유권이 주어졌다. 이러한 시장 육성 정책으로 여러 부류의 상인과 수공업자들의 집단 거주지가 만들어졌다. 중세의 도시는 이와 같은 상인과 수공업자들의 특성화된 집단 거주지에서 시작했다. 집단 거주지는 시장으로 발전했고, 시장은 도시민 공동체로 발전했다.

(5) 도시의 자치

중세의 도시는 대체로 상업의 발달로 인한 상인 계층의 출현과 함께 발달했다. 상인들은 지금까지 농업을 통해 부를 늘리던 농촌의 귀족들과는 달리 상업을 통해 재산을 증식함으로써 신분의 자유를 얻고 그들만의 삶의 공간을 만들어갔다. 그들이 형성한 삶의 공간은 먼저 시장이었고, 이 시장은 왕과 영주에 의해 설치되었다. 시장 발달로 상인들이 몰렸고 그곳에 상주하거나 그곳을 찾는 원격지 상인들도 늘어났다.

시장의 발전은 상인들에게는 물론 영주에게도 재산 증식의 기회를 가져다주었다. 그래서 영주는 시장이 성장해 가는 것을 방해하려 하지 않았고, 오히려 시장 방문 상인들을 보호함으로써 시장 활성화를 위해 노력을 하기도 했다. 시장의 발달과 확대는 많은 행정 업무를 양산했고, 이를 맡아서 일하는 도시의 새로운 지배층이 형성되었다. 이들은 참사회를 조직하여 영주와 도시 사이에 발생하는 모든 일을 중재했다. 이렇게 발전한 도시의회는 시장을 의장으로 두었고, 회의는 정기 회의와 임시 회의가 있었다. 1년에 한 번 열리던 정기 회의에서는 대개 12명으로 구성된 임원들이 선출되었다. 재정적으로 궁핍한 영주들은 종종 자신들의 도시 지배권을 시민들에게 특권이란 형식으로 부여하고 대가를 받았다. 도시 지배권을 양도받은 도시는 시장을 자치적으로 운영하면서 농촌과는 구별되는 자치구역으로 발전했다.

도시의 자치권은 영방의 통치권 속에 있었다. 영주는 성곽 축조권이나 군사 외교권 등을 계속 보유한 채 도시를 외부 적으로부터 보호했다. 도시의 성곽은 여러 개의 성문과 망루로 이루어져 있었고, 망루에는 많은 무기들이 배치되었다. 그러나 도시들은 영주로부터 이러한 영토권까지도 점차 매입하여 영주의 성이나 궁과 같은 기능을 하는 '영방 도시'로 발전해가기도 했다.

▲ 도시와 도시법
1457년의 뤼벡의 전경과 1257년 뤼벡 도시법

3) 유대인과 흑사병

(1) 유대인

1012년 독일 마인츠에서 2000여 명의 유대인이 도시에서 추방되었다. 이 사건은 유럽에서 발생한 최초의 유대인 박해였으며, 그 원인은 아우구스티누스(354~450)가 주장한 예수 죽음에 대한 유대인의 집단적 책임론이었다. 아우구스티누스는 『신국』에서 유대인들이 예수를 죽였고, 그의 부활을 믿지 않으려 했으며, 로마인들에 의해 멸종의 위기를 모면하기 위해 세계 각지로 흩어져 살았다고 적고 있다. 예수의 죽음에 대한 유대인의 집단적 책임론은 중세 기독교를 움직이는 힘으로 작동했다.

카노사 사건 직후 1078년 교황 그레고리우스 7세는 유대인들이 기독교 국가의 공직에 종사하는 것을 금지했다. 이와 같은 로마 교회의 유대인에 대한 태도는 제1차 십자군 전쟁이 발발하면서 대학살로 이어졌다. 프랑스에서 가난한 농민, 수공업자 등이 라인 강 주변에 거주하던 유대인들을 학살하고 약탈했다. 교황 이노켄티우스 3세는 유대인을 이단으로 규정했으며 이로 말미암아 유대인들은 말할 수 없는 고통을 감내해야 했다. 1215년 제4차 라테란 공의회는 모든 유대인들이 수공업에 종사할 수 없도록 했다. 그 결과 그들은 환전업이나 대금업 등에 종사했으며 이는 많은 민중들의 원성을 사는 원인이 되었다.

로마 교회와는 달리 왕과 황제들은 특권을 부여해 유대인을 보호했다. 이 특권은 십자군 전쟁 발발 시 대학살에서 살아남은 독일의 유대인들에게 13세기까지 주어졌다. 유대인들은 카롤링 왕조 초기 아랍이 침입하자 무기를 공급하여 프랑크 왕국을 지원했고, 루도비쿠스 경건 황제(814~840) 때는 문화적 경제적으로 많은 역할을 해서 왕국으로부터 특권적 지위를 누렸다. 유대인의 이와 같은 특권적 지위는 성직서 임권 투쟁시기 하인리히 4세를 경제적으로 지원함으로써 계속되었다. 1236년 황제 프리드리히 2세는 선조들이 유대인들에게 보장했던 특권을 재차 보장했다. 이로써 유대인들은 제국 내에서 자유롭게 거래할 수 있는 자유를 부여받고 안정된 생활을 했다.

도시의 상인들과 수공업자들의 성장으로 14세기부터 봉건 제도가 약화되고 시장이 활성화되었다. 시장의 활성화는 내수나 무역 시장에서 유대인들의 상행위와 금융 활동을 약화시켰다. 시장에서 유대인들의 자리를 메우고 새로 등장한 것은 수도원과 많은 상단들이었다. 반면 몰락한 기사 계급과 가난한 도시민, 특히 교회에 십일조가 아니라 영주에게 조세와 부역의 의무를 지고 있던 가난한 농민들은 유대인들의 빚쟁이로 전락했다.

유대인들에 대한 학대는 황제들의 보호권에도 불구하고 오랜 관습이었다. 1348년 흑사병이 기승할 때도 당시 프랑스와 독일에서는 병의 원인을 인간의 사악함에 대한 신의 분노로 해석하는 분위기가 지배적이었다. 유대인들이 기독교인을 독살하기 위해 우물이나 샘물에 독약을 뿌려 흑사병이 창궐했으며, 각 유대 공동체에는 이 사실이 편지로 알려졌다는 소문까지 등장했다. 이 소문은 도시에서 도시로 급속하게 퍼져갔으며, 교황 클레멘스 6세에게도 전달되었다. 교황은 이와 같은 소문의 허구성을 알리는 칙령을 반포했다. 그리고 소문과는 달리 많은 유대인들도 흑사병에 희생당했음에도 시작된 소문은 남프랑스에서 스위스를 거쳐 남독일, 라인 강 유역, 동유럽 지역으로 퍼져 유대인 박해에 정당성을 제공했다.

흑사병과 유대인에 대한 소문을 접한 신성 로마 제국의 황제 카를 4세는 유대인학대를 막을 어떤 조치도 취하지 않았으며 오히려 유대인 학대를 이미 자행한 도시들 혹은 앞으로 계획하고 있는 도시들로부터 받아드릴 경제적 이익에만 관심이 있었다. 이와 같은 황제의 도시민 지원에 힘입은 도시 평의회는 앞으로 유대인을 100년이나 200년 혹은 영원히 도시에 살 수 없도록 협약했다. 그 결과 유대인들은 대부분 동유럽 지역으로 이주했으며, 일부는 이탈리아, 극소수는 터키로 갔다. 그러나 제국의 도시들은 얼마가지 않아 세수원의 고갈로 유대인들을 몇 년 후 다시 불러들였지만 일정 기간마다 거주 허가를 다른 조건으로 다시 취득하게 하는 등 흑사병 이전 시기의 조건보다는 훨씬 열악한 조건이었다.

유럽인들은 유대인이라는 속죄양을 내세움으로써 신의 노여움으로부터 자신들을 변호하면서 이 문제를 해결하려 했다. 유럽의 반유대주의에 대한 전통은 오랜 것이지만 1348년의 재앙과 함께 새롭게 등장한 학대의 단초는 우물이나 샘물 독살설이다. 이 샘물 독살설 또한 이미 1321년 남프랑스의 나병 환자들에게 씌워진 누명이었다. 그리고 이소문은 아랍 지도자들에 의해 유래했으며, 유대인은 이 소문을 전달함으로써 독살설에 일조하기도 했다. 그럼에도 이와 같은 샘물 독살설이 1348년 유대인 학대로 연결된 것은 흑사병이 가져다 준 새로운 가치관이었다.

흑사병 이전의 유대인에 대한 비난이 사제들의 설교를 통해 전파되었던 데에 반해 샘물 독살설은 종교적인 문제에서 기원하지 않고 입소문을 통해 퍼져갔다. 이것은 유대인에게만 적용되었던 것이 아니라, 남프랑스의 문둥병 환자에서 보았듯이 사회적 약자나, 프랑스인이 영국인을 책망한데서 알 수 있듯이 민족적인 문제로 적용되었다. 이처럼 흑사병을 퍼뜨린 대상으로 의심된 것은 경우에 따라 달랐다. 많은 부자들이 가난한 자들을 의심했고, 프랑스인이 영국인을 비난했다. 그뿐만 아니라 나병환자나 순례자들이 의심되었으며, 치료방법을 알 수 없었던 의사들이 부자들과 함께 지내며 그들만을 보살피자 가난한 모든 사람들로부터 원성을 사고 의심받았다. 이처럼 흑사병 창궐에 대한 책임을 질 대상은 많이 이야기 되었지만 정작 학대와 학살의 대상이 된 것은 유대인뿐이었다. 이것은 14세기 흑사병과 함께 나타난 반유대주의의 특징 중의 하나로, 이제 유대인은 종교적 박해의 대상 이상이었다.

페스트 이전의 유대인 박해와 학살이 일시적이고 감정적인 조치였다면, 이후의 그것은 더 조직적이었다. 1348년 이전 유대인 박해와 학살은 왕이나 제후의 통솔 하에 실행되었지만, 이후의 그것은 도시에 국한되어 나타났으며 동시에 도시를 떠나 피해있던 부유층들에 의해 샘물 독살설이 널리 전파되면서 조직된 크고 작은 집단에 의해 직접 수행되었다. 즉, 유대인 박해와 학살의 대중화가 시작되었다. 그 후로 유대인들은 동유럽과 이탈리아, 터키 등지로 이주했으며, 도시 부유층들의 이해관계에 따라 다시 조건부로 도시의 폐쇄된 일정 공간에서 분리 거주할 수 있었으나 어떤 부동산도 소유할 수 없었고, 단지 중과세의 의무만을 지고 있었다.

1348~1350년 사이에 발생했던 유대인 학살의 실질적인 이유는 쉽게 대답할 수 없다. 많은 지식인들이 당시 '샘물 독살'의 허황됨을 알렸음에도 당시 사람의 대부분은 그 사실을 그냥 믿고 유대인의 책임을 물었다. 샘물 독살설이 유대인 학대 분위기를 고조시켰음에 틀림없고, 유대인 학살이 극심한 육체적, 심리적 위협과 부담 속에서 심리적 정화 차원에서 실행된 것도 사실이다. 그러나 이것이 유대인을 학살한 이유의 전부는 아니었다. 유대인에게 빚을 지고 있던 도시의 많은 중산층과 하층민들에게 유대인의 학살 기회, 그것도 '정당성이 부여된 학살의 기회'는 그들에게 경제적인 이익을 보장하는 것으로서 마다할 이유가 없었던 것이다. 다시 말하여 흑사병 이후의 유대인 학살은 이전과는 달리 종교적인 이념 문제가 주된 것이 아니었고, 유대인이라는 '인종적 차원'과 '경제적 차원'에서 자행되었다.

(2) 흑사병

흑사병은 크림 반도의 타타르족이 1346년 유럽으로 침공할 때 전파된 것으로 알려졌다. 11세기 이래로 제노바의 식민지였던 흑해 연안의 카파(Caffa)가 타타르족에 포위되자 이곳의 제노바인들은 카파를 탈출하여 이탈리아로 돌아왔는데,

이때 이탈리아로 돌아온 제노바인들에 의해 급속도로 서유럽에 전파되었다. 이 흑사병은 1347년 말경에 이탈리아 북부를 거쳐 프랑스를 휩쓸었으며, 계속 론강 계곡을 따라 파리로 거슬러 올라갔고, 1348년에는 포루투갈과 영국에까지 이르렀다. 그 이듬해에는 플랑드르와 독일을 거쳐 스칸디나비아로 퍼졌고 1353년에는 러시아 북부로까지 옮아갔다. 이 전염병은 먼저 선(線)흑사병으로 시작하여 사망률이 100%에 달하던 폐(肺)흑사병으로 진전되었다. 이 질병은 수차례에 걸쳐 재발했고 18세기까지 지속되었다.

흑사병은 짧은 시간에 전 유럽에 퍼져 전 유럽 인구의 약 30%를 죽음으로 몰았다. 흑사병은 원칙적으로 개인의 건강 상태나 사회 계층에 관계없이 찾아왔으며, 위생 상태가 불결한 도시의 언저리에서 특히 쉽게 발병되어 많은 도시 인구가 줄어들었다. 1361～1362년에 '어린이 흑사병'이라 일컬어진 제2차 전염병 물결이 닥쳤을 때 많은 사람들이 죽어 인구가 다시 급감했다. 15세기 전반부에 이르러서는 인구 증가율이 최저 수준에 이르렀다. 15세기 말엽부터 인구는 다시 증가하기 시작했으나 반복되는 흑사병으로 인구 상승을 크게 기대하기 어려웠다. 정부의 인구 정책은 없었고 흑사병을 피해 연명한 사람들끼리의 결혼이나 재혼을 통해 인구가 점점 증가했다. 많은 인구를 잃은 도시는 인구를 다시 채우기 위해 조세 혜택을 주고 시민권을 쉽게 부여해서 농촌 인구를 도시로 영입했다. 반면 농촌 마을은 이주민으로 황폐화되었다.

흑사병으로 인한 많은 인구의 사망으로 노동력 부족 현상이 크게 나타났다. 노동력의 결핍은 임금을 올려 '임노동의 황금 시대'를 열었다. 임금은 수요 공급의 원칙에 입각한 시장 경제에 따라 물가와 더불어 치솟았다. 이에 도시는 경제에 대한 통제를 1348년에 시작하여 임금과 물가를 조절했다. 시장을 통제하여 공식적인 상거래 외의 거래를 제한했고 노동법을 만들어 노동력 집중을 막아 다양하고 원만한 상거래를 유지하려는 노력을 했다.

그러나 반복되는 흑사병은 이러한 노력을 헛되게 만들었다. 흑사병의 영향으로 영국에서는 비교적 저임금으로 할 수 있는 양 사육을 권장하여 종획 운동이 성공했다.

흑사병은 문화적으로도 많은 영향을 끼쳤다. 당시 사람들은 흑사병을 의학적으로 보다는 천벌로 이해함으로써 신을 더욱 경외했다. 원인을 알 수 없는 질병이 닥치자 사람들은 속죄양을 찾았다. 유럽에서는 유대인이 그 대상이 되곤 했다. 특히 프랑스와 독일에서 사람들은 페스트의 원인을 인간의 사악함으로 인한 신의 노여움으로 생각했다. 특히 예수를 죽게 한 유대인을 악의 근원이라고 보았다. 유대인이 우물이나 샘물에 독약을 뿌려 자신들을 이 지경으로 만들었다고 믿고 유대인을 제거하는 일이 흑사병의 원인을 제거하는 일이라고 생각했다. 유대인에 대한 학살이 여기저기서 자행되었다.

유럽인은 자신들에 대한 신의 분노가 아니라 유대인에 대한 신의 분노로 흑사병이 발생한 것으로 생각했다. 이와 같은 심리적 전환을 통해 유럽인은 자신들의 신에 더욱 가까이 가려했다. 다른 한편으로는 자신의 죄를 인정하고 고행을 통해 죄를 사함 받으려는 무리들도 있었는데, 이들은 특히 마리아와 세바스티안, 크리스토포루스와 같은 성인들에게 빌었다.

1439년 흑사병에 대한 책임으로 교황 에우게누스 4세가 파면되었지만 나아진 것은 없었다. 사람들은 기존의 도덕적, 윤리적 가치에 대한 회의를 시작했고 신을 믿고 희망을 갖기보다는 방탕과 포기로 삶을 지탱했다. 사람들은 죽음 앞에서 무력했고 신에 대한 믿음이 없어지자 전염된 부모 형제에게 의사를 데려오겠다는 말을 남기고 살며시 사라지곤 했다. 이러한 인간적 비극과는 상반되게 많은 종교 단체들이 생겨 전염된 환자들을 보호하고 이미 죽은 환자들은 장례를 치러주기도 했다.

계속적으로 반복되는 흑사병의 위협은 사람들의 삶에 대한 태도를 변화시켰다. 기독교적인 구원관에 회의를 품은 사람들이 늘어났다. 흑사병의 원인이 의학적으로 해명되지 않았기 때문에 정부의 수습 대책 역시 갈팡질팡 혼선을 빚었다. 이러한 수습 대책 중 가장 효과적이었던 것은 환자들을 격리하여 보호할 수 있는 시설의 확충이었는데, 많은 비용 때문에 충분한 시설물을 갖출 수 없었다. 그리고 대부분의 도시민이 감염된 경우에는 그 도시 전체를 외부와 차단시켜야했는데, 이에 따른 많은 경제적 손실로 하여금 도시 전체가 격리되는 것은 사실상 어려운 일이었다.

흑사병 환자와 접촉을 한 사람이나 감염 가능성이 높은 사람들에게는 표식을 하여 계속적인 전염을 사전에 막아보려는 조치를 취하기도 했지만 사회적 지위가 높은 이들의 불이행으로 실효를 거둘 수가 없었다. 여러 사람들이 모이는 것을 금지했고, 거리 청소를 규칙적으로 하도록 규정했고, 동물이 거리를 배회하지 못하도록 했다. 이러한 조치들이 시행되지 않을 경우도 많았지만 장기적인 관점에서 보면 이러한 조치들은 전반적인 위생 상태를 개선시켰고 전염병 퇴치에도 도움이 되었다.

이 전염병으로 인한 대량 참사는 많은 사람들을 공포 분위기로 몰고 갔기 때문에 모든 장례 절차가 사람들의 눈에 띄지 않는 밤에 행해졌다. 죽음을 알리는 타종과 장례복 착용을 금지했다. 정부는 이러한 조치들을 통해 사람들을 죽음의 공포로부터 진정시키려고 노력했다. 흑사병을 통해 유럽 사람들의 의식구조가 크게 변했을 뿐 아니라 여러 분야에서 많은 변화의 계기가 마련되었다. 흑사병은 어떠한 역사적인 다른 사건보다도 유럽 사람들을 더 많이 바꾸어 놓았다.

제6장 합리적 사고의 발달

1 중세 대학

유럽 중세의 대표적인 교육기관으로는 수도원과 대성당의 부속학교가 있다. 특히 이탈리아와 프랑스의 도시에서 도시학교가 생기면서 수도원과 대성당 학교 위주의 교육에서 벗어날 수 있었다. 12세기 말엽 많은 사설교육기관이 생겨 아리스토텔레스의 논리학, 로마법, 그리스와 아랍의 의학 등 새로운 학과목을 가르쳤다. 학생 수의 급증은 도시경제에 많은 영향을 미쳤다.

▲ 14세기 대학 강의 모습

대학은 1200년경에 새로운 교육기관으로 등장했다. 도시학교의 교사와 학생들은 대학교 설립을 추진했다. 프랑스와 이탈리아 지역 유지와 주교들은 이를 반대한 반면 교황과 프랑스, 영국, 카스틸(스페인)의 왕들은 이를 지지했다. 교황과 왕들은 대학교에서 신학과 법학을 전문적으로 교육하여 교회와 국가에 필요한 전문가를 양성하려 했다.

13세기 중엽 로마 교황청 소속의 법학도들을 중심으로 기존의 도시학교들의 교육과 차별된 교육을 실시하는 스투디움 게네랄르(studium generale)라는 교육기관 설립이 추진되었다. 오늘날의 대학을 의미하는 우니베르지타스(Universitas)라는 단어는 학생 혹은 교사 중심의 길드를 의미했으나 스투디움 게네랄르는 시설을 갖춘 교육기관을 의미했다.

대학은 교황이나 황제로부터 특권을 받음으로써 외부 권력으로부터 보호되었고, 이에 따라 자치권을 신장했다. 그렇다고 대학이 완전한 학문과 사상의 자유를 누리는 자치기관이 된 것은 아니었다. 대학은 대학의 설립을 허락한 권력층의 보호 속에서만 자유로울 수 있었고 자유를 남용했을 때는 그들에게 주어졌던 자유권이 취소되었다.

중세대학은 사회변화를 주도하는 기관으로서 권력층들의 문화수준을 향상시켰을 뿐만 아니라 신분상승의 기회를 제공했다. 대학교육을 받은 지식인층이 생겼고 사회와 국가의 발전에 기여했다. 지식인층의 활약으로 대학교육의 가치가 더욱 높아졌다. 그러나 지식인층의 대부분은 여전히 교회의 사제출신들이었다. 이들은 사회의 다른 구성원들과는 구별되는 학식과 그들만의 삶의 양식을 추구했다.

대학은 사회경제적인 기여 외에도 정신문화 발전에 큰 영향을 미쳤다. 대학교육의 가치는 권위 있는 강의, 저술들에 대한 정확한 분석과 해석, 공개토론(disputatio) 등을 통해 학문을 연마하는 상아탑에서 찾을 수 있었다. 특히, 공개토론은 엄격한 논리에 의거하여 자기의 논점을 자유롭게 펼치는 교육방법으로 오늘날까지도 지속되는 방법이다.

교육내용 면에서 보면 파리와 옥스퍼드 대학은 형식적인 단계에 머물러 있던 논리학을 완성단계로 이끌었다. 13세기에 마그누스(Albert Magnus)와 아퀴나스(Thomas Aquinas)는 신앙과 이성의 조화를 추구하면서도 신의 계시에 대한 믿음을 주장하여 변화된 세계에 대한 새로운 가치관을 제시했다. 14세기에는 이들의 예정조화설을 강하게 비판하면서 신학적인 사고 체계로부터 해방된 학문 체계를 정립하여 물리학과 자연철학의 발전을 가능케 한 명목론자가 득세했다.

2 스콜라주의

중세의 스콜라주의는 12세기에 이성의 발전과 더불어 형성되었다. 아리스토텔레스 철학의 영향으로 인한 자연과학의 발전은 기독교 세계관을 변화시켰다. 성경에만 입각하던 교리해석이 이제는 여러 관점에서 논의되었다. 이와 더불어 수도원 부속학교와 파리, 볼로냐, 옥스퍼드와 같은 이름난 주교 교회 성당 부속학교들이 1200년경에 대학(University)으로 발전했다.

1) 보편논쟁

12~13세기 스콜라철학자들이 당면했던 가장 중요한 문제는 신앙과 이성을 어떻게 조화하느냐는 문제였다. 어떤 사람은 이성보다 신앙이 앞선다고 주장하는가 하면 다른 사람은 이성을 더 중시하면서 맹목적인 신앙을 비판했다. 이와 같은 대립된 주장을 '보편논쟁'이라고 한다.

이 논쟁은 스콜라주의의 선구자로 볼 수 있는 로마의 철학자 보이티우스(Boethius, 480~524)에 의해 라틴어로 번역된 그리스의 신플라톤주의 철학자 포르피리오스(Poriphirios, 234~305?)의 『범주론 서설』에서 제기하는 문제를 발단으로 시작되었다.

문제는 유(類)와 종(種)이 실재하는 것인지 혹은 생각 속에 있는 것인지를 알아내는 것이었다. 그리고 그것이 만약 실재한다면, 사물로 있는가, 혹은 비(非)사물로 있는가, 한 걸음 더 나아가 감각적 대상과 분리되어 있는가, 혹은 감각적 대상 자체 안에 있는가를 밝히려 한 것이었다. 이것은 실재하는 것의 존재방식에 대한 의문, 즉 물건으로 존재하여 눈으로 확인할 수 있는 것과 물건이 아닌 소리로 존재하는 것에 대한 세계관의 문제였다.

실재론(Realism)에 따르면 보편적인 관념(idea)은 우리의 감각세계를 초월하여 실재하는 것이며 우리의 감각에 나타나는 개체적인 사물은 이러한 원형적인 관념의 불완전한 예시에 불과한 것이다. 이에 비해 유명론(Nominalism)은 보편적 관념을 사람들이 만들어낸 단순한 명칭에 불과한 것으로 실재하지 않는 것으로 파악했다.

이 논쟁은 프랑스 콩피에뉴(Compiègne) 출신 로스켈리누스(Roscellinus, 1050년경~1124년경)와 샹포(Champeau) 출신 기욤(Guillaume, 1070~1121)에 의해 첨예해졌다. 로스켈리누스는 신학 문제에 변증적 방법을 적용했다. 그는 아일랜드 출신 에리우게나(Scotus Eriugena, 810~877년경)로부터 안셀무스(Anselmus Cantuariensis, 1033~1109)에 이르는 전통적인 실재론적 견해에 대해 명백한 반대 입장을 표명했다.

그의 유물론적 입장은 실념론(實念論)을 주장하는 기욤의 등장으로 강한 비판을 받았다.

아벨라르두스(Petrus Abaelardus, 1079~1142)는 로스켈리누스의 제자였지만 보편논쟁의 대립된 주장 사이에서 중세의 독창적인 사상을 확립했다. 그는 보편적 개념의 실재를 인정하면서도 그것이 개체적인 사물을 떠나서 존재할 수 없다고 믿었다. 즉, 아벨라르두스는 유명론적 입장을 취하면서도 논쟁을 조정하려 했다. 그의 이와 같은 태도는 아퀴나스(Thomas Aquinas, 1225~1274)의 '온건 실재론'으로의 길을 열었다. 그는 신학에 있어서 이성의 역할을 중시함으로써 실재론과 유명론의 대립을 더 높은 차원에서 종합하려 했다.

2) 온건 실재론

온건 실재론자들은 "보편은 실재하고 사물 안에 존재한다"고 주장했다. 가령 꽃이라는 유(類)개념은 튤립이라는 개물(個物)을 통해 이해할 수 있다는 논리로서 꽃에 대한 이데아는 이미 튤립 안에 존재하고 있다는 것이다. 이것은 질료(質料) 안에 형상(形相)이 실재한다고 하는 아리스토텔레스의 일원론적인 사상에서 유래한 것이었다. 온건 실재론의 전성기는 13세기였고, 대표자로는 알베르투스 마그누스(Albertus Magnus, 1200～1280)와 토마스 아퀴나스(Thomas Aquinas, 1225～1274) 등이 있다.

이들은 도미니쿠스파 수도사들이었으며 은총의 초자연적인 진리 곁엔 항시 자연적인 진리가 함께 한다고 믿었다. 즉 지식과 신앙사이에는 시간을 초월하는 어떤 모순도 결코 있을 수 없다고 주장했다. 종교적 진리가 초이성적이라고 해서 이것이 결코 반이성적일 수는 없을뿐더러, 진리란 오직 신에게 귀착될 수 밖에 없다는 점에서 바로 이 진리는 하나일 따름이라 했다. 이러한 온건한 실재론에 입각한 이들은 교리의 종합적 체계를 완성하여 중세 스콜라 철학을 집대성했다.

3) 유명론

처음으로 유명론을 주장한 사람은 로스켈리누스였다. 그러나 유명론의 전성기는 후기 스콜라주의 시대인 14세기경이다. 대표자로는 스코투스(Duns Scotus, 1270～1308), 오컴(William of Ockham, 1285/90～1348) 등이 있다. 유명론을 실념론과 대비되는 하나의 큰 학파로 키운 사람은 오컴이었다. 그는 영국인 특유의 경험주의를 바탕으로 그 무렵 옥스퍼드에 일어난 과학적 연구를 신학과 철학에 응용하여 새로운 경험과학의 길을 열었다. 그에 따르면 참된 명제는 직접 명료하게 증명되어야 한다. 그러나 추상적 인식은 그 대상의 존재 여부를 확인할 수 없어 증명이 불가능하다. 따라서 보편은 개념 또는 소리에 지나지 않고 실재하는 것은 개체뿐이다. 유명론은 기독교의 진리를 인간의 이성으로 증명할 수 없다고 생각하여 신앙과 이성을 구별함으로써 중세 스콜라주의의 토대를 뒤흔들었다. 그들은 오직 이성에 의한 인식을 강조하면서 과학적 인식의 지평을 넓혔다.

3 경험론

경험론(Empiricism)은 인식론 중 가장 잘 알려진 관점으로 감각, 관찰, 실험 등의 경험을 통해 얻어진 지식이 참다운 지식임을 강조한다. 철학사적으로 보면 경험주의는 일반적으로 지식이 이성에 의해 설명된다고 강조하는 합리주의와 배치되는 개념이다. 그러나 두 이론이 반드시 대립적인 방법론이라고 할 수는 없다. 왜냐하면 많은 합리주의자들이 경험에 기초한 '과학적인 방법'을 옹호하는가 하면, 경험론자도 신의 존재 등에 대한 지식은 직관과 추론만으로 얻어질 수 있다고 말하기 때문이다. 그럼에도 경험론은 생득관념이나 관습보다는 감각을 통한 지각, 통찰과 실험에 토대를 둔 관점으로 연역적인 추론이나 직관에 의한 지식을 멀리한다.

경험론은 실증적인 자연과학의 방법론을 수용하기 때문에 갈릴레오 시기부터 시작한다고 할 수 있다. 과학의 발전과 함께 경험적 사실이 중시되고, 또 인식론이 철학의 중심 과제가 되면서 유명론이 유력해졌다. 영국의 경험론은 연역적 추리보다도 개별적 경험에 근거를 두는 귀납법을 제창한 베이컨에서 기원한다. 그리고 그것은 "모든 개인이 텅 빈 마음(tabula rasa)으로 태어나서, 살아가면서 경험과 지각을 통해 지식을 늘려간다"고 주장한 로크에 의해 잘 정리되었다. 영국의 경험론은 대륙의 합리론이나 독일의 관념론 등과는 대조적인 성격을 띤다.

1) 베이컨(Francis Bacon, 1561~1626)

베이컨은 영국의 명문가 출신으로 근대 영국 경험론의 선구자이다. 그는 "아는 것이 힘이다"고 주장하면서, 인간은 자연을 정복하기 위해서 먼저 자연에 대해 알아야 함을 강조했다. 그러나 그는 자연과학적 인식을 위해서 철학적 지식이 전제되어야 한다고 믿었다. 새로운 과학과 기술의 진보에 어울리는 새로운 인식 방법이 필요함을 강조했으며 실험에 기초한 귀납적 연구 방법을 주장했다.

그는 과거 2500년 동안 학문의 올바른 발달이 없었던 것이 지식의 올바른 습득 방법의 부재에 있다고 보고 참된 학문연구는 먼저 관찰과 실험을 통해 사실을 수립하고 다음에 이 사실들의 원인과 법칙을 발견하는데 있다고 주장했다. 그리고 우리의 이성은 마치 훌륭한 비평가가 작가를 분석하듯 자연을 분석해야 하지만 스콜라주의의 현학적 방법은 그렇지 못했다고 비판했다. 철학은 인간의 행복을 위해서만 이용되어야 한다고 생각한 베이컨은 과학의 모든 부분, 특히 자연 과학 연구를 위한 토대를 마련해 주었다.

2) 홉스(Thomas Hobbes, 1588~1679)

홉스는 1588년 태어났다. 그의 아버지는 가난한 시골 목사였고, 어머니는 평범한 농촌 출신 이었다. 그의 어머니는 스페인 무적함대(Armada)가 영국을 공격하던 시기에 많은 공포를 느낀 나머지 홉스를 조산했다고 한다. 부모는 가난했지만, 부유한 삼촌 덕에 학업을 계속할 수 있었다. 그는 언어에 뛰어난 재능을 가지고 있었고, 1608년 옥스퍼드 대학을 졸업한 후 영국의 캐번디시(Cavendish)가의 평생 가정교사로 지냈다.

그는 1608년부터 1610년 사이에 프랑스와 이탈리아를 여행 중 프랜시스 베이컨과 교류할 기회를 가졌다. 그는 베이컨의 비서로 일하면서 그의 작품을 라틴어로 번역했다. 그 뿐만 아니라 갈릴레오, 데카르트와도 알고 지냈지만, 그는 데카르트의 심신 이원론적인 입장을 받아드리지 않았다. 그에 따르면, 모든 개인은 자기보존을 위한 자연권을 가지고 있다. 이 자연권은 자신의 생명을 유지하기 위해 자신의 힘을 쓸 수 있는 자유이다. 이 점에서 모든 개인은 평등하지만, 자연 상태는 생존경쟁을 피할 수 없으므로 '만인 대 만인의 투쟁'이 불가피해진다. 이와 같은 전쟁 상태에서 자신을 보존하기 위해 이성은 자연법을 찾아내고 이에 따라 사회 계약을 맺는다. 그는 인간의 육체, 자연 상태의 인간, 사회적 인간이라는 세 요소가 체계적으로 서로 연관되어 있다고 보았다.

홉스는 사회계약을 명확하고 자세하게 정의한 최초의 근대 사회철학자이다. 그는 자연상태에서 자유를 추구하기 위해 서로 다투던 모든 개인이 자신의 권리를 양도하여 주권을 창조했다고 보았다. 국가는 이렇게 인격으로 결합된 집합체인 코먼웰스(Commonwealth)로 탄생했고, 이것이 홉스가 말하는 리바이어던(Leviathan)인 것이다.

홉스는 1651년 『리바이어던』을 세상에 내놓았다. 이 책은 당시 망명 중이던 찰스 2세에게 헌정되었으나 거절당했다. 왕은 신으로부터 권력을 받았다고 믿고 있었으며, 사회 계약으로 왕권이 주어졌다는 논리를 받아들일 수가 없었던 것이다. 홉스에 따르면 왕에게 절대권이 주어졌지만, 그것은 모든 사람의 생존권을 보호하고 평화를 유지한다는 조건부 권리였다. 요컨대, 왕이 개인의 생존권을 보호하지 않는다면, 개인은 왕에게 저항할 수 있는 권리를 행사할 수 있었다.

홉스에게 국가란 개인의 생존을 위한 수단에 지나지 않았다. 그의 국가와 개인의 관계에 대한 이론은 존 로크에 의해 수용되어 발전되었다.

3) 로크(John Locke, 1632~1704)

영국 경험론을 확실한 토대 위에 세운 사람은 로크이다. 그는 1632년 법원 공무원을 아버지로 비교적 유복한 가정에서 태어났다. 옥스퍼드 대학을 졸업한 후 그 곳에서 철학을 강의 했다. 그는 과학에 관심을 가지고 연구했으며 잠시 약국을 개업하기도 했다.

로크는 휘그당의 고관들과 생애의 대부분을 보냈다. 정치적인 문제에 많은 관심을 가졌던 그는 1664년 『자연법론』에서 청교도 혁명 당시의 의회파나 평등파를 공격하면

서 “인민의 소리는 신의 소리가 아니다”라고 선언 절대왕정을 옹호했다. 1666년 휘그당의 지도자 섀프츠베리(Shaftesbury)경의 지지를 얻어 왕당파와 싸웠고, 1668년 국가의 이자율 통제를 반대하여 통제는 시민 계급의 경제활동을 저해하고 자연법칙을 파괴한다고 주장했다. 1688년 명예 혁명 이후에는 대체로 학구적인 생활에 몰입했다.

로크의 주장은 자연법에 입각해 있었다. 그가 말하는 자연법은 인간의 자연 본성의 원리이며 이성의 법으로서 남의 생명, 건강, 자유, 재산을 침범하지 않는다. 이와 같은 자연법이 지배하는 자연 상태는 통치자와 피통치자의 구별이 없는 만인 평화의 상태이다. 그렇기 때문에 로크의 사회 계약은 홉스의 그것처럼 자연 상태에 대한 절망에서가 아니라 누구나에게 주어진 자연권의 행사를 평화적으로 하기 위해 계약을 맺고 자연 상태를 국가 상태로 옮기는 절차이다.

로크에 의하면 정치권력의 의무는 소유권을 보호하고 신앙, 사상, 언론의 자유를 인정한 데 있다. 인간의 자유는 국민의 동의로 만들어진 법 이외의 어떤 것에도 지배되지 않는다. 따라서 절대군주는 국민 합의의 결과이다. 그가 국민의 합의를 저버린다면, 국민은 합의에 따라 그에게 저항할 권리를 행사한다. 국가 권력은 궁극적으로 국민에게 있는 것이다.

이와 같은 자연권 사상은 부르주아 혁명의 이론적 근거가 되었고, 부르주아 혁명은 성공했다. 그러나 이 자연권 사상은 무산 계급을 위한 이론적 무기가 되지는 않았다. 그래서 로크의 정치 사상은 영국을 떠나 아직 부르주아 혁명을 치르지 못한 미국과 프랑스로 흘러갔다.

4 합리론

합리론(Rationalismus)은 합리주의 혹은 이성주의라고도 한다. 합리론은 영국의 경험론에 대립해서 감각이 아닌 이성적인 원리만이 진리라는 주장이다. 여기에서 이성이란 후천적 감각능력에 대비되는 선천적 인식능력을 말한다. 합리론은 이러한 이성의 존재를 믿고 이 이성에 의해서만 인간은 진리를 파악할 수 있다고 주장한다. 신학적인 측면에서 합리론은 중세라는 긴 암흑시대의 신 중심적인 사고에 반발하여 신앙의 진리를 신의 은총을 통한 계시로 이해하기보다도 이성적으로 파악한다.

데카르트, 스피노자, 라이프니츠 등의 학문적 전통을 흔히 대륙의 합리론이라고 말한다. 그들은 감각에 의존한 경험론적인 지식을 혼란한 것으로 무시하며 수학적이고 논증적인 지식을 중시한다. 고대와 중세의 학문적 전통을 이으면서도 이의 극복을 모색했다. 신의 자리에 사유하는 인간 정신을 대체시킨 그들의 사상은 영국 경험론 형성에 기여했고 근대 이후의 인본주의 발전에 초석을 놓았다.

1) 데카르트(René Descartes, 1596~1650)

1596년 프랑스의 귀족가문에서 태어난 데카르트는 좋은 교육환경 속에서 자라나 비교적 여유 있게 살았으며 독신으로 지내면서 평생 학문에 전념했다. 그는 예수회 교단의 학교를 다녔으며 수학에 관심이 많았다. 그의 수학에 대한 관심은 파리 대학 시절에 절정에 이르는데 2년간 몰래 칩거하면서까지 수학공부에 전념했다고 한다.

데카르트는 세상과 인간을 탐구하겠다는 결심으로 30년 전쟁에 참가했고, 수년간의 유럽 여행을 하다가 네덜란드에서 약 20년간 살면서 이방인으로서의 자유를 만끽할 수 있었다고 한다. 1649년 자신의 독자였던 스웨덴의 크리스티네 여왕의 초청으로 네덜란드에 갔지만 그곳의 기후를 견지지 못하고 다음 해에 죽었다.

데카르트는 중세 스콜라 철학에 반대하면서 철학을 한 그루 나무로 비유했다. 뿌리는 형이상학, 동체는 물리학, 지체는 응용과학으로 이해하면서 뿌리인 형이상학의 중요성을 강조했다.

그는 모든 작품을 홀란드에서 집필했다. 그는 1633년 『세계』를 거의 완성했으나 갈릴레이의 재판소식을 듣고는 원고를 없애버렸다. 그리고 1637년에는 『방법론』을 썼는데 이것은 이성의 적절한 사용에 관하여 논했을 뿐만 아니라 학문을 통해 진실을 찾는 방법에 관하여 논하고 있다. 1641년 그의 대표작인 『신의 존재와 영혼의 불멸에 관한 명상』은 파리 대학의 신학부에 바쳐졌으나 프로테스탄트와 국가(가톨릭)로부터 동시에 금서로 선포되었다. 1644년에는 『철학의 원리』를 써 자신의 철학사상을 체계적으로 정리했다. 그 후 홀란드 망명생활 중 『인간 행복 소고』와 『영혼의 격정』을 써서 엘리자베스 백작부인에게 바쳤다.

그의 근본적인 물음은 중세의 성 아구스티누스(St. Augustinus)처럼 신과 영혼의 두 문제를 해명하는 것이었다. 그는 확실한 인식을 확보하기 위해서 철학이 보편수학의 일종이 되어야할 뿐만 아니라, 모든 것이 가장 단순한 개념으로부터의 연역을 통해 얻어 질 수 있는 학문이 되어야한다고 주장했다. 데카르트는 인식의 확실성을 확보하기 위하여 방법론적 회의를 통해 인간 정신의 본성과 신의 실재를 찾아가는데 유명한 명제 cogito ergo sum을 제시했다. 무엇에 대한 지식은 확실할 수 없으나 그 무엇에 대하여 알려고 하는 주체는 존재한다. 그 주체가 바로 '나'이다. "나는 생각하는 한 존재하고 바로 그 생각으로 존재한다"고 주장했다.

이러한 방법론적 회의의 도달점을 가지고 데카르트는 당시 유럽학계의 최대 관심거리인 신의 존재를 다음과 같이 증명했다.

> 인식된 모든 것들이 가장 단순한 원칙으로 설명되어야 한다면, 나는 우선 무엇보다도 내 자신의 생각이 시작되었던 근원(확실함)이 무엇이었는지를 알아야 한다. 그러나 무엇이 확실한 것인가? 나는 확실함을 얻기 위해 아무것도 확실한 것으로 정하지 말아야 한다. 우리가 얻는 감각적 인식은 여러 차례의 논리적 분석(회의)을 거쳐 확실해진다. 신도 이러한 회의를 통해 확실한 존재로 인식되며, 궁극적으로는 회의하는 주체만이 실재(cogito ergo sum)하고 있다. 완전한 나의 사유가 경험을 경험이게 한다. 정신세계는 신학과 신앙에 속하며 과학으로는 알 수 없다. 물질계는 이성과 자연법의 세계이며 과학적 인식으로 이해된다. 궁극적으로 실재하는 것은 정신과 물질이며, 신이 두 실재를 연결한다.

2) 스피노자(Benedictus de Spinoza, 1632~1677)

스피노자는 데카르트의 전통을 이었다. 그는 고도로 승화된 명상의 산물을 기하학적 방식으로 서술했다. 그는 포르투갈에서 홀란드로 망명 온 유대인 가정에서 태어났으나 유대교에서 파문당한 후 안경렌즈 연마업으로 생계를 유지했다. 44세에 요절하기까지 그는 모든 철학자들의 모범이 될 만한 삶을 살았다. 데카르트에 대한 엄밀한 검토 끝에 그가 문제로 삼은 것은 '확실하게 있는 것'이 무엇이냐 하는 것이었다. 그는 신이 있다는 것을 명석 판명하게 직관했고 이 직관된 신으로부터 출발했다. 데카르트의 결론이 그의 출발점이었다. 데카르트에게 '확실한 인식'이 문제가 되었다면, 스피노자는 '확실하게 있는 것'을 문제 삼았다.

스피노자의 신은 창조하는 인격신이 아니었다. 데카르트가 신을 이 세계를 한 번 창조하고 떠난 초월자가 아니라 끊임없이 창조하고 있는 초월자로 보았다면, 스피노자는 신은 초월인(超越因)이 아니라 내재인(內在因)이고 창조가 아니라 생성이라고 했다. 스피노자의 신 개념은 유교의 천리자연(天理自然)의 뜻과 유사하다. 그는 데카르트의 이원론 대신 정신과 물질을 한 실체의 양면, 또는 자연의 양면으로 파악했다. 그에게 신은 모든 것에 편재되어있어 인식될 수 있는 자연이고 실체였다. 그는 무신론적 성향을 가진 일원론적 범신론자였다. 그의 세계관은 독일 관념론, 계몽주의, 사회주의에 많은 영향을 주었다.

3) 라이프니츠(Gottfried Wilhelm von Leibniz, 1646~1716)

라이프니츠는 1646년 라이프치히(Leipzig)에서 태어났다. 그의 아버지는 법률가이면서 윤리학 교수였다. 그의 어머니 또한 라이프치히 대학 법학 교수의 딸이었다. 그는 15세에 라이프치히 대학에 입학하여 철학을 공부하다가 예나(Jena) 대학으로 옮겨 1663년 졸업했다. 20세에 예나 대학의 법학박사 학위를 청구했지만 어린 나이를 이유로 거부당하고 뉘른베르크(Nürnberg)로 옮겨 1666년 알트도르프(Altdorf) 대학에서 박사학위를 받았다.

그 후 그는 교정을 떠나 마인츠(Mainz) 대주교 밑에서 생활하다가 1672년 외교사절로 프랑스에 갔다. 그는 파리에서 4년간 체류했으며 데카르트와 스피노자를 공부하면서 수학 공부에 심취했다. 파리생활을 마치고 독일로 돌아오는 길에 스피노자를 방문했고 그때 친분으로 평생 편지를 주고받았다. 1676년 하노버에서 법률과 역사 관계 문서들을 취급하면서 공작(Herzog)의 고문으로 평생 지냈다. 1700년에는 베를린 학술원 설립에 공헌했고, 1716년 외롭고 쓸쓸한 죽음을 맞이했다. 그는 1712~1714년에 썼던 『단자론(Monadology)』을 포함하여 80권 정도의 저서를 남겼다.

라이프니츠는 형이상학자이면서도 탁월한 논리적 창의력을 구사했기 때문에 논리적 사유방식의 시조로 여겨졌다. 그는 실체는 하나 혹은 둘이 아니라 무한하다고 했으며, 진리를 이성의 진리와 사실의 진리로 나누어서 이성의 진리가 완전 명료한 진리라면 사실의 진리는 우연의 진리라고 했다. 이러한 점에서 그가 합리론의 전통에 속해 있음을 알 수 있다. 라이프니츠의 주 저서인 『단자론』에 따르면 모든 세계와 변화에는 이유가 있고 이는 신의 창조이며 가장 조화로운 것이다. 그것은 곧 단자인데 어떠한 단자와도 같을 수 없는 단자는 완전한 실체이며 무한한 가능성의 예정이다. 그러므로 단자는 현상계 속에 있지 않고 더 이상 나눌 수 없는 단일 실체인데 최초의 능동적인 힘과 수동적인 힘이 합해서 생성된다. 홉스가 물질화된 정신에 관하여 이야기했다면 라이프니츠는 정신화된 물질을 이야기한 것이다.

5 과학 혁명

1540년과 1680년 사이에 코페르니쿠스, 케플러, 갈릴레이, 데카르트, 뉴턴을 포함하는 뛰어난 천문학자, 물리학자, 수학가 등이 과학혁명을 이룩하는 데 크게 기여했다. 그들은 전통적인 자연관을 타파하고 새로운 자연관을 제시했다.

코페르니쿠스의 지동설로부터 시작된 르네상스 이래의 새로운 근대 과학의 발달은 케플러와 갈릴레이를 거쳐 뉴턴에 이르러 완성되었다. 뉴턴은 만유인력의 법칙을 발견함으로써 우주의 전 질서를 역학적으로 설명했고, 우주 전체가 하나의 통일적인 법칙에 따라 움직이고 있음을 밝혔다.

1) 코페르니쿠스(Nicolaus Copernicus, 1473~1543)

코페르니쿠스는 프로이센의 토른(Thorn)에서 부유한 상인의 아들로 태어났다. 그는 수학, 의학, 신학을 공부하기 위해 1497년에 24세의 나이로 볼로냐 대학에 입학했다. 그가 입학한 해는 르네상스가 시작된 지 벌써 100년이 지나고, 콜럼버스가 두 번째 아메리카 항해를 하고 있던 때였다.

코페르니쿠스에 따르면 당시 대학에는 지구가 중심에 있고 그 주위를 달, 수성, 금성, 태양, 화성, 목성, 토성 등 행성들이 순서대로 돌고 있다는 프톨레마이오스의 우주론에 관해 상이한 견해들이 많았다. 그러나 그는 프톨레마이오스의 주장을 믿지 않고 태양이 실제로 태양계의 중심에 있을 경우를 상정하고 행성들의 움직임을 계산했다.

그 결과 코페르니쿠스는 지동설에 대해 확신을 가지고 프톨레마이오스의 우주론에서 설명할 수 없었던 행성들의 이동현상을 설명했다. 그는 왜 행성들이 하늘에 정지해 있는 것으로 보일 때가 있고 그러다가 몇 달 동안 후진하는 것으로 관측되는지에 관한 의문점을 해결할 수 있었다. 그는 행성들의 후진 운동은 태양이 중심에 있고 행성들이 그 주위를 돌고 있다는 가정 아래서 훨씬 쉽게 설명될 수 있다는 것을 확인했다. 그리고 각 행성들이 태양을 한 번 공전하는데 걸리는 시간을 계산했다. 그 결과 화성의 공전 주기는 2년, 지구는 1년으로 계산되었다. 이를 통해 그는 지구가 화성을 지나칠 때 나타나는 화성의 후진 운동 현상을 쉽게 설명할 수 있었다.

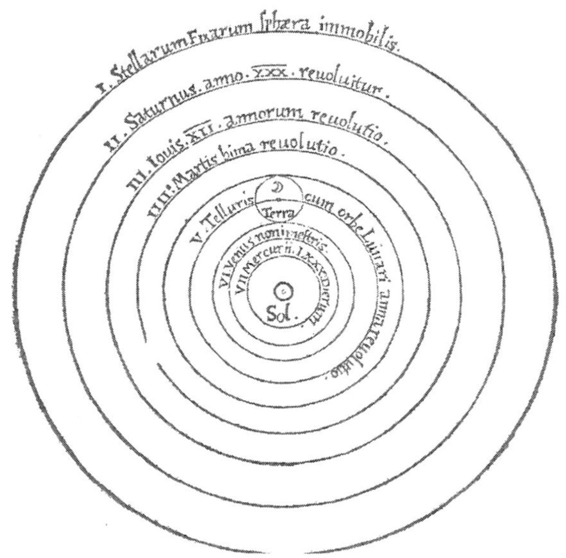

▲ 코페르니쿠스, 『천구의 회전에 관하여』(De revolutionibus orbium coelestium)의 서문에서
I. 항성, II. 토성, III. 목성, IV. 화성, V. 지구와 달, VI. 금성, VII. 수성, Sol. 태양

태양 중심적 세계관의 중요한 문제점 가운데 하나는 인간들이 지구에서 떨어지지 않는 이유를 설명하기 어렵다는 것이다. 둥근 지구가 자전하면서 동시에 굉장히 빠른 속도로 태양의 주위를 돌고 있는데도 인간이 지구에서 떨어지지 않는 이유는 무엇인가. 이것은 코페르니쿠스의 책을 읽은 많은 사람들의 공통적인 의문이었다.

2) 케플러(Johannes Kepler, 1571~1630)

독일의 천문학자인 케플러는 독일 바일 데어 쉬타트(Weil der Stadt)에서 가난한 상인의 아들로 태어났다. 그의 할아버지는 이 시의 시장을 지냈으나 그가 태어날 무렵 가세가 기울었다. 어머니가 여관업과 약초재배를 하여 생계에 보탰으나 어머니는 나중에 마녀재판에 회부되었다. 그는 조산으로 병약한 어린 시절을 보냈지만, 그의 어머니는 그의 수학적 재능을 발견하고 그에게 일찍 교육의 기회를 마련해주었다.

그는 튜빙엔 대학에서 수학과 천문학을 공부한 후 지구 및 다른 행성들이 태양을 중심으로 타원 궤도를 그리면서 공전한다는 사실을 밝혔다. 케플러는 우주에 대해 기하학적 설명을 했던 고대의 천문학을 행성 운동의 세 가지 원리에 근거해 역학적 천문학으로 전환했다. 첫째, 모든 행성은 태양을 하나의 초점으로 하는 타원 궤도를 그리며 태양 주의를 공전한다. 둘째, 한 행성과 태양을 연결하는 동경 벡터는 동일한 시간 간격 동안 같은 면적을 휩쓸고 지나간다. 셋째, 행성의 공전 주기의 제곱은 그 행성으로부터 태양까지의 평균 거리의 세제곱에 비례한다. 케플러에 의해 기하학적 묘사에 그쳤던 우주에 대한 고대의 해석이 근대의 역학적 천문학으로 변했고 천문학에 물리학적인 힘의 개념이 도입되었다.

3) 갈릴레이(Galileo Galilei, 1564～1642)

갈릴레이는 이탈리아 피렌체의 상인의 아들로 태어나 수도원에서 교육을 받았으나, 그의 아버지는 그를 집으로 불러 1580년 피사(Pisa) 대학의 의학부에 입학하게 했다. 그 후 1589～1592년 그는 피사 대학에서 수학을 강의했다.

갈릴레이는 수학자, 천문학자, 물리학자로서 근대 과학의 발전에 많은 공헌을 했으며, 중력과 운동에 관한 연구에 실험과 수리해석을 함께 사용하여 근대 역학과 실험물리학을 창시했다. 그는 “자연은 수학적 언어로 표현된다”면서 수학적 합리주의를 주창했고, 천문학과 역학 분야에서 뛰어난 업적을 남겼다. 그는 망원경을 사용하여 많은 새로운 발견을 했고 빛의 속도가 유한함을 믿었지만, 케플러의 법칙을 무시하고 원운동을 고집했고 중력을 마술적이라는 이유로 거부했다. 이와 같은 그의 한계에도 불구하고 그는 역학을 과학의 한 분야로 만들었고 ‘힘’과 후에 뉴턴에 의해 공식화된 ‘역학’을 수학적으로 해석하여 힘과 운동 사이의 밀접한 관계를 규명했다.

4) 데카르트(René Descartes, 1596~1650)

데카르트는 갈릴레이가 너무 실험적이며 추상적이지 못하다고 비난하면서 그의 포괄적인 철학이 갈릴레이가 실험적으로 설명하는 우주의 법칙을 잘 설명한다고 믿었다. 그는 자연을 두 가지의 서로 다른 요소, 즉 정신과 물질 혹은 '사유하는 실체'와 '연장된 실체'로 국한시켰다. 그는 신학자들과 교회의 영역인 영혼과 정신을 포함하는 '사유하는 실체'의 영역을 조사하는 것을 생각하지는 못했지만, 그의 '연장된 실체' 개념은 모든 물리적 자연현상을 총괄적이며 스스로 움직이는 기계론으로 설명할 수 있었다.

데카르트에 따르면 우주는 계속적이며 완전하게 무한한 수의 미립자로 채워져 있다. 각 분자들은 길이와 넓이, 깊이를 가진 것으로 수학적으로 정의될 수 있다. 그러나 데카르트는 가톨릭 교회처럼 종교적 지식에서 과학의 진리를 이끌어내지는 않았다. 17세기 말엽 데카르트 기계론은 뉴턴의 발전된 세계 기계론에 의해 빛을 잃었다.

5) 뉴턴(Isaac Newton, 1642~1727)

뉴턴은 자영농의 유복자로 태어나서 홀어머니 밑에서 자라다가, 1646년 그의 어머니가 재혼하면서 할머니에게 맡겨졌다. 9년 후 그의 양 아버지가 세상을 뜨자 다시 어머니와 함께 살았다. 어머니와 헤어져 살던 9년 동안의 어려움이 그의 정신적인 생활에 많은 영향을 미쳤다고 한다. 그는 18세에 케임브리지 대학에 입학하여 수학, 광학, 천문학, 물리학을 공부했으나 흑사병의 창궐로 수업이 중단되어 시골에 돌아와 살면서 유명한 사과의 일화를 남겼다. 그는 1667년 케임브리지 대학에서 석사학위

를 받았다.

뉴턴은 물리학자이자 수학자로 17세기 과학혁명의 상징적인 인물이다. 광학, 역학, 수학 분야에서 뛰어나 업적을 남겼고, 1687년에 출판된 『자연철학의 수학적 원리』는 근대 과학에 있어서 가장 중요한 책으로 꼽힌다. 뉴턴의 업적은 두 가지로 정리 해 볼 수 있다. 첫째는 색깔에 관한 공헌이며, 다른 하나는 운동법칙에 관한 것이다. 그는 우선 빛은 원래 흰색의 단색광이고 변형에 의해서 여러 가지 색깔로 나타난다는 고대로부터 전해오는 색깔이론을 부정하면서 색깔은 이질적인 혼합 광이 개개의 요소로 분해되면서 생겨난다고 주장했다. 또 각각의 광선이 일정한 각도로 굴절되는 성질 때문에 무지개와 같은 현상이 생긴다고 했다.

그리고 그는 눈에 보이는 물체의 운동을 다음과 같은 3가지 운동으로 엄밀하게 정리했다. 첫째, 물체는 외부에서 힘이 작용하지 않는 한 현재의 상태를 유지하려고 한다. 둘째, 운동량의 변화는 주어진 힘에 비례한다. 셋째, 모든 작용에는 크기가 같고 방향이 반대인 반작용이 존재한다. 특히 후자의 운동의 법칙은 구심력을 계량적으로 유도해낼 수 있어서, 태양 주위를 도는 행성의 운동뿐 아니라 지구나 목성 주위를 도는 위성의 운동도 성공적으로 설명할 수 있었다. 그는 케플러의 행성 운동 법칙과 그의 중력 이론 사이의 지속성을 증명함으로써 태양 중심설에 대한 마지막 의문점까지도 없앴다.

이러한 자연과학의 발달은 '과학혁명'이라고 불릴 정도로 획기적인 것이었으며 자연에 대한 새로운 인식을 가져왔다. 그것은 자연의 세계가 인간이 이해하고 파악할 수 있는 법칙에 따라 움직이고 인간은 이를 통제하고 지배할 수 있다는 인식이며, 이러한 인식은 고대나 중세의 전통 사회에서는 없었던 이 시기의 유럽에서 발견한 특유한 것이었다.

자연과학의 발달은 종래 주로 사변에 의존하고 성경과 고전에서 권위와 진리를 찾던 것과는 달리, 실험과 관찰을 중요시하고 이로부터 얻어진 사실을 수학적으로 정리하여 진리를 찾고 보편적인 법칙을 세우려는 자연과학적인 방법론의 발달에 힘입은 바 크다. 이와 더불어 실험이나 관찰에 필요한 기구나 장치의 발달 또한 중요했으며, 이러한 실험기구나 장치의 발달은 또한 근대 기술과 산업의 발달과 깊은 관련을 가졌다.

17세기에는 자연과학이 새로운 학문으로 크게 환영받고 유행했으며, 각국에 과학 학회가 설립되어 자연과학의 연구를 촉진하고 그 보급에도 공헌했다. 대표적인 것으로는 영국의 왕립협회(1662)와 프랑스의 과학아카데미(1666)를 들 수 있다.

6 계몽주의

르네상스 이래로 발전한 근대 정신은 17세기 합리주의 철학과 새로운 자연과학적인 우주관, 그리고 로크의 민주적인 정치 사상을 거쳐 18세기 계몽사상으로 발전했다. 계몽 사상은 프랑스를 중심으로 널리 전파되었으며 기울어가는 절대왕정에 대한 날카로운 비판을 내포하면서 새로운 근대적 시민 사회 건설의 사상적 기반이 되었다.

17세기 과학혁명 시기의 위대한 과학자들이 당시의 지식인들에게 전해준 새로운 생각은 우주 속에는 그 움직임을 지배하는 일반적인 법칙이 존재하고, 그러한 자연의 법칙에 따라 자연적인 질서가 기계처럼 움직이고 있다는 것이었다. 우주와 자연의 신비를 밝혀 나가는 과정에서 인간의 능력, 특히 인간의 이성에 대한 신념이 확립되기에 이르렀으며, 그러한 이성의 힘을 통하여 인간과 인간 사회를 개혁하고 향상시킬 수 있을 것이라는 진보적이고 낙관적인 사상인 계몽 사상이 나타났다.

계몽 사상가들은 이성을 바탕으로 하여 기존의 제도와 관습 속에 있는 비합리적이고 몽매한 것들, 예를 들어 이성에 어긋나는 구습 및 교회나 왕권과 같은 권위 그리고 사회적 불평등을 비판하고 배제하고자 했다. 그들은 자연법이 지배하는 완전 사회를 추구하여 불평등한 기존의 제도들은 '자연법' 내지는 '자연상태'에 어긋나는 것이므로 타도되어야 한다고 역설했다. 그들은 인간 본성의 항구적이고 보편적인 원리에 의하여 세계가 움직인다고 생각했으며, 또한 무한히 중대한 인간의 이성에 입각한 역사의 진리를 확신했다. 이들은 이러한 합리주의적이고 진보주의적인 관점에서, 또한 이미 밝혀진 지식에 입각하여 다양한 사회 개혁을 구상했다.

1) 볼테르(Voltaire, 1694～1778)

'볼테르'의 원래 이름은 프랑수아 마리 아루에(François－Marie Arouet, 1694～1778)였고 공증인의 아들로 태어났다. 그는 어려서 예수회 학교를 다녔는데 신부들은 그를 "총명한 아이이지만 비상한 악동"으로 불렀다고 한다. 그는 졸업 후에 아버지의 권유로 잠깐 법률 공부를 했지만, 곧이어 문학에 심취했다.

1715년 루이 14세가 죽고 궁중 재정을 축소하기 위해 궁중의 말의 반을 팔았을 때, 그는 말 대신에 당나귀(귀족을 풍자)를 팔았어야했다고 왕을 비꼬았다. 이와 같은 탁월한 풍자 때문에 그는 바스티유 감옥 신세를 지곤 했다. 영국에 머물겠다는 조건으로 감옥에서 풀려난 그는 영국에 머물면서 영국의 사회 제도와 사상에 심취했다. 특히 로크와 뉴턴 등의 영국 지식인의 영향을 받고 쓴 『영국인에 대한 편지』에서 그는 타락한 귀족지배와 성직자들의 타락이 있는 프랑스를 비판하고 시민의 자유가 있는 영국을 찬양했다.

그의 후기 저술인 『캉디드(Candid)』에서 그는 세계는 자연법칙에 의해 지배되며, 인간이 따라야 하는 유일한 안내자는 이성과 구체적인 경험이라고 했다. 그는 이신론의 입장에서 종교적 관용을 부르짖었으며 미신과 광신적 신앙 타파에 힘썼다. 정치적으로는 영국의 입헌 정치를 옹호했고, 후에 백과전서의 사업을 지지했다. 『루이 14세 시대사』와 『여러 국민의 풍속과 정신에 관한 시론』에서는 정치사보다는 문화사적인 관점에서 서술했다. 그는 체계적인 정치론은 쓰지 않았으나 교회의 전횡, 성직자 신분의 특권, 종교적 편견 등을 과감하게 비판했다.

2) 몽테스키외(Baron de Montesquieu, 1689~1755)

몽테스키외는 프랑스의 법복귀족의 아들로 태어나서 로마 가톨릭에서 운영하는 줄리아 대학을 졸업했다. 그는 대학을 졸업한 후 26세에 부유한 프로테스탄트 가문의 여자와 결혼했다. 그는 장남이 아니었으나 결혼한 이듬해에 백부가 사망하면서 상속해준 백부의 남작 작위와 봉토를 계승하여 제2대 몽테스키외 남작(Baron de secondat Montesquieu)이 되었다. 그는 당시 백부가 맡고 있었던 보르도 지방 법원 원장직도 계승했다.

그가 1721년에 쓴 『페르시아인의 편지』는 두 명의 페르시아 청년이 전 프랑스를 여행하면서 겪고 배운 프랑스의 사회, 국가, 교회에 관하여 비판하는 내용을 담아 고국에 보내는 편지를 내용으로 하고 있다. 몽테스키외는 이 작품을 통해 절대왕정은 빛나지만 파괴적이고, 교회는 비관용적이고, 사회는 기강이 없다고 지적하고 있다.

그는 또한 1748년에 집필한 『법의 정신』에서 자유를 지키고 유지하기 위해서는 입법, 행정, 사법의 삼권 분립에 의한 견제만이 정치적 자유를 향유하는 최상의 길이라고 주장했다.

그리고 모든 민족에게 타당한 제도란 존재하지 않으며 각 민족의 정치 제도와 법률은 각각의 기후, 풍토, 기질, 풍속, 종교 등의 알맞은 것이어야 함을 강조했다.

또한 정체를 공화제, 군주제, 전제제 등 셋으로 나누어 전제정을 비난했다. 그리고 국가권력을 입법권, 행정권, 사법권의 셋으로 나누고 입법권과 행정권이 한 사람의 손에 들어 갈 때는 전제가 되고, 삼권이 한 사람의 손에 들어 갈 때는 모든 정치적 자유를 잃게 된다하여 삼권 분립을 주장했다.

그러나 그의 삼권 분립은 귀족에게만 해당하는 것이었지 일반 민중을 위한 주장은 아니었다.

3) 백과전서파

18세기 프랑스 계몽 사상의 최고의 결실은 『백과전서(Encyclopédie ou dictionnaire raisonné des sciences, des arts et des métiers, 1751~1780)』의 제작이었다. 『백과전서』 작업은 파리의 출판업자 르 브르통(Le Breton)의 주도로 시작되었다. 그는 원래 1728년 런던에서 출간된 『백과전서(Cyclopaedia : An Universal Dictionary of Arts and Science)』의 번역판 제작을 시도했으나, 1745년 번역판 작업에 실패했다. 그 후 그는 1745년 수학자 달랑베르(D'Alembert, 1717~1783)를, 1746년에는 번역가이자 철학자인 디드로(Diderot, 1713~1784)를 편집자로 정했다. 1747년 디드로가 수학 분야를 제외한 모든 분야의 총책임을 맡았고, 수학 분야는 달랑베르가 편집을 맡았으나, 그는 1758년 사임했다. 1751~1777년 본문 4권과 삽화 도판 1권으로 된 5권과 1780년 색인 2권이 추가로 발간되었다. 이 7권은 디드로의 편집거절로 다른 사람들이 편집하여 제작했다. 이 7권과 디드로가 편집한 28권을 합쳐 총 35권으로 된 『백과전서』의 초판이 완성되었다.

당시 집필진은 의사 23명, 교사와 교수 24명, 관료 24명, 가톨릭 신부 6명, 프로테스탄트 목사 4명, 판사와 검사 9명, 소수의 군사전문가, 사업가 4명, 유리가공업자(Allut) 1명, 철공업자(Bouchu) 1명, 출판업자(Davis, Le Breton) 2명, 건축가(Blondel, Lucotte) 2명, 외교관(Grimm) 1명, 약사(Montet) 1명, 지리학자(d'Anville, Robert de Vaugondy) 2명, 조각가 (Falconet) 1명 등 약 140명으로 구성되었다.

이들은 『백과전서』를 편찬하여 새로운 과학지식과 계몽 사상을 보급했다. 또한 이성과 과학의 진리들이 결국은 전 세계를 암흑과 전제로부터 해방시켜 줄 것이라고 확신했다. 간행 과정에서 달랑베르와 루소 등이 이탈하고 디드로가 바스티유에 감금되는 등 많은 어려움을 겪었지만, 간행을 계속 책임진 사람은 유물론자였던 디드로였다. 그래서 『백과전서』는 반봉건적·반종교적 입장의 계몽서로서 혁명의 이념을 알리는 구실을 했다. 그리고 이성에 대한 무한한 신뢰,

인간의 자유와 평등의 정당성, 과학과 경험적 기술의 신뢰, 스콜라주의의 도그마 비판, 가톨릭 교회 거부 등 부르주아 계급의 세계관이 잘 표현되어 있었다.

『백과전서』는 당대의 진보적 사상을 대변하고 있었고 프랑스 혁명의 발발에 사상적인 기초를 제공했음은 물론 혁명 이후로도 계속 수정 보완되었다. 1782년 『주제별로 정리한 체계적인 백과사전(Encyclopédie méthodique ou par ordre de matières)』이 확대된 개정판으로 출간되었다. 그 후로도 작업이 계속되어 1832년 마지막권이 나옴으로써 총 166권이 되었다.

4) 루소(Jean-Jacques Rousseau, 1712~1778)

루소는 1712년 당시 도시 공화국이었던 제네바의 시계공인 아버지 아이작 루소(Issac Rousseau)와 쉬얀 베르나르(Suyanne Bernard) 사이에서 태어났다. 어머니는 루소를 출산한 후 열흘 만에 사망했다. 1722년 아버지가 거주지를 제네바에서 베른으로 옮긴 후로 그의 나이 10세 때부터 제네바에서 홀로 지내며 법원 서기가 되기 위해 직업 교육을 받았다.

1728년 이탈리아의 토리노로 가서 로마 가톨릭 세례를 받았고, 1730년 로잔으로 이주하여 가명으로 음악사 생활을 했다. 그 후 음악공부를 지속했고 1742년 새로운 악보 표기법을 정리하여 파리로 가서 발표했지만 성공을 거두지 못했다. 1743년 근대 음악에 대한 학위논문(Dissertation sur la musique moderne)이 출판된 후 베네치아로 가서 생활하다가 다시 파리로 돌아왔다. 1745년 루소는 여러 귀족부인과 사귀었지만, 결국 23살의 세탁부 하녀, 테레즈 르 바쇠르와 오랜 동거를 거친 후 결혼했다. 그 후 그는 디드로와 달랑베르의 『백과전서』 편찬에 참여해서 음악에 관한 항목을 맡아 썼고 1752년에는 오페라 '마을의 점쟁이'를 작곡했다.

루소는 1755년에 쓴 그의 명저 『인간 불평등 기원론』에서 자연 상태에서 인간은 평등하고 행복한 삶을 살았으나, 사유재산이 생기면서 불평등한 사회가 시작되었다고 주장했다. 그에 따르면 인간의 역사는 불평등의 확대사이고 전제정치의 수립사이며 인간의 타락사이고 악의 누적사이다. 그는 불평등의 확립과정을 다음과 같이 정리했다.

> 먼저 법과 소유권이 확립되어 부자와 빈자의 상태를 정당화시켰다. 그 이후 정부의 사법권이 확립되어 강자와 약자가 구분되었고, 마지막으로 정부의 합법적인 권력이 전제권력으로 옮겨가면서 주인과 노예의 관계로서 국가와 국민이 생겼다.

루소는 1762년 총 4권으로 출판되었던 『사회계약론』에서 인간은 원래 자유롭기 때문에 사회(국가)도 인간의 자유의지에 따라 성립되어야한다고 주장했다. 그러나 사회(국가)의 성립은 인민 전체의 사회계약으로서 성립되어야 하기 때문에, 공동이익을 추구하는 일반의지가 성립되어야한다. 이 일반의지는 개별의지의 총체로서가 아니라 공동이익을 추구하는 불가분의 단일의지를 말하고 있다. 법질서는 이와 같은 일반의지에 입각하여 확립되어야 하며, 이 일반의지의 행사가 곧 주권 행사이다.

그래서 루소는 주권은 인민에게 있으며 정부는 일반의지를 집행할 따름이지 거역하여서는 안 된다고 했다. 그리고 투표는 일반의지를 형성하기 위해서가 아니라 일반의지를 확인하기 위해서 실시되어야 함을 강조했다. 그는 자유를 천부의 권리로 봄에 따라 정부가 인민의 단순한 법적 평등만이 아니라 빈부의 격차를 축소시켜서 자유와 평등에 입각한 이상적인 시민사회를 건설해야 함을 주장했다.

같은 해인 1762년 그는 인간의 교육 문제를 주제로 한 『에밀』을 썼다. 그는 인간 형성과 공민의 형성을 위해 교육의 역할을 강조하면서 인간 형성 교육은 개별적인 가정교육을 통해서, 공민의 형성은 공교육을 통해서 각각 따로 이룩되어야 한다고 했다. 이는 당시 매우 혁신적인 교육론으로 『인간 불평등 기원론』이 인류의 쇠퇴과정을 다루고 있다면 『에밀』은 개인의 실추과정을 다루고 있다.

제7장
유럽의 세속화와 강국의 등장

■ 주요 연표

1337 : 백년 전쟁 시작

1618 : 30년 전쟁 시작

1624 : 추기경 리슐리외의 입각(1642년까지)

1640 : 프리드리히 빌헬름(Freidrich Wilhelm) 선제후(1688년까지)

1643 : 마자랭 입각(1661년까지)

1648 : 베스트팔렌 조약, 프롱드의 난(1653년까지)

1661 : 루이 14세 즉위(1715년까지)

1664 : 프랑스 중상주의 정책 시행

1667 : '전승(傳承) 전쟁(War of Devolution)' 시작(1668년까지)

1672 : 홀란드 전쟁(167년까지), 프랑스의 홀란드 공격

1683 : 터키의 빈(Wien) 공격

1685 : 낭트 칙령 폐지

1688~89 : 명예 혁명, 권리장전

1689 : 피요트르 대제(Pëtr Alekseevich) 즉위(1725년까지)

1689 : 대연합 vs 프랑스

1699 : 오스트리아와 터키의 칼로비츠(Karlowitz) 평화 조약

1700 : 대 북방 전쟁(1721년까지)

1701 : 선제후 프리드리히(Freidrich)가 프로이센의 왕으로 즉위

1701 : 스페인 왕위계승 전쟁

1717 : 프로이센 최초의 교육법

1721 : 니스타드(Nystad) 평화 조약 : 러시아 약진

1740 : 마리아 테레지아(Maria Theresia) 여제 즉위(1780년까지)
1740 : 프리드리히 2세(대왕) 프로이센 왕으로 즉위
1740 : 오스트리아 왕위계승 전쟁(1748년까지)
1757 : 7년 전쟁(1763년까지)
1763 : 후베르투스부르크(Hubertusburg)의 평화 조약 : 프로이센 약진
1771~72 : 폴란드 제1차 분할
1776 : 미국 독립 전쟁
1793 : 폴란드 제2차 분할
1795 : 폴란드 제3차 분할

1 백년 전쟁(1337~1452)

1328년에 프랑스의 카페(Capet) 왕조에 남계가 끊겼을 때, 왕위 계승권을 놓고 영국과 프랑스 사이에 문제가 생겼다. 필립 4세가 죽은 후 왕권은 그의 세 아들, 루이 10세(Louis X, 1314~1316), 필립 5세(Philippe V, 1316~1322), 샤를르 6세(Charles VI, 1322~1328)에게 물려졌지만, 이들이 대를 이을 왕자를 남기지 못하자, 사촌인 발로아 백작이 필립 6세로 프랑스 왕권을 이어나갈 것을 주장했다. 필립 6세는 필립 4세의 친조카였으며 당시 남계로는 가장 유력한 왕위 계승권을 갖고 있었다. 그러나 영국 왕 에드워드 2세의 왕비가 된 필립 4세의 딸 이사벨라는 프랑스의 이러한 조치에 반발하여 자신의 아들인 에드워드 3세의 프랑스 왕위 계승권을 주장했다. 두 왕가 간의 대립은 전쟁으로 발전했다.

그러나 이 전쟁의 근본적인 원인은 프랑스 내의 영국령 문제와 플랑드르의 모직물 공업에 대한 지배권에 있었다. 영국에서 노르만 왕권이 성립한 이래로 영국은 프랑스 내에 많은 영토를 소유하고 있었고, 프랑스는 기회가 있을 때마다 잃은 땅을 되찾으려는 노력을 했다. 이와 같은 영토 문제는 영국 왕 헨리 3세와 프랑스 왕 루이 9세가 영국의 프랑스에 대한 지배권을 가스코뉴 공작령에 제한시키는데 합의함으로써 일단락되었다. 그러나 프랑스로서는 가스코뉴를 포기할

수 없었을 뿐만 아니라, 양국의 해적들 간에도 해상권 다툼을 함으로써 양국은 언제고 전쟁의 위험을 안고 있었다. 또한, 영국은 플랑드르 지방에 대한 지배권을 장악함으로써 관세는 물론 양모의 주요 시장을 확보했다. 프랑스는 영국의 경제적 팽창을 간과하지 않았기 때문에 양국은 서로 충돌할 수밖에 없었다.

이 전쟁은 처음엔 왕가 사이의 전쟁으로 시작하여 영국이 선전했지만, 두 나라의 농민들의 원성으로 일단 휴전되었다가 왕가 사이의 전쟁에서 민족 사이의 전쟁으로 발전했다. 최초의 큰 전투는 1346년에 일어났는데, 이 전투에서 영국의 에드워드 3세는 수적으로 우세한 프랑스군을 격파했다. 그는 다음 해에 칼레를 함락하고 가스코뉴 지방을 근거지로 삼은 후 1357년에는 르와르 강 계곡까지 진출했다. 그 결과 1359년 프와티에 전투에서 크게 승리한 후 휴전을 했고, 프랑스 왕 장(Jean, 1350～1364)과 그의 막내아들 필립을 비롯하여 많은 귀족들을 사로잡았다.

휴전 후 프랑스 왕 장이 런던에서 포로생활 중 사망하자 그의 뒤를 이어 왕위에 오른 샤를르 5세(Charles V, 1364～1380)는 도시들의 자치운동을 통제함으로써 국가의 세수입을 증대하여 국력을 향상시켰다. 샤를르 5세의 부국책은 성공하여 프랑스 내에서 영국의 영향력을 해안지대로 축소했고, 이에 따라 프랑스는 정치적으로 뿐만 아니라 사회적으로도 안정을 찾았다. 에드워드 3세와 샤를르 5세의 사망 후 영국과 프랑스는 각기 국내문제에 집중했다. 프랑스는 샤를르 6세가 어린 나이로 즉위하자 왕족들의 섭정이 시작되면서 심한 세력싸움에 휩싸였다. 영국에서는 리차드 2세(Richard Ⅱ, 1377～1399) 즉위 후 그를 폐하고 헨리 4세(Henry Ⅳ, 1399～1413)가 왕위에 오르면서 랭카스터 왕조가 시작되었다. 이와 함께 제후들의 세력다툼 등 정치적으로 뿐만 아니라 사회적으로 불안이 심화되었다. 이러한 상황에서 양국은 1396년 20년간의 휴전에 합의했다.

호전적인 권력 정치가인 영국 왕 헨리 5세(Henry V, 1413～1422)는 다시 전쟁을 시작하여 1415년 아쟁꾸르(Agincourt)의 전투에서 승리했다. 그는 1420년 샤를르 6세의 딸을 아내로 맞이하여 프랑스 왕위 계승권을 가졌다. 1422년 샤를르 6세와 헨리 5세가 잇따라 죽고 유아였던 헨리 6세가 영국과 프랑스의 왕으로 즉위하여 르와르 강 이북을 통치했다. 그는 1428년부터 점점 남하하여 전 프랑스에 대한 지배를 꿈꾸고 있었다. 영국에 의해 왕위 계승권을 박탈당한 샤를르 7세(Charles Ⅶ, 1422~1461)는 르와르 강 이남을 지배하고 있었지만 패배를 거듭하여 프랑스는 사실상 전면적인 위기에 봉착했다.

▲ 잔 다르크의 오를레앙 포위전

프랑스 동부의 작은 마을 동레미(Domrémy) 출신의 처녀 잔 다르크(Jean d'Arc)는 신의 가호아래 프랑스인을 영국인으로부터 해방시키겠다고 선언하고 오를레앙 군대를 이끌어 몇 개월 안에 국토를 회복했다. 그녀는 1429년 샤를르 7세와 함께 렝스(Reims)로 가서 그를 프랑스의 왕으로 즉위시켰다. 그러나 그녀는 1430년 영국인들의 포로가 되어 그 이듬해 루엥(Rouen)에서 이단으로 화형에 처해졌다. 그녀의 죽음은 프랑스인들에게 새로운 용기를 주었고, 민족적인 정신을 고취시켰다. 그 후 프랑스인 들은 영국의 지배에서 벗어나려는 줄기찬 노력을 했고, 1450년에는 노르망디에서 승리하고 1452년에는 보르도(Bordeaux)에서 결정적인 승리를 거둠으로써 가스코뉴 지방에서 영국을 축출했다.

1453년 백년 전쟁이 끝났을 때 프랑스 내에 있던 영국의 잔존세력은 칼레와 그 주위를 제외한 모든 지역에서 추방되었다. 전쟁에는 승리했지만 싸움터가 됐던 프랑스의 피해는 이루 말할 수 없었다. 잔 다르크에 의해 왕관을 쓰게 된 샤를르 7세는 새로운 국민 의식을 촉구하고, 프랑스의 교회에 대한 관리를 자율적으로 하여 성직 임명과 교회 수입에 관한 교황의 권한을 많이 제한했다.

샤를르 7세는 전쟁 당시 프랑스 최고의 무역 상인이었던 쾨르(Jacques Coeur)의 재정지원에 힘입어 15개의 기사군단을 설치하여 약 6천 명의 상비군을 유지했다. 전쟁 후에도 쾨르와 같은 시민계급과의 관계 증진을 통해 왕권을 신장했다. 이러한 왕권과 시민계급의 제휴로 귀족계급이 몰락해갔다. 루이 11세(1461~1483)는 시민과 더욱 가까워져 왕령을 두 배로 늘렸다. 그는 현실주의적인 입장에서 이익을 위해 수단을 가리지 않는 근대적인 군주로서 절대왕정의 기반을 확립했다.

백년 전쟁 후 영국은 노르만 정복 이래 프랑스 내에 소유하고 있던 거의 모든 영토를 상실했다. 전쟁의 패배에 대한 책임 문제를 놓고 랭카스터가와 요크가 사이에 장미 전쟁(1455～1485)이 일어났다. 장미 전쟁에 승리한 랭카스터가는 왕권을 이었고 부유한 도시 상공인층을 기반으로 민족적 절대왕정의 기반을 구축했다.

2 르네상스와 인문주의

1) 르네상스

르네상스는 '재생'이라는 뜻으로 14～15세기에 인문주의 작가들에 의해 사용된 용어이다. 당시의 인문주의자들은 학문과 예술의 발전과 라틴 전통 문화의 발전을 구분하기 위해 르네상스라는 용어를 사용했다. 르네상스는 19세기에 이르러 미쉴레(J. Michelet)와 부르크하르트(J. Burckhardt)의 영향으로 일반적인 문화 개념으로 사용되었다. 르네상스 운동은 14세기 혹은 15세기 초부터 16세기 중엽까지의 예술 문화 운동이며 대략 1490년까지는 지역적으로 이탈리아에 국한되어 있었다.

사회 경제적인 측면에서 르네상스는 14～15세기에 새롭게 형성된 민족 왕국, 시민층의 성장, 개인주의의 성장, 화폐경제의 발전에 힘입어 시작되었다. 정신적인 측면에서 르네상스는 그 동안의 신 중심적 세계관에서 인간 중심적 사고로의 전환을 의미했다. 이는 기독교적 중세의 사유 체계를 해체하고 인간성을 회복하고, 고대의 학문과 예술을 재발견하려는 인문주의 운동이다. 인문주의는 고대 작가들의 사상을 중심으로 중세의 신학적이고 철학적인 스콜라주의를 해체시키면서 새로운 인간상과 세계관을 제시했다.

그러나 르네상스의 이러한 특징적 현상은 14세기 이전에 발견된다. 경제적으로는 10세기 말부터 발전한 상업으로 농업중심의 경제에서 탈피한 도시민들의 새로운 요구, 정치적으로는 11세기 중엽부터 일어난 신성 로마 제국과 교황청의 대립으로 '보편적 지배'의 위기 등으로 이탈리아의 시민이 중장기적으로 펼쳐 온 하나의 사회 운동으로 이해할 수 있다. 이러한 측면에서 르네상스는 어떠한 과격한 변화라기보다는 중세의 보편적 전통에 입각한 세계관이 주관적인 가치관으로 변해 가는 과정이다. 완전히 중세적이거나 완전히 근대적인 것도 아닌, 완전한 교회 지상주의가 정치, 예술, 학문 등의 세속적인 제 원칙과 마주치면서 펼쳐지는 점진적인 개혁 운동이다.

15~16세기에는 고대의 건축과 회화의 연구를 바탕으로 르네상스의 예술 문화가 정착했다. 게르만의 고딕 양식은 야만적인 것으로 비판받았고, 고전 예술의 부흥을 통한 르네상스 양식은 '좋은 양식'(buona maniera)으로 사랑받았다. 고딕에 대한 비판과 고대 예술로의 회귀는 이탈리아 르네상스인들의 민족 의식의 표출이었다. 이와 같은 르네상스 양식의 의미는 로맨틱이나 바로크 양식이 후세대 학자들에 의해 개념 지어졌던 것과는 달리 당대에 형성되었다. 르네상스인은 라틴 전통문화의 정수인 고전문화가 중세기를 거치면서 철저하게 파괴되었다고 믿었고, 인간의 지적인 활동의 부활을 통해서 새롭게 태어나야(rinascita) 한다고 주장했다.

이탈리아의 문화 부흥은 인문주의 운동에서 두드러지게 나타났다. 인문주의란 말은 원래 중세 스콜라에서의 철학, 신학, 법학 등의 교과목에 반하는 문법, 수사학, 역사, 시, 윤리 등의 교과목을 통해 추구하는 '인간에 대한 탐구'(studia humanitatis)를 의미했다. 따라서 인문주의는 그리스와 라틴 세계의 고전 작품에 입각한 인간 탐구 교육을 강조했다. 중세기에 그리스나 로마 시대의 고전이 완전히 사라진 것은 아니었으나, 중세기에 전해진 고전은 기독교를 위해 기독교 속에서 자리 잡고 있었다.

2) 인문주의 운동

단테(Dante, 1265~1321)는 인문주의 운동의 선구적인 인물이지만 새로운 시대의 개척자라기보다는 중세적 전통의 종합자로 평가되며, 최초의 인문주의자는 피렌체의 페트라르카(Petrarca, 1304~1374)이다. 페트라르카는 그리스·라틴문

헌들을 수집하거나 필사하여 개인도서관을 만들 정도로 책을 모았다. 그는 고대를 숭상한 나머지 키케로를 비롯한 고대의 작가들을 존경했고, 제2차 포에니 전쟁에서 한니발의 대군을 물리친 로마의 영웅인 스키피오(Scipio Africanus)의 영웅담을 라틴어로 쓰기도 했다. 그는 인류구원의 종교로서의 기독교의 역할을 강조했으며, 수도원의 금욕주의적 이상을 찬양했다. 이러한 라틴적이고 중세적인 면 외에도 그가 사모하던 여인 라우라(Laura)에게 바친 서정시를 이탈리아어로 썼다. 이 시는 8행과 6행의 두 부분으로 나뉜 총 14행의 민요풍의 소네트(The sonnets)이다. 그는 이 시를 통해 이탈리아의 근대 민족 문학을 창시했다.

그의 친구이자 제자였던 보카치오(Boccacio, 1313~1375)도 고전문학에 깊은 관심을 가지고 피렌체 대학에서 그리스어 강좌를 열기도 했다. 그러나 그를 유명하게 한 것은 그가 이탈리아어로 쓴 걸작 『데카메론(Decameron)』이었다. 이 소설은 1348년 피렌체를 찾은 페스트를 피해 함께 피난 온 여자 7명과 남자 3명이 밤의 무료함을 잊기 위해 매일 각자가 한 가지씩 10일 동안 했던 이야기로 되어 있다. 당대의 성도덕이나 사회윤리를 반영하고 있으며, 신랄한 풍자와 비판으로 세속적이고 반 교회적인 특징을 갖고 있다.

이 두 사람으로부터 시작된 초기 인문주의 운동은 1453년 동로마 제국의 멸망과 함께 마르실리오 피치노(Marsilio Ficino)나 피코 델라 미란돌라(Pico della Mirandola)와 같은 많은 그리스 학자들이 이탈리아로 피난해 오면서 그리스 고전에 대한 연구가 더욱 활성화되었다. 그리스 철학에 대한 새로운 관심은 현실세계에 대한 관심을 증대시켰고, 있는 그대로의 자연의 아름다움에 도취하게 했다. 인간성과 개성을 마음껏 표현하고 발휘하려는 움직임이 활발해졌다. 인문주의는 고전연구를 강조하는 교육 운동에서 인간 중심적 인생관과 세계관을 바탕으로 하는 하나의 철학 사상 연구로 변해갔다.

3) 르네상스의 예술

르네상스 초기에는 건축보다도 조각과 회화가 발전했다. 조각에서는 피렌체의 기베르티(Ghiberti, 1378~1455)가 피렌체의 예배당에 구약과 신약 성서의 여러 장면을 소재로 한 『천국의 문』 이라는 부조를 남겼다. 그리고 도나텔로(Donatello, 1386~1466)의 작품인 『용병대장 간타멜라타의 기마상』과 베록키오(Verrocchio, 1435~1488)의 『콜레오니 기마상』에는 현실주의적 특징이 잘 나타나 있다.

▲ 레오나르도 다 빈치 자화상

회화에서는 플랑드르의 아이크 형제(Hubert van Eyck, 1366(?)~1426 ; Jan van Eyck, 1385(?)~1441)가 현실주의 작가로 풍경화와 초상화를 그렸다. 동생 얀은 『신비스런 작은 양』, 『붉은 색 터번을 두른 남자의 초상』 등 감정을 배제하고 자연을 잘 관찰하고 자연의 질서를 현실적으로 화폭에 담았다. 그리고 유채화를 발명하여 실내의 광선을 효과적으로 표현했다.

이탈리아의 회화는 15~16세기의 플랑드르와는 달리 벽화를 중심으로 독자적으로 발전했다. 지옷토(Giotto, 1266~1336)는 자연주의 화가로 독립적인 미술분야를 개척했다. 그의 작품 『작은 새 설법』은 프레스코 화법으로 유명하다. 그는 종래의 경색된 비잔틴 화법에서 벗어나 풀과 나무에 피어오르는 봄, 프란치스쿠스 앞에 무리를 지어 모여 있는 작은 새의 움직임 등 자연의 솔직한 모습을 사실적으로 표현했다.

이탈리아 르네상스 회화의 절정은 15세기 말부터 16세기 초에 활동한 레오나르도 다 빈치(Leonardo da Vinci, 1452~1519), 미켈란젤로(Michelangelo Buonarroti, 1475~1564), 라파엘로(Raffaello, 1483~1520)와 같은 거장들이 이루었다.

▲ 모나리자

그중 다 빈치는 빼어난 미술가였을 뿐만 아니라 조각가, 음악가, 과학자, 철학자였다. 그는 단순히 고전적인 모형의 모방에서 벗어나 예술의 과학적 기초를 중시했고 사물의 외형에만 매달리지 않고 숨겨있는 내면을 나타내려고 했다. 그의 대표적인 작품들로는 『최후의 만찬』, 『모나리자』 등을 들 수 있다.

르네상스는 결국 기독교가 갖는 일원화된 개념으로부터 해방을 시도한 운동이었다. 르네상스를 통하여 기독교는 시민 개개인의 마음속에 내재화하여 정착했다. 이와 같은 시민 층의 문화 운동은 그들의 경제 활동과 정치 활동 등의 변화를 촉구했으며, 그 결과는 종교 개혁으로 나타났다. 르네상스와 종교 개혁은 동일한 뿌리를 가지고 있었다.

3 종교 개혁

이탈리아에서는 르네상스가 이베리아 반도에서는 무적함대가 기승을 부리고 있던 16세기 초에 유럽 중심부에서는 중세 이래로 있어온 로마 가톨릭 체제에 대한 비판이 거세어지면서 대 변혁 운동으로 치닫고 있었다. 이 운동은 단순히 종교 운동에 국한되어 있었던 것은 아니고 정치적, 지리적, 시간적, 정신적, 사회 경제적인 다양한 특성을 띠고 있었다. 종교 개혁은 구 교회의 성경에 대한 오해를 비판하고 성경에 입각한 바른 믿음을 되찾자는 운동이었다. 이것은 루터(Martin Luther, 1483~1546)에 의해 시작되었으며 로마 가톨릭 교회의 부패 척결과 교황의 권위로부터 해방을 촉구했다.

15세기에 유럽인들은 기근과 전쟁 그리고, 전염병 등으로 인해 깊은 종교적 고뇌 속에 있었다. 한편으로는 죽음과 죄에 대한 강박관념이 미신적 색채가 짙은 종교적 열정을 불러일으켰고, 다른 한 편으로는 교황과 교회가 점점 더 세속화되고 타락해 갔다. 교회의 타락 중에도 가장 문제시되었던 것은 면벌부의 판매였다. 면벌부는 원래 지은 죄에 대한 벌을 면제받는 것으로 원래 기증자와 십자군병사 등에게 주어지는 것이었다. 르네상스기에 이르러 교황들은 교회의 위기 속에서 면벌부 판매를 통해 불안한 교황청의 재정을 충당하고 교회의 권위도 유지하려 했다.

개혁 운동은 교황권의 실추나 교회의 타락과 같은 외적인 문제에 대한 비판으로만 시작된 것은 아니었다. 오히려 교리 면에서 더 깊게 관여하고 있었다.

사람은 신에게서 선을 선택하고 악을 버릴 힘을 부여받았지만, 신의 은총을 받아야 그 힘을 실현할 수 있다는 가톨릭교의 교리는 신의 은총을 전달하는 성사의 중요성을 강조했다. 즉, 선행을 하기 위해서는 성사를 통해 신의 은총을 받아야함으로 사제의 역할이 중요했다. 그러나 루터는 "평등한 만인은 내면적인 믿음을 통하여 신과 직접 만날 수 있다"고 주장하면서 사제의 중재권을 부정했다.

▲ 마틴 루터

로마 교회에 대한 불신과 사제의 중재권 부정은 국가와 군주의 종교적 기능을 강화하는 결과를 낳았다. 종교 개혁가들은 이상적 교속 관계를 이원론적인 시각에서 바라보고 있었고, 교회와 국가에 각각의 기능과 범주를 부여했다. 그리고 교회는 하늘에서 내리는 복을 가르치고, 국가는 땅의 평화와 질서를 유지하는 임무를 띠고 있다고 믿었다.

그러나 루터는 '신에 의해 부여된' 세속지도자의 권력과 만인 사제주의를 강조함으로써 군주들의 교회 장악을 신학적으로 정당화 했다. 루터의 국가 교회주의 사상은 츠빙글리에 의한 취리히의 종교 개혁, 군주의 주도로 진행된 영국의 종교 개혁, 제네바에서 일어난 칼뱅의 프로테스탄티즘에서도 발견되는 것이었다. 종교 개혁은 국가의 통제하에 교회를 둠으로써 절대주의 체제의 성립에 기여했고, 교회의 보편주의(Catholicism)를 와해시켰다.

종교 개혁 운동은 점차 민중 운동으로 발전했지만, 대부분의 종교 개혁가는 민중의 주장을 옹호하는 데 인색했다. 1524~1526년의 독일 농민 전쟁, 1540년대 후반의 슈말칼덴 전쟁, 16세기 후반의 위그노 전쟁, 17세기의 영국 혁명은 모두 프로테스탄티즘과 직접적으로 연관되어 있었지만, 많은 종교 개혁가가 이러한 민중적 저항 운동을 단호히 부정했다.

루터는 농민 전쟁이 확산되어갈 때 제후들에게 진압을 촉구하면서, "그 어떤 것도 반란도보다 더 유독하고, 유해하고, 극악무도한 것은 없다", "농민들을 때려잡고, 살해하고, 칼로 찌르라"라고 했다. 독일의 농민 봉기는 결국 무자

▲ 토마스 뮌처

비하게 진압되었다. '지상에서의 천국'을 건설하려 했던 뮌처(Thomas Müntzer, 1490~1525)의 재세례파(Anabaptists) 운동도 탄압으로 해체되었다.

종교 개혁의 중요한 결실 중 하나는 성경번역이었다. 어려운 라틴어보다는 익숙한 민족어로 성경을 읽고 교리를 습득할 수 있다면 일반 대중 교육의 수준이 향상될 것은 분명했다. 교리 문답 교육의 의무화에 따라 초·중등 교육기관이 설립되었고 학교교육이 의무화 되었다. 민족어 교육기관의 발전은 결국 유럽의 공용어였던 라틴어의 퇴락을 재촉했으며, 궁극적으로 유럽 각국의 독자적 정체성을 신장시키면서 근대 민족국가 형성을 도모했다.

4 절대 왕정과 신분 회의

일반적으로 16세기에서 18세기에 걸친 절대주의 시기에 지방 분권화되어있던 귀족 사회는 왕권을 중심으로 한 중앙 집권 체제로 발전되었다. 이 시기는 중세의 봉건 사회에서 근대의 시민 사회로 이행하던 시기로 '절대'라는 단어가 뜻하는 바와는 달리 왕권은 신분 회의와의 관계 속에서 왕권의 강약을 표현했다. 고대 이집트의 파라오나 로마 황제의 전제 정치에 비하면 절대 왕정은 왕권이 신분 회의에 의해 훨씬 더 심한 제약을 받고 있었다. 따라서 왕은 자신의 의사를 관철시키기 위해서 신분 회의를 장악해야 했다.

이러한 의미에서 16세기에서 18세기에 이르는 시기를 절대주의(Absolutism) 시대로 보는 시각은 편협한 생각이다. 절대 왕정이 완전히 승리하는 경우는 사실상 아주 드문 일이었고, 중세 후기 이래로 계속 성장을 거듭해 오던 신분 회의는 홀란드와 영국에서는 독립적인 의회로까지 발전했다. 왕과 의회의 줄다리기가 일단락 된 것은 1640년에서 1660년 사이의 영국 혁명, 그리고 그 뒤를 이은 명예 혁명(1688~1689)에서였다.

신분 회의는 중세 시대부터 있어온 라틴화 된 유럽만의 독특한 현상이었다. 전제정이 발전된 비잔틴 제국이나 모스크바(러시아)에서는 이와 같은 의회나 어떤 지방 자치가 유럽에서처럼 왕(황제)권을 독자적으로 제약하고 나설 수 없었다.

신분 회의에 국가 예산안에 대한 인준권이 주어지면서 유럽의 절대 왕정은 입헌 군주정으로 변했다. 이것은 곧 왕과 신분 회의가 정치적으로 밀접한 관계에 있었음을 알려주고 있다. 왕권은 왕의 요청에 의해서만 불규칙적으로 열리던 국민 국가적 기능을 대변하던 기관인 '국가'(신분 회의)의 통제를 받았다. 국가와 신분 회의의 관계는 프랑스어에서 'états'라는 단어가 신분과 국가를 동시에 뜻하고 있고, 네덜란드어에서 'Staten'이란 단어가 국가와 신분의 두 가지 의미를 갖고 있는 것으로 알 수 있다.

신분 회의는 귀족의 당파적인 이해 관계에 관여하기도 했다. 갈수록 누적되어 가는 전쟁 비용을 충당하기 위한 재정적 어려움은 왕권이 해결해야 할 중요한 사안이었고, 신분 회의는 왕의 이러한 요구에 대항했다. 두 세력 간의 다툼은 국가주권을 쟁취하기 위한 시민 전쟁으로 발전했다. 왕이 신분 회의의 도움 없이도 재정적 문제 등 어려움 없이 국정을 다스릴 수 있다면 신분 회의를 소집하지 않았다. 왕은 중앙 집권적 통합 경제 정책, 즉 중상주의 정책으로 신분 회의의 부담을 피하고 '절대적' 왕정을 고수하려고 했다. 이러한 점에서 절대 왕정이란 신분 회의 없이 왕이 독자적으로 통치하려는 시도나 그러한 경향을 일컫는 말로 요약될 수 있다. 그러나 왕이 신분 회의의 영향을 완전히 배제했던 경우는 프랑스에서 절대주의가 절정에 달했을 때조차도 없었다.

1) 스페인

카를로스 1세(Carlos I, Karl V, 1519~1556)가 즉위하면서 스페인의 왕권은 당시 지리상의 발견, 지중해에 대한 패권, 식민지로부터 들여온 부를 통해 극도로 강화되었다. 이에 반해 스페인의 신분 회의는 1520~1521년 카스틸리아의 도시 콤뮨 운동으로 많이 약화되었다. 그러나 지속적인 전쟁은 국가 재정을 고갈시켰고, 이에 따라 스페인은 세 차례에 걸친 국가 재정 위기(1557/76/96)를 경험했다. 왕은 재정 위기를 극복하기 위해 신분 회의를 정기적으로 소집할 수밖에 없었다. 각 지방 의회들은 왕의 뜻에 반해 반란을 도모했고, 왕은 1592년 아라곤에서, 1640년에는 카탈로니아에서, 1662년에는 카스틸리아에서 신분 회의를 각각 해산했다. 이런 식으로 스페인은 왕권이 중앙 집권화되었다. 프랑스 부르봉 왕가에서 스페인의 왕권을 장악한 시기(1700~1789)에는 단지 8번의 아무런 영향력 없는 전국적인 신분 회의가 소집되었을 뿐이었다.

2) 독일

1564년 바이에른에서는 반 종교 개혁의 일환으로 신분 회의가 폐지되었다. 그 후로 16세기 말엽까지 신분 회의는 아주 드물게 소집되었고 1669년의 신분 회의가 이 세기의 마지막 소집이었을 정도로 바이에른의 왕권은 절대적이었다. 각 지역에서 신분 회의에 대한 탄압이 행해질 때 선제후 국가들의 신분 회의는 타협을 거부했고, 그 결과 1653년에 자체적으로 해체되었다.

반면에 동 프로이센의 신분 회의는 대 선제후 프리드리히 빌헬름(Friedrich Wilhelm, 1640~1688)에 의해 1660년에 해산되었다. 귀족은 농민을 완전히 지배했고 프로이센 군대의 장교로 변해갔다. 프로이센의 왕은 비대해지는 군대를 유지하기 위해 직접세를 거두어들였다.

3) 프랑스

프랑스에서의 신분 회의(états généraux)는 귀족, 성직자, 제3신분으로 구성되었으며, 1468년 루이 11세 때 최초로 소집된 것으로 알려져 있다. 국가의 위기 시에만 열리다가 1614년부터는 더 이상 열리지 않았다. 그 후 왕권은 갈수록 강화되었는데, 특히 특권층으로 구성되었던 프롱드당의 반란(1648~1653)을 진압한 후에 더욱 강화되었다. 신분 회의는 프랑스 혁명 직전까지 해산되어 있다가, 1789년 절대왕권이 붕괴 직전에 이르자 왕은 175년 만에 신분 회의를 다시 소집했다.

4) 폴란드, 홀란드, 영국

프로이센과 프랑스에서와는 달리 유럽의 다른 주요 3국에서는 신분 회의가 왕권을 제압했다. 폴란드에서는 귀족들이 자신들의 회의체(Sejm)를 바탕으로 권력을 독점하여 17세기 중엽부터는 귀족에 의한 무정부주의가 나타났으며, 이로써 폴란드는 결국 분해되었다(1772/93/95). 홀란드에서는 신분 회의의 등장과 함께 국가가 성립했다(1579/81). 영국에서는 '종교 개혁 의회'(1529~1536)에서 시작하여 1629년부터 1640년까지 의회가 없던 시절을 거쳐 영국 혁명을 경험한 후 입헌 군주정(1669)과 의회 군주정(1689)이 확립되었다.

5 30년 전쟁(1618~1648)

아우구스부르크 종교 회의(1555) 이후 독일은 종교문제에 있어서 조용했으나, 1618년 시작된 30년 전쟁의 무대가 되었다. 이 전쟁은 처음 독일의 가톨릭과 프로테스탄트 사이의 대립과 황제의 권위에 대항한 제후들의 투쟁에서 시작했다. 전쟁이 전 독일로 확산되면서 유럽의 다른 열강들이 개입했다.

1) 체코의 패배

신성 로마 제국의 황제이고 동시에 보헤미아의 왕이었던 페르디난트 2세(Ferdinand Ⅱ, 1578~1637)는 가톨릭의 반 종교 개혁을 추진했고, 보헤미아가 이에 저항하면서 30년 전쟁이 발발했다. 독일 프로테스탄트의 지원을 받은 체코인들은 왕을 폐하고 칼뱅 주의자로서 복음 동맹의 우두머리였던 팔츠 선제후 프리드리히 5세(Friedrich V, 1596~1632)를 보헤미아의 왕으로 추대했다. 황제는 에스파냐 왕의 지원을 받아 보헤미아를 굴복시키는 데 성공했다. 보헤미아는 이 패배로 가톨릭을 수용했고, 1918년까지 자유를 상실했다.

2) 북독일과 덴마크의 패배

보헤미아와의 전쟁에서 승리했던 신성 로마 제국의 장군 발렌쉬타인(Albrecht von Wallenstein, 1583∼1634)은 계속 북상하여 북독일의 프로테스탄트들을 위협했다. 이에 대항하여 북독일의 프로테스탄트들은 덴마크의 크리스티안 4세(Christian Ⅳ, 1588∼1648)에게 도움을 청한 후 같이 합세(1625∼1629)하여 싸웠지만 결국 패배했다. 북독일의 프로테스탄트는 패배 후 1629년 뤼벡 조약을 맺고 가톨릭 교회에서 몰수했던 모든 재산을 반환했다.

3) 합스부르크가의 패배

덴마크의 패배로 황제파의 가톨릭이 세도를 누리고 있을 때 발틱 해의 패권을 노리고 있던 스웨덴의 구스타프 아돌프(Gustav Adolf, 1611∼1632)는 가톨릭 세력을 물리치고 프로테스탄트를 보호했다. 스웨덴 군은 루첸(Lutzen) 전투에서 승리했으나 아돌프가 1632년에 전사하고, 1634년에 발렌쉬타인이 암살되면서 전쟁은 막바지로 갔다. 1635년 프라하에서 일시적인 양자 간에 화해가 이루어졌다. 이 화의를 통해 황제권이 강화되었고, 프로테스탄트에게도 종교의 자유가 인정되었다. 그리고 1629년의 뤼벡 조약의 무효, 제국 법원에서의 신·구교의 동등한 권리보장, 1627년의 재산 상태를 향후 40년 동안 변함없이 유지할 것 등이 합의되었다.

그럼에도 불구하고 프랑스가 스웨덴과 합세하여 프로테스탄트 측에 가담(1635)하여 가톨릭에 대항함으로써 전쟁은 1648년까지 지속되었다. 프랑스는 합스부르크가의 우세를 염려하여 프로테스탄트 쪽에 가담하기로 결심하고 리쉴리외(Cardinal Richelieu)로 하여금 라인 강을 넘어 남부 독일로 쳐들어가게 했다. 스웨덴이 이에 호응하여 협공하면서 황제군은 고립되었고, 결국 합스부르크 황제가와 프랑스 부르봉 왕가의 싸움은 부르봉 왕가의 승리로 끝났다.

4) 베스트팔렌 조약

▲ 뮌스터 시청

1648년 30년 전쟁이 종결되고 독일 베스트팔렌 주의 뮌스터와 오스나브뤼크에서 평화 조약이 체결되었다. 오스나브뤼크에서는 황제 페르디난트 3세(Ferdinand Ⅲ, 1608~1657)와 스웨덴 사이에 회의가 열렸고, 뮌스터에서는 황제와 프랑스와의 회의가 개최되었다. 이 두 곳에서의 회의는 1648년 10월 24일 뮌스터 시청에서 조인되었다. 30년 전쟁은 교전국이 많아 여러 나라의 대표자가 참석했기 때문에 통상적으로 이것을 세계 최초의 국제 회의로 간주한다.

이 조약의 주요 내용은 프랑스는 알자스, 메츠, 투울 지역 등을, 스웨덴은 서 폼메른(Pommern), 엘베 강과 베저 강 사이의 땅을 각각 획득했다. 또한 독일 제국을 구성하고 있던 영방 국가의 완전한 주권과 독립이 인정됨으로써 이들에게 신구교의 문제는 단지 영주의 선택사항이 되었다. 그리고 아우구스부르크 화의에 따라 칼뱅교에도 루터교와 가톨릭교에 부여된 것과 동등한 권리를 줄 것, 스위스와 홀란드의 독립을 국제적으로 인정할 것, 교회의 재산은 1624년을 기준으로 현상 유지할 것 등의 사안이 채택되었다.

전쟁의 결과로 제후들에게 완전한 영방주권이 주어짐으로써 독일 제국은 단지 지리적인 의미 이상을 뜻하지 않았다. 전쟁의 무대가 독일이었기 때문에 독일의 농촌은 심하게 유린되었고 인구는 1,800만에서 700만으로 줄었다. 상공업은 거의 마비되었고 주요 항구들이 파괴됨으로써 경제적 손실은 이루 말할 수 없었다. 각 영방들에서는 소규모의 절대주의 체제가 성립했다고 볼 수 있으나 통일적인 국민국가로의 발전이나 시민정신의 발전 또한 더뎌졌다. 한편 전쟁의 피해가 그다지 심하지 않았던 동북부에서는 귀족이 직영지를 확대하고 자유농에 대한 부역을 강화하여 그들을 예속시켰다. 이러한 토지 지배 방식의 변화를 통해 마르크 브란덴부르크와 오스트리아가 새로운 세력으로 등장했다.

6 유럽의 재편성

1) 5국 체제

30년 전쟁 이후 독일은 국가적 권력이 제국 신분 회의로 넘어갔고, 폴란드는 1648년 흐멜니츠키(Chmielnicki) 봉기로 국가적 권력이 와해되었다가, 결국 1772~1795년 국가가 분리되었다. 이탈리아는 476년부터 권력의 공백상태가 지속되었다.

프랑스는 루이 14세(Louis XIV, 1638~1715) 때의 패권을 계속 장악하려 했고, 오스트리아, 영국, 러시아 3국도 전면에 등장했다. 오스트리아는 1683년 터키의 두 번째 비인(Wien) 공격을 막아낸 후 성장했고, 영국은 1713년 스페인 상속 전쟁이 끝나고 맺은 우트레히트(Utrecht) 평화 조약 후 도약했다. 그리고 1721년 러시아가 대 북방 전쟁을 끝내고 맺은 니스타드(Nystad) 평화 조약 후 약진했다.

이 외에도 가장 약하고 작은 국가였던 프로이센이 7년 전쟁이 끝나고 맺은 후베르투스성(Hubertusburg)의 평화 조약과 1772년 폴란드의 분리에 관여하면서 유럽의 강국으로 등장했다. 이렇게 해서 프랑스, 오스트리아, 영국, 러시아, 프로이센으로 구성된 유럽의 5국 체제가 형성되었다.

30년 전쟁을 끝으로 대규모 종교 전쟁은 더 이상 일어나지 않았다. 그 후 유럽 세계는 계몽과 세속화의 길로 빠르게 접어들었다. 영국은 1640~1660년의 혁명을 거쳐 1688~1689년 입헌 군주제, 1701년 의회 군주제를 수립했다. 그리고 튼튼한 재정에 힘입어 해상권을 장악하고 가장 많은 식민지를 건설했다. 로크는 그의 새로운 헌법을 이론적으로 체계화했고, 프랑스의 계몽주의자 볼테르와 몽테스키외는 영국의 새 헌법을 이상적으로 여기고 프랑스도 그렇게 되기를 바랐다. 계몽주의의 영향으로 프랑스도 혁명의 길로 들어섰다. 시민들이 귀족과 성직자들의 자리를 메워가면서 혁명적인 민족전선을 형성했다. 프랑스 혁명은 구체제를 무너뜨리고 국가, 행정, 군사에 대중의 참여를 바탕으로 근대화의 길을 열었다. 혁명에 성공한 프랑스는 영국의 뒤를 따라 해외로 팽창을 시도했다.

독일의 신성 로마 제국과 프로이센은 1806년 무너졌다. 그 후 독일은 어떤 정체를 유지해야 할 것인지에 대해 고민했다. 독일 국민은 프랑스 혁명을 본으로 삼아 구체제에 대한 투쟁을 지속하기를 원했다. 혼란한 정국 속에서 1848~1849년 유럽 혁명과 크림 전쟁(1853~1856)을 거치면서 독일은 민족 문제 해결의 실마리를 찾았다. 민족 문제에 대한 긍정적 태도는 오늘날까지 유럽의 역사발전을 이끄는 힘으로 작용하고 있다.

대략 1760년경부터 시작된 산업 혁명은 유럽의 경제적 조건을 혁신적으로 변화시켰고, 사회적, 정치적인 구조를 뒤흔들었다. 산업혁명을 성공적으로 이끈 영국은 그 후로 약 150년간 세계 시장과 바다를 장악했다. 대륙에서 산업화의 물결은 대규모 탄광 지역이 있는 곳에서 시작되었다. 그것은 먼저 벨기에, 북동프랑스를 거쳐 독일, 북이탈리아, 폴란드, 러시아, 그리고 대서양 건너 신생국인 미국으로 향했다. 산업화는 역으로 산업노동자를 양산했고 이로 인한 많은 사회적 문제를 낳았다.

산업화된 신생국가들은 혁명 시기에 내적인 위기를 경험했다. 그리고 이 위기를 극복하는 방법은 국가마다 달랐다. 영국과 독일은 사회주의자 법을 제정했고, 러시아를 제외한 입헌 국가들은 사회주의적 정당과 노동 조합을 허가했다. 인구가 가장 많은 국가에서 민족국가가 성립했다. 이탈리아는 부흥운동(Risorgimento) 결과 1859~1861년 민족국가를 수립했고, 독일은 1871년 독일 제국을 수립했다.

(1) 프랑스

프랑스는 1214년 부빈(Bouvines) 전투에서 승리한 후 외적으로는 계속 팽창했고, 내적으로는 중앙집권국가로 발전해갔다. 물론 백년 전쟁(1337/39~1453), 위그노 전쟁(1562~1598) 등 크고 작은 위기가 많았다. 특히 위그노 전쟁 중 1572년 8월 24일부터 10월까지 성 바르텔레미 축일(Saint-Barthélemy)에 로마 가톨릭 군대가 위그노 지도자 콜리니(Gaspard Ⅱ de Coligny, 1519~1572)를 포함한 약 1만여 명의 위그노를 학살했다. 이 학살 사건 후 위그노들의 수장으로서 당시 프랑스 내의 많은 종교 전쟁을 지휘했던 앙리 4세(Henry Ⅳ, 1598~1610)가 1598년 왕위에 오르면서 믿음의 자유를 부여하는 낭트 칙령(Edict of Nantes)을 반포하여 내전을 종식했다. 그러나 그 후 개신교 신도들을 도우면서 합스부르크 세력을 약화시키기 위한 대규모 원정계획을 위해 가던 중 파리 시가지에서 광신적인 로마 가톨릭 교도 프랑수아 라바이약(François Ravaillac)에게 암살당했다.

앙리 4세 암살 후 1614년에 1302년 필립 4세(Philippe Ⅳ, 1268~1314) 때 시작한 신분회(États généraux)가 마지막으로 열리고 1789년까지 약 175년간 열리지 않았다. 그리고 두 명의 추기경이 권력을 장악했다. 먼저 리슐리외(Richelieu, 1624~1642), 그리고 뒤를 이어 마자랭(Mazarin, 1643~1661)은 신분회, 귀족, 기사, 시민관료, 그리고 위그노 전쟁 후 1598년 낭트 칙령으로 종교의 자유를 향유하던 위그노 등의 정치참여를 막았다. 리슐리외는 1629년 라로쉘(La Rochelle)을 정복함으로써 위그노들의 자치권과 종교의 자유를 제한했다. 그의 이와 같은 행보는 절대왕정으로의 길을 열었다.

리슐리외는 유럽 국가들 사이의 패권 전쟁이었던 30년 전쟁(1618~1648)에 성공적으로 개입했다. 이 전쟁을 통해 1477년부터 부르군트의 상속 문제로 대립하고 있던 합스부르크 황제와 스페인의 세력을 약화시킬 수 있었다. 리슐리외는 비밀리에 지원하던 스웨덴 왕 아돌프(Gustav Adolf)가 1632년 전사한 후, 1635년 합스부르크 제국과 프라하에서 평화 조약을 맺고 스페인을 공격함으로써 이 전쟁에 직접 개입했다.

프랑스는 1648년 베스트팔렌 조약 후에도 계속 스페인을 공격해서 승리한 후 1659년 피레네 평화 조약을 맺었다. 그 후로 스페인은 1975년 프랑코 정권이 무너질 때까지 약 300년간 장기적인 위기에 처했다. 리슐리외는 당시 군사력을 대폭적으로 증강하여 병사의 수를 4만 명에서 20만 명으로 늘리고 군사재정을 확보했다.

1661년 마자랭이 죽은 후 루이 14세는 ‘짐이 국가다(L’État c’est moi!)’라는 기치를 걸고 태양왕으로 자처하면서 직접통치에 나섰다. 그는 1661~1684년까지 20여 년간 호화로운 베르사유(Versailles) 궁전을 새로 짓게 해서 1672년부터 그곳에서 기거했다. 그는 귀족 세력을 더 잘 다스리기 위해 귀족들도 베르사유에 기거하게 했다. 귀족들은 베르사유의 호화 생활에 젖어 부패와 무능한 나날을 보냈다. 귀족을 통제하기 위해 그들을 불러들였던 왕도 그들과 함께 향락 속으로 빠져들었다. 이는 장기적으로 귀족 세력을 약화하고 왕실의 기반마저도 잃게 했다.

루이 14세는 외교, 재정, 국방 등 3개의 주요 정책 부서를 두어 통치했다. 그의 통치 기간 농업, 상업, 해군, 건축토목 등의 업무에 뛰어난 재능을 가진 궁중대신은 콜베르(Jean-Baptiste Colbert, 1619~1683)였다. 콜베르는 수입을 통제하고 도로, 운하 등을 건설하여 수출을 장려하는 중상주의 정책을 추진했다. 수입은 군비증강으로 이어졌다. 많은 식민지를 건설하고 그곳으로부터 원료를 가지고 와서 가공하여 수출했다.

국가가 통제하는 중상주의 정책은 처음에는 유효하여 군비가 증강되고 동쪽으로는 오늘날의 국경에 이로도록까지 팽창했다. 1667~1668년 합스부르크 제국령으로 팽창한 이른바 '전승(傳承) 전쟁(War of Devolution)'이 시작되었다. 프랑스는 1672~1678년 홀란드를 상대로 전쟁을 했고, 1683년 터키가 빈(Wien)을 공격하자 프랑스는 이를 반겼다. 그러나 1688~1697년 팔츠(Pfalz) 상속 전쟁이 발생하면서 프랑스를 상대로 연합군이 만들어졌다. 홀란드는 전쟁 비용을 뒷받침했고, 합스부르크 황제는 육군을 지휘했고, 영국은 해군을 지휘했다.

뒤이어 일어난 스페인 상속 전쟁(1701~1713/14) 동안 프랑스는 유럽 전역에서 패배함으로써 유럽의 패권을 향한 제1보에 실패했다.

이 전쟁의 패배로 국가의 빚은 20배로 늘었지만 패권 전쟁을 계속했다. 그러나 1748년 아헨(Aachen) 평화 회의로 모든 정복지를 되돌려줌으로써 앙시엥 레짐(Ancien Régime)의 부담은 더욱 커졌다. 이르게 달성한 경제적 근대화로 유럽의 패권을 장악하려 했던 프랑스는 약 1760년 이래로 일어난 산업 혁명을 성공한 영국에 그 자리를 양보해야만 했다.

(2) 오스트리아

오스트리아는 976년 중세 제국의 동쪽 변경을 의미하는 이른바 오스트마르크(Ostmark)에서 출발했다. 오스트리아는 15세기 후반부터 계속되어 온 오스만 투르크의 공격을 받아오다가 1526년 8월에 시작된 도나우 강가의 모하치 전투(Battle of Mohács)에서 헝가리·체코슬로바키아·슬로베니아·크로아티아 연합군이 터키군에게 패하자 페르디난트 1세(Ferdinand I, 1558~1564)는 1527년 크로아티아의 왕위에 올랐다. 터키군은 1529년, 1683년 빈을 공략했지만 실패했다. 오스트리아는 터키군을 남동 유럽으로 몰아내고 마침내 유럽의 제2 패권국가가 되었다. 그러나 오스트리아의 지배지역은 다양한 민족이 살고 있었기 때문에 민족적인 분쟁을 유발할 수 있었다. 프랑스의 루이 14세(Louis XIV, 1638~1715)와 터키의 연합군은 오스트리아를 공략했지만 오스트리아는 라인강 서쪽을 굳게 지키는 데 성공했고, 스페인 상속 전쟁 후 1714년 오늘날 벨기에에 해당하는 네덜란드 지역을 차지했다.

황제 카를 6세(Karl Ⅵ, 1711~1740)는 1713년 제국법(Pragmatische Sanktion)을 통해 제국의 분열을 막기 위해 딸도 황제 자리를 상속할 수 있도록 했다. 1740년 그가 죽었을 때 그는 아들을 남기지 않아 1713년의 법에 따라 황제 자리는 그의 딸 마리아 테레지아(Maria Theresia)가 물려받았다. 많은 유럽 국가들은 이를 인정했지만, 바이에른, 프로이센, 프랑스는 이를 거부했다. 오스트리아는 상속 전쟁(1740~1748)에 휘말렸고, 영국의 도움을 받아 상속 문제를 해결할 수 있었지만, 프로이센에게 쉴레지엔(Schlesien)을 내주어야 했다. 상속 전쟁 후 오스트리아는 프로이센과 7년 전쟁(1756~1763)을 치르면서 두 개의 독일로 분리되었다. 이와 같은 이중구조는 프랑스 혁명 때 나폴레옹의 정복 전쟁(1792~1815) 동안 중지되었다가 1866년 독일 전쟁 때까지 계속되었다.

마리아 테레사는 그녀의 아들 요셉 2세(Josef Ⅱ, 1765~1790)와 함께 계몽군주의 기치 아래 다양한 제국령을 중앙 통치하려 했다. 그녀는 요셉 2세가 왕위 쟁탈전에 휩싸이지 않도록 하기 위해 어려서부터 정치에 대해서는 관심을 갖지 못하도록 했다. 그 결과 그는 계몽주의 사상, 특히 볼테르의 새로운 사상에 많은 관심을 쏟을 수 있었다. 그리고 개혁 정치로 모든 국민이 교육을 받을 수 있는 기틀과 예속민이나 유대인에게도 관용을 베푸는 유화 정책을 폈다. 다른 한 편으로 그는 이민족의 국가들을 통치했고, 그 국가들에 독일의 언어와 문화를 이식시켰다. 중세 신분 사회 전통을 단절시키고 자치권을 인정하지 않는 이와 같은 중앙 집권 정책에 헝가리와 네덜란드가 대항했다. 그의 개혁은 그의 죽음과 함께 더 이상 진행되지 않았지만 19세기 오스트리아의 근대화에 기여한 바가 적지 않았다. 그리고 제국 내의 비독일 국가들에게 민족의식을 갖도록 해 주었다.

(3) 영국

영국은 프랑스와 도버 해협을 두고 프랑스의 지배에 오랫동안 대항해 왔다. 1066년 노르만 정복 이후 오랫동안 중앙 집권적인 정부를 시도했다. 1529～1534년에 시작한 종교 개혁으로 영국은 내적으로 혁명적인 구조 변화를 경험했고, 외적으로는 스페인과 프랑스의 간섭을 배제했다. 1660년 첫 번째 영국 혁명이 마무리되면서야 비로소 내적인 평화를 가질 수 있었다. 헨리 8세(1509～1547)는 교회와 수도원령을 해산하여 많은 시골 귀족 이른바 젠트리(Gentry)와 도시, 특히 런던의 부유 상인들에게 팔았다. 찰스 1세(1625～1649)가 1633년 대주교 로드(Laud)를 장관으로 임명한 후 교회재산을 다시 회수하려 했을 때 영국 혁명(1640～1660)이 일어났다. 이 혁명은 청교도 혁명(Puritan Revolution)이라고도 불리며 영국 내전(English Civil Wars, 1642～1651)으로 발전했다. 크롬웰(Oliver Cromwell, 1599～1658)은 1642년 왕당파와 의회파 사이의 내전에서 혁명군을 지휘하여 왕당파를 물리치고 공화정(Commonwealth)을 수립했다. 1653년에 통치장전(Instrument of Government)을 제정하여 초대 호국경(Lord Protector)의 자리에 올라 1658년 병으로 죽을 때까지 전권을 행사했다.

크롬웰이 죽은 후 영국은 무정부 상태에 빠졌고 1660년 찰스 2세(Charles Ⅱ, 1660～1685)가 복직되면서 왕정이 복고(Restoration)되었다. 찰스 2세는 절대군주가 아닌 입헌군주였으나, 그의 뒤를 이은 야콥 2세(Jacob Ⅱ, 1685～1689)는 가톨릭이었으며 프랑스의 예를 따라 절대주의를 표방했다. 이에 반대하여 명예 혁명(Glorious Revolution)이 일어나 1689년 권리장전(Bill of Rights)이 선포되고 1701년 정착법(Act of Settlement)이 공포되었다. 영국은 이제 의회군주정 국가가 되었다. 국가의 주권이 더 이상 왕에게 있지 않고 의회에 있었다. 홀란드의 윌리엄 오렌지 공이 윌리엄 3세(William Ⅲ, 1689～1701)로 영국의 왕위에 오르면서 두 국가는 연합했다. 이를 통해 홀란드의 농업, 상업, 재정, 선박산업 기술이 영국으로 전해졌고 1760년 영국은 산업 혁명을 시작할 수 있었다.

당시 가장 부유한 국가였던 홀란드의 국가이념이 영국으로 전해졌고, 두 국가의 연합으로 프랑스 루이 14세의 공세를 효율적으로 막을 수 있었다. 스페인 상속 전쟁에서 두 국가는 식민지에 대한 주도권을 두고 프랑스에 대항해 싸웠다. 1713년 우트레히트(Utrecht) 평화 조약으로 영국은 지금까지 눌려 살았던 프랑스에 승리했고, 라틴 아메리카에 대한 스페인의 독점체제를 무너뜨렸다. 우트레히트 조약 후 영국은 세계 해상권을 장악했다. 이와 같은 영국의 강세는 약 100년 후 나폴레옹 전쟁에 승리한 후에 더욱 박차가 가해졌다. 입헌 국가, 의회주의, 산업 혁명을 시작한 종주국으로서 세계대전 때까지 역사상 가장 강력한 해상 국가, 가장 부유한 상업 국가, 가장 많은 식민지와 재정을 보유한 국가였다.

(4) 러시아

이베리아 반도에서 폴란드까지 로마 문화의 영향을 받았던 대륙의 저편에서 동방정교 문화를 이어갔던 러시아는 1713년 프랑스의 패권 정치가 무너지면서 유럽의 4번째 강국이 되었다. 1480년 모스크바가 타타르족의 지배에서 벗어나면서 러시아는 발틱해와 흑해 지역으로 영토를 확장해갔다. 1598년 루르키드 왕조의 지배가 끝나면서 1598～1613년까지 아주 혼란한 시대, 이른바 '스무타(Smuta)'를 거쳐 로마노프 왕조(Romanow, 1613～1917)가 들어섰다. 로마노프 왕조가 들어서면서 러시아는 안정적으로 발전했다. 특히 피요트르 대제(Pëtr Alekseevich, 1689～1725) 때에 러시아의 영토는 서쪽으로는 발틱 해와 폴란드 국경까지, 남쪽으로는 오스만 터키 국경까지 팽창했다. 그는 서구의 근대 기술을 바탕으로 군대를 조직하고 군함을 만들어 군사력을 증강했다. 러시아는 이와 같은 기술 개혁에는 성공했지만 전통적인 신분사회구조나 독재적 정치형태에 있어서는 변함이 없었다.

피요트르 대제는 스웨덴을 상대로 한 대 북방 전쟁(1700∼1721)에서 이스트랜드(Estlands)와 리브랜드(Livlands)를 점령함으로써 유럽을 향한 첫 발걸음을 디뎠다. 그는 1703년 발틱 해와 가까운 곳에 새로운 수도를 건설하여 성 페체르부르크(St. Petersburg)라고 칭했다. 그는 1709년 폴타바(Poltawa) 전투에서 스웨덴의 찰스 12세에 승리했고, 1716년부터 폴란드를 지배하기 위해 러시아 군대를 주둔시켰다. 1718년 스웨덴 왕이 전사하고 마침내 1721년 니스타드(Nystad) 평화 조약이 맺어졌다. 이 조약으로 러시아는 동유럽에 대한 지배권을 확보함으로써 폴란드 문제로 독일을 압박했다. 그러나 피요트르 대제가 죽은 후 계승문제로 수년 동안 분쟁에 휘말리다가 그의 둘째 딸 엘리자베타 여제(Czarina Elizaveta, 1741∼1761)가 즉위하면서 정치는 다시 안정되었다. 그녀는 1743년 스웨덴으로부터 핀란드 영토를 빼앗고, 7년 전쟁(1756∼1763)에서는 프랑스와 오스트리아 편에서 프로이센을 침공하여 여러 차례 승리했다. 그녀가 죽고 1762년 피요트르 3세가 즉위하여 친 프로이센 정책으로 선회했으나 반대파들에 의해 1764년 암살당했다.

에카테리나 여제(Ekaterina Alekseevich Ⅱ, 1764∼1792)는 피요트르 3세의 왕비였으나 그가 죽은 후 즉위했다. 그녀는 계몽적인 여왕으로서 새로운 정치개혁을 시도했으나 사회구조면에서는 완고하게 전통을 고수했다. 그녀는 팽창정책을 지속했으며, 특히 폴란드의 3분화(1772/93/95)에 적극적으로 개입하여 대세를 장악했다. 그리고 프랑스 혁명군의 팽창을 저지하는 데에도 큰 역할을 했다. 그녀의 대외팽창 정책은 오스만 터키와의 제3차 전쟁(1768∼1774)에서 승리함으로써 1774년 쿠츄크 카이나르지(Kutchuk－Kainardji) 평화 조약이 맺어졌다. 이 전쟁으로 폴란드는 1772년 제1차로 분할되는 아픔을 겪어야만 했다. 그리고 러시아는 이 조약을 계기로 이른바 '오리엔트 문제(Eastern question, 1774∼1923)'를 야기했으며, 이 문제는 곧 유럽 국가들의 관심사가 되었고, 1914년 사라예보 암살 사건과 최근 1992년의 유고슬라비아 전쟁에까지도 그 영향력이 미쳤다.

(5) 프로이센

5국 중 가장 약체로 등장한 프로이센은 브란덴부르크(Brandenburg)와 프로이센(Preußen)이 바탕이 되어 형성되었다. '프로이센'이라는 발트계 민족이 살고 있었던 곳이 독일의 동방정주운동으로 독일 식민지가 건설되어 1226년부터 독일 기사단령이 되었다. 1511년 독일 기사단령은 프로이센 공국으로 변하여 호엔촐레른가(Hohenzollern)가 지배했다. 1618년 지기스문트(Sigismund)는 서쪽의 클레베(Kleve), 마르크 브란덴부르크(Mark Brandenburg), 라벤스부르크(Ravensburg)와 동쪽의 프로이센 공국을 통합시켰다.

이와 같은 지리적인 구도는 브란덴부르크-프로이센의 국경선을 예고했다. 1640~1680년까지 대(大)선제 후 프리드리히 빌헬름은 친척이었던 네덜란드의 오라니엔(Oranien)가의 영향으로 중앙집권화 및 근대화를 추진했다. 그는 1660년 폴란드의 봉건적 지배로부터 독립했으며 1675년에는 페르벨린(Fehrbellin) 전투에서 스웨덴에 승리했다. 뿐만 아니라 프랑스 루이 14세의 정복 전쟁에 대항하여 방어할 수 있었으며, 1685년 낭트 칙령의 폐지로 종교의 자유를 찾아 몰려오는 약 2만 명의 위그노를 베를린과 동프로이센으로 받아들여 근대화에 박차를 가했다.

그의 손자 프리드리히 빌헬름 1세(Freidrich Wilhelm I, 1713~1740)는 프로이센을 스파르타를 모방한 군국주의 국가로 전환함으로써 '군인 왕'이란 칭호를 얻었다. 그는 병력을 3만 8천 명에서 8만 3천 명으로 증강해 새로운 군대를 조직했다. 이 군대를 바탕으로 그의 아들 프리드리히 2세(Friedrich Ⅱ, 1740~1786)는 프로이센을 유럽 5강국의 하나로 만들었다. 세 차례에 걸친 쉴레지엔 전쟁(1740~1742, 1744~1745, 1756~1763)을 통해 쉴레지엔을 정복했고, 폴란드의 분할에 관여했다. 그 결과 프로이센은 브란덴부르크, 동프로이센, 쉴레지엔으로 구성된 지역을 통치했고, 1772년 서프로이센, 1793년 포젠(Posen)을 병합했다. 7년 전쟁 말기에 프로이센은 베를린이 함락위기에 처하는 등 곤경에 빠졌으나 1762년 러시아와 평화 조약을 맺음으로써 위기에서 벗어날 수 있었다. 그 후 프로이센은 1764년 러시아와 동맹을 맺었고, 이 동맹으로 1807년 틸싯(Tilsit)

에서, 1812년 나폴레옹 1세와의 전쟁과 독일 독립 전쟁(1813～1815)에서 프랑스를 물리치고 해방될 수 있었다. 프로이센－러시아 동맹은 1871년 독일 제국이 성립할 때까지 동유럽의 실질적인 세력으로서 유럽 정치에 큰 역할을 했다.

2) 유럽의 후진 국가들

유럽의 5강국 체제 속에서 중요한 역할을 한 국가들로는 전통적인 권력의 공백 상태에 있었던 이탈리아, 독일과 새롭게 권력 공백 상태가 된 폴란드이다. 이 국가들은 5강국의 패권 싸움의 대상국가로서 강국 사이의 세력균형을 유지하는데 이바지했다.

(1) 이탈리아와 독일

이탈리아는 476년 서로마의 쇄락과 568년 랑고바르드족의 정복이래로 이민족의 침입을 지속적으로 받아왔다. 독일은 1198년 이래로 쉬타우프족(Staufen)과 벨프족(Welfen) 패권 계승을 놓고 경쟁하면서 국가적 통일성이 와해되어갔다. 이와 함께 동방식민지 지역에서 오스트리아(Österreich), 삭센(Sachsen), 브란덴부르크－프로이센(Brandenburg－Preußen) 등 새로운 3개의 국가가 형성되었다. 작센은 폴란드와 연합(1697～1763)함으로써 강국을 만들려했지만 폴란드의 이탈로 뜻을 이루지 못했다. 다른 두 국가는 독일 본토의 세력 공백 상태에 개입을 시도했다. 오스트리아는 1438년부터 신성 로마 제국 황제권의 상속과 함께 간접적으로 독일 내부 문제에 개입했으며, 1815년 이후 독일을 대표하는 국가적 권위를 가지고 적극적으로 개입했다. 군국주의적인 국가로 발전했던 프로이센은 1858～1861년 사이 잠시나마 자유주의적인 태도를 보이면서 이른바 '도덕적 정복'을 주장했다. 그들의 목적은 독일을 하나의 통일국가로 만드는 것이었다. 오스트리아와 프로이센이 유럽의 강국으로 등장했지만 두 국가는 1740～1866년 사이 서로 경쟁적으로 대립했다. 두 독일 국가의 불목은 독일을 유럽의 다른 강국들의 세력싸움의 장으로 만들었다. 결국 독일은 두 개의 강국을 지니고 있으면서도 세력 공백 상태에 있을 수밖에 없었고 이 상태는 독일 제국이 성립하는 1871년까지 지속되었다.

(2) 폴란드

유럽에 5강국 체제가 틀을 지어갈 때 폴란드는 기울어가고 있었다. 특히 1648~1654년까지 유대인 상인 크멜니츠키(Chmielnicki)가 이끄는 반란으로 인해 폴란드는 내외적인 위기를 겪고 1772, 1793, 1795년 3차에 걸쳐 3분화되었다. 프로이센은 폴란드의 분할에 갈수록 강한 영향력을 행사했다. 폴란드는 1386년 리투아니아(Lithuania)를 통합시켜 중세 후기의 유럽에서 가장 넓은 영토를 가지고 있었다.

폴란드는 원래 슬라브 민족이 세운 나라였지만, 그리스 정교 대신 로마 가톨릭으로 개종하면서 서유럽과 문화적으로 밀접한 관계를 맺었다. 피아스트 왕조(992~1138)가 외세로 무너지면서 1138~1320년까지 약 200년간 귀족들에 의한 분할 공국 시대가 지속되었다. 1320년 왕권을 회복하여 후기 피아스트 왕조(1320~1386)가 성립되었지만 얼마가지 않아 무너지고 1370~1386년까지 다시 귀족들이 득세했다.

1386년 리투아니아를 통합하면서 새로운 왕권이 들어서 야겔론(Jagellon) 왕조(1386~1572)를 창시하여 약 200년간 지배했다. 지기스문트 2세(Sigismund Ⅱ)가 1572년 죽으면서 야겔론 왕조도 끝이 나고 다시 귀족 공화국 시대(1572~1772)가 열렸다. 귀족들은 1573년 의회를 통해 왕을 선출(Rzeczpospolita)했고, 왕권을 제약함으로써 왕과 자주 충돌했다. 왕과 의회의 마찰은 국론을 분열시켰고 국력을 약화시켰다.

지기스문트 3세는 1612년 러시아의 '스무타'를 종식하고 모스크바 대공국을 차지하여 가톨릭 황제(Zar)로 즉위하려 했으나 실패했다. 그의 실패 후 폴란드는 급격하게 기울었다. 1648년 크멜니츠키의 지휘를 받던 돈강 유역의 코삭크족(Don-Kosak)의 반란이 일어나면서 위기는 극에 달했다. 러시아와 폴란드 사이의 2차 전쟁(1654~1667)이 끝나고 1667년 안드루소보(Andrussovo) 조약이 맺어지면서 폴란드는 키이프(Kiew)와 스몰렌스크(Smolensk)를 러시아에 잃었다.

내부의 분열은 이와 같은 위기를 더욱 가속시켰다. 폴란드는 정치적으로 불안정하고 귀족계급이 분열되어 중앙정부의 권력을 상실했다. 심한 파쟁으로 폴란드인 왕은 200년 동안 두 번밖에 선출되지 못했다. 더욱이 귀족은 의회(Sejm)에서 각자 거부권(Liberum Veto)을 행사할 수 있었다. 귀족은 개인자격으로 어떤 법안도 거부할 수 있었으므로 의회를 통한 합의도출은 불가능했다. 의회의 마비는 폴란드의 내정을 심각하게 훼손하고 국가 존립의 위기를 예고했다.

선출된 왕 소비에스키(Jan Sobieski, 1629~1696)는 1683년 터키를 상대로 오스트리아의 비인 해방 전쟁을 지휘하여 승리로 이끌었다. 그러나 이 전쟁의 승리로 오스트리아는 강국이 되었고 폴란드의 분할에 관여했다. 대 북방 전쟁(1700~1721)은 일종의 시민 전쟁이었고 폴란드를 전장으로 만들었다. 1716년부터 러시아군이 폴란드로 진주하였고 폴란드왕의 선출에 개입했다. 니스타드 조약으로 스웨덴과 폴란드는 피해를 입었고, 러시아는 이를 계기로 유럽의 열강에 편입했다. 폴란드의 왕위계승 전쟁(1734~1737)은 왕의 선출권을 놓고 유럽 열강들 사이에 쟁탈전이 벌어진 국제적 사건이었다. 프랑스－스페인은 폴란드에 대한 오스트리아의 힘을 저지하려고 했다. 그러나 오스트리아－러시아의 지원을 받은 아우구스투스 3세(Augustus Ⅲ)가 왕위를 계승했다.

폴란드는 프랑스－오스트리아－러시아의 동맹 세력과 프로이센 사이에서 벌어진 7년 전쟁(1756~1763) 동안 러시아의 주구 노릇을 했지만, 러시아는 폴란드를 합병하지 않았다.

프로이센은 7년 전쟁 후에 동프로이센과 브란덴부르크 사이의 이른바 '폴란드 회랑'을 차지하여 지리적으로 프로이센을 통합하려는 의도를 갖고 있었다. 열강들이 폴란드에서 각축전을 벌이고 있는 가운데 프로이센의 프리드리히 2세(Friedrich Ⅱ, 1712~1786)가 폴란드에 징세함으로써 폴란드의 경제는 무너지고 있었다.

프로이센은 1772년 러시아가 터키와 제3차 전쟁(1768~1774)을 하는 동안 폴란드를 분할 점령함으로써 러시아가 도나우 강 유역으로 팽창하는 것을 저지했다. 그 결과 러시아는 리투아니아와 백러시아, 오스트리아는 서쪽 갈리키아(Galicia), 프로이센은 에름란트(Ermland), 단치히(Danzig), 토른(Thorn)을 제외한 서프로이센을 차지함으로써 폴란드는 세 개로 분리되었다.

3분으로 폴란드는 민족적 각성을 촉구했다. 폴란드의 스타니슬라우스 포니아토프스키(Stanislaus Poniatowski, 1764～1795) 왕은 폴란드의 통일을 시도했다. 그는 러시아 여황제 카타리나 2세(Katharina Ⅱ, 1729～1796)가 러시아의 이익을 대변하기 위해 총독으로 임명했던 사람이었다. 그는 근대화와 민족적 각성을 촉구하면서 1791년 5월 3일 헌법을 제정하여 폴란드를 입헌군주국으로 만들었다. 이와 같은 폴란드의 시도는 프랑스 혁명의 영향을 받은 것이었다. 프랑스 혁명의 열기가 비스툴라(Vistula) 강을 넘어 오자 카타리나 2세는 1793년 폴란드를 재차 분할했다. 제2차 폴란드의 분할에는 러시아와 프로이센만이 가담했다. 폴란드는 이와 같은 분할 정책에 저항했다. 최초의 민족 저항 운동은 1794년 코시치우슈코(Thaddeus Kościuszko, 1746～1817)의 주도로 일어났다. 그의 저항 운동은 러시아와 프로이센의 연합군에 의해 섬멸되었다.

두 국가는 1795년 오스트리아와 함께 3차로 폴란드의 나머지 땅을 분할했다. 이 3차 분할과 함께 유럽에서 최초로 민족 문제가 대대적으로 시작되었다. 그리고 폴란드는 이로부터 약 120년쯤이 흐른 20세기 초에야 비로소 독립을 쟁취했다.

제8장 미국 독립과 프랑스 혁명

■ 주요 연표

1620 : 메이플라워
1763 : 파리 강화 조약
1770. 3. 5. : 보스턴 학살 사건
1774 : 1차 대륙회의, 루이 16세 즉위
1775 : 2차 대륙회의
1778 : 프랑스의 미국 독립 전쟁 지원
1783 : 파리 조약
1787 : 명사회 소집(고위성직자, 대귀족, 대법관, 지방과 도시의 대표)
1788. 8. 8. : 삼부회 소집(1789년 5월 5일) 선포, 넥커(Necker) 장관 임용
1789. 5. 5. : 삼부회 소집
1789. 6. 17. : 제3신분 국민의회 소집 선포
1789. 6. 20. : 실내체육관 선서
1789. 7. : 왕이 군대를 파리 주변으로 집결, 농민반란
1789. 7. 11. : 넥커 장관의 해임
1789. 7. 14. : 바스티유 감옥 함락
1789. 8. 4/5. : 봉건 제도와 특권 폐지
1789. 8. 26. : 인권선언문
1789. 10. 5/6. : 장터 여자들 베르사유 진격 ; 왕이 파리로 옴
1789. 11. 2. : 교회재산 국유화
1790. 7. 12. : 사제의 시민 헌법
1791. 6. 20. : 왕과 가족의 탈출시도 좌절

1791. 8. 27. : 필니츠(Pillnitz)의 선언－프로이센, 작센, 오스트리아가 루이 16세 지지
1791. 9. 14. : 왕의 맹세－입헌군주정
1791. 10. 1. : 입법의회
1792. 4. 20. : 오스트리아에 대한 프랑스의 선전포고
1792. 7. 25. : 브라운쉬바이크(Braunschweig) 공작의 왕 지원 선언
1792. 8. 10. : 튈러리(Tuilerie) 궁 습격－왕 체포, 국민공회(Convention Nationale)
1792. 9. 2~6. : 9월 학살
1792. 9. 20. : 국민공회 소집
1792. 9. 21. : 왕정폐지, 공화국 선포, 혁명력 사용(혁명 1년)
1793. 1. 21. : 루이 16세 처형
1793. 3. : 방데(Vendée) 지방의 왕당파 반란
1793. 4. 6. : 공안위원회(comité de salut public), 자코뱅의 공안정치
1793. 6. 2. : 지롱드의 무력화. 자코뱅의 독재
1793. 7. 27. : 로베스피에르(Robespierre)의 공포정치
1793. 8. 23. : 국민의 군대 총동원령(Levée en masse)
1793. 9. 17. : 반대파 처벌법
1793. 9. 29. : 생필품 가격과 임금의 상한제
1793. 10. 10. : 대량 학살, 기독교 거부 운동
1794 초 : 대 공포－에베르(J. R. Hébert), 당통(G. J. Danton)과 추종자 처형
1794. 6. 8. : '최고 존재' 축제
1794. 7. 27/28. : 로베스피에르와 추종자의 처형
1795. 9. 23. : 총통제 헌법
1795. 10. 5. : 나폴레옹의 왕당파 반란 진압
1795. 11. 3 : 총통제 정부 시작
1796. 4. 10. : 나폴레옹의 이탈리아 공격
1799. 11. 8/9. : 나폴레옹 쿠데타－총통부 제거하고 제1집정관이 됨
1801 : 프랑스와 교황의 협약
1804 : 나폴레옹 프랑스의 황제로 즉위, 민법 제정
1812 : 나폴레옹 러시아에서 패배
1813~1814 : 해방 전쟁과 나폴레옹 추방

1 미국의 등장

1620년 7월 메이플라워 배를 탄 청교도들은 종교의 자유를 얻기 위해 신대륙으로 향했다. 어렵고 오랜 항해 끝에 새로운 미래의 땅에 도착했다. 그러나 그들이 도착한 새로운 땅은 그들이 그리던 행복한 곳이 아니라 무서운 인디언들과의 목숨을 건 싸움, 추위와 굶주림과 온갖 질병이 기다리던 곳이었다. 도착 후 얼마 지나지 않아 50여 명이 목숨을 잃었다. 그러나 인디언들과 평화 협상을 맺고 농사를 짓기 시작하면서 새로운 희망을 열어갔다. 어려운 환경이었지만 종교적 자유를 누릴 수 있다는 것이 무엇보다 기쁜 일이었다.

동행했던 사람들 중에는 청교도뿐만 아니라 정치적인 수난을 피하기 위한 사람들, 새로운 땅에서 돈을 벌기 위해 온 사람들, 죄를 짓고 쫓겨 온 사람들도 있었다. 영국은 식민지 정부를 두어 아메리카에 13개의 식민지를 세우고 다스렸다. 이곳에 온 이주민들은 계급과 신분의 차이도 없고 인간으로서 누릴 수 있는 기본 권리도 가질 수 있어 신대륙이 유럽인들에게는 이상적인 나라로 여겨졌다. 많은 이주민들이 새로운 희망을 안고 계속 신대륙으로 들어왔다. 영국의 식민지 행정부는 약 170년 동안 신대륙 이주민을 다스렸다.

영국은 초반에 자유를 주는가 싶더니 점점 가혹한 수탈과 탄압을 가하며 식민지 정책을 강화했다. 영국의 비인도적이고 가혹한 식민지배는 미국의 반발을 일으켰다.

▲ 메이플라워 그림(William Halsall, 1882)

영국이 재정확보를 위해 쓴 과세정책은 비현실적이고 무리한 요구였다. 영국은 차, 포도주 등뿐만 아니라 생필품에도 세금을 부과했다. 식민지배하의 미국인들, 특히 페트릭 헨리(Patrick Henry)와 같은 선도적 인물들의 '자유'를 향한 외침과 절실한 노력, 그리고 많은 군인들의 희생이 '자유'의 나라 미국을 탄생시켰다.

1) 영국의 미국 식민지 건설

영국인 중에 넓은 토지를 소유하고 싶은 사람들과 억압받던 청교도인들이 미국으로 이주했다. 당시 인구밀도가 높던 영국 정부도 미국으로의 이주를 허락하고 지원했다. 영국은 1606~1682년 사이에 미국에 13개의 식민지를 건설하였으며, 총독부를 두었으나 의회를 통한 자치를 허락해 줄만큼 큰 자유를 주었다. 식민지 의회는 대토지를 소유한 상층계급이 주도했다. 이들 사이에 공동체 의식과 자치의식이 점차 싹터나갔다. 미국에 거주하는 영국인 사이에는 유럽에서와는 달리 빈부의 격차나 사회적 불평등이 크지 않았다. 이들은 미국 남부에서는 노예를 이용한 농업을 발전시켰고, 북부에서는 도시를 중심으로 상공업을 발전시켰다.

2) 7년 전쟁(1754~1763)과 파리 강화 조약

아메리카 신대륙의 식민지를 두고 1754년 영국과 프랑스는 전쟁을 시작했다. 7년간의 전쟁 후 1763년 프랑스의 패배로 끝이 났고 파리에서 강화조약이 체결되었다. 이 전쟁으로 프랑스는 미시시피 강 동쪽의 땅을 잃었다. 그리고 북아메리카에서 힘의 균형이 무너지고 영국의 패권 시대가 열렸다. 영국은 이 7년 전쟁으로 재정이 궁핍해졌고 식민지 통치를 강화했다. 먼저 재정을 보충하기 위해서 다음과 같은 정책을 통해 식민지 경제를 압박했다.

1764년	1765년	1767년
설탕법(The Sugar Act)을 공포하여 설탕, 포도주, 커피 등의 수입품에 과세.	인지법(The Stamp Act)을 공포하여 신문과 팸플릿, 상업어음, 법률문서 등에 인지세	타운센드법(Townshend Acts)을 공포하여 차, 종이, 유리, 납 등에 과세

3) 식민지 지식인들의 봉기와 미국의 독립

식민지 지식인들은 자연권 사상으로 무장하여 식민지 통치에 대항했다. 존 로크의 사상에 영향을 받은 사무엘 애덤스, 토마스 패인, 토마스 제퍼슨 등은 영국인에게 주어진 기본권을 주장했으며, "대표가 없는 곳에 과세도 없다(No Taxation without Representation" 고 주장하면서 식민지에 대한 영국의 과세정책을 비난했다. 1765년 뉴욕을 시작으로 영국 제품에 대한 불매운동이 시작되었다. 그뿐만 아니라 영국 왕의 종교탄압 정책에 대한 저항운동이 버지니아 주 법정에서 선언되었다.

(1) 1770년 3월 5일 : 보스턴 학살 사건

영국의 정책에 강렬한 반대가 일자 영국은 차 이외의 물건에 대한 과세를 폐지하였으나 반발이 그치지 않았다. 보스턴에는 많은 영국 군인과 관리들이 거주했다. 애덤스(Samuel Adams)를 중심으로 보스턴 시민들은 그들을 적군으로 간주했다. 그를 추종하던 보스턴 시민들이 영국 군인들에게 눈 뭉치를 던지자 참지 못한 영국 군인들이 발포, 5명이 죽었다. 이를 보스턴의 학살이라고 한다.

(2) 1773년 보스턴 차 향연(The Boston Tea Party)

1773년 영국의 의회는 영국의 동인도 회사가 신대륙에 차를 직접 수출할 수 있는 법안을 통과시켰다. 그러자 신대륙의 상인들은 차 시장을 뺏길 것을 두려워하여 스스로를 '자유의 아들(The sons of liberty)'이라 칭하며 저항했다. 이들은 차를 가득 싣고 정박 중이던 3척의 배를 되돌려 보낼 것을 요구했다. 그들의 요구가 지연되자 1773년 12월 16일 인디언으로 변장하여 정박된 배에 침입하여 실려 있던 342상자의

차를 보스턴 항에 내던져버렸다. 이 소식을 들은 군중들은 오늘 저녁 보스턴 항구가 '찻 주전자(teapot)'가 되었다고 외치며 '차 향연(tea party)'을 알렸다.

(3) 제1차 대륙회의(1774) : 권리선언을 공포하다

'차 향연'이 있은 후 1774년 영국 정부는 보스턴 항구를 봉쇄했다. 이와 같은 강압정책에 맞서 보스턴 시민들은 더욱 강하고 조직적으로 대항했다. 1773년에 조직한 연락 위원회(Committee of Correspondence)를 기반으로 1774년 9월 필라델피아에서 조지아를 제외한 모든 식민지 대표자들로 구성된 제1차 대륙회의(Continental Congress)를 열고 영국과의 모든 통상을 단절할 것과 전쟁준비태세를 알렸다. 그리고 생명, 자유, 재산에 대한 권리를 천명한 10개 항목으로 된 권리선언을 공포했다. 영국 국왕 조지는 이들의 요구를 거절하고 식민지 군대를 포위할 것을 명령했다. 1775년 초 식민지 의회가 어떻게 저항할 것인가를 결정을 하지 못하자 버지니아 주 대표 헨리(Patrick Henry)가 다음과 같이 동료들을 선동했다.

> 동지 여러분 자유, 자유를 외치십시오. 그러나 자유가 없습니다. 그렇기에 전쟁이 이미 시작된 것입니다. 나는 다른 동료들이 어떤 결정을 할지 모릅니다. 그러나 저에겐 자유가 아니면 죽음을 주십시오.

(4) 렉싱턴 전투(1775)

1775년 4월 18일 보스턴에서 20마일쯤 떨어진 콩코드(Concord)에 진을 치고 있던 700명의 영국군은 시민 의용군으로 구성된 식민지 군대를 공격하기 위해 렉싱턴(Lexington)으로 진격했다. 70명의 무장 시민군이 대항했지만 저지하지 못했다. 보스턴으로 진격한 영국군은 250명의 사상자를 내는 많은 피해를 입었다.

(5) 제2차 대륙 회의(1775년 5월)

렉싱턴 전투 후 1775년 5월 12일 식민지 대표자들은 제2차 대륙 회의를 개최하여 민병대를 정식 군대로 출범시키는 한편 조지 워싱턴(George Washington)을 식민지 총사령관으로 임명하였다. 워싱턴은 전쟁을 준비하였고, 대륙회의는 7월 5일 영국과의 평화 협정을 시도했다. 대륙 회의의 평화 제안은 영국 왕 조지에 의해 거절되었다.

(6) 1776년 7월 4일 독립선언문이 낭독되다

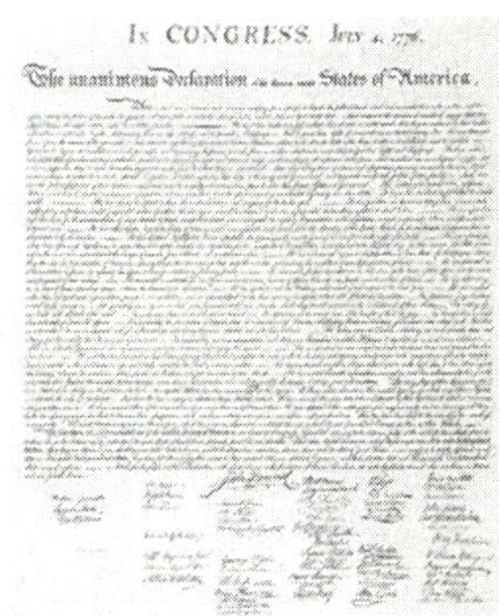

1776년 7월 4일 대륙 회의는 미국에 있는 식민지들이 자유롭고 독립된 국가들임을 선언했다.

이 독립선언문은 토마스 제퍼슨이 작성했으며, 인간이 평등하고, 인간의 생명, 자유 및 행복 추구권이 양도될 수 없는 천부권임을 밝히고 있다. 정부는 이와 같은 인간의 기본권을 지켜주어야 할 의무를 지니고 있음을 천명하고 있다.

(7) 독립 전쟁의 승리와 파리 조약

독립 전쟁 동안 독립군의 내부분열도 있었다. 독립군은 독립을 바라는 애국파와 영국을 지지하는 충성파로 갈리어 불리한 전투를 계속했다. 그러다 애국파가 1777년 사라토가 전투에서 6,000명으로 구성된 영국군의 항복을 받으면서 전세가 크게 역전되었다.

1778년 프랑스가, 1779년 스페인이, 1780년 네덜란드가 참전하여 독립군을 도왔다. 그 결과 1781년 요크타운에서 영국군이 패하고, 1783년 파리 조약에서 식민지의 독립을 인정했다.

이 조약으로 식민지는 북쪽은 오대호, 서쪽은 미시시피 강, 남쪽은 조지아 남부지역을 영토로 인정받았다.

2 프랑스 혁명

1) 이론적 논쟁

(1) 이론적 대립

프랑스 혁명의 원인에 대한 이론적 논의는 크게 마르크스주의자와 수정주의자의 견해로 구분할 수 있다. 먼저 마르크스주의자들은 제3신분의 정치적 역량이 혁명적으로 성장했던 점에 주목했다. 이들은 제3신분의 98%가 고리대금업자, 은행가, 변호사, 판사, 공증인, 의사 등 부르주아지(Bourgeoisie), 즉 상층시민이었으며, 토지소유를 통해 사회적 지위를 확보하려는 성향을 지니고 있었다고 보았다. 마르크스주의자들 중에는 이처럼 혁명의 원인을 시민세력의 번영의 결과로 보는 입장(Janries)도 있었지만, 이와는 달리 민중의 빈곤이 혁명을 일으킨 원동력으로 작용했다고 생각(Michlet)하는 무리도 있었다.

이와는 달리 수정주의자들은 혁명의 원인을 사회 구조적인 면에서 파악하려고 했다. 이들은 혁명의 원인을 중·장기적인 차원에서 살펴보아야 함을 강조했다. 인구, 경제, 사회, 기질(Mentalité) 등의 변화를 장기적으로 파악하고, 급속한 금융위기에 의한 중기적 정치구조의 변화를 살필 수 있어야 한다고 주장했다.

(2) 혁명의 원인

① 18세기 프랑스의 토지소유관계

18세기 프랑스 사회는 85% 정도가 농업 사회였다. 그렇기 때문에 자연재해가 시장 경기에 미치는 영향이 대단히 컸다. 이는 혁명이 일어나기 2년 전 홍수, 1년 전 가뭄이 있었다는 점을 감안하면 잘 이해할 수 있다. 농업 사회에서 가장 중요한 생산수단은 토지였다. 대부분 토지(45%)는 성직자와 귀족이 차지하고 있었다. 부재지주를 포함하여 인구의 약 1~2%인 귀족층(제1, 2신분)이 45%의 토지를 보유하고 있었다. 인구의 98%에 달하는 제3신분 중 상인(18%)의 토지 소유는 약 22%에 달했고, 농민(80%)의 토지소유는 겨우 33%에 불과했다. 당시 수공업과 산업의 역할은 아직 미미했다.

② 도시와 농촌의 대립

18세기 후반 농민들의 불만은 심화되었다. 곡물가의 상승에도 불구하고 자영농은 점점 몰락해갔다. 귀족층의 자본주의적 토지경영, 이른바 '농업자본주의', '지대자본주의'를 표방한 자본가들이 농촌에 투자함으로써 기업농이 발전했고, 중·소농은 몰락의 길로 들어섰다. 몰락한 농촌의 농민들을 수용할 마땅한 곳이 없었음에도 인구는 지속적으로 증가했다. 1720년 약 230만 명이었던 인구가 1740년 약 240만 명으로 20년 만에 약 100만 명이 늘었고, 1785년의 인구는 약 280만 명에 달했다.

이와 같은 빠른 인구증가에도 불구하고 농촌의 기업농화로 자영농이 몰락했다. 자영농의 몰락은 농촌에서 늘어나는 인구를 흡수할 수 없도록 했다. 도시 또한 수공업자 조합의 폐쇄적인 태도로 노동력을 흡수하지 못했다.

도시는 자치공동체로 발전하면서 내부의 계층분화를 겪었다. 도시의 상층부는 주로 대상인들로 제3신분의 최고계층이었다. 이들은 주교나 수도원장과 같은 부유한 제1신분과 대귀족 등과 연대하여 귀족화되는 경향을 띠었고, 도시의 중간층은 조합을 중심으로 아주 폐쇄적인 공동체였다. 도시의 하층민은 농촌의 농민들과 같은 이해관계와 사회적 환경을 가지고 있었다. 이로써 도시와 농촌의 대립은 계층 대립적인 특징을 지니고 있었다.

③ 재정 위기

프랑스 혁명의 직접적인 원인은 구체제에 대한 비판 그 자체에 있었던 것이 아니라 재정적인 위기에 있었다. 프랑스의 재정 위기는 벌써 루이 14세 때부터 많은 전쟁에 참여하면서 나타났다. 스페인 왕위계승 전쟁(1701~1714), 오스트리아 왕위계승 전쟁(1740~1748), 7년 전쟁(1756~1763), 미국 독립 전쟁(1775~1783) 등 유럽의 패권을 지키기 위한 전쟁으로 많은 재정적 위기는 가속되었다. 1763년부터 혁명 전야까지 정부 부채는 4억 리브르(1리브르는 2.5달러)로 약 배로 늘었고, 1788년 한 해의 이자는 국가 수입의 반에 해당하는 2,700만 리브르였다.

④ 재정 위기에 대한 대책

루이 14세부터 나타난 재정 위기는 왕의 반대로 어떤 개혁적 조치도 취할 수 없었다. 위기 극복 방안은 빚을 내거나 새로운 세금을 거두는 등의 상투적인 조치였다. 루이 16세(1774~1793)는 위기를 극복하기 위한 새로운 방안을 찾았다. 그는 튀르고(Turgo, 1727~1781)를 재무장관에 임용하여 문제를 해결하려 했다. 튀르고는 중농정책에 입각하여 수공업과 경제에 대한 국가적 개입이 프랑스의 경제를 억누르고 있다고 보았다. 그래서 그는 상공업의 제한을 철폐하고 자유방임 원칙에 따라 재정 개혁을 시도했다. 부당한 세금과 부역(corvée)을 없애고 정당한 세금제도를 정착하여 제1, 2신분에게도 과세하려 했지만 왕비와 귀족들의 반대로 1776년 파면당했다.

그의 뒤를 이어 넥케르(Jacques Necker, 1732~1804)가 재무장관에 임명되어 다시 개혁을 시도했다. 넥케르는 스위스의 금융가 출신으로 '재정현황보고서(Compte Rendu)'를 작성하여 국가 재정의 현실을 공개했다. 그리고 행정 간소화를 추진하여 관직을 400개 이상 줄이고, 그 대신 사적인 세금 징수관을 두어 세금 수입을 올리려 했다. 그러나 그의 개혁도 지방총독(Intendant)들의 반대에 부닥쳐 실패로 끝나고 말았다.

1781년 그는 해임되었고, 칼론(Charkes Alexandre de Calonne, 1734~1802)이 그의 뒤를 이었다. 칼론은 1787년 프랑스가 미국 독립 전쟁에 개입함으로써 국고가 바닥이 났을 때 소집된 명사회(Assemblée des notables)를 통해 일반적 과세를 실현하려 했다. 그러나 그의 의도는 귀족들의 반대로 좌절됐다. 그러자 명사회는 1788년 신분회(États Généraux)를 소집할 것을 요구했다. 1614년 이후로 다시 열리지 않았던 이 신분회에 국가의 운명을 맡기려 했다. 귀족층은 그들의 특권을 부활하고 왕권을 제약하려 했고, 시민층은 그들의 부에 상응하는 정치적 권리를 획득하려 했다. 그리고 농민층은 구제도의 질곡으로부터 해방되기를 원했다. 이와 같은 산적한 문제를 해결하기 위해 넥케르가 다시 등용되어 개혁을 시도했다. 귀족층은 개혁안을 좇아 과세부담을 지지 않으려 했고 그의 개혁은 다시 실패할 수밖에 없었다.

2) 혁명(1789～1792)

(1) 신분회 소집

1788년 8월 8일 루이 16세는 공개적인 요구에 따라 1789년 5월에 신분회를 소집할 것을 공표했다. 신분회는 1302년 창설되어 왕이나 귀족들이 부르주아 계급으로부터 재정지원을 얻기 위해 소집되곤 했다. 부르주아 계급은 이를 계기로 항시 자신들의 정치적 입지를 개선하려 애썼다. 신분회에서 각 신분은 300명의 의원과 한 개의 표결권을 가지고 있었다. 다시 등용된 넥케르는 제3신분의 의원 수를 배로 늘릴 것을 제안했다. 이렇게 의원의 수는 늘어났지만 표결방식은 그대로 있었다. 이에 샤르트르의 교구 감독 신부(vicarius generalis)였던 시에예스(Emmanuel Sieyès, 1748～1836)는 "제3신분이란 무엇인가"라는 글을 써서 신분회의 표결방식 결정에 영향을 미쳤다.

▲ 시에예스

신분마다 하나의 표결권을 가질 것인가 아니면 각 의원 개인별로 표결권을 가질 것인가에 대해 그는 다음과 같이 말했다.

> "제3신분의 첫 회의는 2,500만 명을 대변하고 있으며 국민의 이익을 논할 것이다. 합동하여 등원할 다른 두 신분은 대략 20만 명을 대표하고 있을 뿐이며, 그들은 단지 그들 자신만의 이익을 생각하고 있다. 제3신분 홀로 제국 신분회를 개최할 수 없음은 자명하다. 그러나 더 잘된 일이다! 이제 제3신분은 국민의회를 결성할 것이다."

표결방법에 대한 제3신분의 불만은 1787～1788년의 흉작과 함께 경제 위기를 더욱 가중시켰다. 1787년 홍수, 1788년 한해와 우박 피해로 인한 흉작은 기근으로 인한 폭동을 불러일으켰다. 곡물가격이 100~200% 가량 오르고, 1788년 파리의 실업자 수가 8만 명에 달했다. 4파운드 빵 가격이 1788년 7월 8수(Sous)이던 것이, 같은 해 11월 12수, 12월 14수로 급등했다. 당시 노동자의 일당은 대략 15~20수였으므로 단지 빵 값으로만 하루벌이의 약 80%를 지불해야 했다.

이와 같은 상황에서 1789년 1월 표결방식이 바뀌었다. 세금을 내는 25세 이상의 모든 남자에게, 제2신분의 경우는 여자에게도, 선거권이 주어졌다. 모든 선거권자는 '탄원서(Cahiers de doleances)'에 그들의 요구사항을 적을 수 있었는데, 무려 5만 명(대부분 법률가 내지는 정부관리)이 요구사항을 기록했다. 그들의 요구사항은 대부분 투표에 관한 것으로 다수결 원칙을 원하고 있었지만, 선출된 의원은 그들의 요구를 쉽게 묵살했다. 게다가 선거권이 없는 농촌과 도시의 무산층의 문제에 대한 어떤 대책도 이야기되지 않았다. 그래서 '탄원서'는 상황을 혁명으로 이끌어가는 데 기여했다.

(2) 의원 혁명

1789년 5월 5일 베르사유에서 신분회가 소집되었다. 성직자로 구성된 제1신분은 291명이 참석했으나 대부분이 낮은 성직계급에 속한 자들로 그들의 반은 제3신분에 동조하고 있었다. 제2신분은 270명이 참석했고, 그중 약 90명이 개혁적 성향을 갖고 있었다. 제3신분은 600명이 참석했다. 그중 반이 법률가였고, 100명 정도의 은행가 외에 상인, 산업가, 그리고 약 50명이 대지주였다. 농민, 수공업자, 임노동자는 신분회에 전혀 가담하지 않았다. 왕은 신분회가 개회된 이후 여전히 신분별 투표방식을 고수하여 신분별로 다른 장소에서 투표할 것을 요구했다. 그러자 시에예스(Sieyés)는 6월 17일 모든 의원들을 투표심의에 소집했다. 이 심의에 제3신분의 대부분과 제1, 2신분의 약간 명이 참석했다. 시에예스는 이 모임이 96%의 국민을 대표하고 있음을 천명하고, 투표를 실시했다. 그 결과 491 : 90으로 국민의회(Assemblée nationale) 소집이 결정되었다. 이는 의원들의 혁명적인 거사로 기존의 국가개념을 뒤흔들어 놓았다.

의원들은 루소가 제창한 '주권 재민론'에 입각한 '일반의지(volontré générale)'

의 실현을 주장했다. 시에예스는 국민의회만이 국민의 일반의지를 대변하는 기구임을 천명했다. 이틀 후 제1신분의 과반수가 국민의회에 동참했고, 80명의 귀족도 또한 이에 동참했다. 이에 위협을 느낀 왕의 동생 아르투아 백작 등 강경파가 국왕을 재촉하여 한밤중에 제3신분 회의장은 폐쇄되었다.

그러자 제3신분은 6월 20일 베르사유 인근의 실내체육관을 회의장소로 정했다. 그리고 새 프랑스 헌법을 제정할 때까지 해산하지 않을 것을 엄숙히 선언했다. 왕은 일주일 후 국민 의회를 인정하고 자신의 측근의원들도 참여할 것을 권유했다. 이렇게 신분회는 7월 9일 공식적으로 막을 내렸다. 30개의 위원회가 조성되어 헌법제정 작업을 추진했다. 왕은 국민의 일반의지에 따를 것을 인정했고, 혁명은 평화적으로 진행되었다.

(3) 시민 혁명

▲ 데물랭

왕, 보수적 귀족, 고위 성직자들이 순순히 혁명을 받아들인 것은 아니었다. 그들은 단지 위기를 모면하기 위한 조치를 취했을 뿐이었다. 왕은 6월 23일 군대를 동원하여 국민 제헌 의회를 해산할 계획을 세웠다가 6월 22일 철회했다. 그는 7월 11일 11,500명의 군사를 파리와 베르사유로 이동시켰다. 이들 중 1/3 이상이 독일과 스위스 출신 군인들이었다. 왕은 군대 이동의 이유를 파리에서 일어날 수 있는 소요를 막기 위한 것이라고 설명했지만 왕권을 강화하기 위한 수단으로 군대를 이동시켰던 것이다. 7월 11일 왕은 그의 고문들과 왕비 마리 앙트와네트(Marie Antoinette)의 청으로 넥케르를 해임시켰다. 넥케르의 해임 소식은 파리 시민을 반혁명에 대한 공포로 몰았다.

7월은 지속적으로 치솟는 빵 값으로 식량난이 정점에 달하고 있었다. 왕은 국민의회는 물론 거리의 군중을 더 이상 협상 상대로 인식하지 않았다. 그때 7월 12일 데물랭(Camille Desmoulins, 1760～1794)이 파리 시내에서 다음과 같이 외쳤다.

"나는 지금 베르사유에 있다 왔소. 네케르가 쫓겨났소. 이것은 애국자를 살해하는 바르톨레메오의 밤을 예고하는 것입니다. 오늘 저녁 왕의 독일인, 스위스인 군대가 우리를 살육하러 마스 광장(Champ de Mars)으로 진격해 올 것입니다. 우리가 살 수 있는 유일한 방법은 무기를 잡는 것입니다."

그의 외침은 많은 사람들의 공감을 샀고 마침내 국민군(Garde Nationale)의 전신인 시민군이 창설되었다. 그들은 탄약과 무기를 확보하기 위해 왕의 가구점을 약탈하여 도끼나 창과 같은 무기를 모았다. 시민군의 1차적 목표는 바스티유 감옥이었다. 바스티유 감옥은 루이 11세 때부터 있어온 8각형의 성으로 성벽의 두께가 무려 5m나 되는 국립 형무소였다. 수감자들은 어떤 법적인 절차도 없이 왕령 하나로 체포되어 구금되어왔다. 시민군은 7월 14일 바스티유 감옥으로 진격했고 대항하는 자는 가차 없이 죽였다. 98명의 형무소 수비대가 바스티유 함락과 함께 죽었다. 시민의 복수심은 불타고 있었고 형무소장 드 로네이(De Launay)는 군중들에 의해 비참하게 죽었다. 그러자 왕은 7월 17일 잘못을 인정하고 혁명의 상징인 3색(빨강 – 하양 – 파랑) 모표를 달고 파리로 향했다. 3색 중 빨강과 파랑은 파리를 상징하는 색깔이었고, 하얀색은 부르봉 왕조를 상징하는 색깔이었다. 왕은 프랑스인의 아버지로, 해방된 국민의 왕으로 받아들여졌지만, 왕의 권한은 제한되었다. 그리고 국민 제헌 의회는 다시 정당성을 찾았다. 귀족과 왕의 가족들은 피신 길에 올랐다.

(4) 농촌 혁명 : '대공포(La Grande Peur)'

7월 14일 후로 농촌은 공포의 도가니로 빠졌다. 신분회에 대한 기대, 극단으로 치닫는 혁명에 대한 공포가 함께 농촌으로 파고들었다. 농촌사람들은 국경지역에서 외부의 침입자들을 방어했다. 오스트리아 군대의 개입, 스페인 군대의 보르도(Bordeaux) 약탈, 영국 해군의 브레스트(Brest)와 생 말로(St. Malo) 침입에 대항하여 여러 곳에서 의용군이 조직되었다.

의용군의 조직의 탄생에 대해 궁중 역사가들은 오를레앙(Orléans)의 공작이 주도한 결과로 보았고, 르페브르(Lefebvre)는 상황에 따라 계기적으로 발생한 것으로 파악했다. 6월 24일 샹파뉴(Champagne)의 남부에서 도적떼들이 3,000병력을 지닌 군대를 창설했다. 이들은 후에 영주들의 권한을 무력화시켰고, 몇몇 지역에서는 영주궁을 파괴하고 보유지에 관한 문서를 내놓을 것을 요구했다. 그리고 무관한 사람들에 대한 대량학살을 감행했다. 혁명의 정점에서 테러와 폭력이 난무할 것이라는 것은 처음부터 예견되었다. 1789년부터 의심, 위협, 불법재판 등이 난무했다. 엘사스(Elsass)의 유대인들이 그 희생물이었다. 뿐만 아니라 모든 외국인들이 첩자로 의심을 받았다. 왕비가 오스트리아 출신인 것이 외국인을 증오하게 된 하나의 원인이었다. 그녀의 적들은 그녀가 국민 제헌 의회를 무너뜨리기 위해 농촌에 머물고 있다고 주장했다.

(5) 국민 의회(1789~1791)

바스티유 감옥의 함락은 국민 의회의 소집을 가속시켰다. 그리고 농촌의 혼란과 난동에 대한 보고가 8월 초 국민 의회에 전해졌다. 이에 8월 4~5일 밤 열린 국민 의회에서 봉건제와 봉건 특권이 폐지되었다. 모든 프랑스인은 이제 평등했다. 모두가 법이 정한대로 지위와 직업에 관계없이 같은 권리와 의무를 지녔다. 그리고 모든 사람이 똑같이 소유 재산에 대해 세금을 지불해야 했다. 이와 같은 평등한 권리로 모든 농민은 자유인이 되었지만 토지에 대한 예속성으로부터 쉽게 자유로워질 수는 없었다. 농민들은 지주에게 경제적으로 속박될 수밖에 없었다. 1793년 7월 제3차 혁명 의회에서야 비로소 보유재산에 대한 자유로운 소유권이 인정되었다.

제헌 의회 대표들은 8월 26일 새 헌법의 기본원칙을 제시했다. 새 헌법은 양도될 수 없는 인간의 기본권을 골자로 한 '인간과 시민의 권리 선언(Déclaration des droit de l'homme et du citoyen)'이었다. 계몽 시대의 자연권 사상과 인간의 이성에 입각한 이 선언은 근대 민주주의를 표방하고 있었으며, 루소의 '일반 의지론'과 몽테스키외의 '권력 분립론'을 반영하고 있었다. 그리고 재산권 보장에 관한 내용이 강조되고 있었지만, 평등에 관한 규정은 아직 구체성을 띠지 못하고 있었다. 경제적 평등, 여성 평등, 식민지의 노예해방 등의 문제는 거론되지 않고 있었다.

이와 같은 변화가 한편으로 지속되고 있었지만, 국민의회는 여전히 변하지 않고 있는 왕의 태도에 어떤 대책을 제시해야 했다. 9월 회의에서 왕에게 국민 의회 결정에 대한 거부권이 주어졌다. 왕은 거부권 행사를 통해 어떠한 것도 궁극적으로 막을 수는 없었다. 파리 시민은 여전히 식량난을 겪고 있었으며 실업자는 오히려 늘어났다. 빵 값은 조금 내려갔지만 구할 수 없었다. 이와 같은 상황에서 왕비가 "빵이 없으면 케이크를 먹어라"고 말했다는 소문이 퍼졌다. 이 소문으로 베르사유에 대한 증오가 커졌고, 어려운 상황에 대한 모든 책임이 궁중으로 돌려졌다.

10월 초 궁중은 새 군대 환영행사에서 무리한 향연을 베풀었다. 이에 시민들이 분노했다. 6천 명의 파리 장터의 아낙들이 막대기, 도끼, 창 등 구할 수 있는 무기를 들고 베르사유로 향했다. 이들의 폭력 시위에 왕은 굴복했다. 그는 지금까지의 모든 국민 의회의 결의 사항을 인준하고 그들을 파리로 돌아가도록 했다. 그러나 그들은 베르사유를 폐쇄했고, 왕을 파리시에 있는 튈러리(Tuileries) 궁에 감금했다. 국민 의회도 파리로 옮겨졌으며, 이에 따라 군중들의 압박이 더 심해졌다.

국민 의회 대표들은 재정 위기가 지속되는 가운데 헌법 제정 작업을 계속해야 했다. 그들은 재정 위기를 타개하기 위해 1789년 12월 19일 교회 재산을 국유화했다. 정부는 몰수 교회 재산을 담보로 약 4억 리브르(Livres)에 달하는 아시나(Assignats)를 발행했다.

아시나는 일종의 불태환 지폐(不兌換紙幣)로 처음에는 제한적으로 발행했으나 점차 널리 사용되었다. 그러나 팔려는 토지의 과잉 공급으로 아시나의 가치가 끝없이 하락했다.

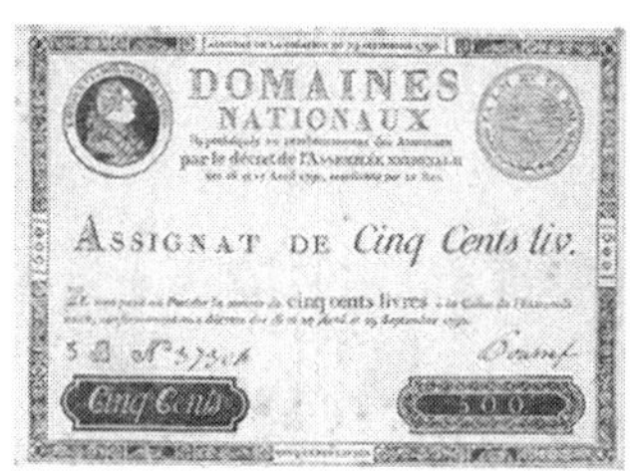

▲ 1790년 9월 29일 초기 아시나(500리브르)

이와 같은 인플레이션 유발 정책은 교회 토지 매입자들에게는 큰 이익이 되었고, 토지가 없는 사람들에게는 큰 손해가 되었다. 그리고 교회 재산의 국유화로 국가와 교회의 관계가 재정립되었다. 가톨릭교는 여전히 국교였고, 다른 교회들도 승인되었지만, 모든 교회 기관과 성직자는 국가법을 준수해야했다. 1790년 수도원과 교단이 해체되고, 학교가 국립이 되고, 결혼이 세속화되었다. 국가가 성직자들의 급여를 책임졌기 때문에 성직자들은 국가법을 준수해야만 했다. 교황청은 이와 같은 조치를 막으려 했다. 그 결과 국가법 준수 '서약을 한 성직자'와 '서약을 안 한 성직자'의 두 그룹으로 교회는 갈라졌다.

방데(Vendée), 브레타뉴(Bretagne), 엘사스(Elsaß)와 같은 지방에서 혁명정부의 교회 정책에 대한 반대 운동이 거세게 일어났다. 가톨릭 교도들은 힘없이 파리의 궁에 머물고 있는 왕실을 더욱 강하게 비판했다. 이와 같은 분위기 속에서 1791년 6월, 국민 의회에서 헌법이 제정되기 전, 왕 일행은 외국으로 도망쳤지만, 국경 근처 바렌느(Varenne)에서 체포되어 다시 파리로 연행되었다. 이제 국민의회는 왕정을 입헌군주제로 바꿀지 혹은 공화정 체제로 바꿀지를 선택해야했다. 그 당시 공화정을 요구하는 목소리가 점점 커가고 있었지만, 아직 소수의 의견에 지나지 않았다. 집행부는 왕의 도주를 납치 사건으로 공표하고 1791년 9월 3일 권력 분립에 입각한 입헌군주제 형태를 띤 새 헌법을 통과시켰다.

(6) 1791년의 헌법(입법 의회, Assemblée nationale législative)

실내체육관의 선서가 있고 약 2년 만에 새 헌법이 만들어졌다. 국민 의회가 1791년 채택한 헌법은 입헌 군주제 형태였다. 국가의 주요 기관으로 입법 의회와 사법부가 있었다. 입법 의회 의원과 사법부의 관료는 국민 선거를 통해 선출되었다. 입법 의회는 법률을 제안하고 통과시키는 유일한 기관이었으며, 선전포고와 조약 체결을 승인했다. 왕은 입법 의회의 법안을 거부할 수 있었지만 헌법과 세금에 관한 법에 관해서는 거부권 행사를 할 수 없었다. 국민 의회는 헌법 제정 이외에도 봉건제와 농노제를 폐지하고, 지방 행정 구역을 83개 도(Département)로 나누었다.

파 드 칼레(Pas de Calais)도의 아라(Arras)시(市) 대표였던 로베스피에르(Maximilien de Robespierre, 1758~1794)는 입법 의회가 시민의 정치적 역할

을 제한하여 평등을 훼손했다고 보았다. 시민은 먼저 '능동시민(citoyen actif)'과 '피동시민(citoyen passif)'으로 구분하여, 능동시민만이 투표권을 행사할 수 있었다. 능동시민은 25세 이상의 남자로 주민등록이 돼있어야 하고, 3일간의 임금에 해당하는 직접세를 지불할 수 있는 사람만이 될 수 있었다.

능동시민은 프랑스 인구의 20%에 해당하는 약 4백만 명이었으나, 그중 2%인 약 45만 명이 새 의회의 구성에 결정적인 역할을 했다. 능동시민은 10일간의 임금에 해당하는 직접세를 낼 수 있는 사람 중에서 5만 명의 선거인단을 선출했고, 선거인단은 입법 의회 의원을 선출했다. 요컨대 인구의 약 2%만이 입법 의회 의원을 선출하는 데 영향력을 행사했다. 결국 입법 의회 의원은 국민 의회 의원에 비해 귀족과 성직자 수는 줄었지만 법률가들이 대부분이었으므로 구성원의 사회계층이 크게 달라진 바가 없었다. 이와 같은 상황을 보고 데물랭(Desmoulins)은 진정한 능동시민은 바스티유를 함락시키고 전선에서 싸웠던 사람이어야 함을 주장했다.

국민 의회 의원이었던 사람은 입법 의회 의원이 될 수 없었다. 그래서 입법 의회 의원은 의정 활동의 경험이 전혀 없는 사람들로 구성되었다. 745명의 의원 중 과반수가 새 헌법을 따랐고, 입헌군주제를 선호했다. 자유주의 귀족을 중심으로 입헌군주제를 지지하여 혁명을 끝내려는 페이양(Feuillants) 클럽 회원은 약 260명이었고, 이들의 반대파인 자코뱅(Jacobins) 클럽 회원은 약 140명이었다. 자코뱅파는 의회의 높은 쪽에 자리하고 있어서 산악파(Montanards)로 불렸다. 약 350명의 의원은 중립적인 태도를 취하고 있었지만 대세는 입헌군주제를 지지하고 있었다.

(7) 정치적 사상의 형성

인권 선언에서 표현, 집회, 출판의 자유가 보장됨으로써 새로운 정치문화가 조성되었다. 파리에서 일어난 혁명적인 변화는 전 프랑스로 전해졌다. 애국주의의 물결이 일어났고, 자유주의적 사상은 신문과 잡지를 통해 대중 속으로 파고들었다. 1792년 파리에는 약 500여종의 신문이나 잡지가 있었다. 그중 많은 것들은 하루만 나오고 만 것들이었지만, 브리소(Brissot)가 발간한 "프랑스 애국자(La Patriote français)"처럼 입법 의회의 회의 결과를 전하는 성공적인 신문도 있었다. 그리고 마라(Marats)가 발간하는 "국민의 친구(L'ami du Peuple)"와 같은 급진적인 신문이 있는가 하면 가판대에서 파는 프레롱(Frérons)의 "국민의 대변자(L'Orateur du Peuple)"와 같은 일종의 삼류 잡지도 있었다.

모든 정치적 방향이나 주요 인물을 중심으로 정치 클럽들이 만들어졌다. 가장 잘 알려지고 정치적인 영향력도 컸던 단체는 모임 장소인 성 야곱(Jacob) 수도원의 이름을 따라 부른 쟈코뱅 클럽이었다. 그것은 1790년 8월 파리에서 가장 큰 클럽이었다. 미라보(Mirabeau)에서 로베스피에르에 이르기까지 많은 신분 의회 의원들이 활동을 했다. 당시 구성원들은 대부분이 법률가, 작가, 언론인, 자영업자와 같은 부유층이었다. 자코뱅 클럽은 1년 뒤 지방에 400여 개의 지회가 만들어질 정도로 성공적인 정당으로 성장했다.

우익 단체인 발로와(Valois) 클럽은 많은 귀족과 대상인들이 활동했다. 여기에 비해 피동시민, 여성, 임노동자 등을 대변하는 처음부터 급진적인 성향을 가지고 있던 코르들리에(Cordeliers) 클럽이 있었다. 이 클럽의 이름도 모임을 하던 코르들리에 수도원의 이름에서 유래했다. 소시민과 노동자층을 위한 사회적 정의나 민주적인 자치를 실현하기 위해 데물렝(Desmoulins), 마라(Marat, 1743～1793), 당통(Danton, 1759～1794)과 같은 급진적 인사들이 참여하고 있었다. 혁명은 피동시민에게 많은 희망을 안겨주었다. 그들은 1791년 6월 17일 마르스 광장에서 국민군(Nationalgarde)을 잔인하게 학살했다. 이 피비린내 난 대학살로 페이양 클럽이 쟈코뱅 클럽을 떠났다. 그 후 자코뱅 클럽은 로베스피에르를 중심으로 한 소시민층이 끌어가면서 급진적인 성향을 띤 코르들리에 클럽과 가까워졌다.

(8) 혁명과 대외 전쟁

입법 의회에서 페이양당은 중립적인 의원들을 끌어들이기 위해 노력했지만, 남프랑스 출신의 브리소(Brissot)와 이스나르(Isnard)를 중심으로 한 지롱드(Gironde)

파들의 대대적인 활동으로 실패했다. 로베스피에르가 고립되었던 반면 그들은 대외 전쟁에 관한 토의에서 큰 영향력을 행사했다. 지롱드파들은 지방에서 크게 지지를 받았지만 파리의 소시민들에게 큰 지지를 받지 못했다.

입법 의회는 1790년 정복 전쟁을 포기했지만, 1791년 6월 국왕 일가가 왕비 마리 앙투아네트의 모국인 오스트리아로 도주하다 국경에서 체포된 사건이 발생하면서 민심이 동요하고 왕실에 대한 반감이 커졌다.

그해 8월 25～27일까지 드레스덴(Dresden)의 필니츠(Pillnitz) 성에서는 신성 로마 제국의 황제 레오폴드 2세와 프로이센의 왕 프리드리히 빌헬름 2세가 군대를 동원하여 파리로 쳐들어 갈 것을 선언했다.

이에 지롱드파는 선전포고를 하고 그해 가을 전쟁을 시작했다. 이스나르는 프랑스인이 세계의 지도적인 민족이 되었음으로 이에 걸맞은 태도를 취할 것을 주장했다. 이와 같은 전쟁 선언에 반대하는 사람을 드물었다.

자코뱅파의 로베스피에르는 어느 누구도 '무장한 선교사들'을 사랑하지 않을 것이라고 했다. 입법 의회는 1791년 4월 20일 전쟁을 선포하고 조국이 위기에 있음을 알렸다.

전국 각지에서 의용군이 일어나 파리로 집결했다. 이때 마르세유의 의용군이 부른 '라인 강 수비대의 노래(Chant de Guerre de l'armee)'는 파리에서 '라 마르세예즈(La Marsillaise)'로 불리면서 오늘날 프랑스의 국가가 되었다. 그러나 프랑스 군대는 잘 정비되어 있지 않았고 여러 차례의 전투에서 패했다.

식량난이 극도로 심해졌고, 극심한 인플레이션으로 '아시냐'의 가치가 40%로 급락했다. 연합군의 총사령관이었던 브라운쉬바이크(Braunschweig)의 공작이 1792년 7월 25일 프랑스의 왕에게 해를 가하면 파리를 파괴할 것이라고 선언했다.

이에 파리 시민군과 의용군은 왕을 적으로 간주하여 튈레리 궁을 습격하여 왕을 폐위시키고 국왕 일가를 감옥에 가뒀다. 과격한 민중들의 요구에 따라 1792년 9월 국민공회(Convention Nationale)가 소집되어 왕정을 폐지하고 공화정을 수립했다.

프랑스의 제1공화국이 탄생한 것이다.

3) 혁명(1792~1794)

(1) 제1공화국(1792)

▲ 자코뱅 모자를 쓴 상퀼로트(왼쪽) 퀼로트(오른쪽)를 입은 민중

시민과 의용군으로 구성된 민중은 '상퀼로트(Sansculottes)'로 불렀다. 상퀼로트의 무장봉기는 왕권 폐지와 공화정 수립 등 정치적 변화에 큰 영향을 미쳤다. 그들은 귀족적 의상인 퀼로트(Culotte) 대신에 판탈롱(Pantalon)을 착용함으로써 자신들을 부르주아 계급과 구분했다. 그리고 모든 시민의 평등을 주장했고, '당신' 혹은 '귀족적 칭호' 대신 '너'라는 친칭을 사용했다. 그들의 요구는 다분히 경제적인 것이었다. 혁명 기간 동안 가난과 굶주림이 계속되었고, 그들은 생필품을 합리적인 가격으로 원활하게 공급할 것을 요구했다. 그들은 여기에 대한 책임을 국민 의회에 돌렸고, 문제 해결을 시도했다.

이와 같은 환경에서 국민 공회의 성격은 급진적으로 변해갔다. 온건한 공화주의를 표방하던 지롱드파 대신에 급진적 공화주의를 표방하는 자코뱅파가 국민 공회의 다수파가 되었다. 코르들리에파의 당통이 새 정부의 법무장관이 되었다. 그러나 1792년 초에 그는 재판 절차를 무시하고 혁명에 반대하여 감옥에 갇힌 1,500명의 사제, 페이양파, 귀족 등을 대량으로 학살했다. 방데나 브리타뉴 등지에서 일어난 왕정 복고 운동은 이와 같은 대량학살의 이유가 되었다.

1792년 9월 21일, 발미(Valmy) 전투에서 적군을 물리친 다음 날, 국민 공회가 소집되어 제1공화국이 선포되었다. 국민 공회의 의원은 보통선거로 선출되었지만, 단지 선거권자의 6%만이 참여를 했다. 그리고 같은 좌익에 속했던 지롱드파와 자코뱅파가 대립하기 시작했다. 국민 의회에서와는 달리 국민 공회 의원의 1/3이 입법 의회 의원 중에서 재선되었다. 의원의 사회적 계층은 지식층, 부유 시민층을 대변하는 법률가가 대부분이었고, 노동자 계층은 단지 2명뿐이었다. 개혁적인 지롱드당은 약 200석을 차지하면서 보수 정당으로 변했다. 자코뱅당은 약 120석을 차지했고 산악파들이 주도했다. 가까스로 과반수를 차지한 정당은 중립적인 입장을 취하고 있던 '플렌(Plaine)'당이었다. 주요 사안을 처리하기 위해 1793년 4월 6일 위원회들이 조직되었다. 그 중 대표적 위원회는 공안위원회(Comité de Salut public)였으며 집행권을 행사했다. 이외에도 안전위원회가 있어 치안을 담당했다.

공화국은 서기 달력 대신 1792년 9월 22일부터 공화국 원년이 시작하는 혁명력을 사용함으로써 새로운 시대의 시작을 알렸다. 국민 공회의 주요 임무는 새 공화정 헌법을 만들고, 대외 전쟁을 수행하는 일이었다. 그리고 대내적으로는 소요를 막는 일이었다. 방데에서는 왕과 교회를 지지하는 세력들이 혁명군 모집에 반대하는 역혁명을 일으켰다. 그러나 파리에서는 생활고를 개선하려는 민중의 소요가 일어났고, 왕과 가족의 처리 문제로 정치적인 대립이 있었다. 무엇보다도 중요한 과제는 감금된 루이 16세의 신변 처리 문제였다. 급진적 자코뱅파는 유죄판결과 함께 사형을 요구했으며, 온건한 지롱드파는 대외 전쟁의 위험을 염려하여 가능한 왕의 죽음을 피하려했다. 그러나 자코뱅당의 근소한 우세로 루이 16세의 유죄가 인정되고 사형이 확정되었다. 왕은 1793년 1월 21일 공개적으로 처형되었다. 그 후로 자코뱅의 공안 정치가 계속되었다.

(2) 자코뱅파의 공포 정치(1793)

1792년 가을까지 정부를 이끌던 지롱드파는 파리 상퀼로트의 압박을 점점 심하게 받았다. 왕의 신변 문제로 극도로 예민해진 정국에서 왕의 사형을 반대한 측 사람들이 고립되기 시작했다. 자코뱅파의 마라는 더욱 급진적인 태도를 보였으며 정세를 장악해갔다. 1793년 초의 전쟁, 지롱드파가 경제문제에 국가의 개입을 차단하면서 발생한 파리의 궁핍, 방데에서 일어난 왕당파의 반란 등으로 지롱드당의 입지는 무너져갔다. 자코뱅파는 파리 시민들의 입장을 수용하면서 1793년 6월 지롱드파의 대표 29명을 체포했다. 그리고 상퀼로트의 선거권을 보장하고 빵 가격을 3수(sous)로 고정시키는 등의 개혁을 시도했다. 국민 공회에서 이 개혁안이 6월 2일 거부되자 8만 파리의 소시민과 시민군들이 무장 결집하여 지롱드파의 숙청을 요구했다. 마침내 산악파가 의회를 장악하고 지롱드파는 지방으로 피신하여 반혁명을 준비했다.

산악파는 정권을 장악했지만, 한편으로는 자신들과 같은 출신성분으로 중도적 성향을 지닌 시민들을 진정시켜야 했고, 다른 한편으로는 상퀼로트의 요구를 들어주어야 하는 딜레마에 빠졌다. 국민 공회는 6월 24일 '주권재민론'에 입각한 새로운 공화국 헌법을 반포했다. 3권 분립 원칙이 거부되고 의회가 정부의 행정권을 통제했다. 민중의 정치참여권이 보장되었다. 노동과 교육에 관한 권리가 사회적 기본권으로 선포되었다. 그러나 공안 위원회의 결의로 작성된 이 헌법은 전쟁이 끝나면서야 비로소 효력을 발생했다.

사제였던 루(Jacques Roux, 1752～1794)는 1792년 말 정치적으로 급진적인 상퀼로트 단체인 앙라제(Enragés)를 만들었다. 앙라제는 1793년 6월 초부터 1794년 7월 말까지 활약을 했다. 루는 1793년 6월 25일 국민 공회에서 '앙라제의 선언'을 통해 국가가 경제에 개입하여 재산을 몰수하고 진정한 평등을 이룩할 것을 호소했다.

산악파도 본격적으로 혁명에 가담했다. 로베스피에르는 1793년 7월 말 공안 위원회에 가입했다. 그리고 9월 29일 '최고 가격제'를 선언하고 생필품 가격과 임금의 상한제를 실시하여 이를 지키지 않은 사람들을 체포했다. 거리의 소요가 강해질수록 새로운 개혁에 대한 요구도 거세졌다. 9월 5일 상퀼로트는 국민공회에 쳐들어와 공포정치를 시작할 것을 요구했다. 이들의 요구에 로베스피에르는 자유를 지키기 위해 일시적인 독재와 폭정이 필요하다고 답했다. 이와 같은 공포 정치의 필요성에 대해 많은 역사가들이 로베스피에르의 입장을 두둔하기도 한다. 그들은 당시 프랑스는 외부로부터 많은 위협을 받고 있었고 이에 맞설만한 군중을 동원할 수 있는 방법으로 공포 정치는 필요한 것으로 인식되었고, '총동원령(Levée en masse)'을 통해 프랑스가 군사적으로 경제적으로 구조될 수 있었던 점을 받아들이고 있다.

▲ 로베스피에르

1793년 가을 대 공포 정치가 시작되었다. 혁명 재판소에 끌려온 260명 중 66명이 사형선고를 받았다. 10월이 되면서 공포의 회오리가 불어 닥쳤다. 10월 16일 왕비와 오를레앙 공작이 처형되었다. 오를레앙 공작은 자코뱅파로서 사촌인 왕 루이 16세의 사형을 찬성했음에도 불구하고 처형되었다. 수감자의 수가 1793년 9월에서 12월까지 1,500명에서 4,500명으로 늘어났다. 1794년 여름까지 프랑스 전역에서 혁명을 통해 죽은 자가 35,000명이 넘었다. 파리에서 만 10% 정도가 죽었고, 전 사망자의 60% 정도는 수공업자, 노동자, 농민 등 하층민들이었다. 모두 자코뱅 독재에 희생당한 자들이었다.

▲ 에베르

1794년 봄 프랑스는 대내외적으로 안정을 찾았다. 자코뱅파는 과격파, 온건파, 보수파로 나뉘었다. 과격파 에베르(Jacques－Rene Hébert, 1757～1794)는 혁명을 극단으로 이끌어 공포 정치를 더욱 강화하여 기독교 문화를 말살시킬 계획을 하고 있었다. 로베스피에르는 당통과 데물렝을 중심으로 한 보수 자코뱅파에게 에베르를 막도록 했다. 중도파는 공포 정치를 끝내고 평화가 실현되기를 바랐고, 에베르파의 무신론에 반대했다. 에베르파는 3월 말 길로틴에 희생되었다. 그리고 2주 후 당통과 그의 추종자도 처형되었다. 로베스피에르는 구역 대표를 전장이나 단두대로 보내고 구역 자치권을 해체시켜 모든 구역의 통제권을 장악했다. 내부의 적이 모두 제거되고, 1794년 초여름 전쟁에 승리했을 때 공포 정치는 더 이상 정당성을 갖기 어려웠다. 1794년 7월 27일, 테르미도르 9일, 국민 공회는 로베스피에르를 체포하여 그 다음날 27명의 그의 추종자와 함께 재판 없이 처형했다.

(3) 프랑스 혁명과 여성

프랑스 혁명에서 여성의 역할이 작지 않았음에도 불구하고 국민 의회의 정치가들 중 여성권의 신장을 위해 노력한 사람은 아주 드물었다. 드문 사람 중 한 사람이 콩도르세(Marquis de Condorcet)였는데 그는 여성에게 시민권을 허용해야 한다고 주장하는 유일한 의원이었다. 여성이 자유를 상징하는 포스터로 많이 사용되어 자유에 대한 일반의 인식을 고취하는 데 큰 기여를 했지만, 정작 그에 상응하는 여성권의 신장은 없었다. 당시의 여성운동을 이끈 구제(Olympe de Gouges, 1748~1793)는 '여성과 여성 시민의 권리 선언'을 했다. 그리고 남자들은 구속의 고리를 끊어버리기 위해 여성의 도움이 필요 했지만, 자유를 얻은 후, 그들을 도왔던 여성을 차별하고 있음을 밝히고 여성권 신장의 정당성을 주장했다.

▲ 구제

1788년 그레노블(Grenoble) 지방의 여성 단체는 정치 참여권을 주장하면서 독재 정권 밑에서 살아야 한다면 출산을 거부할 것이라고 위협했다.

1789년 7월과 가을 파리에서 여성들의 활약은 대단했다. 상퀼로트, 수공업자, 소상인과 임노동자들로 구성된 6,000명의 여성들이 그해 10월 5일 베르사유로 진격했고 혁명의 중요한 전환점을 만들었다. 참여 여성들 중 하위 계층은 혁명의 목표로 생활고를 해결하기 위한 낮은 물가 정책에 관심이 있었지만, 상위 계층은 그들의 권리 신장에 관심이 있었다. 1790년부터 다양한 여성 클럽이 형성되어 더 나은 교육의 기회, 정치 참여권, 이혼법 개정, 바지 착용 허용 등을 주장했다.

1792년 4월 홀란드 출신 젊은 언론인 팔름(Etta Palm)은 선언문을 작성하여 민간과 군대에서 여성의 동등한 취업을 보장할 것을 요구했다. 구제 또한 여성의 법적인 평등과 참정권을 주장했다. 전쟁이 시작할 무렵 레온(Pauline Léon)은 국민 의회에 300명이 서명한 청원서와 함께 여성에게 무장을 허용할 것을 요구했다. 그러나 국민 의회는 전투적인 아마존의 여성보다는 전장으로 가는 남성들을 위해 뜨개질하는 여성을 더 바랐다.

공화국이 성립한 후로도 여성권에 변화는 없었다. 특히 로베스피에르를 위시한 자코뱅파도 여성이 집과 고향을 떠나는 것을 원치 않았다. 모든 여성 클럽의 활동이 1793년 가을 금지되었고, 극단적인 여성 운동가는 처형되었다. 구제는 그녀의 권리 선언문의 제10조(여성은 교수대와 함께 연단을 치울 권리를 가진다)를 수정해야만 했다.

4) 시민 공화국에서 제국으로(1795~1815)

(1) 나폴레옹의 등장

1793년 6월부터 약 50일 동안 무려 1천여 명이 혁명 재판소를 통해 단두대에서 목숨을 잃었다. 이와 같은 공포 정치를 행했던 로베스피에르도 결국 1794년 단두대에서 처형되었다. 1794년 로베스피에르의 죽음과 그의 공포 정치도 끝나고 혼란한 정국이 지속되었다. 이를 이용하여 1795년 가을 왕당파들이 일어났다. 이와 같은 상황에서 국민 공회의 입장을 준수하여 왕당파들을 물리치고 등장한 장군이 나폴레옹(Napoleon Bonaparte, 1769~1821)이다. 1795년 10월 양원제 입법부와 5명의 총재를 둔 총재정부(Dorectoire)가 수립되었다. 총재정부는 중도와 균형을 유지하면서 부르주아의 안정적 지배를 위해 노력했다.

총재정부가 수립된 후 나폴레옹은 1796년 5월 바뵈프(Gracchus Babeuf)와 같은 극단적인 평등주의자들의 내부소요를 진압하고 외국과의 전쟁을 승리로 이끌면서 영향력을 확대해갔다. 독일 남부에 있던 프랑스의 주력부대가 오스트리아 공격에 실패했을 때 나폴레옹은 북 이탈리아에서 성공을 거두고 오스트리아로 진격했다. 그는 오스트리아 황제와 1797년 10월 캄포 포르미오(Campo Formio) 조약을 맺음에 따라 라인강을 국경으로 정하여 벨기에를 프랑스에 귀속시켰다. 그리고 제노아와 밀라노에 '자매공화국'을 건설했다. 나폴레옹은 1798년 이집트에서 영국을 공격하여 육지에서 성공했으나, 프랑스 해군은 넬슨 제독에게 패배했다.

이를 계기로 영국은 오스트리아, 러시아, 나폴리, 포르투갈, 터키와 재차 동맹을 맺었다. 이 제2차 대불 동맹은 프랑스를 위협했고, 때마침 불경기가 지속되면서 1799년 프랑스 내정이 흔들리고 총재정부에 대한 불신이 커갔다. 이와 같은 대외적인 위기와 좌파의 압력에 시에예스는 1799년 부뤼메르(Brumaire) 18일(11월 9일)에 이집트에서 귀국한 나폴레옹으로 하여금 쿠데타를 일으키도록 했다. 나폴레옹은 보수파 정치인, 군인, 부유한 시민들과 결탁하여 쿠데타를 일으켜 정권을 장악했다.

(2) 제1제정(1804)

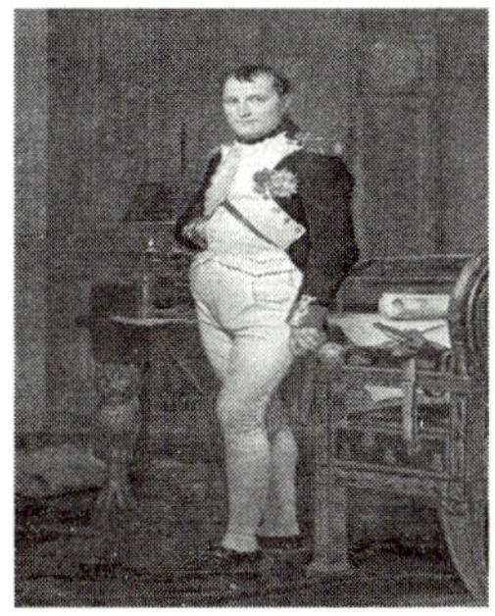

▲ 나폴레옹 황제

총재정부가 무너지고 나폴레옹을 비롯하여 뒤코와 시에예스 등 3명의 콘술(Consul) 정치가 성립되었다. 공화력 8년(1800)의 헌법으로 나폴레옹은 3명 중 10년 임기의 제1콘술이 되었다. 그리고 공화력 10년(1802)의 헌법으로 종신콘술, 다시 공화력 12년(1804)의 헌법으로는 황제가 되었다.

1800년 시에예스에 의해 주도된 헌법이 공포됨에 따라 나폴레옹은 제1콘술로서 혁명이 끝났음을 선포했다. 국민 의회가 입법 의회의 권한을 장악하면서 반대파가 형성되기도 했다. 제1콘술이 재판관, 관료, 장교에 대한 임명권을 행사함으로써 정치적 안정을 꾀할 수 있었다. 그러나 그것은 군사력에 의한 것이었고, 그것은 옛 자코뱅 출신의 나폴레옹이 대중적 군사 독재에 민주적인 성격을 부여한 것이었다.

대외적으로도 프랑스인들은 평화를 요구했다. 뤼네빌(1801)과 아미앵(1802)에서 오스트리아 및 영국과 차례로 맺은 화평은 나폴레옹의 국내에서의 입지를 강화했다. 뿐만 아니라 1801년의 정교 협약으로 가톨릭교를 프랑스인 대다수의 종교로 인정하여 교황과의 다툼을 끝냈다. 국가는 사제에게 봉급을 지급했고, 교회 재산을 국유화했다. 그리고 법전 편찬으로 법률을 통일했다. 그 가운데 「민법전 Code Civil」(1804)은 시민의 법적 평등과 재산권에 대해 재천명했다. 그리고 남편과 아버지의 권리가 강화되었으나 장자 상속권은 폐지되었다.

행정 구역은 여전히 도(道)로 유지되었지만, 파리에서 임명하는 도지사를 두어 중앙 집권을 강화했다. 교육은 주로 관료 교육을 목적으로 한 중등교육이 강화되고, 초등교육이 무시되었다. 1808년 제국대학이 창설되었다. 프랑스 경제는 1800년 2월 프랑스 은행이 설립되고, 1803년 제르미날 프랑화(貨)가 제정되자 통화가 안정되면서 활력을 찾았다. 나폴레옹은 혁명의 계승자가 되기를 원했지만 화려한 것을 좋아했다. 그의 궁정은 베르사유의 화려함과 제정 로마의 장려함을 합쳐놓은 것이었다.

(3) 나폴레옹의 몰락

나폴레옹은 전쟁의 영웅으로서 가는 곳마다 승리를 거두었다. 그는 아우스테릴리츠(1805), 예나(1806), 프리틀란트(1807), 바그람(1809) 등의 전투에서 프로이센을 무너뜨리고 중부유럽을 순식간에 정복하여 북이탈리아와 오스트리아에 대한 지배를 공고히 했다. 그리고 러시아를 제어하면서 스페인과 스웨덴을 굴복시켰다. 그가 격파한 것은 구체제의 군대였다.

영국은 강한 해군력을 바탕으로 1803년 5월부터 서인도 제도와 이탈리아, 스위스 등지에 대한 프랑스의 침입을 비난했다. 영국은 프랑스-스페인 연합함대를 상대로 넬슨 제독이 지휘한 트라팔가르 해전(1805년 10월)에서 승리함으로써 제해권을 장악했다. 프랑스는 해군력이 없었기 때문에 영국에 대해 취할 수 있는 최대 조치는 1806년 11월 21일 베를린 정복 후 발표한 대륙봉쇄령이었다. 이 봉쇄령은 1806년 9월 영국, 프로이센, 러시아 사이에 맺어진 제4차 대불 대동맹 체제를 와해시키고 영국의 대(對)유럽 접근로를 차단하여 영국경제에 타격을 주고 영국을 고립시키는 데 목적이 있었다.

나폴레옹은 프랑스를 130개의 도로 나누었고, 1806년 신성 로마 제국을 프랑스의 보호를 받는 라인 연방(1806)으로 만들었다. 대륙 국가들은 대부분 적어도 공식적으로는, 그의 동맹세력이었다.

정복한 많은 나라들의 시민 및 민중세력이 처음에는 나폴레옹을 환영했지만 시간이 흐르고 프랑스의 지배가 확대되자 저항하기 시작했다. 그 징후는 1808년 나폴레옹의 스페인 원정 때 나타났다. 영국과 포르투갈에 의해서 지원받는 스페인 민중세력은 게릴라 작전으로 프랑스군을 밀어냈다. 1812년 러시아 원정 때도 역시 러시아 민중은 차르의 군대를 도왔고, 혹독한 겨울 날씨를 못 이긴 나폴레옹 군대는 철수할 수밖에 없었다. 뒤이어 유럽 각국은 1813년 제5차 대불 동맹을 맺고 라이프치히 전투에서 프랑스를 패퇴시켰다. 동맹군은 후퇴하는 나폴레옹을 좇아 1814년 3월 파리를 함락시켰다. 그 해 4월 11일 나폴레옹은 퇴위되었고, 5월 4일 엘바섬으로 유배되었다. 루이 16세의 동생인 루이 18세가 왕위에 오르면서 부르봉 왕조가 복귀했다.

제9장
민족주의와 자유주의 운동 (1815~1870)

■ 주요 연표

1789 : 프랑스 혁명
1795 : 폴란드의 3분
1801 : 아일랜드 문제
1804 : 남슬라브족의 문제, 세르비아 터키에 항거
1806 : 독일 문제(신성 로마 제국 끝)
1807~1808 : 피히테 "독일 민족에게 고함"
1807~1812 : 프로이센의 개혁
1814~1815 : 빈 회의(1814년 11월 1일~1815년 6월 11일)
1815 : 이탈리아 문제(통일 미완성)
1817 : 바르트부르크(Wartburg) 축제(10월 18~19일)
1820 : 스페인 혁명
1821~1829 : 그리스의 자유 투쟁
1830 : 프랑스 7월 혁명(7월 27~29일), 독일과 이탈리아 1831년까지 혼란
1832 : 함박흐(Hambach) 축제(5월 27~30일)
1834 : 독일 관세동맹(1월 1일)
1840 : 라인 위기
1847 : 오펜부르크(Offenburg) 강령(9월 12일), 하펜하임(Happenheim) 강령(10월 10일)
1848 : 파리 2월 혁명(2월 22~24일), 독일 3월 혁명 시작(2월 27일), 독일 프랑크

푸르트 국민 의회(5월 18일), 프로이센 입법 의회(5월 22일, 베를린), 말뫼(Malmö) 휴전(8월 26일)
1849 : 프리드리히 빌헬름 4세 황제위 거절(4월 3일)
1850 : 올뮈츠(Olmütz) 조약(11월 29일)
1858 : 새로운 시대(10월 26일)
1859 : 이탈리아 Risorgimento의 승리
1860 : 프로이센 군대의 충돌시작(2월 10일)
1862 : 비스마르크 재상 임명(9월 24일)
1863 : 폴란드 1월 운동(1864년까지)
1864 : 독일 덴마크 전쟁
1866 : 독일 전쟁(7월 3일, 쾨니히그레츠(Königgrätz) 전투
1867 : 북독일 연맹, 오스트리아-헝가리 이중왕국
1870 : 독일-프랑스 전쟁(7월 19일~1871년 5월 10일)
1871 : 베르사유 황제대관식(1월 18일)

1 빈 회의

승리한 유럽의 각국 대표들은 유럽을 재편하기 위해서 1814년 가을부터 1815년 여름까지 오스트리아의 빈에서 모였다. 오스트리아의 정치가이자 재상인 메테르니히(Metternich)가 이 회의를 이끌어갔고, 영국의 캐슬레이(Castlereagh, 1769~

1822), 프랑스의 외상 탈레랑(Charles Maurice de Talleyrand, 1754~1838) 등이 함께 했으며 러시아 황제 알렉산드르 1세도 몸소 참여했다. 이들은 프랑스 혁명과 나폴레옹 전쟁으로 어수선해진 유럽의 질서를 되찾고 프랑스 혁명의 정신을 없애려고 했다. 그러나 나폴레옹이 1815년 3월 엘바섬을 탈출하여 권력에 복귀함으로써 이 회의는 잠시 중단되었다. 영국과 프로이센 군대에 맞선 워털루 전투(1815년 6월 18일)에서 웰링턴이 지휘하는 연합군에 패하면서 그의 시도는 백일천하로 끝났다.

1815년 6월 22일 빈 회의는 민족주의적이고 자유주의적인 혁명을 거부하고 옛 5국 체제의 부활을 꿈꾸었다. 그러나 구체제 하의 모든 군주들이 그들의 옛 권리를 되찾은 것은 아니었다. 국왕과 귀족들만의 이익을 앞세운 39개의 독일 영방이 독일 연방으로 재조직되었다. 이와 같은 빈 회의의 왕정 복고 운동은 1820년 스페인의 반발을 샀다. 스페인 국왕은 국민들의 뜻을 받아들여 자유주의 헌법을 수용하려 했지만 빈 체제의 반발로 1823년 무산되었다. 같은 해 미국 대통령 먼로도 미국이 유럽 여러 나라의 간섭을 받지 않는다고 선언했다. 이와 같은 먼로주의는 미국을 식민지로 만들려는 시도를 경고하고 미국도 유럽에 대해 간섭하지 않겠다는 것이었다.

1825년 러시아에서도 자유주의를 위한 비밀 조직이 형성되었으나 그 뜻을 이루지 못했다. 빈 체제는 1829년 그리스가 영국과 러시아의 도움으로 터키로부터 독립하면서 민족주의적 물결에 밀려 무너졌다.

2 독일의 민족주의

1) 반동과 낭만주의

프랑스 혁명이 시작했을 때 독일은 중앙집권적 국가를 이루지 못하고 영방 형태로 남아있었다. 그러나 경제적이고 문화적인 이유에서 대독일적 국가가 형성되기를 원하는 움직임이 날로 가시화되었다. 나폴레옹의 침략에 따른 신성 로마 제국의 해체(1806)는 독일인들의 민족 의식을 자극했다. 나폴레옹 지배로부터 독립투쟁(1813~1815)이 벌어졌으나, 이것은 대중적 운동으로 진행되지 않고 지식인 계층에 국한된 것이었다. 먼저 헤르더(Johann Gottfried Herder, 1744~1803)는 민요, 영웅시, 신화, 법, 교회 등의 독일인의 전통 속에서 '민족 정신'을 찾아냄으로써 민족 의식을 일깨웠다. 그러나 독일의 민족 운동은 피히테(Johann Gottlieb Fichte, 1762~1814), 아른트(Ernst Moritz Arndt, 1769~1860), 얀(Friedrich Ludwig Jahn, 1778~1852)과 함께 본격적으로 전개되었다.

▲ 에어랑엔 부르셴샤프트

1807~1808년 피히테는 '독일 국민에게 고함'이라는 잘 알려진 연설에서 나폴레옹의 정복과 프로이센의 굴복이 독일 민족 통일의 기회로 작용할 것으로 보았다. 그의 이와 같은 사상을 보다 조직적으로 발전시킨 사람은 아른트이다. 그는 피히테가 프로이센의 엘리트층에 지지기반을 두고 있었던 점을 보완하여 민족 운동을 대중 운동으로 발전시켰다. 얀은 인문계 고등학교 교사로 일하다가 나폴레옹의 침략을 경험했고 1808년 「독일 민족(Deutsches Volkstum)」이라는 글을 통해 스위스, 홀란드, 덴마크도 포함하는 대독일 통일의 필요성을 역설했다. 또한, 1811년 '체조 단체'와 학생 공동체인 '부르셴샤프트(Burschenschaft)'를 조직하여 독일 청소년 민족 운동을 전개했다. 이 과정에서 1815년 6월 12일 학생과 교수로 형성된 독일 부르셴샤프트가 예나(Jena)에서 탄생하여 독일 전역으로 퍼졌다.

부르셴사프트 회원들은 독일 전통적인 색깔인 검정, 빨강, 황금색으로 옷을 해 입고 다녔다. 검정-빨강-황금 삼색은 후에 독일 민족 운동의 상징 색깔이 되었다. 민족 의식은 근대 교육과 대중 매체의 발달로 대중 속으로 퍼져갔다.

프로이센의 개혁 운동(1807~1812)은 나폴레옹과 프랑스 혁명의 팽창을 막아내는 과정에서 봉건적인 신분 사회 구조를 해체했다. 슈타인(Karl vom Stein, 1757~1831) 남작과 하르덴베르크(Karl August von Hardenberg, 1750~1822) 후작의 주도로 진행된 이 개혁 운동은 자주의식으로 무장된 시민들의 이상을 실현해 갔다. 계획했던 '군주적-시민적인 헌법'을 기초로 한 국가는 나폴레옹에게 승리한 후 개혁에 반대하는 프로이센 귀족들의 반대로 성립되지 않았다.

그러나 자유주의적 이상은 독일 전역으로 펴져갔다. 예나의 학생들은 1817년 10월 18일 루터 종교 개혁 300주년과 1813년의 라이프치히 전투를 기념하기 위해 다른 지역의 학생들을 바르트부르크(Wartburg)로 초청했다. 독일 전역의 11개 대학교에서 약 500명의 학생이 모였다. 당시 독일 대학의 총 학생 수가 약 8,500명인 것을 감안할 때 적은 수가 아니었다. 이들은 자발적으로 이 축제에 참가했으며 억압의 상징인 프로이센과 오스트리아의 군사적 유물들과 나폴레옹 법전, 유대인의 저서 등 싫어하는 책들을 불태웠다. 부르셴샤프트들은 독일의 민족 운동을 이끌어갔다. 수적으로 크게 위협적인 상황은 아니었지만 정부는 감독을 소홀히 하지 않았다. 예나 학생 운동을 반대했던 드라마 작가 코체뷰(August von Kotzebue, 1761~1819)는 예나 대학 신학과 학생에 의해 암살당했다. 암살 후 바로 1819년 맺어진 칼스바드(Karlsbad) 협약은 학생 운동과 자유주의 운동을 탄압했다.

이와 같은 국가의 탄압에도 불구하고 중세 시대에 대한 낭만적이고 관념적인 사고가 사랑을 받았다. 중세 시대의 삶에 대한 민족적인 관심과 연구는 국가의 탄압을 받지 않았다. 슈타인(Freiherr von Stein)은 게르만족에 관한 자료(Monumenta Germaniae Historica)를 모으기 시작했다. 과거를 통해 독일의 위대함을 다시 인식하고 당면한 문제에 대한 해결책을 모색했다. 라인 강과 성들에 대한 낭만적 사고가 널리 펴졌고, 과거의 건축 양식이 부활하고 독일어가 체계적으로 연구되었다. 낭만주의는 국가 정책에도 영향을 미쳤다. 혁명적인 변화보다는 유기적인 발전을 선호했고 국가와 사회를 위한 계몽 사상이 비판받았다.

2) 산업화의 영향

1815년 이후 독일은 서서히 산업화의 길로 들어섬과 동시에 인구가 1816년 2,900만에서 1864년 4,600만으로 크게 늘었다. 산업화로 생산이 증가하고 도로,

철도(1835년부터), 운하가 건설되면서 경제가 성장하고 교통이 발달했다. 이와 같은 경제성장과 교통 발달은 독일인이 함께 성장해야 한다는 인식을 높여주었다.

그뿐만 아니라 초등, 중등, 고등 교육의 발달은 영방을 초월한 독일인의 동질성을 깨닫게 하는데 크게 기여했다.

1870년까지 성공적으로 이룩된 산업 혁명은 국가의 사회적, 정치적인 환경을 바꾸어 놓았고, 부르주아와 노동계급 간의 갈등을 야기했다. 1870년 이후 독일은 이와 같은 문제들을 어떻게 풀어갈 것인지에 관심을 쏟았다.

프로이센은 1818년부터 관세 동맹을 추진했다. 1834년 1월 1일부터는 오스트리아를 제외한 이른바 훗날 '소독일'에 해당하는 전 지역이 공동 관세 구역과 공동 시장이 되었다. 한자 도시 함부르크, 브레멘, 뤼벡은 1888년에서야 관세 동맹에 동참했지만, 하노버, 브라운쉬바익, 올덴부르크, 메클렌부르크, 바덴 등은 이미 1867년에 가입했었다.

산업화는 수공업자에게 개인적으로 독립할 수 있는 계기를 마련해 주었다. 그러나 임금하락은 수공업자들을 가난으로 몰아갔다. 그리고 농촌의 하층 농민의 수는 많이 늘었지만 그들의 일자리는 늘지 않았다. 게다가 산업화가 시작되고 영국에서 들여온 수입품이 늘면서 가내수공업자들은 더 많은 시간을 일해도 경쟁에서 이길 수 없었다.

1844년 쉴레지엔 직공들이 반란을 일으킨 것은 이와 같은 시대 상황을 잘 반영하고 있다.

1850년까지 전 국민의 3분의 2 정도가 최저생활을 했으며, 흉년이 오면 이들 중 많은 가정이 빈곤에 허덕였다. 이에 따라 사회보장에 대한 정치적 관심이 고조되었고 프랑크푸르트 의회는 갈수록 심해지는 사회적 불균형에 대처할 방안을 강구해야 했다.

많은 사람들은 이와 같은 경제적 어려움을 참지 못하고 기회의 땅인 미국으로 이민을 떠났다. 미국 이민자 수는 1836년 2만 명이던 것이 1845년에 10만 명으로 9년 만에 5배가 되었다.

3) 유대인 문제

독일에서 시민 사회의 도래와 함께 나타난 현상 중 중요한 것 중 하나가 유대인 문제이다. 계몽적인 분위기에서 폰 도옴(Christian von Dohm, 1751~1820)은 1781년 「유대인의 시민생활 향상에 대해」를 저술했다. 유대인 사상가들은 유대인 학교(프랑크푸르트의 필란트로핀(Philantrophin))를 짓는 등 독일의 계몽운동에 동참했다. 그들은 독일의 계몽주의자 레싱(Gotthold Ephraim Lessing, 1729~1781)과 함께 독일의 사상의 발전을 물론 학문과 예술의 발전에 크게 기여했다. 이렇게 해서 유대인은 중세 신분 사회의 질곡으로부터 벗어나 개인적인 존재로 활동을 시작했다. 이와 같은 이들의 행보는 기독교인은 물론 보수적인 유대인들의 지탄을 받았다.

1791년 프랑스가 유대인들에게 법적인 평등권을 인정했던 것에 비해 독일은 유대인을 계몽하는 방법을 택했다. 독일의 유대인은 프랑스가 독일을 지배하는 동안 평등한 삶을 살았으나 1815년 복고정권과 함께 다시 제한된 삶을 살아야 했다. 이와 같은 상황에서 유대인은 내부적으로 분열하기 시작했다. 국가의 세속화 물결과 함께 유대인은 동화를 강요받았다. 이것은 유대인의 사회적, 문화적, 종교적인 정체성을 흔들어 놓았다. 유대인은 크게 세 부류로 나뉘었다. 첫 번째 부류는 완전 세속화된 사람들이었다. 두 번째는 유대인의 축일과 안식일 등 종교적 전통은 지키지만 그 외의 삶은 국가의 관습에 따르는 사람들이었다. 마지막은 유대인의 삶과 종교를 그대로 유지하면서 사는 사람들이었다. 신분 사회에서 시민 사회로 전환되는 시점에서 유대인의 시민권 획득은 간단한 일이 아니었다.

유대인은 독일의 정신 문화와 경제적 발전에 크게 기여했다. 경제적으로 안정된 유대인은 1800년까지 아주 드물었다. 그러나 1850년에 전 유대인의 25%가, 1871년에 60%가 경제적으로 안정된 도시의 상층 혹은 중상층을 차지했다. 그럼에도 그들은 공무원이 될 수도, 대학교육을 받을 수도 없었다. 1869~1871년 북독일 연방과 독일 제국에서 완전한 법적 평등권을 보장받았다. 이와 같은 그들의 법적인 자유권 보장은 1933년까지 지속되었다.

4) 정당의 출현

왕정복고 후 일어난 정치적인 소요는 1848년 이후에 다섯 정당의 정치활동으로 모습을 바꾸어 갔다. 개혁 성향이 강한 순서대로 사회당, 민주당, 자유당, 가톨릭당, 보수당이 형성되었다. 당시 끌어가던 중심적인 이념은 계몽주의 정신에 뿌리를 두고 있는 자유주의였다. 자유주의자들은 입헌 국가의 틀에서 더 많은 개인적 자유를 추구했고 왕권을 행정권으로 국한시키려 했다. 이들에 반해 민주주의자들은 당시 프랑스 혁명의 추종자로 인식되었고 국민 주권을 주장했다. 자유주의자들이 정치적 자유를 요구하고 있을 때 민주주의자들은 사회적 평등을 외쳤다. 그러나 이 두 세력은 복고주의에 반대하고 보수주의자들의 적이라는 점에서 공통점을 가지고 있었다. 보수주의자들도 계몽주의적인 전통에서 유래하고 있지만, 근대 민족주의를 거부하고 왕에 의한 신정 정치 체제를 옹호함으로써 독일의 통일에 반대했다. 그리고 가톨릭당은 가톨릭주의의 원칙에 따라 민족을 초월한 정치적 입장을 취했다. 수많은 가톨릭교도들이 프로테스탄트 국가에서 차별을 받으면서 살았다. 1837년 쾰른의 대주교가 불법으로 체포된 사건이 일어나면서 가톨릭주의에 바탕한 첸트룸(Zentrum)당이 생겼다. 1870년 첸트룸당은 가톨릭주의의 세계적 이념에도 불구하고 모든 가톨릭 민중이 연대하였기 때문에 근대 민중당의 전신이 되었다.

3 1848~1849년 유럽 혁명

러시아를 제외한 스페인에서 폴란드에 이르는 모든 유럽 국가들이 혁명을 경험했다. 혁명은 민족국가 수립, 민주주의 확립, 새로운 사회 제도 정착 등 세 가지 공동 목표를 가지고 있었지만 각 지역마다 특수한 형태로 진행되었다. 민족과 국가의 관계를 풀어가는 일이 쉽지 않았다. 이탈리아에서 민족국가가 수립되기 위해서는 많은 공국들이 통합되어야 했고, 롬바르디아와 베네치아가 오스트리아로부터 독립해야 했다. 합스부르크 제국이 갖고 있는 국가를 초월한 수많은 지역과 영역들도 민족국가 오스트리아를 수립하는 일을 어렵게 했다.

독일은 이탈리아의 경우와 비슷한 양상을 띠고 있었다. 유럽의 중심부에 위치한 독일은 많은 독립적인 주권국가들을 하나의 민족국가로 통일을 시도하면서 비독일 민족운동과 마찰을 빚었다. 이탈리아에서 민족 혁명가 마치니(Giuseppe Mazzini, 1805～1872)는 이탈리아의 민족 통일을 위해 노력했지만 이탈리아의 여러 민족들은 1848년 하나의 군대를 구성하지 못하고 서로 전쟁을 했다.

▲ 마치니

프랑스는 선거권 투쟁 등 민주주의 투쟁으로 왕이 피신하고 1848년 2월 24일 공화국이 선포되었다. 2월 혁명에 가담한 공화파 세력은 새로운 정부의 수립 문제를 두고 온건파와 급진파로 나뉘었다. 1848년 4월 23일 총선을 실시하여 새 헌법을 제정하기 위한 국민 의회를 구성했다. 총선에서 압도적인 승리를 한 온건파가 의회를 장악했다. 이에 사회주의적 급진파들이 강하게 저항하면서 정국은 노동자들의 폭동으로 이어졌다. 6월 23일 노동자와 정부군 사이에 유혈사태가 일어났고 1만 명의 사상자가 발생했다. 6월 봉기는 노동자들의 실패로 끝나고 사회주의자들의 단체와 신문들은 모두 폐쇄되었다. 그리고 11월 새로운 부르주아 헌법이 제정되고 12월 10일 입헌군주는 사라지고 그 자리에 대통령이 선출되었다. 프랑스의 2월 혁명은 민주적 공화정 수립을 목표로 하고 있었으나 노동자와 사회주의자들이 적극적으로 참여했던 혁명이었다. 이 급진파 세력의 과격화는 시민과 농민들을 보수적으로 만들었고 이들에 의해 나폴레옹의 조카인 루이 나폴레옹(Louis Napoleon)이 압도적으로 대통령에 선출되었다.

이탈리아에서는 1830년과 1848년 혁명기 동안 이탈리아의 옛 영광을 부흥하려는 운동(Risorgimento)이 지속되었다. 특히 마치니, 카부르(Camilio Benso di Cavour, 1810～1861), 가리발디(Giuseppe Garibaldi, 1807～1882)

▲ 카부르

의 영도 아래 오스트리아로부터의 해방과 통일 운동이 계속되었다. 이탈리아의 민족 통일 운동은 세 방향으로 갈라졌다. 마치니와 가리발디와 같은 민족적이고 중앙집권인 통일을 이룬 민주공화국을 건설하려는 세력과, 자유주의적 개혁세력, 피에몬트-사르디니아의 카를로 알베르토(Carlo Alberto, 1798~1849) 왕을 국가 수반으로 임명하려는 세력 등이 서로 경쟁했다. 이 중 이탈리아의 민족국가로의 통일은 세 번째 방식으로 성취되었다. 이탈리아 각지에서 오스트리아에 대한 해방 혁명이 일어났다. 이 혁명 운동으로 롬바르디아와 베네치아를 오스트리아로부터 분리시켰다. 당시 오스트리아는 국내 정치의 혼란, 보헤미아, 헝가리와의 대외적인 문제로 이탈리아에 신경을 기울일 수 없었다. 그럼에도 불구하고 이탈리아의 자주독립은 성취되지 않았다.

▲ 가리발디

오스트리아의 빈에서는 노동자와 학생을 중심으로 1848년 3월 13일 혁명이 시작되었다. 그 결과 메테르니히가 물러나고 제헌 의회가 소집되어 농민의 부역 제도를 폐지했다. 이와 같은 혁명의 물결은 같은 시기에 동유럽의 국가들에서도 일어났다. 헝가리인, 체코인, 남슬라브인, 루마니아인들이 민족주의 깃발 아래 독립을 요구하고 나섰다. 헝가리는 1526년의 영토를 기준으로 민족국가를 수립하려 했지만 합스부르크가와 손을 잡은 크로아티아, 세르비아, 루마니아의 반대에 부딪혔다. 5월에 시작한 헝가리아의 혁명적인 봉기는 10월에 정점에 달했다. 결국 헝가리아의 민족국가 수립은 오스트리아의 군사적인 억압으로 그 뜻을 이룰 수 없었다. 빈의 민족적 혁명 운동도 군대가 빈을 정복하면서 끝이 났다. 그리고 1849년 3월 오스트리아 의회가 강제로 해산되고 절대주의 체제가 다시 들어섰다.

독일에서는 1848년 프랑스 2월 혁명 여파로 베를린에서 일어나 3월 혁명이 일어났다. 그 결과 프로이센 왕 프리드리히 빌헬름 4세(Friedrich Wilhelm Ⅳ, 1840~1861)가 굴복하고 입헌 운동과 통일 운동이 전개되었다. 1848년 5월 18일 프랑크푸르트 국민 의회가 개최되었고 오스트리아, 보헤미아까지 포함한 전 독일의 국가 대표들이 통일된 연방 국가 헌법을 마련하려고 했다. 그러나 프랑크푸르트 국민 의회는 처음부터 극복할 수 없는 두 가지 문제를 가지고 있었다. 하나는 오스트리아를 포함하는 통일 문제이고, 다른 하나는 통일 독일의 정부형태에 관한 문제였다. 오스트리아는 물론 보헤미아를 포함하는 이른바 '대독일주의'에 입각한 통일 독일은 합스부르크 왕가가 지배해야 한다고 주장했다. 반면 오스트리아를 포함하지 않은 이른바 '소독일주의'에 입각한 통일 독일은 프로이센이 지배해야 한다고 주장했다. 프랑크푸르트의 국민 의회는 이와 같은 대립된 주장에 대한 해결책을 마련하지 못했다.

4 혁명 후의 유럽

1) 나폴레옹 3세의 제2제정(1852~1870)

1848년 2월 혁명의 승자는 루이 나폴레옹 보나파르트(Louis Napoleon Bonaparte)였다. 그는 1848년 12월 10일 4년 임기의 제2공화정의 대통령으로 선출되었으나, 임기 후 자리를 내놓지 않고 쿠데타로 파리를 점거하고 공안 정치로 공화주의자들을 체포했다. 그는 국민 의회를 해산하고 보통선거를 기반으로 한 새 헌법을 제정했다. 그리고 국민 투표를 통해 1852년 12월 2일 나폴레옹 3세(Napoleon Ⅲ, 1852~1870)로 황제가 되었다. 이로써 프랑스의 제2공화정이 무너지고 제2제정이 성립했다.

프랑스의 시민들은 나폴레옹 1세가 가져다 준 강력한 국가를 원했고, 경제적 발전을 통해 정치적인 무력감을 극복하려 했다. 그러나 그는 나폴레옹 1세의 후예라는 것 말고는 어떤 정치적 배경도 능력도 없었다. 그는 황제로서 강력한 권력을 가지고 프랑스의 자유주의와 입헌 정치를 질식시켰다. 그는 자신의 권력을 유지하기 위해서는 대외 정책에 성공하는 수밖에 없다는 판단을 했다. 그래서 1853년 러시아의 남하 정책으로 일어난 크림 전쟁(1853/54 ~1856)에 영국과 함께 참전하여 러시아를 패배시켰다. 그리고 이탈리아의 통일 정책을 후원했고, 그 결과 사보이아와 니스를 얻었다. 이와 같은 그의 성공적인 대외 정책은 1857년 경제위기가 닥치면서 점차적으로 무너졌다. 그는 1867년 멕시코 전쟁에 가담하여 무리하게 멕시코를 점령하려했고, 1870년 독일의 통일 과정에 개입하여 떨어진 국위를 다시 세우려했지만, 1870년 9월 패배하여 영국으로 망명했다가 1873년 사망했다.

2) 크림 전쟁과 '리소르지멘토(Risorgimento)'의 승리(1853~1861)

유럽 국가들의 패권싸움은 크림 전쟁에서 잘 나타난다. 크림 전쟁의 핵심적인 문제는 터키의 분할 혹은 유지, 발칸 문제, 동지중해 문제, 러시아를 통하는 해협 문제 등이었다. 성 페체르부르크(St. Petersburg) 오스만 터키에 거주하는 그리스 정교도들에 대한 공식적인 보호권을 인정해 줄 것을 주장했다. 터키는 이를 거부했다. 러시아 차르(Zar)는 압박의 수단으로 1853년 6월 도나우 제후국들을 정복했다. 그러자 영국과 프랑스는 러시아의 압박으로부터 터키의 술탄을 보호했다.

오스트리아는 러시아에 적대적이었지만, 큰 전쟁에 대한 우려 때문 중립을 지켰다. 1815년의 연합국은 해체되고 국가 사이의 관계가 새롭게 정립되었다. 영국은 인도와의 관계에 러시아가 피해를 줄 것을 염려해 프랑스와 동맹을 맺었고, 1853년 이래로 제 7차 러시아-터키 전쟁(1854년 3월 28일)에서 터키 편을 들었다. 약 1년간의 긴 참호전(1854년 10월 17일~1855년 9월 9일) 끝에 영국과 프랑스 연합군이 크림 반도의 세바스토폴(Sevastopol) 요새를 점령했다. 나폴레옹 3세는 터키의 영토를 보호했고 러시아를 발칸 반도에서 축출했다. 영국과 러시아는 그 후 유럽 대륙을 떠나 내부로는 개혁을, 해외로는 팽창을 시도했다. 이에 따라 유럽에 권력의 공백상태가 생겼고, 이는 독일이 통일 문제를 진지하게 고려할 수 있는 계기를 마련해 주었다.

나폴레옹 3세는 강한 정치적인 압박 속에서 이를 해결하기 위해 이탈리아 문제에 개입했다. 그는 유럽에서 제국주의적 패권을 막기 위해 폴란드와 이탈리아의 민족국가 수립을 지지했다. 이탈리아는 정치적, 문화적으로 다양하게 분리되어 있었고 경제적으로도 발전을 이룩하지 못했다. 이탈리아의 민족주의 의식은 1815년부터 오스트리아에 대한 증오로 시작되었다. 피에몽 사르디나아 왕국의 수상이었던 카부르 백작은 1848년 이후 이탈리아의 통일을 시도했고 성공을 위해서는 강력한 국가와 연대가 필수적임을 깨달았다. 그래서 나폴레옹 3세의 도움을 받아 1859년 이탈리아 전쟁을 일으켰고 오스트리아 군대를 롬바르디아에서 몰아냈다. 가리발디는 이탈리아 부흥 운동, 이른바 "리소르지멘토(Risorgimento)"를 촉진함으로써 이탈리아 통일을 추진했다. 나폴레옹은 이탈리아 전쟁에 대한 대가로 니차(Nizza di Sicilia)와 사보이아(Savoia)를 얻었다. 1861년 엠마누엘레 2세(Vittorio Emanuele Ⅱ, 1849～1861 : 사르디니아 왕, 1861～1878 : 이탈리아 왕)가 베네치아, 교황령 등을 제외한 통일 이탈리아의 왕이 되었다.

3) '새 시대', 프로이센 군대의 충돌과 독일 전쟁(1858～1866)

이탈리아 부흥 운동의 승리 후 독일에서도 1861년 빌헬름 1세(Wilhelm I, 1797～1888, 1861 : 프로이센 왕, 1871 : 독일 황제)가 프로이센의 왕이 되면서 새로운 시대가 열렸다. 오스트리아가 대외적인 문제로 혼란한 틈을 타 독일의 민족주의 운동이 전개되었다. 자유주의 깃발 아래 '독일 민족 연맹'이 결성되어 민족의 통일 국가를 세우려했다. 자유주의 운동과 동시에 통일 독일은 프로이센이 이끌어가야 한다는 여론이 형성되었다.

프로이센 군대는 1859년 라인 강을 향해 진격했다. 당시 군사 조직 면에서 많은 부족한 점이 발견되어 개혁이 단행되었다. 매년 6만 3천 명의 신병을 징집하고 복무 기간을 늘렸다. 이와 같은 군사 개혁은 의회의 승인 없이 취한 왕의 일방적인 조치였기 때문에 의회의 다수당인 자유주의자들이 대항했고, 시민전쟁이 발발했다. 그러나 빌헬름 1세는 물러나지 않고, 오히려 1862년 비스마르크(Otto von Bismarck)를 수상으로 임명하여 군사 개혁을 강행했다. 그리고 크림 전쟁이 끝난 후 권력의 공백 상태에 있던 유럽에서 프로이센은 새로운 외교적 가능성을 이용했다. 비스마르크는 군주제에 대한 강한 신념을 가지고 왕의 확고한 지지를 받으면서 군사적 힘을 기반으로 한 이른바 '철혈 정책(鐵血政策)'으로 독일통일을 추진했다.

비스마르크는 수상이 된 후 두 전쟁을 통해 오스트리아 세력을 독일에서 몰아냈다. 그것은 1864년의 독일－덴마크 전쟁과 1866년 독일 전쟁이었다. 덴마크는 작은 국지전 끝에 1864년 10월 30일 쉴레스비히－홀슈타인(Schleswig－Holstein) 공작령을 포기했다. 그리고 프로이센과 오스트리아가 이 공작령을 공동으로 통치했다. 이와 같은 공동 통치(Condominium)는 곧 분쟁으로 이어졌다. 비스마르크는 이와 같은 상황을 잘 이용하여 이 공작령에서 오스트리아의 통치권을 제거하는 데 성공했다. 먼저 1865년 8월 14일 가슈타인(Gastein) 회의에서 홀슈타인은 오스트리아가, 쉴레스비히는 프로이센이 통치할 것이 합의되었다.

그 후 프로이센은 홀슈타인에 프로이센의 기지 건설을 요구했으나 오스트리아는 이 요구를 거절했다. 그리고 오스트리아는 독일 동맹을 프로이센의 반대세력으로 분리시키려 했다. 이렇게 해서 독일 전쟁은 일어났고, 1866년 7월 3일 쾨니히그래츠(Königgrätz) 전투에서 오스트리아가 패함으로써 끝이 났다. 비스마르크는 승리에도 불구하고 오스트리아의 영토를 취하지 않았는데, 이는 그가 오스트리아를 장차 프랑스를 상대할 동맹국으로 계산했기 때문이었다. 오스트리아는 같은 시기에 이탈리아와의 전쟁에서 베네치아를 잃었다. 프로이센은 삭센, 헤센－다름쉬타트 외에도 하노버(Hannover), 헤센－카셀(Hessen－Kassel), 헤센－나사우(Hessen－Nassau), 프랑크푸르트(Frankfurt am Main) 등 마인 강 북부지역의 모든 국가들을 병합했다. 오스트리아는 결국 독일 동맹 해체에 동의했고, 1866년 8월 23일 프라하 조약에서 마인 강 이북의 북독일 동맹을 인정했다.

4) 독일 제국의 성립(1867～1871)

독일 전쟁으로 독일의 자유주의는 정치적으로 참패했지만, 경제적으로는 독일 공동 시장 건설이라는 그들의 꿈을 실현할 계기를 갖게 되었다. 비스마르크는 이미 1849년에 제정한 헌법에 따라 북독일 동맹에서 프로이센의 지배권을 공고히 했다. 북독일 동맹은 무려 23개의 국가로 구성되었었고, 프로이센 왕이 그들의 대표였다.

오스트리아는 오스트리아-헝가리 이중왕국으로 전환했다. 러시아는 영국처럼 내정 문제로 진통을 겪고 있었고, 프랑스는 고립되어 있었다. 프로이센은 1866년 오스트리아에 대한 승리, 1867년 북독일 동맹 창설 등으로 새로운 민족국가 건설을 추진해 갔다. 프로이센의 이와 같은 움직임에 가장 예민한 반응을 보인 국가는 프랑스였다. 프랑스는 마인 강 이남의 독일 국가들과 함께 반 프로이센 세력을 형성하려 했다. 그리고 이와 같은 운동을 오스트리아와 이탈리아로 확대시켜갔다. 그러나 프랑스의 외교적 노력은 실패로 끝났다.

비스마르크는 1870년 프랑스를 전쟁으로 끌어들이기 위해 스페인의 왕위 계승 문제에 개입했다. 당시 스페인은 수차례 내전을 겪고 1869년 호헨촐레른-지그마링엔(Hohenzollern-Sigmaringen)가의 레오폴드(Leopold)가 스페인의 왕위를 물려받으려 했다. 그러나 프랑스의 나폴레옹 3세는 그렇게 되면 프랑스가 포위되고 유럽의 힘의 균형이 깨진다고 생각했다. 이에 비스마르크는 1870년 7월 12일 레오폴드의 왕위계승을 포기하도록 했다. 그러나 프랑스는 한 걸음 더 나아가 프로이센 왕 빌헬름 1세에게 호헨촐레른 가문이 스페인 왕권에 다시는 개입하지 않도록 요구했다. 비스마르크는 프랑스의 이와 같은 요구에 대해 왕이 엠스(Ems)에서 휴가를 보내면서 전문으로 보낸 완곡한 거부 의사를 강경한 태로 바꾸어 프랑스에 전했다. 이른바 '엠스 전문 사건(Ems Dispatch)'으로 프랑스 정부는 1870년 7월 19일 전쟁을 선포했다. 남독일 국가들이 프로이센에 합류하면서 프로이센 병력은 프랑스의 병력보다 수적으로 우세했다. 나폴레옹 3세는 벨기에 국경 도시 세단(Sedan)에 10만 병력을 배치했지만 9월 2일 항복했다. 이 패배와 함께 프랑스의 제2제정이 무너지고 제3공화정(1940년까지)이 들어섰다. 여러 달 동안 파리가 포위되었고, 마침내 1871년 1월 28일 휴전이 선포되었다. 프랑스는 휴전협정을 이끌어 갈 국민 의회를 구성했고, 독일군은 파리 시내로 진입했다. 이를 수치로 여겼던 파리의 노동자, 소시민들이 저항 운동을 펼쳤다. 이로써 파리 콤뮨(Commune)이 결성되었다. 독일군의 동의하에 프랑스 군대는 이들의 항거를 제지했다.

1871년 1월 18일 베르사유 궁에서 프로이센 왕의 독일 황제 대관식이 치러졌다. 여기서 선포된 독일 제국은 실질적인 독일 민족국가였다. 1871년 5월 프랑크푸르트 조약으로 프랑스는 50억 프랑의 금화를 독일에 보상해야 했고, 보상이 완료될 때까지 독일 군대가 프랑스에 체류해야 했다. 그리고 엘사스-로렌 지방이 독일로 귀속되었다.

5) 제정 러시아

1856년 크림 전쟁에 패한 후 러시아는 개혁의 필요성이 대두되었다. 수백만 농민들이 토지와 지주에 예속된 농노제를 부패구조 혹은 실패한 제도로 인식했다. 그래서 알렉산드르 2세(Alexandro Ⅱ)는 1861년 3월 3일 예속농민과 노예의 해방을 발표했다. 그들은 이제 사유재산권, 자유결혼권, 소송제기권 등을 행사할 수 있었다. 그럼에도 불구하고 그들의 자유권 행사는 제한을 받을 수밖에 없었다. 농민들이 지주로부터 토지를 구입할 경우 정부는 그들의 소유권을 보장했다. 그들은 이렇게 토지를 소유할 수 있었지만, 그들이 가진 토지는 생산 가능한 좋은 땅이 아니었다. 결과적으로 그들의 부담은 늘어났다. 이와 같은 상황은 19세기 후반 인구가 급증하면서 더욱 악화되었다.

농민들은 법적으로 완전한 자유를 누릴 수 있었고, 정부의 도움으로 토지를 구입할 수 있었다. 정부는 농민에게 토지 대금을 빌려주고 장기할부로 갚도록 했다. 빚에 대한 지불을 확실시하기 위해 정부는 모든 농민의 부채에 대한 책임을 '미르(mir)'라는 마을 공동체가 지도록 했다. 정부의 이와 같은 정책은 농민을 다시 마을 공동체에 예속하는 결과를 낳았다. 왜냐하면 마을 공동체가 구입한 땅에 대한 빚을 갚는 데 책임을 지고 있었기 때문이었다. 농민들은 법적 자유는 쟁취했지만 경제적으로 다시 예속된 것이나 다름없었다.

알렉산드르 2세는 1864년 농노해방에 이어 행정개혁을 실시했다. 전국을 34개의 지역으로 나누어 각 지역에 의회(zemstvos)를 제도화했다. 이 지역 의회는 교육, 사회복지, 도로나 다리 보수 등의 공공사업을 자치적으로 결정할 수 있는 권한을 가지고 있었다. 그리고 이와 같은 공공사업을 위해 징세할 수 있었다. 그러나 그들의 자치권이 항시 원활하게 행사될 수 있었던 것은 아니었다. 그들의 자치정부 수립에 대한 중앙 정부의 우려로 그들의 자치권은 자주 통제를 받곤 했다. 그는 또한 같은 해에 사법 개혁을 실시했다. 지역과 지방에 법원을 두어 사법 제도를 확립했고, 법 앞에 평등하다는 원칙을 수용한 법률을 제정했다.

그러나 독재적인 차르는 자신이 열어 놓은 여러 개혁적 조치들을 통제할 수 없었다. 개혁주의자들은 더 많고, 빠른 변화를 원했던 반면에, 보수주의자들은 러시아 사회의 근간을 뒤흔드는 차르의 개혁에 반대했다. 1870년경 러시아 사회는 갈수록 불만으로 메워졌다. 1881년에는 한 급진주의 단체는 알렉산드르 2세를 암살했다. 그의 아들이 뒤를 이어 알렉산드르 3세(Alexandro Ⅲ, 1881~1894)로 차르가 되었다. 그리고 러시아는 다시 반개혁적인 복고 체제로 돌아갔다.

6) 영국의 빅토리아 시대

영국은 다른 이유에서기는 하지만 러시아와 마찬가지로 1848년의 혁명에 영향을 받지 않았다. 그러나 19세기 전반기에 유럽 대륙을 휩쓴 자유주의 물결은 영국에서도 영향력을 발휘했다. 1832년 제1차 선거법 개정으로 신흥 산업자본가를 비롯한 중산층이 선거권을 갖게 되었다. 그러나 노동자들의 참정권 요구는 1830~1840년대에 걸쳐 지속된 차티스트(Chartist) 운동의 실패와 함께 묵살되었다. 그러나 1860년대에는 자유의회주의를 수호하기 위한 사회적 정치적 개혁이 실시되었다.

▲ 빅토리아 여왕

1850~1860년대에는 경제적 호황으로 노동 운동이 침체되었고, 자유당은 대외 정책에 집중함으로써 선거법 개정에 무관심했다. 이와 같은 경제적 번영과 함께 영국은 영국왕 중 가장 오래 집권했던 빅토리아 여왕 시대(Victoria, 1837~1901)에 대외적으로 국가적 영광과 자긍심을 갖게

되었다. 그녀는 81세의 나이로 7명의 자녀와 37명의 손자 손녀를 남기고 세상을 떠났다. 후 세대는 그녀의 통치 시대를 빅토리아 시대(Victorian Age)로 부르고, 그녀의 국가에 대한 의무와 도덕적인 책임을 기렸다.

그러나 당시 영국은 귀족과 중상층 계급이 의회를 지배하고 있었고 서로 자신의 정당의 입지와 영향력을 향상시키기 위한 싸움으로 정치적으로 불안했다. 당시 정치적으로 중요한 사안 중 하나는 선거권의 확대였다. 보수당인 토리(Tory)당의 대표 디즈레일리(Benjamin Disraeli, 1804～1881)는 선거법 개혁을 지지했다. 원래 보수당은 참정권 확대에 반대해 왔으나 노동자 계급의 동향을 보고 개혁이 불가피하다는 사실을 알고 자유당에 앞서 노동자들에게 투표권을 부여하고 그들의 지지를 얻어내려는 심산이었다. 이렇게 이룩된 1867년의 제2차 선거법 개정은 민주주의 발전을 위한 중요한 단계였다.

선거법 개정으로 집을 소유하고 가옥세를 내고 일정한 장소에 거주지를 가진 사람은 누구나 투표권을 얻게 되었다. 그리하여 지방의 광산 노동자와 농업 노동자를 제외한 거의 모든 노동자들이 선거권을 부여받게 되었다. 자유당의 대표 글래드스턴(William Gladstone)은 '인민의 자유'라는 기치 아래 개혁을 단행하여 민중들의 환영을 받았다. 이 새 투표자들의 지지를 예상했던 디즈레일리 또한 개혁을 실시했다. 그러나 1868년 보수당과 자유당의 경쟁은 자유당의 승리로 끝났다.

7) 미국의 시민 전쟁과 통일

19세기 중엽 미국은 노예제 문제로 분열되고 있었다. 19세기 전반 미국의 북부는 물론 남부에서도 인구가 급증했지만, 경제적 발전 양상은 아주 달랐다.

▲ 스코트

남부의 면화 산업 중심의 사회구조는 아프리카 출신의 노예의 노동력 착취에 기반하고 있었다. 면화 산업의 중요성은 생산 규모를 보면 분명해진다. 1810년 남부는 천만 달러에 달하는 17만 8천 베일의 면화를 생산했다. 1860년에는 2억 4천 9백만 달러에 달하는 450만 베일의 면화를 생산했다. 1850년에 총 생산된 면화의 93%가 50년간 수적으로 빠르게 늘어난 노예의 노동력으로 생산되었다. 1808년 노예 수입이 금지되었지만, 1860년 아프리카 출신 노예의 수는 1800년의 4배나 되는 4백만 명에 이르렀다. 면화 산업과 농장 노예는 서로 밀접한 관계에 있었다.

▲ 브라운

19세기 전반부 남부는 이 상황을 계속 유지하기 위해 점점 더 방어적이고, 획일적이고, 고립적인 태도를 취했다. 같은 시기에 북부에서는 노예 폐지 운동이 일어나 남부의 법질서를 위협했다.

1850년대에 들어와서는 북부와 남부는 문제를 평화적으로 해결하는 데 실패했다. 먼저 켄사스(Kansas)의 연방가입 문제로 노예제 폐지자와 옹호자들이 각각 정부를 세워 무력 충돌을 일으켰다. 그리고 1857년 3월 '드레드 스코트 판결'로 북부와 남부의 대립이 심화되었다. 드레드 스코트(Dred Scott, 1795~1858)는 고향인 미주리를 떠나 자유인이 되어 고향에 다시 돌아왔으나 남부 출신이 우세했던 대법원은 그를 다시 노예로 판결했다. 그리고 노예는 시민이 아니라 시민의 재산임을 공포하자 북부가 크게 분노했다. 다음으로 1859년 '존 브라운(John Brown, 1800~1859) 사건'이다. 급진적 노예 폐지론자였던 브라운이 노예들의 봉기를 선동하고 연방군의 무기고를 습격했다. 이 사건으로 북부와 남부 간의 갈등은 극도로 악화되었다.

이와 같은 두 지역의 갈등은 1860년 11월 공화당 후보 링컨(Abraham Lincoln, 1809~1865)이 대통령에 당선되면서 무력 대결로 발전했다.

남부에서 노예제 폐지론자인 링컨을 지지한 지역은 남부 1109 지역(counties)에서 단지 2지역에 불과했다. 같은 해 12월 20일 남케롤리나 의회는 노예제 폐지에 대한 미합중국 헌법의 비준을 철회할 것을 투표로 결정했다. 1861년 6월 남부의 다른 주들도 같은 투표를 시행했다. 이렇게 하여 남부 11개 주로 구성된 '남부연방(The Confederate

▲ 링컨

States of America)'이 구성되었고, 그해 3월 남북 전쟁이 시작되었다.

미국의 시민 전쟁(Civil War, 1861~1867)은 피비린내 나는 전투였다. 60만 명이 넘는 군인들이 전쟁과 전염병으로 사망했다. 4년이 넘는 기간 동안 북부는 그들의 우월한 경제력을 바탕으로 남부를 약화시켜갔다. 1862년 말까지 어느 쪽도 일방적인 우세를 보이지 않자 북부의 여론은 급진적으로 변했다. 북부를 구하기 위해 시작된 전쟁은 노예해방 전쟁이 되었다. 북부가 우세해지자, 1863년 1월 1일 링컨의 연설로 대부분의 주정부들은 노예들에게 영원한 자유를 부여했다. 북부는 갈수록 남부를 봉쇄하는 데 성공했고, 군사력이 부족한 남부연방은 1864년 말엽 절망적인 상태에 빠졌다.

결국 1865년 4월 9일 북부의 승리로 전쟁은 끝이 났다. 이로써 미국은 민주주의 발전에 따른 국민주의의 승리에 입각한 느슨한 연합제가 아닌 하나의 결속력 있는 국가로 등장했다.

8) 캐나다의 국민국가

미국의 북부에서도 국민국가가 형성되었다. 1763년 파리 조약에서 캐나다(당시 뉴 프랑스로 불림)는 영국의 수중에 들어갔다.

1800년 대부분의 캐나다인들은 식민주의자들의 반대에도 불구하고 자치를 요구했다. 지금의 온타리오와 같은 캐나다 북부(Upper Canada)는 영어권이었고, 오늘날의 퀘벡과 같은 캐나다 남부(Lower Canada)에는 프랑스계 캐나다인들이 많이 살았다. 1815년 이후 캐나다 이민이 증가하면서 자치에 대한 요구가 거세졌다.

1837년 수많은 지역 단체들이 영국의 지배에 저항했다. 캐나다 남부는 영국으로부터 분리하여 공화국을 건설하려 했다. 그리고 남성의 보통 선거권과 출판의 자유를 요구했다.

영국은 이와 같은 독립 저항 운동을 그 이듬해 제압했지만, 이들의 요구를 만족시킬 수 있는 방법을 찾아야만 했다. 왜냐하면 미국 시민 전쟁에서의 경험을 잘 알고 있었기 때문이었다. 영국은 무엇보다도 캐나다에서 미국과 같은 경우가 발생되지 않기를 바랐고, 다음으로 식민지 유지비용을 절감하려는 이유에서 캐나다인들의 요구에 승복했다.

1867년 의회는 독자적인 헌법을 가진 국가를 설립했다. 캐나다 자치령(the Dominion of Canada)이 탄생한 것이다. 캐나다는 이제 의회와 자치 정부를 가진 독립국가가 되었다. 그러나 외교 업무에 있어서는 영국의 통제를 받았다.

제10장
대중문화의 발달

1 산업화와 마르크스주의자

1850～1871년에 유럽대륙은 영국을 시작으로 공장이 기계화되면서 산업 혁명이 일어났고, 석탄이 사용되고 증기기관이 발명되면서 교통 혁명이 일어났다. 이 시기에 불경기(1857～1858)나 경기침체(1866～1867)가 없었던 것은 아니지만 일시적이었고, 전반적으로 대단한 호황의 시대였다. 국내외 시장에서 성장세가 두드러지게 나타났다.

1870년 이전 공장 자본가들은 고용창출을 시장에 맡겨두었다. 노동자들은 노동조건의 개선과 정당한 임금을 받기 위해 노동 조합을 결성했지만, 그것은 그다지 성공적이지 못했다. 사회주의 이념에 바탕을 둔 정당과 노동 조합이 출현하면서 산업 노동자들을 위한 변화는 시작되었다. 사회주의 용어 자체는 1830년을 전후하여 최초로 등장했다. 그러나 초기 사회주의 이론은 협동이 경쟁보다 우월하며 인간 본성에 더욱 가깝다고 가정했다.

마르크스는 19세기 중엽에 초기 사회주의를 '유토피아 사회주의'라 비판하고 자신의 이념은 사회의 실제 현상에 기초한 '과학적 사회주의'임을 주장하면서 현실적 사회주의를 강조했다. 그러나 그의 사회주의적 이론이 실제 사회적 현상으로 등장한 것은 1870년 이후였다.

마르크스주의는 1848년 마르크스(Karl Marx, 1818～1883)와 엥겔스(Friedrich Engels, 1820～1895)에 의해 작성된 공산당선언문에서 시작되었다고 할 수 있다. 이 짧은 글은 근대 유럽의 역사에서 가장 영향력 있는 정치적 보고서 중의 하나였다. 그들은 여기에서 지금까지 현존하는 모든 사회의 역사를 계급 투쟁의 역사로 파악했다. 그리고 역사는 지배와 피지배 사이의 대립관계로 점철되어 왔음을 주장했다. 그들에 따르면 계급 투쟁의 초기에 중세의 봉건 계급은 부르주아 계급의 출현과 집권을 막을 수 없었다. 그들의 이념이 그 시대의 통념이 되었고, 정부는 그들의 통치수단이 되었다. 다시 말해, 근대국가에서 행정부는 일종의 부르주아를 위한 위원회이고 그들의 이익을 보호하고 반영하는 기구에 지나지 않는다.

부르주아 사회가 중세 봉건 사회의 폐허 속에서 태동했음에도 불구하고, 마르크스와 엥겔스는 봉건적 잔재가 완전히 없어진 것은 아니라고 보았다. 그리고 부르주아 사회가 건설되자 산업노동자들이 양산되었고, 수많은 무산 계급이 등장하여 부르주아 사회를 전복할 것이라고 예언했다. 프롤레타리아의 승리 후에는 독재 정권이 들어서서 생산수단을 재배치하고 계급 없는 평등한 사회를 만들 것이고, 이 평등한 사회는 과학과 기술의 발전을 추진하여 모두를 위해 더 많은 부를 생산할 것으로 믿었다.

1848년 혁명이 실패하자 마르크스는 그의 여생을 보냈던 런던으로 가서 정치경제에 관한 저작을 계속했다. 이렇게 하여 탄생한 것이 그의 『자본론』이다. 마르크스는 공산당선언문에서 가장 진보적이고 결연한 노동자들의 정당이 공산당임을 천명하고 세계 노동 조합 활동에 적극적으로 참여했다. 1864년 영국과 프랑스 노동 조합 운동가들에 의해 형성된 '제1인터내셔널'은 노동자들의 이익을 보호하기 위한 국제 노동자 협의회였다. 이것은 마르크스의 주도적인 역할에도 불구하고 1872년 국제적인 불화로 해체되었다.

그러다가 1889년 '제2인터내셔널'이 조직되어 1914년까지 존속하였다. 그러나 민주주의의 발달과 함께 사회주의는 수정주의와 정통주의로 분열되었다. 수정주의자들은 의회정치를 바탕으로 한 점진적인 개혁을 통해서 사회주의를 달성하려 하였고, 정통주의자들은 혁명적인 개혁을 통한 사회주의 건설을 지향하고 있었다. 이들의 대립은 제1차 세계대전이 끝나고 공산당이 창립되면서 완전히 분리되었다.

2 사실주의 시대의 과학과 문화

1850~1870년의 지식 세계는 두 가지 흐름을 가지고 있었다. 하나는 서구 세계관을 아주 빠르게 변화시키던 과학 지식의 성장이었고, 다른 하나는 사실의 내적 세계에 중심을 두고 있던 낭만주의에서 외적이고 물질적인 세계에 초점을 맞추고 있던 사실주의로의 전환이었다.

1) 과학의 발전

19세기 중엽 과학은 유럽인들의 생활에 점점 더 큰 영향을 미쳤다. 16~17세기의 과학 혁명은 서구의 세계관을 근본적으로 바꾸어 놓았고 자연세계를 근대적이고 합리적으로 분석하고 탐구하게 했다. 그러나 18세기까지도 과학의 발전은 실용적으로 활용되지 못하고 있었다. 산업 혁명은 초기 단계에 과학의 발전에 힘입은바 거의 없었고, 개인적인 발명가들의 실험 결과에 따른 기계의 발명에 의존하고 있었다. 그러나 1830년대 이후로 산업기술이 발전하면서 과학적 탐구에 대한 필요성이 더욱 절실해졌고, 이에 따라 유럽 전역에 영향을 미치는 기술발전이 촉진되었다.

19세기에 물리학의 핵심 분야로 열과 기계 에너지 사이의 관계를 규명하려한 열역학 법칙은 증기기관의 발전에 큰 도움이 되었다. 생물학 분야에서는 프랑스인 파스퇴르(Louis Pasteur, 1822~1895)가 질병에 대한 세균이론을 발표했다. 그의 세균학은 과학적인 근대 의학의 발전에 크게 기여했다. 화학 분야에서는 러시아의 멘델예프(Dimitri Mendelyeev, 1834~1907)가 1860년대에 원소의 질량(원자 무게)을 정확하게 측정하여, 원소의 원자량이 비슷하면 그 화학적 성질도 비슷하다는 사실을 발견했다. 그리고 이 사실을 바탕으로 원소를 원자량에 의해 순서대로 배열하여 화학 주기율표를 완성했다.

영국인 페러데이(Michael Faraday, 1791~1867)는 유도 기전력의 크기가 코일을 지나는 자속의 시간적 변화율과 코일의 감은 수에 비례한다는 법칙을 발견했다. 그러나 그의 전자유도 작용에 의한 기전력의 크기를 설명하는 이 법칙은 1870년대에 이르기까지 경제적으로 만족할 만한 동력을 생산해내지 못했다. 그의 연구를 바탕으로 스코틀랜드 출신 맥스웰(James Clerk~Maxwell, 1831~1879)은 전자유도의 원리를 설명하는 정확한 수학공식을 만드는 한편 빛이 전자파와 같은 성질을 지니고 있음을 밝혔다. 즉, 빛 방사열, 자외선 등이 모두 같은 전자 현상이라고 주장했다. 1887년 독일 물리학자 헤르츠(Heinrich Hertz, 1857~1894)는 공중에서 빛의 속도와 성질을 지닌 고주파가 있음을 증명했다. 그가 발견한 무선전파(헤르츠파)는 후에 마르코니(Guglielmo Marconi, 1874~1937)가 무선전신을 발명하는 데 많은 영향을 미쳤다.

과학과 기술의 발전으로 인한 물질적 이익의 급속한 증가로 유럽인의 과학에 대한 믿음이 커졌다. 과학과 기술 발전의 결과로 나타난 성과는 과학적 태도와 방법에 대한 대중적인 지지를 낳았다. 관찰, 실험, 체계적 분석을 통해 얻는 객관적 진리와 사실이 높이 평가되었다. 이와 같은 과학적 삶의 태도는 종교적 계시와 진리에 따르는 종교적 삶의 태도에도 큰 변화를 가져왔다. 다시 말하자면 19세기에는 세속화의 물결이 거세지고, 모든 심리적, 정신적, 관념적인 것들이 물리적인 힘으로 설명될 수 있다는 물질주의적 믿음이 커졌다. 진리는 낭만주의자들이 주장했던 것처럼 더 이상 느낌이나 직관으로 얻는 계시가 아니라, 인간의 물질적 세계에서 확실하게 발견되는 것으로 받아들여졌다. 물질주의의 중요성은 19세기의 가장 중요한 과학적 업적인 생물진화론을 통해 확실하게 밝혀졌다. 다윈의 이론에 따르면 인간은 자연세계에 존재하는 물질적인 것으로 묘사될 수 있었다.

2) 진화론

1859년 다윈(Charles Darwin, 1809~1882)이 쓴 『종의 기원(The Origin of Speciesby Means of Natural Selection)』이 출간되었다. 그는 모든 식물과 동물

이 아주 긴 시간동안 진화해 왔다는 것이다. 그는 어떤 종이 도태되지 않고 살아남을 것인지는 환경에 달려있다는 '자연도태'설을 주장했다. 모든 생물은 강하게, 약하게, 또는 어떤 독특한 특징을 가지고 태어나지만 이들이 생존하기 위해서는 환경에 적응해야 하고, 환경적응력이 없는 종은 사라지며 생존경쟁에서 살아남은 종만이 진화한다는 것이다.

다윈은『종의 기원』에서 단지 식물과 동물의 종에 대해서만 논했다. 그리고 인간의 적자생존에 관한 논의는 1871년에 펴낸『인간의 유래(The Descent of Man)』에서 발표했다. 그는 이 책에서 인간의 동물적 기원에 대해서 논했다. 그에 따르면 인간의 선조도 다른 포유동물과 마찬가지로 진화해 왔다는 것이다. 다윈의 이와 같은 학설은 많은 논쟁을 일으켰다. 일부 사람들은 인간 역시 자연의 소산물이라는 그의 이론을 믿을 수 없었고, 다른 사람들은 인간도 생존경쟁의 과정을 거쳤다는 사실을 받아들이는 데 많은 어려움을 겪었다. 인간이 가지고 있는 도덕적 가치란 있는 것인가? 이와 같은 비판에도 세상의 합리적인 질서를 믿는 과학자와 지식인들은 천지창조론이 믿을 수 없는 사실임을 점차 인정했다. 다윈의 적자생존에 입각한 진화론은 종교계에 커다란 영향을 끼쳤을 뿐 아니라, 사회 이론에 접목되어 '사회진화론'을 낳기도 했다.

3) 사실주의(Realism)

1850년 이후로 자주 이야기 되었던 세상을 사실적으로 보아야 한다는 믿음은 물질적인 세계관과 밀접하게 연관되어 있었다. 사실주의 세계는 먼저 1850년 먼저 회화분야에서 나타났고, 곧 문학 세계에도 등장했다.

(1) 사실주의 소설

19세기 중엽의 사실주의자들은 낭만주의적 세계관을 거부했다. 사실주의 작가들은 낭만주의 작가들이 영웅적 인물을 소재로 했던 것과는 달리 인간의 실생활 속에서 살아가는 인물을 취급했다. 그들은 실제로 본 것을 사실대로 묘사하여 사실을 미화하지 않고 인간의 경험을 솔직하게 표현했다. 사실주의자들은 그들의 일상생활에 대한 관심을 사회적 문제와 결부시켰다.

1850년대와 1860년대의 대표적 소설가는 프랑스 출신 플로베르(Gustave Flaubert, 1821～1880)였다. 그가 1857년에 쓴 작품 『보바리 부인』은 인간 타락에 대한 냉철한 분석이다. 시골생활에 지루함을 느낀 보바리 부인이 낭만적 감상에 빠져 간통하고 마침내 환멸을 느끼는 과정을 묘사하면서 낭만주의적 생활관의 타락성을 비판한 작품이다.

영국의 빅토리아 시대의 주요 소설가는 새커리(William Thackery, 1811～1863)와 디킨즈(CHarles Dickens, 1812～1870)이다. 새커리는 1848년 저술한 『허영의 시장(Vanity Fair)』에서 낭만주의적 사회상을 노골적으로 비판했다. 그는 "소설은 시나 비극이 영웅적인 표현을 할 수 있는 것과는 달리 가능한 강력하게 사실을 독자에게 전달해야 한다"고 주장했다. 빅토리아 시대의 가장 중요한 소설가는 아마 디킨즈일 것이다. 새커리가 영국의 상류층에 대해 썼다면, 그는 영국 산업화 초기의 중하층 계급의 생활에 대해 썼다. 그의 대표작은 『올리버 트위스트(Oliver Twist, 1837～1839)』, 『두 도시 이야기(A Tale of Two Cities, 1859)』 등이다. 그는 산업화와 함께 나타난 사회악과 사회 불의에 대항하는 도시 하층민의 생활상과 인간의 야만성을 아주 생생하게 사실적으로 묘사했다.

(2) 사실주의 미술

미술에서도 사실주의는 1850년 이후로 고전주의나 낭만주의를 앞질러 갔다. 사실주의 미술은 진실을 표현한다는 점에서 이미 낭만주의 미술에 내재되어 있던 수법이다. 사실주의에서 가장 중요한 것은 농민, 노동자, 창녀 등 보통사람들의 일상생활을 사진 찍듯 사실적으로 묘사하는 것이었다. 그리고 자연적인 환경을 그대로 표현하는 것이었다. 사실주의 미술은 프랑스에서 발전했다.

쿠르베(Gustave Courbet, 1819～1877)는 가장 잘 알려진 사실주의 미술가였다. 리얼리즘(Realism)이라는 단어 자체도 그의 한 작품을 묘사하기 위해

처음으로 사용되었다. 쿠르베는 노동자와 하층민의 빈곤과 비참함을 묘사했고 나폴레옹 3세가 주는 훈장을 거부했던 작가로 유명했다. 그는 주로 노동자, 농민, 살롱지기의 아내 등을 주제로 삼았다. 그는 "나에게 천사를 보여 달라! 그러면 날개 달린 천사의 모습을 그리겠다"고 외쳤다고 한다. 그가 1849년에 그린 작품인 『석공(The Stonebreakers)』은 도로 공사장에서 일하는 두 명의 석공을 사실적으로 묘사하고 있다. 그는 문학에서 디킨즈가 했던 것과 마찬가지로 탄압과 착취의 희생자들의 비참함을 고발하는 그림을 그렸다. 그는 지금까지의 미술이 지배 계층을 위해 봉사했다면, 이제부터는 서민들의 생활과 그들의 목소리를 반영하는 통로가 돼야 한다고 생각했다.

다음으로는 가장 특이한 화가로 밀레(Jean－François Millet, 1814～1875)를 들 수 있는데, 그는 낭만주의 풍경화가로 분류될 수도 있다. 밀레는 농촌 생활, 특히 토지에서 일하는 농부들을 잘 그렸다. 그의 가장 유명한 작품인 『이삭 줍는 사람들(The Gleaners)』은 이삭을 줍고 있는 세 여인의 모습을 담고 있다. 그것은 수백 년 동안 인간과 자연이 공존해 온 바로 그 모습인 것이다. 밀레는 농촌 풍경, 농촌 생활이 프랑스 작가들에게 중요한 주제가 되도록 했다.

3 대중사회와 대중문화

19세기 말엽 유럽은 물질적 번영을 누리고 있었다. 제2차 산업 혁명은 삶의 환경을 변화시켰다. 유럽인은 풍요 속에서 빛났고, 물질적인 발전이 인간의 발전이라고 생각했다. 과학과 기술의 발전을 통해 이룩된 성과가 인간의 모든 문제를 다 해결해 줄 것이라는 장밋빛 희망을 갖고 있었다.

19세기의 경제적 성장과 함께 새롭게 등장한 도시와 산업 사회는 19세기 말엽에 이르러 대중사회를 형성했다. 대중사회는 선거권, 더 질 좋은 삶, 교육의 자유를 누리는 하층 계급의 도약을 의미했다. 철도와 자동차의 등장으로 인한 교통 혁명은 노동자를 포함한 많은 사람들이 한꺼번에 인근 공원으로 이동하여 주말과 여가를 즐길 수 있도록 했다.

대중사회는 국가가 새로운 정부 역할을 해 줄 것을, 다시 말해 국민국가의 탄생을 기대했다. 1871년 유럽의 국가들은 국가에 대한 국민의 충성심을 고취시키고, 징병을 통한 대규모 군대를 조직하고, 도시 내에 공공체육시설과 공공주택을 늘려야 했다. 유럽의 많은 국민국가에서 중산 계급이 성장했고 자유주의가 승리했다. 정치적 민주주의의 성장은 1871년 이후에 나타났다. 선거권이 모든 성인 남자에게 확대되었고, 여성은 선거권 획득을 위한 투쟁을 계속했다. 그리고 정치적 민주주의의 성장과 함께 새로운 대중 정치와 새로운 대중매체가 발전했다.

1) 경제적 번영

제1차 산업 혁명이 면직, 철도, 철강, 석탄 등의 산업에서 일어났다면, 1871년 이후로 등장하는 제2차 산업 혁명은 철강, 화학, 전기, 석유 등의 산업에서 일어났다. 철강 기술의 발전은 철도, 선박, 병기 등을 더 가볍고, 더 작고, 더 빠르게 만들 수 있게 했다. 영국, 프랑스, 독일, 벨기에의 강철 생산량은 1860년에는 12만 5천 톤이었으나, 1913년에 3천 2백만 톤으로 무려 250여 배가 증가했다.

전기의 발명과 함께 진정한 산업 시대가 시작되었다. 전기는 1870년대에 실용적 차원에서 사용될 만큼 생산되었으나, 1910년경에 수력발전소와 화력발전소가 건설되면서 가정, 상점, 산업분야에서도 전기가 사용되었다. 전기는 에너지의 새로운 형태로서 전선을 통해 아주 손쉽게 빛, 열, 운동과 같은 다른 에너지로 전환될 수 있었다. 전기의 사용으로 백열전구가 발명되어 도시와 가정을 밝혔다. 그리고 인간관계에도 혁명적인 변화가 일어났다. 1876년 전화가 발명되고, 1901년 라디오가 발명되어 대서양을 사이에 두고 실시간으로 소식을 전하고 들을 수 있게 되었다. 컨베이어벨트, 크레인, 기계나 기계장비 등이 전기이용으로 더 빠르고 강한 동력을 제공했다.

엔진의 발명으로 자동차와 비행기 산업이 발전했다. 1900년에 9천 대의 자동차가 생산되었다. 자동차 산업은 프랑스가 이끌어갔으나, 1906년 포드(Henry Ford)에 의한 대량생산이 시작되면서 미국이 선두에 나섰다. 1916년 매년 73만 5천 대의 자동차를 생산했다. 비행기 산업은 1900년 채플린(Zeppelin) 비행선으로 시작했다. 1903년 혹(Kitty Hawk), 캐롤리나(North Carolina), 라이트형제(Wright Brothers), 오빌(Orville), 윌버(Wilbur)가 가솔린 엔진을 사용하는 두 날개 달린 비행기로 첫 비행을 했다. 제1차 세계대전으로 비행기 산업이 발전했지만, 일반 승객을 위한 비행기는 1919년 이후에야 운행되었다.

산업화와 함께 생산된 많은 물건은 시장을 필요로 했다. 1870년경 쓸 만한 해외시장은 이미 포화상태였으므로, 유럽인들은 내수 시장을 찾았다. 1850~1900년에 임금이 영국에서는 3분의 2, 독일에서는 3분의 1이 올랐고, 식료품과 상품 가격이 운송비의 절감으로 많이 내려서 두터운 소비자층이 생겼다. 소비의 증가는 생산기술의 발전을 자극했다. 철강 산업과 전기 산업의 발전에 힘입어 대량생산 체제가 발전하고, 대량으로 생산된 상품을 판매하기 위해 백화점이 생겼다. 많은 사람들이 재봉틀, 시계, 자전거, 전등, 타자기 등을 소유하려 했다. 해외시장에서의 경쟁과 내수 시장의 성장은 1820~1870년 사이에 유럽경제를 특징지었던 자유 무역 체제를 쇠퇴시켰다. 많은 산업과 정치 지도자들에게 보호관세는 자국 생산품의 시장을 확보하기 위해 적절한 조치였다. 1870년경 유럽은 보호무역으로 돌아섰다. 동시에 기업들은 연합(카르텔)하여 생산량과 가격을 통제함으로써 내부 경쟁을 줄였다. 기업연합을 통해 철강, 기계, 전기중장비, 화학 산업 부문에서 공장제 공업이 발전했다. 그 결과 가능한 한 능률적이고 합리적인 생산시스템이 형성되었다. 정밀기구의 발전으로 공동생산라인이 발전하여 서로 교체 가능한 물품을 생산했다. 1850년경 미국에서 소형 무기나 시계 등을 대량으로 생산하기 위해 사용되었던 이동조립라인이 유럽으로 옮겨졌다. 그리고 19세기 후반에 재봉틀, 타자기, 자전거 그리고 최종적으로 자동차 등 비군사적 상품도 대량생산되었다.

제2차 산업 혁명은 근대 유럽이 새로운 경제적 토대 위에서 살도록 만들었다. 유럽의 경제는 1873~1895년 사이에 물가의 극적인 하락으로 인한 경제 위기를 경험하기도 했지만 1871년부터 제1차 세계대전까지 대체적으로 경제적 호황을 누렸다. 이 시기는 유럽 문명의 황금시기로 여겨지기도 했다. 1900년경 유럽은 경제적으로 보아 두 개의 대조적인 지역으로 나뉘었다. 영국, 벨기에, 프랑스, 독일 등 산업화가 잘된 서유럽 지역과, 그때까지 뒤처져 산업화를 이룩하지 못하고 있던 남부 이탈리아, 오스트리아-헝가리의 대부분 지역, 스페인, 포르투갈, 발칸지역, 러시아 등 남, 동유럽 지역으로 구별된 것이다. 이들 유럽 후진국들은 선진 유럽 국가들에 식료품이나 원자재를 공급했다. 이와 같은 차이는 20세기에도 계속되었다. 19세기 말엽에 발생한 교통 혁명으로 선박산업과 철도산업이 발달하면서 세계경제가 활력을 받았다. 유럽인들은 아르헨티나와 오스트레일리아로부터 소고기와 양모를 수입했고, 알제리에서 철광석, 자바에서 설탕 등을 수입했다. 19세기 말엽 유럽은 자본, 산업, 군사력 등의 우위로 세계경제를 지배했다.

2) 여성 노동과 노동 조합

산업 사회의 출현과 함께 여성들의 사회진출의 기회도 증가했다. 공장의 대형화와 공공업무의 증대로 서비스 직업과 화이트칼라 직업이 많이 생겼다. 간단한 사무직 노동 인력의 필요성이 증대하면서 남성 노동 인력의 부족현상이 나타났고, 사무원, 타이피스트, 서류 정리원 등과 같은 저임금직에 여성이 고용되기 시작했다. 공공업무의 증대는 비서직이나 전화교환원과 같은 직업에 여성이 고용될 수 있는 기회를 제공했다. 의무교육의 도입과 병원의 증대로 교사와 간호사 직업에 여성이 투입되었다. 공공업무의 증대와 공장의 대형화로 인해 새로 생긴 화이트칼라 직업은 교사와 간호사 직업을 제외하고는 특별한 직업교육을 필요로 하지 않았으나, 신분상승을 꿈꾸는 노동 계층 혹은 중산 계층 집안의 딸들에 의해 선호되었다. 이와 같은 여성 직업은 여성들을 집안일에서 해방시킬 수 있었다. 그러나 중산층의 여성은 같은 계층의 남성에 비해 교육받을 기회가 없었기 때문에 같은 직업에서 남성과 차별될 수밖에 없었다.

수많은 산업노동자가 삶과 노동 조건의 향상을 위해 정당과 노동 조합을 조직했다. 노동 계급과 사회주의자 정당에서 가장 중요한 정당 중 하나가 1875년 독일에서 창립되었다. 라살레(Ferdinand Lassalle)가 이끌던 전독일 노동자 동맹과 마르크스주의자 리브크네히트(Wilhelm Liebknecht)와 베벨(August Bebel)이 지도하던 '독일사회민주노동당'이 통합되어 창당되었다. 1890년 '독일사회민주노동당'은 '독일사회민주당'으로 명칭이 바뀌었다. 1878년 프로이센의 비스마르크 정부에 의해 불법정당으로 제재를 받았지만, 오히려 번창하여 1889년 제2인터내셔널의 창설을 도왔다. 이 정당은 1890년 합법화되어 제국의회 선거에서 19.7%의 지지를 얻었으며, 1912년에는 34.8%의 득표율을 기록하면서 전체 의석 397석 가운데 110석을 차지하여 단일 정당으로는 가장 큰 정당이 되었다.

다른 유럽국가에서도 독일만큼 성공적이지는 않았지만 사회당이 창당되었다. 국제적 자본주의에 대항하는 세력으로 국제 사회주의를 조직했다. 1889년 각국의 여러 사회주의 지도자들이 함께 제2인터내셔널을 조직하여 노동절(5월 1일)을 제정하는 등 단합된 힘을 보이기도 하였지만, 회의 중 의견 대립으로 자주 충돌하고 분노가 폭발하는 등 단합이 어려웠다. 불화의 원인은 민족주의와 수정주의의 두 노선이었다. "노동자는 국가가 없다"는 마르크스와 엥겔스의 신념에도 불구하고 각 국가마다 사회주의자들의 방향은 달랐다. 민족적인 문제에 집중하고 있었으며, 민족주의는 사회주의보다도 훨씬 더 큰 영향력을 발휘하고 있었다.

마르크스주의 정당은 수정주의 논쟁으로 갈라졌다. 몇몇 마르크스주의자는 자본주의의 몰락을 믿고 사회주의자가 생산수단을 소유해야 한다는 정통주의를 고수했다. 다른 이들은 프롤레타리아트의 혁명을 거부하고 노동자들이 대중적인 정당에 소속되어 국가의 다른 진보적인 요소들과 더불어 개혁을 추진해가야 한다고 주장했다. 노동자들은 투표권의 확대로 어느 민주적인 방법으로 성취했던 것보다도 더 나은 지위를 얻었다. 수정주의자의 대표였던 베른쉬타인(Eduard Bernstein, 1850～1932)은 혁명이 아니라 점진적인 개혁을 통해 사회주의를 이룩할 수 있다고 생각했다.

노동자들은 노동 조건의 향상을 위해 노동 조합이 필요했으나, 그것을 얻기 위해서는 파업권이 필수적이었다. 1870년대에 파업권을 쟁취했고, 노동 조합은 그 이후에 만들어질 수 있었다. 1888년 성냥공장의 여성노동자 파업, 그 다음 해 런던에서 부두노동자들의 파업으로 두 노동자 집단을 위한 노동 조합이 결성되었다. 1900년까지 200만 노동자가 영국 노동 조합에 가입했고, 1914년까지 그 수는 3~4백만 명으로 늘었다. 그러나 아직 전 노동자의 5분의 1에 불과한 수자였다. 영국 다음으로 큰 노동 조합은 독일에서 결성되었다. 독일의 노동 조합 규모는 약 3백만 명이었다.

3) 대중사회의 출현

대중 사회를 구성하는 요인은 앞서 살핀 제2차 산업 혁명의 생산품으로 형성된 새로운 대중 소비구조와 노동 계급의 출현으로 형성된 노동 조합뿐만이 아니었다. 확대된 도시환경, 새로워진 사회구조, 여성의 새로운 역할, 교육과 여가 활동의 대중화 등도 대중사회를 이끌어가는 주요한 요인이었다. 그러나 무엇보다도 중요한 것은 인구의 증가였다.

(1) 인구증가와 도시의 발달

유럽 인구는 1850~1910년 사이에 약 2억 7천만에서 약 4억 6천만으로 대폭 늘었다. 이는 의학의 발전과 1880년 이후 사망률이 급격하게 줄어든 데 큰 원인이 있었다. 운송수단의 발달로 곡식조달이 잘되어 어느 곳에서나 충분한 영양 공급이 이루어 질 수 있었던 것 또한 중요한 인가증가의 원인 중의 하나였다. 산업화가 더딘 농촌에서도 인구가 증가했다. 이와 같은 농촌에서의 인구의 증가는 심각한 사회경제적 문제를 야기했다. 그래서 많은 동유럽의 농민이 산업화된 지역으로 이주했다. 1913년까지 4십만 명 이상의 폴란드인들이 독일의 루어 공업지대로 이주하여 노동자가 되었다. 그러나 1898년 이후로는 미국의 경제적

붐과 함께 선박요금의 인하로 20세기 초 많은 남, 동 유럽인들이 미국으로 향했다. 그들의 수는 1880년에 매년 약 50만 명이던 것이, 1906~1910년 사이에 매년 약 130만 명으로 늘었다.

산업화와 인구증가의 결과로 나타난 현상 중 가장 중요한 것은 도시의 발달이었다. 도시인구는 지속적으로 늘었다. 1800년 도시민 비율은 영국에서 40%, 독일과 프랑스에서 25%, 동유럽에서 10% 가량이었다. 그러나 1910년 도시민 비율은 영국에서 80%, 독일에서 60%, 동유럽에서 30% 가량으로 크게 늘었다. 유럽 주요 도시들의 인구증가를 보면 1800년 런던 시민이 96만 명, 베를린 시민이 17만 2천명이었으나, 1900년 런던 시민이 650만 명, 베를린 시민이 270만 명으로 크게 늘었다. 19세기 후반 도시인구 증가의 원인은 무엇보다도 농촌인구의 이주였는데, 이는 산업화가 농촌의 발전에 기여한 바가 없었기 때문인 것으로 여겨진다.

도시의 발달과 인구의 집중으로 발생될 수 있는 질병에 대한 예방과 시민의 건강을 위해, 시정부는 위생시설을 늘려 시민의 삶의 조건을 향상하는 등 역할이 증대되었다. 런던의 경우 1875년 건강법을 제정하여 새로 짓는 모든 건물에 수도와 하수도 시설을 갖추도록 요구했다. 건강을 위해 깨끗한 물을 얻는 일이 무엇보다도 중요했고, 이와 함께 폐수를 잘 처리하는 능력이 필요했다. 수원지와 하수관이 개발되어 상하수도시설이 갖춰졌다. 1860년대에 가스온수기가 개발되면서 집집마다 목욕시설을 갖추기 시작했다. 1914년경 상하수도시설과 목욕시설은 시민의 건강증진에 크게 기여하고 있었다.

도시인구 집중이 낳은 또 하나의 중요한 문제는 주택이었다. 가난하고 밀집한 노동자들의 거주지는 전염병의 온상이었다. 이들의 참담함은 도시의 미관은 물론 같은 도시 공동체 구성원으로서의 책임을 느끼게 했다. 1861년 독일의 건축개혁가 후버(V. A. Huber)는 주택이 가족생활과 개인의 건강과 위생을 위해 필수적인 것임을 강조했다. 그는 노동자 계층의 주택문제를 해결하지 않고서는 사회적 안정을 가질 수 없다고 지적했다. 이와 같은 사회적 필요는 주택업자들의 이윤욕을 자극했으며, 그들의 노력으로 주거수준이 어느 정도 향상될 수 있었다. 그러나 업자들의 주택공급은 도시인구의 증가를 따를 수 없었다. 그러자 영국은 1890년 시정부가 노동 계급에게 값싼 주택을 공급할 것을 법으로 정했다. 독일도 1900년경 비슷한 조치를 취했다. 그러나 주택문제는 이와 같은 완곡한 조치로 해결될 수 없었고, 국가의 개입을 필요로 했다.

(2) 대중사회의 구조와 여성

성공적인 산업 혁명으로 유럽에 새로운 부유층이 생겼다. 이들은 부유한 중상계층 중 크게 성공한 대기업가, 은행가, 대상인들로 유럽 인구의 약 5%에 속했으며, 30～40%의 부를 장악했다. 성공한 새 부유층은 사업으로 부를 획득한 반면, 귀족들은 주로 철도, 정부와 공공사업에 투자했지만 다른 사업을 하기도 했다. 도시 상층민은 농촌에 토지를 구입하여 귀족적 생활도 영위했고, 귀족들은 도시에 여분의 집을 두어 도시생활을 즐기기도 했다. 두 신분은 자식들의 통혼을 통해 점차 같은 계층으로 통일되어 갔다.

19세기 말엽 중산층의 삶의 방식이 보편화되었고, 중산층은 그들의 자식에게, 그리고 상층과 하층민에게 자신들의 삶의 방식을 따를 것을 설득했다. 그들은 진보와 과학의 중요성을 믿고 있었으며, 성실하게 일하면 반드시 좋은 결과를 얻을 수 있다는 믿음을 가진 기독교인이었다. 중산층은 법조인, 의사, 중소기업가, 회계사, 기술자, 건축가, 화학가 등 아주 다양했다. 제2차 산업 혁명 이후 새롭게 생긴 화이트칼라층은 중하층과 하층 사이에 속한 여행사 직원, 장부작성인, 금전출납원, 전화교환원, 백화점 점원, 비서 등이었다.

하층은 위의 두 계층을 위해 공공업무를 수행하거나 상품을 생산하는 소상인, 수공업자, 공장노동자, 부유한 농민 등으로 전 인구의 약 80%가 여기에 속했다. 하층의 바닥에는 비숙련 노동자, 일용직 노동자 등이 있었다. 1900년 영국의 경우 7명의 노동자 중 한 명이 여기에 속했고, 이들의 대부분은 여성이었다. 도시노동자들의 생활수준은 1871년 이후 많이 향상되었다. 특히 1880～1890년대에 임금이 상승됨으로써 식생활과 주거생활이 크게 개선되었다. 그뿐만 아니라 의생활에서도 많은 변화가 있었고, 노동시간이 줄어 주말에 여가 생활을 즐기는 도시노동자의 수가 늘어갔다.

산업화는 여성들의 역할에 대한 인식을 변화시켰다. 남자는 밭을 갈고 여자는 집안일을 하고, 남자는 칼을 차고 여자는 바느질을 하고, 남자는 머리를 쓰고 여자는 마음을 쓰고, 남자는 명령을 하고 여자는 복종해야 한다는 여성에 대한 전통적인 인식은 19세기에 변하기 시작했다. 남자는 밖에서 노동을 하며 돈을 벌었고, 여성은 집안일을 하며 돈을 벌지 못했다. 여성은 취업을 하더라도 임금이 적어 자립할 수 없었기 때문에 경제적인 안정을 얻기 위해서는 결혼을 해야 했다. 그래서 19세기에 여성의 결혼율이 증가했고, 사생아 출생률은 줄었다. 여성들의 결혼 선호로 많은 가정이 탄생했지만, 1840년대 콘돔의 발견 등 피임법의 발전으로 제1차 세계대전 시기까지 출산율은 현저하게 줄었다. 출산율 저하의 다른 원인은 외부 사정 혹은 유아 유기나 유아 살해 등으로 산아를 제한하려 했던 부모들의 삶의 태도변화에서도 찾을 수 있다. 당시 사람들의 출산제한에 대한 염원은 1882년 암스테르담에서 야콥(Alleta Jacob) 박사가 유럽 최초로 개원한 '산아제한병원'이 이를 잘 말해주고 있다.

(3) 대중사회에서 가족과 교육

중산층 가정에서 여성은 주로 집안일과 아이들 교육에 힘썼다. 노동력의 과잉 공급으로 임금이 쌌기 때문에 집안에 하인을 두는 경우가 많았다. 여성은 하인에게 집안일을 맡기고 아이들 교육과 집안 여가 활동에 시간을 활용했다. 영국 빅토리아 시대에 크리스마스를 가족과 함께 지내는 풍습이 생겨 트리를 만들고, 노래를 부르고, 선물을 교환했다. 미국인은 독립기념일인 7월 4일을 술의 축제일로 보내다가 1850년대에 가족소풍일로 바꾸어갔다.

노동자 가정은 열심히 일하는 데 익숙했으며, 딸들은 시집갈 때까지 집안일을 했고, 시집간 후에도 더러 삯일로 집안을 도와야 했다. 아이들은 9살이나 10살이 되면 실습생이 되거나 고용되어 잔일을 해서 돈을 벌어야 했다. 1890~1914년 사이에 중공업분야 노동자들이 고임금을 받으면서 노동자 가정의 생활수준도 나아졌다. 벌써 20세기 초에 노동자 가정의 아내도 중산층 가정의 아내처럼 집안에 머무는 경우가 생겼다. 이와 같은 시기에 재봉틀, 시계, 자전거, 무쇠난로 등의 생산으로 많은 소비층이 생겨 대량소비사회가 형성되었다.

의무교육이 실시되고 어린이 노동금지법이 시행되면서 노동자 가정에서도 중산층 가정에서처럼 아이들을 보는 시각이 변했다. 그들에게 아기는 키우면 커서 가사에 보탬이 되는 존재가 아니라 짐이라는 인식이 자리 잡게 된 것이다. 공중위생과 식생활의 향상, 의학의 발전으로 유아사망률이 줄어듦에 따라 아이를 많이 낳을 필요성이 없어졌다. 1900년경 노동파업을 통해 노동자들의 하루 노동시간이 10시간으로 단축되었고 토요일 오후 작업이 없어졌다. 이와 같은 변화로 노동자 가정의 부모는 아이의 교육과 가족을 위한 시간을 더 많이 가질 수 있었다.

대중사회의 발전으로 19세기 말엽 대중교육이 실시되었다. 19세기 초에 중등이나 고등교육을 받은 사람을 '학식 있는 사람'이라 칭했다. 중등교육 과정에서는 주로 라틴어나 그리스어와 같은 고전을 많이 배웠다. 이와 같은 중등교육과 대학교육을 받을 수 있는 사람은 귀족이나 중상류층 이상에 속하는 사람들이었다. 1850년대에 중산층 자녀도 중등교육을 받고 공무원이나 지적인 직업인이 될 수 있었다. 1870~1914년 사이에 대부분의 서유럽 국가들은 6~12세까지 남녀 아동들에게 초등교육을 실시했다. 1900년경 북유럽과 서유럽의 국가들은 국립 초등학교를 설립해서 초등교육을 의무화함으로써 대중교육의 장을 열었다. 자유주의자들은 대중교육이 개인은 물론 사회의 발전을 위해 중요한 것이라고 생각했다. 그들은 가톨릭 교육을 밀어내고 세속적 가치에 바탕을 둔 도덕과 시민교육을 실시하려 했다. 그러나 보수주의자들은 대중교육의 필요성이 군인의 자질을 높이고 국민을 사회적 규율로 훈련시키는 데 있다고 보았다. 이와 같은 대중교육은 물론 제2차 산업 혁명으로 교육을 필요로 하는 철도원, 우체국 직원, 은행원, 선박 회사원, 교사, 간호사 등 많은 숙련 노동자가 필요했기 때문에 실시되었다.

대중교육은 정치적인 이유에서 실시된 것이기도 했다. 투표권의 확대로 인해 투표자들을 교육시킬 필요가 있었다. 그러나 그보다 더 중요한 대중교육의 필요성은 국민을 하나의 민족의식으로 단합시키는 데 있었다. 초등 의무교육에서 무엇보다도 표준어를 교육하고 민족의식을 교육함으로써 같은 국민으로서의 통일된 의식을 갖추게 할 수 있었다. 대중교육이 발전하면서 교사에 대한 많은 수요가 창출되었다. 초등학교 교사는 대부분 여성이었다. 1880년대 미국의 경우 초등교사의 3분의 2가 여성이었다. 많은 사람들이 아이를 교육시키는 일은 여성의 일로 생각하고 있었다. 게다가 국가 입장에서 보면 남성보다 더 적은 임금으로 채용할 수 있었기 때문에 여성을 더욱 선호했다. 여성이 갈 수 있었던 최초의 대학은 사범대학이었다. 20세기 초엽까지 대학은 남성들만의 교육기관이었다. 1902년 프랑스 대학생의 3%가 여학생이었으나, 1914년에 약 10%로 늘었다.

대중교육의 발달로 사람들이 읽고 쓸 수 있게 되면서 1871년 이후로 신문들이 제작되었다. 뿐만 아니라 가족잡지나 여성잡지(1860년대)도 출간되었다. 또한 선정적인 싸구려 성인소설로 카우보이와 인디언 사이의 갈등을 다양하게 다룬 서부극 등이 있었다. 대중문학과 함께 대중 여가 활동이 새로운 차원의 대중문화로 등장했다.

산업화 이전의 시기에 여가 활동은 전통적인 생활풍속과 연계되어 있었다. 그러나 산업 사회가 도래하면서 일과 여가가 서로 상반된 개념으로 발전해 갔다. 일정한 노동 시간과 노동을 하지 않는 시간의 구분이 생겼다. 노동을 하지 않는 시간인 퇴근 시간, 휴일, 주말 등이 여가 활동에 활용되었다. 이와 같은 여가 활동을 위해 놀이공원이 지어지고, 철도 등 운송수단의 발전으로 교외로 놀러가는 사람들이 늘었다. 1880년대부터는 노동자 계층의 사람들까지도 여가 활동에 합세하여, 놀이공원 방문은 물론 체육관에서 운동을 하거나 댄스홀에 춤을 추러 다녔다. 그리고 기차를 타고 해변으로 가서 쉬려는 사람들도 있었다. 이와 같은 여행은 곧 개인적인 차원을 넘어서 대중화되었고, 이에 따라 중상층의 대중관광을 위한 상품이 개발되었다.

19세기 말엽에 영국축구협회(1863), 미국볼링협회(1895) 등의 팀 경기를 하는 단체들이 생겨 여가 시간을 활용했다. 이와 같은 팀 경기는 곧 직업화되었다. 1863년 영국축구협회, 1871년 영국럭비협회가 프로가 되었고, 미국에서도 1863년 프로야구가 만들어져서 1900년경에는 내셔널리그와 아메리칸리그가 독점적으로 운영되었다. 팀 경기의 직업화로 도시에 대중동원이 가능한 대형경기장이 지어졌다.

대중 여가 활동은 무엇보다도 일을 벗어나 즐거움을 만끽하려는 사람들의 욕구를 만족시키는 방향으로 발전해 갔다. 전통적인 축제와 박람회 등이 공동체를 위한 적극적인 관객을 위한 것이었다면, 새로운 형태의 대중 여가 활동은 피동적인 대중을 끌어들여 이윤을 남기기 위한 사업의 일환으로 개발되었다.

4) 국민국가

서유럽의 국가들에서 대중정당이 출현하고, 투표권이 확장됨으로써 정치적으로 자유주의적 개혁이 실시되어 자유주의적 헌법, 의회, 개인의 자유 등이 크게 발전했다. 그러나 여전히 구체제 속에 있던 중, 동유럽의 국가들은 이와 같은 발전을 거부하고 방해했다.

의회제도가 확고히 뿌리 내린 영국에서는 점진적인 민주개혁으로 민주주의의 성장이 주된 관심사가 되었다. 투표권이 1867년과 1884년의 개혁법에서 대폭 확대되었다. 특히, 1884년 법에서는 모든 납세자에게 선거권을 부여했기 때문에 이전에 제외되었던 농촌 노동자들에게도 선거권이 주어졌다. 그다음 해에는 선거구를 개편했다. 예전에 사용했던 도시나 주 단위를 폐쇄하고 인구비례로 새로운 선거구를 만들었다.

4 20세기 대중문화와 문예사조

1) 대중문화와 대중 레저

1920년대 독일의 수도였던 베를린은 수많은 연극과 단막극 공연장, 영화관, 재즈클럽 등의 활성화로 대중문화의 중심을 이루었다. 사람들은 클럽, 홀, 집, 길거리 등 어디서나 4박자 춤인 찰스턴(Charleston)과 사교춤의 하나인 버니 헉(Bunny Hug)을 쉽게 즐겼다. 그리고 이 시기는 미국의 흑인 음악인 재즈의 전성시대였다. 재즈 음악의 즉흥성과 강력한 리듬은 서유럽 전역으로 퍼졌다.

대중매체전달 방식에 있어서 혁명적인 변화는 무선 라디오의 발견과 함께 이룩되었다. 1920년 6월 16일 런던 출신 소프라노 넬리 멜바(Nellie Melba)의 공연이 라디오 방송 사상 최초로 대중에게 중계되었다. 1921~1922년 동안 미국, 유럽, 일본에서 방송시설이 설치됨과 동시에 라디오가 대량생산되었다. 1926년 영국의 BBC(British Broadcasting Corporation)가 공영방송이 되면서 영국의 라디오 보유자 수가 220만에 이르렀다. 그리고 1930년대 말 즈음에는 그 수효가 900만으로 늘었다.

영화 산업은 1890년대에 이미 시작되었으나 음악 홀에서 덤으로 짧은 영화가 상영되었을 뿐이었다. 그러나 제1차 세계대전 이전에 벌써 이탈리아에서 만든 영화인 쿼바디스(Quo Vadis)가 상영되었고, 그 후로 곧 영화의 대중화가 실현되었다.

이와 같은 대중문화는 정치적으로 이용되기도 했다. 나치 독일의 선전부 장관 괴벨스(Joseph Goebbels, 1897~1945)는 대중문화의 효용성을 잘 알고 활용한 인물이었다. 그는 1929년 당 선전 부장으로서, 새로운 선전 수단으로 다큐멘터리나 특별 제작한 대중영화를 이용하여 나치의 메시지를 국민들에게 전했다. 그는 이와 같은 교묘한 선동 정치를 통해 1930년대 나치의 당세 확장에 크게 기여했다. 1933년 나치스가 정권을 잡자, 국민 계몽 선전부 장관, 문화회의소 총재가 되어 문화면을 완전히 통제하고 국민을 전쟁에 동원하는 데 기여했다. 그는 1934년 뉴른베르크 당 대회에서 '의지의 승리(The Triumph of the Will)'라는 다큐멘터리를 제작하여 방영함으로써 관람자에게 나치의 힘을 강력하게 전달했다.

대중 레저는 세기의 전환기에 이미 발전했지만, 제1차 세계대전 이후 노동조건의 변화와 함께 크게 변했다. 1920년 북유럽과 서유럽의 사무실과 공장에서 하루 노동 시간이 8시간으로 줄어들면서 사람들은 여가를 즐길 수 있었다. 여가 선용을 위해 다수의 관중을 동원할 수 있는 프로운동경기가 개최되었다. 1930년에 시작된 월드컵 축구경기는 국가들의 경쟁을 자극하면서 축구를 대중스포츠로 만들었다. 축구의 대중화로 1920년대와 1930년대에 많은 축구경기장이 지어졌다. 특히, 1936년 올림픽 경기를 위해 베를린에 14만 명의 관중을 동원할 수 있는 운동장이 지어졌다.

여가 활동으로 여행 또한 많은 발전을 했다. 제1차 세계대전 동안 군사적 목적으로 사용된 전투기가 민간의 여가 활동을 위해 사용되었다. 1919년 최초로 국제항공우편이 가능해졌고, 뒤이어 민간비행기로 여행이 가능해졌다. 물론 비행기 여행은 당시의 부유층이나 할 수 있었지만, 부유층이 아닌 많은 사람들도 버스, 기차, 자가용을 이용하여 해변이나, 휴양지로 여행을 떠났다. 대표적 여가 문화로 여행이 정착되어 갔다.

이와 같은 대중 여가 활동은 전체주의 국가에서 국민을 통제하기 위해 이용되기도 했다. 작업의 능률을 올리기 위해 나치는 '즐거움을 통한 능률(Kraft durch Freude)'이라는 프로그램을 개발했다. 휴가기간 동안 즐길 수 있는 콘서트, 오페라, 필름, 안내인 딸린 여행, 스포츠 경기 등 많은 프로그램을 개발했다. 특히, 스칸디나비아나 지중해로 가는 크루즈 여행이 패키지 여행으로 저렴하게 새로 개발되어 인기가 많았다. 물론 노동자층은 더 간단한 여행으로 휴가를 보냈다. 나치 정부는 이와 같은 여가 정책을 이용하여 국민을 계획적으로 관리하는 새로운 통제체제를 개발했다.

2) 새로운 문화와 문화사조

제1차 세계대전 이전의 예술과 학문의 개혁은 소수의 전위 예술가들과 지식인들 단체가 수행했다. 전후 지식인들은 1914년 이전에 있었던 사상들을 연구하면서 1920～1930년대의 개혁을 보다 광범하게 수행했다. 4년간의 전쟁 이후 많은 유럽인들은 실망과 환멸을 느끼고 있었다. 전쟁 전의 전위 지식인들은 인간은 무분별하고 비이성적이어서 동물처럼 폭력을 행사할 수 있다고 믿었다. 그들의 믿음은 제1차 세계대전으로 증명되었다. 그리고 전후의 불황과 폭력적인 파시스트 운동은 인권을 말살하고 제1차 세계대전으로 인해 생긴 불확실성을 증폭시켰다.

제1차 세계대전은 유럽 지식인의 경험을 확대시켰다. 전전의 혁명적인 사상이나 믿음은 전후 식상한 것으로 여겨졌고, 4년간의 전쟁이 가져다 준 사회적, 심리적 충격은 사고의 새로운 틀을 요구했다. 전쟁으로 전통적인 중산층의 생활양식, 특히 성생활이 변했다. 1920년대에는 여성들의 외적인 모습이 크게 변했다. 짧은 치마를 입고, 머리를 짧게 자르고, 지금껏 직업여성의 상징이었던 화장을 하고, 일광욕을 즐기는 여성의 모습은 빠르게 변한 여성들의 사고를 보여주었다. 1926년에 발행된 네덜란드의 물리학자 반 드 벨데(Theodor van de Velde)의 저서 『이상적 결혼 : 생리현상과 기교(Ideal Marriage : Its Phsiology and Technique)』는 여성과 남성의 신체를 분석하고, 피임 기술에 대해 논하고, 결혼이 가져다주는 성생활의 즐거움을 묘사하고 있다. 이 책은 여러 외국어로 번역되었고 세계적인 베스트셀러가 되었다. 새로운 성생활과 산아제한에 관한 정보는 가족계획 병원의 등장과 함께 노동자 계층에도 전해졌다.

(1) 다다 운동과 초현실주의

두 세계대전 사이의 예술적, 지적 작품들에는 불확실성이 내재되어 있다. 전후의 예술적 경향은 대부분 전전에 발전했던 것들에 대한 재발견이다. 예를 들어 1907년부터 1914년 사이 파리에서 일어났던 혁신적인 추상파 미술도 두 세계대전 사이 시기에 더욱 발전하여 대중화되었다. 전전의 부조리하고 무의식적인 정신세계의 표현은 제1차 세계대전 전장의 악몽이 담긴 풍경들을 경험한 후에 더욱 더 관심을 끌었다. 이러한 분위기와 함께 다다(Dada) 운동과 초현실주의가 등장했다.

다다 운동은 일종의 허무주의 운동으로 1916년 발(Hugo Ball), 차라(Tristan Tzara), 휼젠벡(Richard Hülsenbeck), 얀코(Marcel Janco), 아르프(Hans Arp)에 의해 취리히에서 시작되었다. 기존의 부르주아 전통의 예술세계를 부정했으며, 오늘날의 예술세계에까지 큰 영향을 미치고 있다. 이 운동은 당시의 세계관과 사회 통념을 거부하는 예술가들의 기존 예술에 대한 반란이었다. 다시 말해, 개인주의에 대한 완전한 불신으로 정해진 이념이나 기준을 파괴하는 예술 운동으로 교육과 전통적 사회인습을 거부하고, 단순성, 임의성, 우연성을 강조한다. 다다 운동가들은 자신들의 운동이 정의될 수 없다고 생각한다.

다다 운동보다 더 중요한 예술 운동 중의 하나가 초현실주의(Surrealism) 운동이다. 초현실주의는 다다 운동의 영향을 받아 1920년 파리에서 일어난 문예사조이다. 목적은 비현실적이고 꿈같은 무의식의 심연을 들추어내는 것이다. 즉, 인간의 이성으로 다다를 수 없는 세계를 상상력으로 표현한다. 특히, 프로이드의 영향을 강하게 받았으며, 자유로운 상상력으로서 지성을 초월한 꿈이나 잠재의식의 세계를 해방하여 초현실적인 미를 창조하려고 했다. 대표적인 인물로는 스페인 출신 달리(Salvator Dalí, 1904~1989)가 있다. 그는 그의 대표 작품 '기억의 연속'에서 사물들을 인식 불가능하게 배치하여 비이성으로 경험할 수 있는 혼란한 세상을 그렸다.

(2) 기능주의와 표현주의

1920~1930년대의 건축에서 기능주의(Functionalism)가 널리 퍼지면서 건축물은 장식보다도 유용성을 목적으로 지어져야 한다는 사고가 지배적이었다. 1919년 바이마르(Weimar)에서 창립된 바우하우스(Bauhaus) 학교가 기능주의의 발전에 크게 기여했다. 바우하우스의 교사는 건축가, 미술가, 디자이너로 구성되었으며, 이 세 그룹은 함께 연구하며 공동작품을 만들었고, 미술과 공예, 사진, 건축 등과 관련된 종합적인 내용을 교육했다. 바우하우스의 양식은 현대식 건축과 디자인에 큰 영향을 주게 되었다. 또한, 바우하우스의 양식을 토대로 하여 이후에 이어지는 예술, 건축, 그래픽 디자인, 내부 디자인, 공업 디자인, 활판의 발전 등은 많은 영향을 받았다.

나치 독일은 이와 같은 근대 예술을 타락하고 유대적인 것으로 보고 거부했다. 히틀러는 아리안족의 속성을 잘 보여줄 수 있는 강하고, 건강하고, 영웅적인 모습을 지닌 새로운 진짜 독일 예술을 장려했다.

미술 분야에서와 마찬가지로 음악에서도 1920년대 초에 표현주의 음악으로 혁명적인 변화가 일어났다. 이 변화는 스트라빈스키(Igor Stravinsky, 1882~1971)

와 함께 시작되었다. 러시아 혁명으로 조국을 떠난 그는 제1차 세계대전 후 신고전주의 작품으로 전환하였는데, 이 시기의 작품으로는 《풀치넬라》(1920)가 있다. 그리고 고전 시대와 바로크 시대 음악의 정신을 부흥시키려고 한 음악풍조는 양차 대전 사이에서 유럽 음악의 주류를 이루었다. 그는 이 시기의 풍조에 선도적인 역할을 했다. 비엔나 출신 작곡가 쇤베르크(Arnold Schönberg, 1874~1951)는 1933년 나치에 의해 추방된 후 미국에 귀화하여 로스앤젤레스의 캘리포니아 주립대학교(UCLA)에서 교수로 재직했다. 그는 과거의 음악에 얽매이지 않고 작품을 발표함으로써 아주 급진적인 변화를 추구한, 그리고 음렬을 사용한 12음 기법과 무조(atonic)음악을 정립한 최초의 작곡가로 알려져 있다.

제11장
제1차 세계대전과 러시아 혁명

■ 주요 연표

1869 : 수에즈 운하 건설
1877 : 빅토리아 여왕, 인도의 여황제
1882 : 영국의 이집트 점령과 아프리카 식민지 쟁탈전 강화
1884~1885 : 아프리카의 독일 식민지
1885 : 베를린 아프리카 회의에서 콩고 조약
1892~1894 : 러시아-프랑스 군사 동맹
1896 : 독일의 '세계 정책' 시작
1897~1898 : 독일의 중국 식민지
1898 : 독일 영국 군함 경쟁, 영국과 프랑스의 파쇼다 분쟁, 스페인과 미국의 전쟁
1899 : 터키-독일의 바그다드 철도 부설권 인가, 남아프리카 농민 전쟁
1900 : 중국 권투 선수 반란
1904 : 영국과 프랑스의 협정
1904~1905 : 러·일 전쟁, 러시아 혁명
1905 : 제1차 모로코 위기
1907 : 러시아와 영국의 협정
1908 : 오스트리아-헝가리의 보스니아-헤르체고비나 점령
1911 : 제2차 모로코 위기
1912 : 독일과 영국 사이의 불화
1912~1913 : 발칸 위기로 인한 세계 위기
1914~1916 : 사라예보에서 오스트리아의 황태자 페르디난트 암살
1916 : 베르덩 전투

1917 : 미국의 개입, 러시아 2월, 10월 혁명
1918 : 휴전 및 종전
1919 : 파리 강화 회의

1 전쟁의 배경

1) 제국주의적 팽창

제국주의는 비단 유럽의 근현대사에서만 발견되는 것이 아니라 어느 시대 어느 지역에서나 일어날 수 있는 보편적인 현상이다. 제국주의의 본질은 강한 민족이 약한 민족들을 제국(empire)이라는 울타리 속에서 지배하려는 것이다. 그러나 19세기 말에서 20세기 초의 신 제국주의는 그 이전의 것과는 달랐다. 고대의 로마 제국이 단순한 약탈이나 정복을 위한 팽창주의에 입각해 있었고, 16세기에 스페인과 포르투갈의 해외팽창은 금과 은을 얻기 위한 것이었다면 신 제국주의는 하나의 이념에 입각해 의도적으로 추구되었다는 것이다. 다시 말해, 구 제국주의는 영토 확장을 통해 물질을 획득하였다면 신 제국주의 시대의 팽창은 산업주의와 자본주의 경제체제가 관련되어 있었다.

이와 같은 제국주의의 경제적인 측면은 1917년에 출간된 레닌의 저서 『자본주의의 최후단계로서 제국주의』에서 강조되었다. 레닌에 따르면 제국주의는 계속 축적되는 금융 자본의 출구를 마련하기 위해 금융가들이 정치가를 조종하여 해외팽창을 획책하는 데서 유래한다. 제국주의적 팽창의 동기는 무엇보다도 애국적인 민족주의에서 찾을 수 있다. 제국주의는 경쟁적으로 민족적인 우월성을 보이려는 심리적인 면과 전략적인 거점을 마련하려는 정치적인 면에서 그 동기를 찾을 수 있다.

구 제국주의에서 신 제국주의로의 전환은 영국의 보수당인 토리당의 당수 디즈레일리(Benjamin Disraeli, 1804~1881)와 식민주의에 회의적이었던 당시 수상 글래드스톤(William Gladstone, 1809~1889)의 대립과 함께 이루어졌다. 글래드스톤은 1872년 크리스털 궁전에서 영국은 국내에서 편안하게 사는 것에 만족하지 않고 전 세계의 존경을 받는 하나의 대국, 즉 제국을 만들어야한다고 강조했다. 1866년부터 유럽의 변화, 특히 1871년 독일 제국의 성립으로 유럽에서 힘의 균형이 무너졌다. 영국은 새로운 힘의 등장을 의식하고 있었다. 디즈레일리는 1874년 수상이 되었고 영국은 세계적인 힘을 과시하기 위해 1877년 빅토리아 여왕을 '인도의 여황제'로 칭했다. 그리고 2억 5천만 힌두, 시크, 무슬림을 영국의 식민 정책으로 다스렸다.

이와 같은 영국의 인도 지배가 원활하게 진행될 수 있었던 것은 1869년 수에즈 운하를 완성하여 이집트에 대한 지배권을 확립하여 인도로 향한 뱃길을 단축시켰기 때문이었다. 뿐만 아니라 1895년 아프리카 남쪽 끝 두 개의 보어 공화국을 합병하여 남아프리카 연방을 창설했다.

(1) 아프리카 식민지 쟁탈전

프랑스는 1882년 이전부터 영국에 의해서 이집트에서 쫓겨났다. 그리고 이에 대한 보상으로 1881년 튀니지(Tunisia)를 보호령으로 삼았다. 이 일을 계기로 유럽 열강들의 아프리카 식민지 건설이 경쟁적으로 시작되었다. 프랑스는 튀니지를 시작으로 알제리(Algeria), 모로코(Moroco)에 북아프리카 제국을 건설했다. 1896년 마다가스카르(Madascar)를 식민지화했을 뿐 아니라 서아프리카, 사하라(Sahara), 콩고(Congo) 지역에 팽창했다. 이로써 아프리카 대륙의 열강에 의한 분리는 일단락되었다.

아프리카 지역에서 가장 큰 식민지를 건설한 나라는 영국이었다. 영국은 이미 1874년 서아프리카 황금해안을 점령했다. 노예 시장이 있던 항구도시 라고스(Lagos)를 점령(1851)하여 통합(1861)시키는 등 여러 과정을 통해 나이지리아(Nigeria)가 탄생했다. 서아프리카의 서남쪽에서 1821~1893년에 걸친 긴긴 시민 전쟁 끝에 요루바족(Yoruba)은 영국의 지배에 굴복했다. 흩어져 있던 이보족

(Ibo)은 식민지 지배세력에 의존하여 계속적인 노예화를 막으려고 했다. 1900년 이후 영국은 서아프리카의 북쪽에 있는 소코토(Sokoto)를 점령하여 북나이지리아로 하여금 통치케 했다. 영국은 소수의 관료들을 통해 간접적으로 세금을 거두고, 사법 제도를 통해 내적인 평화를 만들어내려고 노력했다. 또한 노예제를 폐지하여 주민들의 환심을 사려했고, 철도를 건설하여 물품 운송을 원활하게 하고, 교육시설을 설치하여 주민들을 문맹으로부터 벗어나게 했다.

영국은 남, 동아프리카에서도 많은 식민지를 건설했다. 1795년 남아프리카의 케이프타운(Capetown)을 정복하고 두 차례의 보어 전쟁을 거쳐 1910년 케이프타운을 수도로 한 남아프리카 연방(Union of South Africa)을 창설했다. 그리고 1884년에 소말리아(Somalia), 1885~1895년 사이에 베츄어날랜드(Bechuanaland), 로데시아(Rhodesia), 케냐(Kenya), 우간다(Uganda) 등이 새로운 식민지가 되었다. 1897년 영국 외무부 장관이었던 체임벌린(Josef Chamberlain)은 모든 식민지를 결속시켜 대영 제국을 세계 제국으로 만들 것을 선언했다.

1898년 이집트와 영국은 마디스트 국가(Mahdist-State, 1883~1898, 수단)를 점령하여 1899~1955년까지 공동지배했다. 그곳에서 발견된 다이아몬드와 금광이 있어 영국은 남아프리카에 대해 관심을 쏟았고 산업화에 박차를 가했다. 영국은 그곳에서 백인(브리튼과 보어인)과 흑인을 분리했다. 보어 전쟁(Boer War, 1899~1902) 동안 영국은 집단수용소를 설치해 남아프리카의 홀란드 출신 거주민들을 예속시켰다. 그리고 1909년 케이프 식민지, 오렌지 자유국, 트란스발 공화국 등을 통합했다.

이와 같은 영국의 종단 정책(이집트의 카이로~남아프리카 공화국의 케이프타운)에 맞서 프랑스는 횡단 정책(알제리~마다가스카르)을 추진했다. 1898년 영국군은 프랑스 지배지역인 수단의 파쇼다까지 팽창했다. 영국과 프랑스 사이에 전운이 돌았지만 프랑스는 영국을 독일에 대항하기 위한 하나의 동맹국으로 만들기 위해 영국에 양보하고 우호관계를 유지했다. 당시 프랑스의 정치가들은 아프리카 문제로 독일과의 동쪽 국경 알사스-로렌 지역을 회복해야하는 국민적 염원을 저버리고 있다는 의심을 받고 싶어 하지 않았다. 영국은 보어 전쟁을 승리로 이끌기 위해 프랑스의 간섭을 원치 않았다. 프랑스는 1911~1912년 아프리카 서북부의 일부를 떼어내어 모로코(Morocco) 보호령을 만들었다. 뒤늦게 제국주의 대열에 끼어든 독일도 카메룬과 토고를 중심으로 아프리카 제국을 건설했다. 이들 강대국보다 국력이 떨어지는 이탈리아, 벨기에, 네덜란드 등도 제국주의 대열에 참가했다. 이탈리아는 터키와의 전쟁(1911～1912)을 치른 후 1912년 리비아(Libya)지방을 획득했다.

유럽 국가들의 제국주의적 팽창에 대한 아프리카인들의 저항은 대부분 수포로 돌아갔다. 그러나 몇몇 성공적인 사례가 있었다. 무슬림이었던 마흐디(Mahdi)가 1883년 수단에서 이집트 세력을 1898년까지 축출하는 데 성공했다. 그리고 왕중의 왕으로 불린 에티오피아의 황제 메넬릭 2세(Menelik Ⅱ)가 1896년 아두아(Adua) 전투에서 이탈리아 식민지군을 격퇴했다.

(2) 태평양 분할과 미국 제국주의

유럽 열강은 인도, 동남아시아 등 태평양으로 진출했으며, 중국을 반식민지 상태로 만들었다. 영국은 1876년 인도를 점령하고, 러시아의 남하로부터 인도를 보호하기 위해 네팔을 점령했다. 그리고 아프가니스탄을 보호국으로 만들었다. 계속 동쪽으로 뻗어 미얀마를 병합하고 무역 요충지인 싱가포르와 말레이 반도를 점령함으로써 1895년 말레이 연방을 조직하여 인도양과 태평양 무역을 독점했다. 그뿐만 아니라 1902년 금광이 있고 목양업이 성한 오스트레일리아를 영국의 자치령으로 삼았다. 그리고 뉴질랜드, 피지 제도, 뉴칼레도니아 제도, 보르네오 북부 지역을 차지했다.

프랑스는 1862년 사이공을 점령하고, 캄보디아와 베트남까지 세력을 확장하여 인도차이나 반도를 프랑스령으로 만들었다. 네덜란드는 1904년 자바, 수마트라, 보르네오 등을 차지하여 네덜란드령 동인도 회사를 만들었다.

미국은 오랫동안 외교 정책에서 미 대륙 내의 일에 머물렀고, 유럽의 미국에 대한 간섭은 1796년 워싱턴의 고별사를 통해 끝이 났다. 미국은 산업화와 함께 해외 무역이 증가했고, 1853～1854년 미총사령관 페리(Perry)는 일본에게 시장 개방을 강요했다. 그러나 미국 내부의 식민지 개척에 치중하고 있었기 때문에

1871년에서 1914년까지는 유럽과는 달리 아시아와 아프리카 침입에 많은 관심을 기울일 수 없었다. 미 대륙의 서부 식민지 건설이 끝나면서 하와이를 병합(1898)했고, 태평양으로 세력을 팽창해갔다. 1898년 스페인과의 전쟁에서 쿠바, 푸에르토리코, 괌, 필리핀 등을 병합하고, 미국에 대한 유럽의 간섭을 배제시킨 1823년의 먼로(1758～1831) 선언(Monro－Doctrin)에 따라 스페인을 카리브 해에서 축출했다. 그 후 미 해군은 빠른 성장을 거듭하여 1914년 세계 3위의 해군력을 갖췄다. 1903년에 시작되었던 파나마 운하가 1914년 완공되어 태평양과 대서양을 연결함으로써 해군력의 향상은 물론 세계무역의 새로운 시대를 열어갈 계기가 마련되었다.

루스벨트(Theodor Roosevelt, 1901～1909) 대통령은 먼로 선언을 확대 적용하여 1902년 독일과 영국의 베네수엘라에 대한 간섭을 허용치 않는 등 유럽의 미국에 대한 간섭을 차단하고, 1905년 도미니카 공화국을 잠시 점령했다. 미국은 중미 지역을 미국의 경제적 구역으로 편성시키고, 친미주의 정부에 재정적, 군사적 지원을 함으로써 제1차 세계대전 이전 벌써 경제적, 군사적인 대국의 면모를 갖추었다.

2) 제국주의의 원동력

근대 제국주의는 프랑스의 나폴레옹 1세와 3세가 로마 제국을 재현(再現)하려 했던 데서 출발했다. 그러나 제국주의라는 용어가 일반화된 것은 영국의 신문 '데일리 뉴스'의 1870년 6월 8일자에 나폴레옹 3세의 몰락이 보도된 이후이다. 당시 제국주의는 전제 정치와 동일한 의미로 사용되었다.

근대 제국주의 시대는 알렉산더, 로마, 몽고 제국 등 전통적인 제국주의 시대에서 나타나는 침략적 팽창과 구분되며, 대략 1869～1914년에 해외에 식민지를 건설한 국가들 사이의 경쟁을 의미한다. 선진 열강들은 해외의, 러시아의 경우 육로로, 후진국에 대한 정치적, 경제적 혹은 영토 침략적인 방법으로 직·간접적인 지배를 시도했다. 이와 같은 열강들의 지배는 민족적인 우월감을 증명하기 위해 더욱 경쟁적으로 추구되었고 정당성을 찾기 위한 이념도 필요로 했다. 그 대표적인 경우가 다윈이즘에 입각한 인종주의였다.

1877년 러시아가 이스탄불을 점령하려고 하였을 때 영국 총리 디즈레일리(Benjamin Disraeli, 1804~1881)가 무력 행사에 의한 강경 정책을 취했다. 일부 영국인은 "우리가 전쟁을 바라기야 할까만, '징고에 맹세코', 싸울 거라면 우린 배도 있고 병사도 있고 돈도 있지……"하는 노래를 합창하며 러시아의 영토 팽창을 용납하지 않겠다는 의지를 불태웠다. 이른바 공격적 대외 정책의 형태를 띠는 극단적 애국주의를 의미하는 징고이즘(Jingoism)이 생겨났다. 이때부터 제국주의는 종종 열광적인 주전론(主戰論)과 같은 뜻으로 쓰이게 되었다. 1880~1890년대 영국은 제국주의를 영국의 번영과 진보를 상징하는 표상으로 여겼다. 그러나 1870년경부터 제국주의라는 말은 근대적인 의미와 내용을 가진 말로 사용되었다. 즉, 그것은 사회적 불안이 증대하는 한편 자본주의국가 간의 팽창주의적 경쟁이 격화되었기 때문이다.

영국은 자유 무역 정책을 보호 정책으로 전환하고 광대한 식민지를 하나로 긴밀히 조직하려고 했다. 이와 같은 목적을 위해 영국은 1870년대 수에즈 운하주(株)를 매수하고, 인도 지배를 강화했으며, 1884년 제국 연방 동맹을 만들어 자치령과 본국을 결합시켜려는 시도를 했다. 그리고 1903년 식민지 장관 체임벌린(Joseph Chamberlain, 1836~1914)의 보호 관세 정책, 보어 전쟁 또한 제국의 통합이란 그의 선진적인 사고의 결과로 20세기 영국이 취해야 할 정책방향을 제시한 것이었다.

이러한 경향은 비단 영국만의 일이 아니었고, 오히려 해외진출을 염원하던 후진 자본주의국가에서 더욱 현저하게 나타났다. 이와 같은 강대국들의 정책은 세계를 분할시키고, 국제적 대립을 심화시키고, 군비를 확장시키는 결과를 낳았다. 강대국들의 팽창주의는 자국의 이익을 위한 민족주의에 그 뿌리가 있었다.

유럽 열강들 사이의 세력 싸움은 세계를 무대로 펼쳐졌다. 그래서 1869년 러시아인 다닐렙스키(Nicolai J. Danilewski)는 러시아인이 모든 슬라브 민족과 동방 정교를 이슬람과 서방 세계로부터 보호해야 함을 천명했다. 서방 크리스트교는 세계를 상대로 선교를 추진했고, 러시아는 모스크바를 콘스탄티노플에 이은 제3의 로마로 간주하여 그 곳으로부터 동방 정교의 개혁을 추진했다. 프랑스인은 미개를 문명화시키는 것을 문명국가의 의무로 강조했다. 따라서 유럽 열강의 팽창은 한편으론 문명 제국주의의 양상을 띠고 있었다.

최근 식민지에 자주 독립국을 건설한 선례가 있는 미국은 자유와 독립의 전도사로서 세계 무대로 나갔고, 해군 지상주의 태도에 입각하여 많은 전함과 항구를 건설하고 항로를 개척했다. 자신의 민족에게 이와 같은 역사적인 의무를 부여한 자는 대부분 백인, 독일인 혹은 영국인 우월주의에 입각한 인종주의에 빠져있었다. 이와 같은 인종적 우월주의는 사회다윈이즘의 적자 생존의 법칙에 기초하고 있었다.

3) 삼국 동맹과 삼국 협상

1871년의 전쟁에서 프랑스를 이긴 독일은 프랑스를 고립시키려고 했다. 그 첫 단계로 1873년 독일은 러시아 및 오스트리아와 함께 이른바 '삼제 동맹'을 체결했다. 그러나 1877년 발칸 지역에서 근동 문제로 러시아와 오스트리아가 분쟁이 생겼을 때 독일이 오스트리아 편을 들면서 삼제 동맹은 깨지고, 러시아의 공격을 대비하여 독일은 오스트리아와 '양국 동맹'을 맺었다. 이 양국 동맹으로 독일은 프랑스를 고립시키려 했고, 오스트리아는 러시아의 남하를 막으려 했다. 프랑스에 튀니지를 잃은 이탈리아가 1882년 이 동맹에 가입하면서 '삼국 동맹'이 결성되었다.

비스마르크는 프랑스를 고립시키기 위해 발칸문제로 멀어진 러시아와 1887년 비밀리에 '재보장 조약'을 맺었다. 그는 능숙한 외교 정책으로 프랑스를 완전히 고립시킴으로써 1871～1890년까지 유럽 정치에서 우월한 위치를 차지했다. 그러나 1890년 비스마르크가 실각하고 독일의 황제 빌헬름 2세가 친정을 하면서 독일의 대외 정책은 현상 유지에서 적극적인 팽창주의 노선으로 바뀌었다. 빌헬름 2세는 1899년 투르크 정부로부터 베를린, 비잔티움(이스탄불), 바그다드를 연결하는 철도 부설권을 얻었다. 이른바 3B정책은 영국령 인도에 위협이 되었다. 이에 영국은 1902년 일본과 동맹을 맺고, 이어 1904년 프랑스와 협상을 맺었다.

러시아는 1905년 일본과의 전쟁에 패하고 기수를 발칸 지역으로 돌려 1907년 영국과 협상을 맺었다. 이렇게 하여 영국, 프랑스, 러시아의 삼국 협상이 성립되었다. 이는 곧 삼국 동맹에 대항하는 것으로 양측의 대립은 언제라도 대규모 전쟁으로 발전될 수 있었다.

4) 모로코 사건과 발칸 문제

19세기 말엽 제국주의 열강들의 주요 항쟁 무대는 발칸과 중동 지역, 그리고 북아프리카의 모로코였다. 특히 북아프리카 요지에 위치한 모로코는 19세기 말엽부터 프랑스의 지배를 받아 왔으나 독일이 끼어들면서 두 국가는 전쟁의 위기를 맞이했다. 독일은 모로코 사건을 계기로 아프리카 식민지 건설에 유리한 고지를 찾으려는 것이었다. 독일은 모로코 사건이 있기 전 이미 1884년 베를린 회의를 개최하여 아프리카 분할 문제에 개입하기 시작하여 토골란드(Togoland)와 카메룬을 점유한 후 동아프리카에서 내륙으로 들어가 탕가니카 호까지 세력을 펼침으로써 영국의 팽창과 마주쳤다.

그럼에도 영국과 독일은 평화 공존을 모색했으나, 독일과 프랑스는 모로코 문제로 거의 전쟁의 위기에 있었다. 1905년 독일 황제 빌헬름 2세는 모로코를 방문하여 프랑스를 비난했다(제1차 모로코 사건). 그리고 1911년 모로코에서 내란이 발생하자 프랑스는 이를 진압하려 군대를 파견했다. 그러자 독일도 군함을 파견하여 양국은 충돌할 위기를 맞이했으나 영국이 프랑스를 지지함으로써 독일이 물러섰다. 프랑스는 이탈리아, 스페인, 영국 등의 묵인 아래 모로코에 세력을 침투했고, 독일은 모로코의 독립을 지원하면서 프랑스의 시도를 강력하게 저지했다. 모로코 문제에서 독일은 오스트리아의 지지를 얻었고, 프랑스는 영국과 러시아의 지지를 얻었다. 양국 사이의 위기는 프랑스가 광대한 콩고를 독일에 내주고, 그 대신 독일이 모로코의 10분의 9를 프랑스의 보호령으로, 10분의 1을 스페인 소유로 인정함으로써 해결되었다.

유럽 열강들의 이해 관계가 첨예했던 다른 곳은 발칸 지역이었다. 이 지역은 게르만, 슬라브계, 아시아계 등 여러 민족이 섞여 살았기 때문에 민족 사이의 충돌 가능성도 항시 존재하고 있었다. 발칸 반도는 19세기 초까지만 해도 오스만 제국이 지배하고 있었다. 1829년에 그리스가 독립하면서 많은 발칸 반도 국가가 자치령으로 바뀌거나 독립을 했다. 이곳에서 독일은 오스트리아와 함께 범 게르만주의를 앞 세웠고, 러시아는 세르비아와 함께 범 슬라브주의를 내세워 서로 대립했다. 특히 1908년 투르크가 영국과 프랑스의 후원으로 근대화되면서 친 독일 정책을 포기하고 3국 협상에 접근했다. 이와 함께 불가리아가 독립을 선언했고, 오스트리아는 그동안 관리해오던 보스니아 헤르체고비나를 강제로 병합했다. 이에 격분한 발칸 반도 국가들(그리스, 세르비아, 몬테네그로, 불가리아)은 1912년 발칸 동맹을 결성했다. 발칸 동맹은 러시아의 지원을 받아 오스만 제국과의 제1차 발칸 전쟁(1912년 10월~1913년 5월)을 일으켰다. 이 전쟁으로 오스만 제국은 이스탄불 주변을 제외한 유럽의 모든 영토를 잃었다.

제1차 발칸 전쟁 후 세르비아가 마케도니아를 차지한 불가리아에 불만을 표시해 불가리아가 세르비아에 선전 포고를 하면서 제2차 발칸 전쟁(1913년 6월~1913년 8월)이 시작되었다. 루마니아와 오스만 제국, 몬테네그로도 동맹에 가입하면서 불가리아는 이 전쟁에 패하고 제1차 발칸 전쟁에서 얻은 영토를 모두 잃었다.

발칸 전쟁의 결과는 범 슬라브주의의 승리였다. 그러나 세르비아는 알바니아를 합병하여 아드리아 해로 진출하려고 했고, 몬테네그로 또한 합병하려 했으나 모두 오스트리아의 제재로 실패했다. 불가리아는 제2차 발칸 전쟁을 계기로 세르비아, 러시아와 멀어졌고, 결국 제1차 세계대전 때 독일 제국, 오스트리아-헝가리 제국 편에 서게 되었다.

2 제1차 세계대전

제1차 세계대전은 유럽 열강의 경쟁적인 팽창이 빚어 낸 제국주의 전쟁이었다. 1914년 7월 28일 오스트리아가 세르비아에 대한 선전 포고로 시작되어 1918년

11월 11일 독일의 항복으로 끝난 세계 전쟁이다. 이 전쟁은 동맹국(주도국은 독일, 오스트리아-헝가리, 터키)과 연합국(주도국은 프랑스, 영국, 러시아, 이탈리아, 일본이며 1917년부터 미국도 가담)이 맞서 싸운 전쟁이다. 이 전쟁으로 4개의 거대한 제국(독일, 러시아, 오스트리아-헝가리, 터키)이 몰락했다. 그리고 러시아에서는 볼셰비키 혁명이 일어났고, 유럽의 불안정은 제2차 세계대전의 불씨가 되었다.

1) 전쟁의 발발

제1차 세계대전은 당시 유럽의 화약고로 불리던 발칸 반도에서 독일과 오스트리아를 중심으로 형성된 범 게르만주의와 러시아와 세르비아를 중심으로 형성된 범 슬라브주의의 대립으로 발발했다. 오스트리아의 황태자 페르디난트는 결혼 14주년 기념일인 1914년 6월 28일 보스니아의 수도 사라예보를 방문했다가, 세르비아의 민족주의자였던 청년에게 암살당했다.

세르비아는 1878년 오스만 제국으로부터 독립 후 오스트리아-헝가리 제국의 간섭을 받고 있었다. 당시 오스트리아-헝가리 제국은 영토 안에 살고 있는 약 700만 명의 세르비아인의 민족 저항 운동을 제압하려 했다. 그러나 러시아를 중심으로 서서히 일어나고 있던 범 슬라브주의 운동은 오스트리아-헝가리 제국의 의도와 정면으로 부딪힐 수 있었다. 이와 같은 상황에서 페르디난트 황태자가 세르비아 청년에 의해 목숨을 잃자, 범 슬라브주의에 대한 강경책으로 범 게르만주의를 내세운 전쟁이 시작되었다.

사라예보 사건 후 오스트리아-헝가리 제국은 독일에 협조를 구한 후, 독일의 전폭적인 지원 아래 세르비아에 선전 포고를 했다. 이에 러시아가 세르비아를 지원했고, 독일이 군대를 동원했으며 러시아와 러시아의 동맹국인 프랑스에도 선전 포고를 했다. 영국은 중립을 지키다가 독일이 벨기에를 침공하면서 독일에 선전 포고를 했다. 이탈리아는 독일, 오스트리아와 함께 동맹이었으나 영국과 프랑스로부터 승전 후 오스트리아 령의 분할을 약속받고 삼국 동맹에서 이탈했다. 일본은 영일동맹을 이유로 독일에 전쟁을 선포했다.

1914년 8월에 전쟁이 일어나자, 유럽 전역은 애국심의 물결이 거세게 일었고, 이 전쟁이 얼마나 오래 지속되고 또 얼마나 엄청난 재난을 가져올 수 있는가를 상상한 사람은 거의 없었다. 연합국은 인구, 산업 및 군사적인 면에서 동맹국보다 훨씬 우월했지만(연합군 병력은 통틀어 300만 명이 넘었지만, 동맹군의 총병력은 230만 명 정도였다), 독일의 앞선 군사적 기술 덕분에 연합군의 수적 우세를 극복할 수 있었다. 독일은 거리 측정기와 탄약고 방호물, 탐조등, 어뢰, 수뢰 따위를 가지고 있었다. 그러나 영국은 우세한 해군력으로 독일을 봉쇄했고, 독일의 군사력을 차츰 약화시킬 수 있었다.

2) 전쟁의 경과(1917년까지)

독일은 동부(러시아)와 서부(프랑스)의 두 전선에서 동시에 전쟁을 수행하는 어려움을 이 전쟁 이전부터 알고 있었다. 그래서 1891～1905년에 독일군 참모총장을 지낸 알브레히트 폰 슐리펜(Albrecht von Schlieffen) 백작은 기동력이 약한 러시아군의 약점을 이용하여 동부 전선에서는 러시아군을 최소한의 병력으로 방어만 하고 서부 전선에 거의 모든 병력을 집중해 공격했다. 그 결과 1914년 9월 6～9일까지 진행된 마른(Marne) 전투에서 프랑스 북부 공격에 성공했다. 그러나 슐리펜의 후임자인 헬무트 폰 몰트케(Helmut von Moltke)가 공격력을 대폭 줄이면서 결정적인 승리를 거두지 못 했다. 그리고 전략적으로 후퇴하던 프랑스는 영국군과 함께 반격을 했다. 그리하여 슐리펜 작전은 실패하고, 서부 전선은 장기전으로 들어갔다.

동부 전선의 전쟁은 서부 전선과는 아주 다른 양상으로 발전했다. 동프로이센의 탄넨베르크(Tannenberg) 전투에서 러시아의 두 부대가 기대와는 달리 독일의 힌덴부르크(Paul von Hindenburg, 1847～1937) 장군에게 참패를 했다. 이어 폴란드의 바르샤바가 함락되었으나, 러시아의 지속적인 저항으로 전쟁은 서부 전선에서처럼 대치 국면으로 들어갔다. 1914년 중립을 표방했던 이탈리아는 알프스 남부와 트리에스트(Triest)에 오스트리아와 서로 강하게 대치했으며, 이 국면을 타개하기 위해 민족주의자들과 함께 극단적 사회주의자인 무솔리니(Benito Mussolini, 1883~1945)가 전쟁을 선포했다.

1916년 2월 21일 새벽 독일은 서부 전선의 교착 상태를 타개하기 위해 막대한 희생을 무릅쓰고 파리 동쪽의 베르덩 요새를 공격했다. 독일 황태자가 직접 지휘하는 독일 제5군 14만 병력이 프랑스의 뫼즈 강변의 '베르덩'을 향해 포문을 열었다. 8마일에 걸쳐 배치된 1,400문의 포가 시간당 10만발의 포탄을 퍼부었다. 12시간의 맹포격으로 프랑스군의 최전방 참호들은 흔적도 없이 사라졌다. 이어 화염방사기를 든 독일군의 돌격부대가 앞장서 전진하면서 프랑스군의 벙커에 불길을 뿜어 댔다. 그러나 프랑스군은 완강하게 독일군에 맞섰다. 이와는 반대로 연합국은 7월 솜므 전투에서 독일군에 맹렬한 공격을 가했으나 교착 상태를 흔들지는 못 했다. 이 두 전투에서 양측 사상자는 수십만 명에 이르렀다.

우리는 사람이 두개골 없이도 살아 있는 것을 보았다. 발목이 달아난 병사들이 달리는 것도 보았다. 그들은 동강난 다리로 거꾸러져 가며 가까이 있는 포탄 구멍으로 들어갔다. 어떤 병사는 근 1km를 손으로 기며 박살이 난 무릎을 끌고 갔다. 또 응급구호소까지 온 어떤 병사의 움켜쥔 손 밖으로 창자가 삐져나왔다. 우리는 입이 없는 사람, 아래턱이 없는 사람, 얼굴이 없는 사람을 보았다. 또 자기 팔의 동맥을 이빨로 물어 출혈을 막고 있는 병사도 있었다. 해가 뜨고 밤이 오고 유탄이 날고 사람이 죽었다.

(에리히 레마르크, '서부 전선 이상 없다' 中)

전투가 장기화되면서 총력전으로 변해갔다. 전투병 외에도 나라마다 전 국민을 동원하여 후방에서 군수 물자를 지원케 했다. 그리고 양측은 발전된 과학 기술을 응용하여 잠수함, 독가스, 전차, 탱크, 비행기 등의 신무기 개발을 경쟁적으로 했다.

해전에서는 영국이 우세했다. 독일 군함은 영국 군함을 공략할 수 없었기 때문에 항구 방어에 주력했다. 1914년 11월 영국은 독일의 전략을 방해하기 위해 북해 북부를 봉쇄했다. 이 상황에서 1916년 스카게락(Skagerrak) 해전이 발발했으나 무승부로 끝났다. 독일을 고립시키기 위한 영국의 해상 봉쇄 작전은 독일의 경제에 큰 타격을 주었다. 전쟁 물자는 물론 식량 조달도 이루어지지 않아 독일 각지에서 기아로 인한 폭동이 발생했다.

이와 같은 영국의 이른바 '기아 작전'에 대항하기 위해 독일은 잠수함을 이용하여서 연합국의 통상 보급로를 공격했다. 전함뿐만 아니라 상선에도 포격했다. 1915년 5월 7일 1,959명의 승객과 승무원을 태우고 뉴욕을 떠나 리버풀로 돌아가던 3만 2,000톤의 여객선 '루시타니아(Lusitania)호'가 독일의 잠수함 공격으로 침몰했다. 이 사고로 미국인 탑승객 128명이 사망했다. 이에 미국은 1915년 5월 13일 잠수함 공격을 비난하는 통고문을 베를린에 보냈으나, 독일은 영국으로 보내는 무기가 탑재되어 있었음을 증명하고 공격의 정당성을 주장했다. 독일은 1917년 1월부터는 중립국 선박까지도 사전 경고도 없이 무차별하게 격침했다. 당시 독일의 잠수함은 134척이었으며 영국의 주변 해상에 나타나 군수 물자를 실은 상선들을 격침함으로써 영국에 큰 타격을 주었다. 당시 중립을 지키고 있던 미국은 루시타니아 호 사건을 계기로 연합국의 일원으로 참전하게 되었다.

3) 휴전과 종전

1917년 러시아의 2월 혁명으로 차르가 물러나고, 볼셰비키의 10월 혁명으로 민주적 과도기가 끝나고, 11월 레닌이 공산 혁명을 일으켜 정권을 장악했다. 1917년 12월 15일 레닌은 브레스트-리토프스크(Brest-Litowsk)에서 독일과 휴전을 맺고, 1918년 3월 같은 장소에서 강화 조약(브레스트-리토프스크 조약)을 체결하고 연합국에서 탈퇴했다. 당시 레닌은 동 아나톨리아(Ostanatolia), 게오르기아(Georgia), 우크라이나(Ukraina), 폴란드(Poland), 핀란드(Finland), 발틱 국가들에 대한 권리를 포기했다. 트로츠키(Leon Trotsky, 1879~1940)의 반대에도 불구하고 레닌의 이와 같은 조치는 세계 혁명이 일어나서 모든 조약이 효력을 상실할 것이라는 그의 세계 혁명에 대한 믿음 때문에 취해진 것이었다.

독일은 러시아와의 휴전으로 동부 전선의 병력을 서부 전선으로 집결하여 연합군에 대한 공격을 강화했지만 미국의 참전으로 수포로 돌아갔다. 독일의 열세가 확실시되면서 불가리아와 투르크, 오스트리아 등 동맹국들이 무조건 항복을 했다. 독일도 10월 28일 제정된 새 헌법은 입헌 군주제를 기반으로 하고 있었으나, 의회는 황제 빌헬름 2세의 자진 퇴위를 요구했다. 군부는 황제의 퇴위를 막으려 했으나, 10월 29일 빌헬름스하펜(Wilhelmshafen)의 수병과 화부들의 출병 명령을 따르지 않았고, 이어서 11월 4일 킬(Kiel) 군항의 수병은 사병 평의회를 구성해 출항 명령을 거부했다. 이 사건을 계기로 사회 민주당(SPD) 샤이데만(Philipp Scheidemann, 1865～1939)은 황제의 퇴위를 강력히 주장했다. 그러나 군부의 지지를 받고 있던 황제 빌헬름 2세는 그럴 뜻을 비치지 않았고, 베를린을 시작으로 전국적인 시위가 일어나자 하는 수 없이 네덜란드로 망명했다. 11월 9일 공화국이 선포되고 사회 민주당 출신 에베르트(Friedrich Ebert, 1871～1925)의 임시정부가 수립 되었다. 이 임시정부가 11월 11일 연합군과 휴전을 선포함으로써 4년 반에 걸친 제1차 세계대전은 끝이 났다.

제1차 세계대전은 인류 역사상 제국주의 열강들 간의 패권 쟁탈이 빚어낸 미증유의 대전란이었다. 32개국이 참전했고, 참전 병사 수는 6,000만 명이 넘었다. 이 중 900만 명이 전사했다. 군수 공장에 동원된 근로자는 2,000만 명에 이르렀고, 전쟁에 투입된 자금은 3,300억 달러가 넘었다.

4) 파리 강화 회의

제1차 세계대전 후의 처리 문제를 논의하고 항구적인 평화 수립을 목적으로 1919년 1월 18일 연합국 대표들이 파리에서 모였다. 회의에는 승전국의 27 대표들이 참석했지만, 미국, 영국, 프랑스, 이탈리아, 일본 5개국이 주축이 되었다가 일본은 유럽 문제에 큰 관심이 없어 자진 빠졌고, 이탈리아는 아드리아 해의 영토 분쟁 문제로 파리 회의에서 철수했다. 결국 영국의 수상 조지(Lloyd George, 1863～1945), 프랑스의 대통령 클레망소(Georges Clemenceau, 1841～1929), 미국의 대통령 윌슨(Thomas W. Wilson, 1856～1924) 세 나라 대표가 회의를 주도했다. 패전국이나 중립국은 참여할 수 없었으며, 러시아 혁명 후 수립된 소비에트 정부의 대표도 참여할 수 없었다.

이 회의의 중심적인 인물은 미국의 윌슨 대통령이었다. 그는 국제 문제를 풀어 나갈 원칙으로 '14개 평화안'을 제시했다. 이 평화안의 주된 내용은 공개 외교, 공해에서의 해양의 자유, 경제 장벽 철폐, 군비 축소, 민족자결주의(National Self-Determination)에 입각한 식민지 문제의 공정한 해결, 국제 평화 기구 창설 등이었다. 그의 평화안은 승전국과 패전국 모두를 만족시킬 수 있는 집단 안전 보장 원칙으로 패전국에 대한 무배상, 무병합의 원칙을 실현하려는 것이었다.

5) 베르사유 조약

파리 강화 조약에서 윌슨은 '승리 없는 평화'를 주장했으나, 전쟁의 상처가 큰 당사국, 특히 프랑스의 반대로 순조로운 협상은 불가능 했다. 강화 조약은 난항을 거듭한 끝에 1919년 6월 28일 11시 11분에 베르사유 궁전 거울의 방에서 서명되어 1920년 1월 10일 공포되었다.

조약은 총 440개의 조항으로 구성되었다. 첫 번째 부분은 국제 연맹에 관한 것으로 미국의 윌슨이 구상한 국제법에 따른 열린 외교를 계승한 것이었다. 13번째 부분은 국제 노동 기구에, 조약의 나머지 부분은 전적으로 유럽의 평화 유지에 관련되었다. 패전국에 대하여 가혹한 제재(배상과 영토 상실)에 대한 근거가 된 조항은 231조였다. 이 조항은 독일과 그의 동맹국들이 전적으로 전쟁에 책임이 있음을 명시함으로써 독일에 대한 승전국의 잔인하고 엄청난 요구들을 정당화 시켰다.

이 조약은 패전국인 독일에 대한 응징의 성격이 강했다. 독일은 해외 모든 식민지를 포기하고, 독일 전체 철광석의 90%를 생산하는 알사스-로렌 지방을 프랑스에 반환해야 했다. 그리고 1,320억 금 마르크(약 330억 달러)를 향후 30년에 걸쳐 지불해야만 했다.

독일의 병합 시도를 차단하기 위해 폴란드, 오스트리아, 체코슬로바키아, 헝가리의 독립을 보장했다. 독일은 프랑스, 벨기에, 덴마크, 특히 새롭게 재탄생된 폴란드에 15%의 영토와 10%의 국민을 잃었다. 투르크 또한 과거 오스만 제국 영토의 대부분을 잃고 콘스탄티노플과 그 주변 지역만 보유했다. 반면, 세르비아에 포상하기 위해서, 세르비아, 몬테네그로, 크로아티아, 슬로베니아, 보스니아 헤르체고비나가 합쳐져 유고슬라비아 왕국이 탄생했다.

독일의 군사력 또한 제한되었다. 독일은 대포 5,000문과 비행기 25,000대, 장갑차와 모든 함선을 양도해야 했다. 군대는 육군과 해군을 합쳐 10만 명으로 제한했고, 공군은 금지했다. 새로운 전차의 개발 및 배치를 금지했고, 라인 강 왼쪽과 코블렌츠, 마인츠, 쾰른을 비무장 지대로 설정했다.

베르사유 조약에 따라 국제 연맹이 창설되었다. 그러나 미국 상원의 거부로 미국이 국제 연맹에 가입하지 않았고, 강대국인 소비에트와 독일도 참가하지 않아 국제 연맹의 영향력은 미미했다. 그리고 베르사유 조약은 평화 정착을 위한 국제적 합의를 도출하기 위해 맺어진 것이 아니며 승전국의 이익을 위해 체결되었다는 등 여러 가지 비판을 받았다. 조약으로 이익을 본 대표적인 국가는 프랑스였다. 프랑스는 승전국으로서 알사스-로렌의 반환, 독일 서부지역의 비무장화, 오스트리아-헝가리 제국의 분할과 재건 등 많은 이익을 취했지만, 이에 만족하지 않고 라인 강 좌안 지역에 대한 영구적인 지배권을 원했다. 그리고 프랑스는 독일이 배상금 상환 능력이 없자 그 대신 자연자원을 요구했고, 상환이 늦어지자 벨기에와 함께 루르 지방을 점령했다.

이처럼 베르사유 조약에 따른 새로운 국제 질서, 즉 베르사유 체제는 독일 등 패전국들에 너무 가혹했다. 영토, 배상금, 군비 등의 문제로 승전국과 패전국 간의 대립과 갈등이 심화되면서 또 다른 국가적 위기가 예상되었다. 이탈리아와 독일에서는 베르사유 체제에 맞서기 위해 파시즘이 대두했다. 독일에서는 1923년 프랑스가 루르를 점령하면서, 이탈리아에서는 연합국이 이스트라 반도, 달마티아, 트렌토 지방의 영토 분할 약속을 제대로 이행하지 않자 파시스트들은 독한 민족주의로 무장하여 연합국에 대항했다. 이런 의미에서 베르사유 체제는 1939년 9월에 일어날 제2차 세계대전을 예고하고 있었던 것이다.

3 러시아 혁명

■ 주요 연표

1825 : 12월 민주화 운동
1825~1855 : 니콜라이 1세
1853~1856 : 크림 전쟁
1855~1881 : 알렉산더 2세
1881 : 알렉산더 2세 암살
1883 : 플레차노프(Georg Plechanov, 1856~1918)의 사회주의 시작
1894~1917 : 니콜라이 2세
1898 : 사회민주주의 노동당(SDAPR) 창당 대회의 무산
1901 : 사회 혁명당(SR) 창당
1903 : '해방 동맹(1905년부터 입헌 민주주의자)'에서 자유주의적 시민 조직됨
1904~1905 : 러·일 전쟁 패
1905~1906 : 제1차 러시아 혁명
1906~1917 : 민주 세력과 독재 세력의 공존
1906~1911 : 농업 개혁
1914 : 전쟁 참가
1917 : 제2차 러시아 혁명 ; 2월 혁명, 10월 혁명
1918 : 러시아 사회주의 연방 소비에트 공화국

1) 혁명 전의 러시아

(1) 빈 회의에서 알렉산드르 2세까지(1815~1881)

러시아의 황제 알렉산드르 1세는 나폴레옹과 치른 '조국 해방 전쟁' 때문에 빈 회의에서 중추적인 역할을 했다. 1825년 12월 나폴레옹 전쟁에서 고향으로 돌

아온 한 젊은 장교가 자유, 인권을 외치며 개혁을 요구했지만 무산되었다. 이 사건은 러시아에서 일어난 최초의 반란적 성격을 띤 개혁 운동이었다.

1825년 제위에 오른 니콜라이 1세(Nikolai I, 1825~1855)는 폴란드와 오스트리아를 감독하려 했고, 발칸과 터키로 세력을 뻗쳤다. 이와 같은 남진 정책으로 일어난 크림 전쟁(1853~1856)에서 러시아는 패배했다.

크림 전쟁 이후 1856년 맺어진 파리 조약에서 서유럽은 지중해에서 러시아의 무장 해제를 요구했다. 러시아가 대국의 지위를 지키는 일은 후진적인 사회 구조의 개혁이라는 커다란 벽을 넘지 않고는 이룩될 수 없는 일이었다.

19세기의 러시아는 아직 신분제 사회로 지주, 귀족, 관료 등의 지배층과 절대 다수의 농노로 구성된 피지배층으로 나뉘어 있었다. 이와 같은 이분화된 구조로는 서유럽에서 시작된 근대화가 시작될 수 없었으므로 러시아는 크림 전쟁에서 패한 후 개혁을 단행했다.

크림 전쟁 막바지에 제위에 오른 알렉산드르 2세(Alexander Ⅱ, 1855~1881)는 국내정치의 개혁과 근대화를 추진했다. 1861년에는 농노제를 폐지하고, 1864~1870년 사이에 농촌과 도시의 자치를 허용했다. 이와 같은 개혁을 통해서 인구의 90%에 이르는 농노가 해방되어 자유농이 되었으며, 각 지방의 지주, 농민, 도시민의 대표로 구성된 지방 자치 기구인 '젬스토보(Zemstovo)'를 만들었다. 젬스토보는 징세권을 가지고 도로, 학교, 교회, 의료시설들을 관리했다. 그리고 1864년 교육과 사법 제도를 근대화하고, 1874년 군 제도를 개선하고 징병제를 실시했다.

이와 같은 '위로부터의 개혁'의 물결과 함께 서유럽의 계몽주의와 자유주의적 발전을 신봉하는 저항 세력들이 성장했다. 지식인 출신의 농촌 계몽 운동가인 이른바 '나로드니키(Narodniki)'가 등장하여 농촌으로 들어가 주민들을 계몽했고, 때에 따라서는 폭력을 동반한 혁명적 변화를 촉구했다. 이와 같은 과격한 인민주의자들에 의해 알렉산드르 2세는 1881년 암살되었다. 그의 위로부터의 개혁은 전제 정치 체제를 유지한 상태로 서구화를 추진한 태생적인 한계를 가지고 있었다. 그의 암살 후 경찰은 '나로드니키' 운동을 제압했고, 내부 혼란을 수습하기 위해 유대인의 대량 학살이 자행되었다.

(2) 산업 혁명과 정치적 혁명

러시아는 많은 지하자원을 가지고 있었기 때문에 산업화를 위한 기본 조건을 갖춘 셈이었다. 그러나 경제적 독립이 가능한 중산층, 자치적 도시, 자본과 기술 등 산업화를 추동할 수 있는 토대가 마련되어 있지 않았다. 러시아의 산업화는 1892년 재무장관이 된 위테(Sergej Witte, 1892～1903)의 재임 기간에 국가 차원에서 처음으로 시작되었다. 위테는 농민들의 희생을 전제로 경제 성장 전략을 구상했다. 1894년 주류 독점, 1897년 러시아 화폐 루벨(Rubel)을 국제적인 금본위로 변환, 제국의 경제적, 군사적인 통합을 위한 철도 건설 등을 통해 국가 재정을 늘렸다. 러시아의 산업화는 페체르부르크, 모스카우, 발틱 지역, 남러시아 지역 등에 집중되었다. 그럼에도 불구하고 1913년 3백만 명에 이른 노동자들에게 집회와 파업의 자유가 주어지지 않았고, 러시아 경제 또한 1914년까지 호전되지 않고 오히려 악화되었다.

산업화 과정에서 농촌의 상층부들이 사회적, 경제적으로 몰락했다. 그 결과 농촌 사회의 권력 구조에 변화가 생겼다. 스톨리핀(Pyotr Stolypin, 1907～1911)이 총리가 되면서 혁명 세력들을 억누르고 농촌 개혁을 단행하여 시장을 위한 생산을 할 수 있는 중, 소농층을 육성했다. 그리고 농민들의 일부는 산업 도시의 공장 노동자가 되어 도시의 빈민층을 형성했다. 스톨리핀 총리의 개혁에 힘입어 연평균 7%의 산업 성장세를 보이면서 한때 로마노프 왕조의 위세를 떨치기도 했다. 그러나 1911년 9월 14일 스톨리핀 총리가 암살되면서 개혁은 사실상 종결되었다.

1902년부터 나로드니키 운동이 다시 시작되어 농민 중심의 사회 혁명적인 변화를 촉구했다. 러시아는 1917년 당시 인구의 80%가 농민층이었다. 마르크시즘은 산업화와 함께 유럽으로부터 유입되었다. 1900년 이전까지 지식인층의 극소수만이 마르크스주의자였다. 1890년대 제네바에서 설립된 마르크스주의 이론가 집단인 '플레초노프(Plechenow)' 단체가 형성되어 레닌(Vladimir Lenin, 1870～1924)이 이끌어갔다. 1898년 사회 민주 노동당(SDAPR)이 불법적으로 창당 대회를 개최했으나 무산되고, 1903년 런던에서 개최된 제2차 정당 대회에서 장차의 혁명이 산업 프롤레타리아트를 중심으로 진행될 것임을 알렸다. 혁명의 구체적인 실행 방안에 대해서는 아직 통일된 의견이 없었다. 새로운 이념 단체로서 소수의 직업 혁명가들은 프롤레타리아트를 황폐화된 농민들과 연합시키려는 시도를 했다. '소수'라는 의미의 멘셰비키(Menshevik)는 합법적 마르크스주의자들로서 시민 혁명을 통해 사회주의 혁명을 완수하려 했다. 다시 말해서, 자유주의자들에 의한 자본주의의 발전을 통해 프롤레타리아트의 발전을 이룩하려 했다. 반면 급진적 좌파 모임인 볼셰비키(Bolshevik)는 '다수'를 의미했고, 직업 혁명가로 구성된 정당이었다. 이들은 근본적으로 제정을 무너뜨리고 프롤레타리아트 독재를 수립하려 했다.

(3) 1905년 혁명과 '사이비 입헌주의(1905~1917)'

러·일 전쟁에서 러시아의 참패는 사회주의 운동에 큰 영향을 미쳤다. 파업과 시위가 점점 가열되면서 혁명은 1905년 1월 9일 페체르부르크에서 발생한 소위 '피의 일요일' 사건 후 정점에 이르렀다. 파업 후 시위를 주도한 노동자 4명이 해고되었고, 이에 파업은 더욱 확산되었다. 페체르부르크 노동자들의 시위를 이끌었던 가퐁(Gapon)신부는 황제에게 하루 8시간 노동, 사회 안전망 구축, 민주적인 자유 보장, 새로운 공화국 건설 등을 요구했다. 코삭 기병대는 시위대를 향해 발사했고, 수백 명이 죽었다. 이 '피의 일요일' 사건을 계기로 노동자들의 파업은 전국적으로 확산되었다. 5월에는 최초의 소비에트(평의회)인 노동자 협회가 조직되어 민주공화제, 정치범의 석방, 비밀경찰 해체 등을 주장하면서 총파업에 들어가면서 러시아 정부는 혼란에 빠졌다.

이와 같은 혼란을 수습하기 위해 차르(황제)는 10월 17일 시민의 자유를 보장하겠다는 선언을 했다. 이 10월 선언은 성년 남자의 보통선거, 언론, 집회 및 결사의 자유, 양심의 자유 등 기본적 권리를 인정했고, 두마(국회)를 창설할 것을 약속했다. 두마는 1906년 4월 개정 기본법에 의하여 약속대로 설치되었다. 그러나 긴급 입법권, 법률의 최종 결정권, 대신(大臣)의 임면, 국회의 소집과 해산, 예산심의 등 정부의 주요한 사안은 거의 황제가 행사했다. 그래서 베버(Max Weber)

는 1906~1917년까지의 러시아 정치 체제를 '사이비 입헌군주제'라 칭했다.

1917년의 2월 혁명 때까지 모두 네 차례의 국회의원 선거가 실시되었는데, 선거권은 25세 이상의 지주, 중산시민, 농민, 공장 노동자 등 네 계층에게 차별적으로 주어졌다. 지주는 2,000명, 중산시민은 7,000명, 농민은 3만 명, 노동자는 9만 명당 1명의 국회의원을 선출했다.

2) 1917년 혁명

(1) 2월 혁명

로마노프 왕조는 스톨리핀 총리의 개혁으로 연평균 7%의 산업성장률을 보이는 등 한때 위세를 떨치기도 했으나, 1911년 9월 14일 스톨리핀 총리가 암살되면서 개혁은 사실상 종결되었다. 노동자와 농민층의 불만을 진정시키기 위해 니콜라이 2세는 제1차 세계대전 때 총동원령을 내렸다. 애국심에 불탄 민중들이 전선에 지원했다. 그러나 전쟁에 대한 사회주의자들의 태도는 달랐다. 볼셰비키는 전쟁을 반대했고, 멘셰비키는 트로츠키와 같은 소수의 반전파들을 제외하고는 조국 방위를 강조했다.

1914년 8월~1915년 8월까지 러시아군은 140만 명이 전사하고 97만 6,000명이 포로가 되었다. 각지에서 파업과 시위가 발생하고, 니콜라이 2세 황제는 1915년부터 직접 최전선 전투 지휘에 나섰다. 국정은 황후에 맡기고, 황후를 등에 업은 라스푸틴의 폭정으로 국정도 파탄지경에 이르렀다. 1916년 이후 식량난이 심각해지면서 공장노동자들과 농민들의 파업이 계속되었다.

1917년 2월(당시 러시아는 율리우스력을 사용하고 있었다. 그레고리우스력으로는 3월이다. 두 달력은 대략 13일 차이가 난다) 페트로그라드(Petrograd)에서 발생한 혁명 직전의 러시아는 수많은 인력 상실로 인한 노동력 부족, 자원 고갈, 운송난, 식량난 및 재정난을 겪고 있었다. 도시나 산업 중심지에서는 특히 식량난이 심했고, 전쟁 피로감, 패배감, 비관적 태도가 지배적이었다. 총파업에 대한 경고가 정부를 압박했다.

2월 혁명은 어떤 목적이나 실천계획 없이, 단지 9만 명이 넘는 노동자가 이 파업 데모에 참가하여 빵을 달라고 외치면서 시작되었다. 황제의 발포 명령이 내려졌으나 군대는 명령을 거부하고 노동자 편에 가담했다. 이것은 무계획적이고 반사적으로 생존을 위해 자연적으로 발생한 봉기였다. 노동자와 병사들은 1905년의 경험과 급진파 인사들의 자문으로 소비에트를 조직했다. 이 노동자와 병사를 대표하는 소비에트는 군대를 조직하고, 식량을 배급하고, 신문을 발간했다. 그러므로 이 혁명은 시민 혁명이 아니었다.

이를 계기로 3월 2일 니콜라이 2세가 물러난 후, 3월 10일 노동자와 병사 위원회(소비에트)와 정부는 합의를 도출하려 시도했지만, 둘 사이의 의견 차이가 컸다. 장교 해임, 군대 명령 체계의 민주화와 같은 혁명의 목표는 정부가 받아들일 수 없는 부분이었다. 정부의 형태는 입법 의회 개최 후로 미루어지고 민주적인 임시정부가 들어섰다. 임시정부는 3월 17일 강제 병합을 지양하고 자치를 바탕으로 한 평화 공존에 대한 비전을 가지고 있었고, 스톡홀름 국제 회의에서 세계를 향해 제시할 계획이었다. 전쟁의 목적 설정을 두고 노동자와 병사 위원회는 정부와 대립했다. 이 위기를 조정하기 위해 5월 5일 멘셰비키, 사회 혁명가, 민족사회주의자 등의 사회주의자들이 개입했다. 그리고 6월 12일 자유사회주의 연합정부가 형성되어 조세법을 만들고, 경제에 대한 국가의 더 강력한 개입을 촉구하고, 헌법 제정을 서두를 것을 결정했다.

2월 혁명 후 러시아에서는 임시정부와 소비에트의 권력 싸움이 계속되었다. 임시정부는 자유주의 부르주아, 귀족, 대지주 등을 대표했으며, 소비에트는 노동자, 농민 등으로 구성된 혁명적 세력을 대표했다. 소비에트가 권력을 장악했으나, 형식적으로는 임시정부가 혁명을 이끌어갔다. 2월 혁명과 10월 혁명은 두 권력의 주도권 싸움이었다.

(2) 10월 혁명 : 레닌의 권력 장악

4월 3일 스위스에서 망명 중이던 레닌이 독일의 도움을 받아 러시아로 돌아왔다. 그는 독일로부터 2천만 금 마르크를 지원받아 정치투쟁을 위한 힘을 향상시켰다. 그는 귀국 후 전쟁 중인 모든 국가 중 러시아가 가장 자유로운 국가임을 주장하면서, 임시정부를 공격했다. 그리고 노동자와 농민의 요구 사항을 전폭적으로 지지함으로써 다른 사회주의자들보다도 더 폭넓은 지지 기반을 마련하려 했다. 그는 혁명의 목표인 프롤레타리아 독재를 위해 임시정부가 존재해서는 안 된다고 생각했다. 그래서 그는 '4월 테제'를 발표하여, 임시정부의 해산, 모든 권력의 소비에트로의 이양, 독일과 즉각적인 휴전, 사유 재산의 몰수와 토지의 국유화 등을 주장했다.

레닌의 카리스마, 조직력, 불굴 정신은 6월까지 노동자와 병사들의 전폭적인 지지를 받던 대다수의 볼셰비키를 움직였다. 임시정부는 군대의 전투력 회복과 여름철 공격 준비에 집중하느라 혁명 세력의 성장에 신경을 쓰지 못했다. 7월 공격에서 러시아는 대패했다. 패배의 원인은 군 기강이 무너진 데 있었다. 많은 참전 병사들이 고향의 토지 분배에 할당을 받기 위해 전쟁에 전념하지 않고 도망을 쳤던 것이다. 임시정부는 전쟁을 계속할 수도 정전을 할 수도 없는 상황에 있었다. 전쟁의 찬성파와 반대파의 대립이 첨예해졌다.

볼셰비키는 이 혼란한 상황을 이용하여 페트로그라드에서 노동자와 병사들과 함께 쿠데타를 일으켰지만, 그 곳 소비에트의 지지를 받은 임시정부에 의해 진압되었다. 볼셰비키 정당 조직은 와해되었고, 레닌은 독일의 자금 지원을 받았다는 비난을 받고 핀란드로 망명했다. 소비에트는 공화국을 선포할 것과 토지 개혁 이전에 토지 거래가 금지될 것을 주장했다. 그리고 7월에 멘셰비키, 사회혁명당, 부르주아 입헌 민주당(카데츠)으로 구성된 새로운 케렌스키(Alexander Fyodorovich Kerensky, 1881～1970) 내각이 이루어졌다. 이 임시정부의 새로운 내각과 우익은 강력한 군사 지도자를 통해 무정부 상태의 정국과 군대의 혼란을 수습하려 했다. 그리고 코르닐로프(Lavr Georgievich Kornilov, 1870～1918)를 적임자로 생각해 총사령관으로 임명했다.

연합군 측은 러시아에 적극적인 전쟁 참여를 독려했고, 총사령관으로 임명된 코르닐로프는 좌익을 척결하겠다는 명목으로 쿠데타를 일으켰다. 이와 같은 상황은 러시아를 혼돈 상태로 몰아갔고, 이 혼란을 막기 위해 좌파가 힘을 모았다. 혁명적 대중들과 연계를 가지고 있던 볼셰비키가 혁명의 구원자로 등장했다. 레닌은 9월과 10월에 케렌스키 내각을 무너뜨리기 위해 페트로그라드 소비에트 집행 위원회를 구성했다.

10월 이후 상황이 악화 되자, 트로츠키가 멘셰비키의 제안에 따라 페트로그라드 소비에트에서 수도 방어의 책무를 떠안았다. 트로츠키는 당이 아닌 소비에트를 통해 무력 봉기가 일어나야 한다고 주장했다. 그러나 볼셰비키와 사회 혁명당 좌파는 무력봉기를 통해 당이 권력을 장악해야 한다고 주장했다. 이러한 의견 차이가 있었음에도 불구하고 대중 봉기는 볼셰비키가 주도했다. 임시정부는 24일 비상 사태를 선포하고 볼셰비키를 공격했다. 그러나 볼셰비키와 '급진좌파'는 10월 24일, 25일에 모든 중요한 전략기지를 손쉽게 장악했다. 임시정부 요원들이 체포되고, 케렌스키는 피신했다.

(3) 10월 혁명 이후

볼셰비키의 세력은 1917년 겨울까지 아직 제한적이었지만, 경쟁할 만한 다른 조직이 없었기 때문에 휴전, 토지 분배 등 여러 중요한 정책 결정을 했다. 레닌은 10월 25일 밤 소규모 총격전 끝에 쿠데타에 성공함으로써 볼셰비키는 권력을 장악했다. 멘셰비키와 사회 혁명당 중도파는 레닌의 무장 봉기를 권력 찬탈이라 비난하고 그를 등졌다. 소비에트 공화국이 선포되고 레닌을 의장으로 하는 인민 위원회가 구성되었다. 인민 위원회는 제헌 의회가 열릴 때까지 노동자와 농민의 임시 과도정부로서 권한을 행사했다.

10월 혁명이 있고 3주 후 제헌 의회 의원 선거가 민주적으로 진행되었다. 볼셰비키는 제헌 의회에서 532석 중 175석을 차지한 소수 정당에 속했다. 레닌은 1918년 1월 6일 제헌 의회를 무력으로 해산하고, 4일 후 제3차 전 러시아 노동자, 병사 및 농민 대회에서 소비에트만이 유일한 합법 정부임을 선언했다. 이렇게 의회주의와 소비에트 민주주의가 최종적으로 무너지고 전국이 중앙 집권적인 소비에트 체제로 편성되었다. 러시아에 볼셰비키 일당 독재의 길이 열린 것이다. 3월에 볼셰비키는 러시아 공산당으로 개칭하고 수도도 페트로그라드에서 모스카우로 이전했다. 7월 10일 새로운 헌법이 제정되었다. 그리고 7월 16일 밤에서 17일 새벽 사이에 니콜라이 2세의 가족들은 갇혀 있던 집 지하실에서 모두 학살당했다.

새로운 공산 정권은 국내외의 난제들을 풀어야만 했다. 국내에서 반혁명 세력이 성장하여 '백군'을 조직하여 혁명파의 '적군'과 대립했다. 백군의 저항이 거세지면서 1918년 3월 레닌은 독일과 브레스트-리토프스크(Brest-Litovsk) 조약을 급하게 체결했다. 그러나 연합군은 볼셰비키 공산주의 정권을 붕괴시키고 러시아 혁명이 전 세계로 파급되는 것을 막기 위해 백군을 지원했다. 위기에 처한 볼셰비키 정부는 비밀 경찰 '체카(Cheka)'를 창설하여 반대파의 숙청을 시작했다. 적군은 볼셰비키 정권이 수립된 바로 직후인 1917년 11월부터 1920년까지 백군과 적군의 피비린내 나는 내란을 겪었다.

1921년 레닌은 국유화 정책을 완화하는 신경제 정책(NEP)으로 자본주의 경제방식을 일시적으로 도입해서 점진적으로 사회주의를 실현해 가려했다. 소비에트 정부는 농민에게 강제 징발 대신 자유 상거래를 인정하고, 경공업 부문에서 사기업을 허용했다. 이와 같은 신경제 정책은 외국자본과 기술의 유입을 가능하게 했다. 그리고 1924년의 헌법 개정으로 우크라이나와 벨로러시아 등 주변 지역을 통합하여 소비에트 사회주의공화국 연방이 탄생했다. 1922년 독일을 시작으로, 1924년 영국, 1933년 미국이 소비에트 정부를 승인했다.

제12장
제2차 세계대전과 전후 문제

■ 주요 연표

1929 : 세계 대공황

1933~1936 : 뉴딜 정책

1938. 2. 4. : 국방 장관 블롬베르크(Blomberg) 해임

1939. 5. 22. : 독일과 이탈리아 군사 동맹

1939. 8. 23. : 히틀러-스탈린 불가침 조약

1939. 9. 1. : 독일의 폴란드 침공

1939. 9. 3. : 영국, 프랑스의 선전 포고

1939. 9. 17. : 소련 동 폴란드 점령

1940. 4. 9. : 독일의 덴마크, 노르웨이 점령(6월까지)

1940. 5. 10. : 독일의 네덜란드, 벨기에, 룩셈부르크 기습, 독일의 프랑스 공격

1940. 6. 22. : 콩피에뉴(Compiègne)에서 프랑스의 항복, 비시(Vichy) 정권

1940. 8. 13.~9. 17. : 영국과 독일의 공군전(히틀러의 최초 패배)

1941. 4. 6. : 독일의 유고슬라비아와 그리스 침공

1941. 6. 22. : 독일의 소련 침공

1941. 12. 7. : 일본의 진주만 기습

1941. 12. 11. : 독일과 이탈리아의 미국에 대한 선전 포고(반 히틀러 동맹 : 영국, 소련, 미국)

1942. 1. 20. : 베를린 반세(Wannsee) 회의(유대인 대량학살 모의)

1942. 6. 10. : 체코에서 일어난 친위대장 하이드리히(Heydrich) 암살에 대한 독일의 복수전

1942. 11. 7. : 영미 연합군의 모로코와 알제리 상륙

1943. 1. : 연합군의 카사블랑카 회의(독일의 무조건 항복 요구)
1943. 1. 31.~2. 2. : 스탈린그라드에서 독일군 항복
1943. 2. 18. : 괴벨스의 전면전 선언
1943. 4. 19. : 바르샤바 게토 유대인의 폭동
1943. 5. 13. : 튀니지에서 독일군 항복
1943. 7. 25. : 무솔리니 몰락(연합군 시칠리아 상륙)
1943. 11. 28.~2. 1. : 테헤란 3국 회의(루스벨트, 처칠, 스탈린)
1944. 6. 6. : 연합군의 노르망디 상륙 작전
1944. 7. 20. : 슈타우펜베르크(Stauffenberg)의 히틀러 암살 시도
1944. 8. 1.~10. 2. : 소련군 진입과 함께 바르샤바의 독일로부터 해방 투쟁
1944. 12. : 벨기에서 독일의 최후 공격
1945. 2. : 얄타 회담
1945. 4. 30. : 히틀러 베를린에서 자살
1945. 5. 7.~9. : 렝스(Reims)와 베를린 칼스호르스트(Karlshorst)에서 독일군 항복
1945. 6. 26. : 샌프란시스코에서 UNO의 창립
1945. 8. 6.~9. : 일본 히로시마에 원자 폭탄 투하
1945. 8. : 포츠담 회담
1945. 9. 2. : 일본 항복
1947. 3. 12. : 냉전 체제 시작
1949. 4. : NATO 창립
1968 : 프라하의 봄
1990. 10. 3. : 독일 통일, 냉전의 끝

1 세계 대공황

대공황은 1929년 가을 미국에서 시작되었다. 1929년 9월부터 하락세를 보이던 주가는 10월 24일 이른바 '검은 일요일'에 급격하게 폭락했다. 대공황은 많은 국가들의 생산 활동과 노동자들의 생활을 파탄으로 몰고 갔고, 수천만 명의 실업자를 냈다. 각국은 고율 관세나 수입 쿼터 등의 제한 조치를 통해 대공황을

극복하기 위해 노력했다. 영국은 계획 경제를 실시하고, 미국은 기존의 자유방임주의 경제 정책 대신 혼합 경제 정책의 일환으로 뉴딜 정책을 실시했다.

대공황으로 먼저 주가가 40% 폭락하고 기업은 신용을 완전히 잃는 등 증권 시장이 붕괴되었다. 증권 시장의 붕괴는 금융, 산업 등 각 부문에 연쇄적인 공황 상태를 유발했다. 그 여파로 도시에서는 실업이 급격하게 증가했고, 농촌에서는 농산물 가격이 폭락했다. 무엇보다도 도시의 실업 문제가 심각했다. 실직자가 수백만에 이르면서 하층민은 물론 중산층까지도 실직을 하고 생활고를 견뎌야만 했다. 농촌에서 농산물 가격의 폭락 또한 심각했다. 농민들은 농산물 가격의 하락으로 빚어진 소득의 공백을 메우기 위해 생산을 더욱 늘렸고, 늘어난 생산물은 구매처를 찾지 못하고 쌓여만 갔다.

1) 대공황의 원인

미국의 경제 공황은 어느 정도 예견된 것이었다. 1929년까지 농업과 건설업 등에서 과잉 생산, 번영의 대부분은 거품이었음에도 소비 조장, 미국 자본의 수출 저조 등의 여러 요인이 장기간 지속되면서 미국 주식 시장이 무너졌고 그 여파는 전 세계로 확산되었다.

그러나 대공황의 근본적인 원인은 자본주의 경제 체제에 내재된 구조의 문제였다. 우선, 대공황은 제1차 세계대전을 기회로 비약적인 발전을 한 대기업들의 과잉 투자와 과잉 생산에서 그 원인을 찾을 수 있다. 대기업들은 이윤을 독점하기 위해 기업 합동(Trust)을 추진했을 뿐 아니라 생산시설을 늘림으로써 공급이 수요를 초과하게 했다.

다음의 원인은 미국 공화당 정부의 자유방임주의 정책으로 인한 부의 집중에 있었다. 1920년대 공화당 정부의 높은 관세 정책과 대기업 감세 정책 등 친 기업 정책은 빈부 격차를 심화시켰다. 고소득층이 있었지만 이들은 소비보다 저축을 원했고, 농민과 노동자들은 소득이 줄어듦에 따라 구매력이 줄었다. 이는 소비를 감소시켰고, 결국 불황으로 이어졌다.

그리고 1910년 이후 미국의 농경지가 크게 늘고 농업 생산량이 증가했다. 미국 농산물의 수출 시장이었던 유럽이 제1차 세계대전이 끝나면서 농산물 생산을 재개했다. 그리고 유럽 각국은 자국의 농산물을 보호하기 위해 보호 무역 정책을 써서 미국산 농산물 수입을 막았다. 수출길이 막힌 과잉 생산된 미국 농산물의 적체가 공황의 한 원인이 되었다.

마지막으로 제1차 세계대전 후 유럽의 국가들은 전승국과 패전국 모두 재정적인 위기에 있었다. 전쟁터였던 유럽과는 달리 미국은 전쟁으로부터 많은 혜택을 입어 채무국에서 채권국으로 바뀌었다. 독일은 미국의 차관을 빌려 전쟁 배상금을 지불했고, 전승국들은 독일의 배상금을 받아 미국에 전쟁 부채를 상환했다. 이와 같은 유럽의 재정적 불안 상태는 1930년까지 지속되었다. 반면 미국은 경제적 주도권에도 불구하고 보호주의적 관세 정책으로 막대한 흑자를 보았다. 그러나 미국의 경제 정책은 국제 무역을 크게 위축시키는 결과를 초래했다. 대공황은 유럽의 재정적 위기와 국제 수지의 불균형이 가져온 것이기도 했다.

2) 뉴딜 정책

1933년 루스벨트(Franklin D. Roosevelt, 1882～1945)는 불황을 극복하기 위해 뉴딜(New Deal) 정책을 시도했다. 뉴딜 정책은 실업자에게 일자리를 만들어 주고, 경제 구조와 관행을 개혁하고, 대공황으로 침체된 경제를 되살리는 데 목표를 두고 1933～1936년에 추진했던 경제 정책이다.

루스벨트의 '첫 번째 뉴딜 정책'은 경제의 전반적인 단기 회복에 초점을 맞췄다. 루스벨트 행정부는 취임과 동시에 은행 실태조사를 해서 부실한 은행을 정리하는 은행 개혁을 시작했다. 금본위제를 폐지하고 통화 관리제를 도입하여 정부의 감독과 관리를 강화했다. 은행이 개혁으로 신뢰를 회복하면서 저축이 늘었다.

그리고 6월 전국 산업 부흥법을 제정하여 산업에 대한 정부의 통제 정책을 실시했다. 산업별로 공정 경쟁 규약을 제정하고, 기업가들과 산업체들이 경쟁보다는 상호 협력을 통해 공황을 극복할 수 있도록 했다. 노동자들 또한 이 법안을 통해 최저 임금제, 최고 노동 시간(주당 35~40시간)을 보장받을 수 있었다.

루스벨트는 농업의 번영을 위해 1933년 농업 조정법(Agricultural Adjustment Act)을 제정했다. 농업 조정법에 근거하여 1933년 5월 농업 조정국이 설립되었다. 농업 조정국(AAA)은 옥수수, 솜, 유제품, 돼지고기, 쌀, 담배, 밀 등의 생산량을 통제했다. 생산량 통제를 위해 땅을 놀리는 지주에게 보조금을 지급했다. 이것은 농산물 생산량을 조절해 물가 상승을 유도하여 농가 소득을 증가시키기 위한 조치였다.

그리고 실업자 구제를 위하여 대규모 공공 사업을 위해 공공 사업국을 설치했다. 공공 사업국은 건물, 도로, 항만 건설, 자연자원의 보존, 전력 개발 등 각종 사업을 전개했다. 이 사업을 위해 미숙련 노동자 2백만~3백만 명을 고용했다. 특히, 남부의 빈곤층을 위해 재정착 지원청(RA), 농가 보호청(FSA), 농촌 전력청(REA), 테네시 강 유역 개발 공사(TVA) 등을 설치하여 그들의 복지를 보장했다. 이러한 공공 사업 중 정부가 직접 계획하고 추진한 것은 1933년 5월 설립된 테네시 강 종합 개발 계획이었다. 이 계획은 농장의 현대화, 전력 공급, 삼림 보호, 홍수 억제를 위한 대규모의 댐 공사였다. 그리고 학교 급식 지원, 학교 설립, 도로망 확충, 숲 복원 프로그램 등의 복지 정책도 시행되었다.

뉴딜 정책은 미국 정치와 정책의 중대한 변화이다. 경제와 화폐 공급, 물가, 농업 생산량에 대한 연방 정부의 통제와 간섭이 증가했다. 그리고 미국 노동 운동 사상 노동자의 단체 교섭권이 최초로 인정되었고, 1938년 미숙련 노동자 중심의 산업별 노동 조합이 형성되었다. 따라서 뉴딜은 경기 회복 정책이었던 동시에 복합적인 사회 정책의 성격 또한 띠고 있었다. 이것은 영국적인 경험주의와 미국적인 실용주의의 산물로 미국인들이 대공황의 좌절을 딛고 일어서게 했다. 그 결과 미국은 한 편으로 파시즘의 발전을 막을 수 있었고, 다른 한 편으로는 자유방임주의에 기초한 고전자본주의의 한계를 인식하고 수정자본주의 체제를 택했다.

3) 대공황의 영향

대공황은 발생지인 미국뿐만 아니라 미국과 경제 협력을 맺거나 수출, 수입을 하고 있던 세계 여러 나라에 큰 영향을 미쳤다. 독일 바이마르 공화국이 힘겹게 일으켜 세운 경제가 무너지고 1932년까지 600만 명의 실업자가 발생했다. 그러한 상황에 히틀러가 이끄는 나치당이 출범했다.

영국에서는 조선소가 폐쇄되어 일자리를 잃은 200명의 남성들이 시위를 일으켰으며 1931년 9월 금본위 제도를 폐지했다.

브라질에서는 당시 전 세계 커피의 3/4을 생산하고 있었지만, 공황으로 커피 수출이 큰 타격을 입었다. 그 결과 잦은 쿠데타와 독재 등 많은 정치적 혼란을 겪었다.

소련은 대공황의 영향을 크게 받지 않았다. 1928년에 발표한 스탈린의 경제개발 5개년 계획으로 경기가 회복되었으나, 1933년에는 식량 부족 사태가 일어났다.

일본에서도 도쿄 증권 거래소가 폭락하고 629개에 달하는 기업들이 줄줄이 도산했다. 그러자 전쟁 물자를 조달하기 위해 철광석이 풍부한 만주를 침공했다.

대공황은 세계자본주의 역사에 중대한 사건이었고 자유방임형 시장 경제의 위험성을 알렸다. 케인즈 경제학에 대한 관심이 높아졌다. 국가가 경기 과열과 불황에 개입하여 적절한 정책을 취해야 한다는 경제 이론이 설득력을 갖게 된 것이다.

2 민주주의 국가와 전체주의 국가

1) 민주주의 국가

제1차 세계대전이 끝난 후 영국은 경제적인 어려움에 봉착했다. 전쟁 동안 영국은 산업 생산품을 위한 대부분의 시장을 미국과 일본에 잃었다. 전후에 석탄, 철강, 섬유와 같은 주요 산업의 침체로 실업이 증가했지만, 1925~1929년에 다시 경기가 회복되었다. 그러나 대공황을 피해갈 수는 없었다.

당시의 최대 정당이었던 노동당은 경제 정책에 실패하여 1931년 실각했다. 자유당, 보수당, 노동당의 연합 정부는 수지 균형과 보호 관세를 통해 경제 위기를 극복하려 했다. 당시 영국의 정치가들 중 어느 누구도 케임브리지 경제학자 케인즈(John Maynard Keynes, 1883~1946)의 새로운 이론에 귀를 기울이지 않았다. 케인즈는 1936년 저술한 그의 저서 『고용, 이자 및 화폐의 일반론(A General Theory of Employment, Interest, and Money)』에서 완전 고용을 실현하고 유지하기 위해서는 자유 방임 주의가 아닌 소비와 투자, 즉 유효 수요를 확보하기 위한 정부의 공공 지출이 필요하다고 주장했다. 다시 말해서, 케인즈는 실업이 과잉 공급 때문에 생기는 것이 아니라 수요를 창출하지 못 해서 발생한다고 보고, 국가가 공공 사업을 통해 수요를 창출해야 한다고 보았다.

프랑스는 전후 유럽의 최강국이 되었다. 프랑스는 북부와 동부 지역의 재건을 최대의 목포로 하고 있었다. 1921~1926년에 프랑스는 경제적 어려움에 있었지만, 다른 유럽 국가들과 마찬가지로 1926~1929년 비교적 번영을 누렸다. 프랑스는 1932년 대공황의 영향으로 경제적 침체가 나타났고, 이는 곧 정치적 불안정으로 이어졌다. 1932~1933년의 19달 동안 내각이 6번이나 바뀌었으며, 극우와 극좌의 대립이 심화되었다. 공산주의자, 사회주의자 및 급진주의자 등으로 구성된 인민 전선이 정권을 장악하고 공동 매매, 주당 40시간 노동, 임금이 지불되는 2주일 휴가, 최저 임금제 등으로 위기를 극복하려 했지만 뜻을 이루지 못했다.

경제 위기를 가장 잘 극복한 나라 중의 하나가 미국이었다. 1932년 말의 산업생산량이 1929년에 비해 반으로 줄었으며, 1,500만 명의 실업자가 생겼다. 1932년 루스벨트가 대통령에 당선되면서 뉴딜 정책을 통해 위기를 극복해 갔다.

2) 전체주의 국가

1939년 유럽에서 프랑스와 영국 두 국가만이 민주주의 체제를 유지했다. 이탈리아와 독일은 파시즘에 압도되었고, 소련은 스탈린 치하에서 전체주의 국가로 변해갔다. 동유럽 지역에서는 다양한 형태의 독재 정부가 들어섰다.

독재 정부는 오랫동안 있어 온 것이지만, 일당 체제의 전체주의 독재는 새로운 것이었다. 전체주의는 중앙정부가 막강한 권력을 행사하는 체제로 스탈린의 러시아와 나치 독일이 그 대표적인 예이다. 과거의 권위적인 왕정내지는 전통적인 독재국가에서는 백성의 피동적인 복종을 요구했지만, 전체주의 국가에서는 국가의 이상을 달성하기 위해 시민의 자발적인 참여를 요구했다. 시민의 자발적인 참여는 대중 선동(Propaganda)과 발달된 신속한 매체들에 의해 촉구되었다. 전체주의는 경제, 정치, 사회뿐만 아니라 사상과 문화적인 측면까지도 통제했다.

전체주의 국가는 한 명의 지도자와 하나의 당이 이끌어갔다. 그것은 자유주의자들이 추구한 정부 권력의 제한을 거부했고, 헌법으로 보장된 개인의 자유를 인정하지 않았다. 개인의 의지는 독재자가 만든 대중의 집단 의지에 종속되었다. 근대 과학 기술의 발달은 시민 대중에 대한 경찰의 통제를 쉽게 만들었다.

(1) 무솔리니와 이탈리아

제1차 세계대전 후 이탈리아는 사회, 경제적으로 아주 큰 혼란 속에 있었다. 물가가 폭등하고 대량 실업이 발생하고, 제대 군인들이 거리를 방황하고 있었다. 1919～1920년에 노동자들의 시위와 농민들의 봉기가 전국적으로 확대되면서 사회 불안은 더욱 고조되었다. 이즈음에 무솔리니(Benito Andrea Amilcare Mussolini, 1883～1945)가 유럽에서는 최초의 파시스트로 등장했다. 그는 사회주의자로 출발하여 1919년 '전투 동맹(Fascio di Combattimento＝League of Combat)'이라는 새로운 정치 조직을 만들었다. 당시 이탈리아는 의회가 제 기능을 하지 못하고 있었고 이탈리아인들은 민족주의적인 정서에 고무되어 있었다. 이와 같은 상황은 파시스트 무솔리니가 출현하는 데 도움이 되었다.

파시스트당은 노동자들의 쟁의에 위협을 느끼던 중산층 기업가들과 농민 시위를 경계하던 대지주들의 지지를 받았다. 그리고 좌파들의 반교회적인 성향을 두려워 한 가톨릭 교회와 경제난과 사회적 혼란에 불만을 갖고 있던 대중들의 지지를 받으면서 대중적 정당으로 발전했다. 파시스트당의 당원은 1921년 2월 10만 명에서 1922년 가을 30만 명으로 증가했다.

이 여세를 이용하여 1922년 10월 27일에서부터 29일까지 무솔리니는 '검은

셔츠단'을 앞세워 로마로 진군했다. 진군에 성공한 무솔리니는 10월 28일 엠마누엘레 3세(Vittorio Emanuele Ⅲ, 재위 1900~1946)에 의해 총리로 임명되었다. 그는 군부, 자본가, 그리고 우익의 지지를 등에 업고 21년간 총리로 재임했다.

전권을 손에 쥔 무솔리니는 1924년 사회주의 세력을 척결하고, 1925년 언론통제법을 제정하여 가톨릭 교회, 왕, 정부에 대한 어떤 비판도 허용하지 않았다. 그리고 1926년 파시스트를 반대하는 모든 정당을 해산시키고, 비밀경찰(OVRA)을 조직하여 파시스트 일당 독재 체제를 수립했다.

이러한 과정을 거치면서 파시즘은 모든 계급이 일치 단결하는 협동주의, 민족주의, 반공주의, 반자본주의, 반자유주의, 국가주의와 같은 이념을 혼합한 이른바 '제3의 길'을 표방했다. 중앙 집권적 권력과 공업화를 앞세운 이탈리아 파시즘은 로마 제국의 영광과 유토피아를 약속했다.

(2) 나치 독일

1923년 무명의 오스트리아 출신 정치 선동가 히틀러(Adolf Hitler, 1889~1945)는 극우 정당인 나치당을 이끌면서 독일 남부 지역에서 권력 장악을 시도했지만 실패했다. 그러나 그는 유명한 인물로 알려지기 시작했고, 그와 나치당은 10년 후 전권을 장악했다.

히틀러는 제1차 세계대전에 참전했다가 귀환한 후 1919년 9월 독일 노동자당(DAP : Deutsche Arbeiter Partei)에 입당했다. 1920년 초 히틀러는 독일 노동자당 선전부 책임자가 되었고, 그 해 2월 그는 당 이름을 '나치당'으로 잘 알려진 국가사회주의 독일 노동자당(NSDAP)으로 개칭했다.

히틀러는 민주공화제 타도와 독재 정치 강행, 베르사유 조약 타도, 민족주의와 반유대주의 그리고 백화점과 다국적 기업 공격 등을 포함한 25개 조항으로 된 나치당의 당 강령을 발표했다. 그리고 1923년 11월 히틀러는 무솔리니와 파시스트당의 로마 진군에 자극을 받고 뮌헨에서 봉기를 시도했지만 실패로 끝났다. 그리고 5년 형을 받고 란츠베르크 감옥에 투옥되었으나 6개월 만에 풀려났다. 그는 6개월의 옥중 생활 동안 『나의 투쟁』을 출판하여 동유럽을 정복하고 게르만 민족의 생존권을 동방으로 확장하겠다는 의도를 보였다.

그는 출옥 후 흩어진 당원들을 다시 모아 당을 재건하려 했으나 쉽지 않았다. 당시 경기가 회복되면서 극단적인 정당에 대한 지지가 떨어지고 있었기 때문이었다. 그러나 1929년 세계 대공황은 히틀러에게 절호의 기회를 가져다주었다. 1929년 검은 목요일로 시작된 경제 대공황으로 기업들이 문을 닫고, 실업자 수가 6백만 명으로 늘어났으며, 특히 중소 기업가, 봉급 생활자, 지식인 등 중산층이 큰 타격을 입었다. 노동자들의 생활 또한 더욱 어려워졌다.

민주주의 정당들이 속수무책인 가운데 의회주의에 대한 비난이 확대되었고, 그 결과 공산당과 나치당의 지지율이 성장했다. 1930년 9월 제국 의회 선거에서 나치당의 지지자 수는 640만 명으로 그 이전의 80만 명에 비해 8배가 늘었고, 18.3%의 득표율로 독일 사회 민주당(24.5%)에 이어 제2당이 되었다. 1924년의 선거에서 20석, 1928년 선거에서 12석을 차지했던 사실과 비교하면 1929년의 공황이 선거에 미친 영향을 가히 짐작할 수 있다.

히틀러 나치당의 지지자는 공산주의를 싫어하는 계층으로 중산층과 자본가들이었다. 중산층은 자본가와 대립하였지만 공산주의를 막아내는 데는 공감하고 있었다. 군인들, 바이마르 공화국의 무력함을 비판하던 국수주의자들 또한 나치당을 지지했다. 그리고 반유대주의는 독일의 계급과 당파를 초월하여 전 국민적 지지를 묶어내는 데 기여했다.

그는 1932년 3월 29일 대통령 선거에서 힌덴부르크(Paul von Hindenburg, 1847~1934)와 공산당 대표 텔만(Ernst Thälmann, 1886~1944)을 상대로 후보로 출마하여 30.1%를 확보하여 힌덴부르크를 눌렀지만 과반수 득표를 하지 못했다. 그리고 뒤이어 4월 26일 진행된 제2차 투표에서 힌덴부르크에게 패했다. 이 선거 후 힌덴부르크는 선거결과에 대한 책임을 물어 브뤼닝(Heinrich Brüning, 1885~1970)을 총리직에서 물러나게 하고, 1932년 6월 1일 파펜(Franz von Papen, 1879~1969)을 새로운 총리로 임명했다. 파펜은 베스트팔렌 귀족 출신으로 보수적인 성향을 띠고 있어서 브뤼닝 내각에서 잃은 우익 지지자 세력을 되찾는 데 수완을 발휘해야 했다. 그는 6월 15일 대통령 선거 직전 브뤼닝이 내렸던 돌격대(SA) 금지령을 해제함으로써 우익의 표심을 노렸으나, 나치당이 7월 총

선거에서 1,370만 표를 얻어 608의석 중 230석을 차지한 제1당이 되었다. 이 선거에서 공화국에 적대적인 공산당과 나치당의 지지율이 608석 중 319석으로 과반수가 넘었다. 그러나 1932년 11월 6일 선거에서 나치당은 유권자의 4%에 해당하는 200만 명의 지지자를 잃었다. 그리고 12월 4일 튜링엔(Thüringen) 지방 선거에서는 지지자의 40%까지 상실했다. 이와 같은 하향세는 그 해 말 경기가 회복되면서 더욱 두드러졌고, 히틀러는 이를 겁내고 있었다.

이와 같은 상황을 이용하기 위해 슐라이세르(Kurt von Schleicher, 1882~1934) 장군은 힌덴부르크 대통령에게 나치당을 분열시킬 것을 제안했다. 그는 당시 히틀러와 경쟁 관계에 있던 나치당의 왼쪽 날개인 노동 조합 대표 슈트라세르(Georg Strasser, 1892~1934)에게 부총리직과 프로이센 주지사직을 제안함으로써 히틀러와 갈라놓을 계획을 세웠다. 그리고 그가 1932년 12월 2일 총리직에 임명되었을 때, 모든 정당이 나치당의 좌익과 함께 의회의 과반수 이상의 의석을 차지함으로써 나치당을 고립시키려 했다. 그러나 결정적인 순간에 사회민주당과 노동 조합들이 정부의 결정을 따르지 않자 슈트라세르도 모든 직을 포기하고 베를린을 떠났다. 이렇게 슐라이세르의 계획은 수포로 돌아갔다.

그 후로 총리직에서 사면되었던 파펜이 히틀러에 접근했다. 1933년 1월 4일 두 사람은 쾰른의 은행가 슈뢰더(Kurt von Schröder, 1889~1966)의 집에서 만나 히틀러에게 총리가 될 것을 권유하고 자신은 부총리를 하겠다는 제안을 했다. 두 사람이 만난 후 기업가들이 나치당에 많은 후원금을 지원했다. 히틀러는 다시 힘을 모아 립페(Lippe) 지방선거를 위해 총력을 기울였고, 그 결과 39.5%의 지지율을 얻어냈다. 이로써 나치당은 부활을 선언했고, 파펜은 이 대세를 몰아 히틀러가 총리가 될 수 있도록 최선을 다했다. 그리고 힌덴부르크는 1월 30일 경제와 정계의 혼란을 수습하기 위해 히틀러를 총리에 임명했다. 이렇게 독일 민주주의는 종말을 고했다.

히틀러는 군부의 협력을 얻어 공산주의 세력, 사회 민주당 세력 등 반대파를 감금, 납치, 암살, 고문, 불법적인 재판과 처벌 등의 방법으로 탄압했다. 그리고 1933년 7월 일당 독재 체제의 기틀을 확립했다. 1934년 초 돌격 대원(SA)은 3백만 명에 이르렀다. 1930년부터 돌격 대장직을 맡던 룀(Ernst Röhm, 1887~

1934)은 제국 군대를 돌격대와 합쳐 국민군을 조직하고 국민군의 총사령관직을 자신이 맡기를 희망했다. 그의 이와 같은 희망은 제국 군대와 그의 친구였던 나치 당수 히틀러에게 위협적인 것이었다. 그는 6월 30일 나치 친위대(SS)의 기습으로 체포되어 7월 1일 총살당했다. 이 사건으로 슐라이세르와 슈트라세르를 포함해서 총 89명이 살해되었다.

1934년 8월 2일 힌덴부르크 대통령이 죽자 히틀러는 국민 투표를 실시해서 대통령제를 폐지하고 총리(Reichskanzler)의 지위를 겸하는 총통(Führer)이 되었다. 룀의 사건 후 돌격대가 무력화되고 많은 장군들이 지금까지 해왔던 법과 헌법 대신에 히틀러 개인에게 충성 서약을 했다. 그뿐만 아니라 히틀러 통치하에서 철저한 통제 정책으로 식량의 자급 자족, 재무장을 위한 군수 산업 육성, 고속도로(아우토반) 건설 등을 추진했다. 그리고 폭스바겐(Volkswagen)을 대량생산했다. 생산된 차량을 생산 노동자들에게 급료에서 공제하는 방식으로 판매함으로써 생산과 실업 문제를 동시에 해결했다. 이와 같은 방식으로 독일의 경제는 번영했고, 이를 토대로 군비가 확장되었다.

(3) 소련(소비에트 사회주의 국가 연방)

전체주의 체제의 또 다른 예가 소련이다. 1917년 2월과 10월 혁명으로 수많은 사람들이 죽고, 1920~1922년 계속된 가뭄으로 5백만 명의 사람이 기아에 허덕였다. 1921년의 산업 생산도 1913년의 20%에 불과했다. 1921년 3월 레닌은 신경제 정책(NEP)으로 경제 위기를 극복하려 했다. 신경제 정책은 수정 자본주의 노선에 있었다. 농민들은 그들의 생산물을 시장에 판매할 수 있었고 20명 이하를 고용하고 있는 소매업이나 소기업은 개인이 경영할 수 있었다. 그 대신 중공업, 은행업, 광산업 등은 국영이었다. 1922년 12월 30일 레닌은 형식적으로 완전히 새로운 국가 '소비에트 사회주의 국가 연방(USSR : Union of Soviet Socialist Republics)', 약칭으로 소련(SU : Soviet Union)을 창조했다. 소련은 러시아 소비에트 사회주의 공화국, 백러시아 소비에트 사회주의 공화국, 우크라이나 소비에트 사회주의 공화국, 자카프카스 공화국으로 구성되었다. 소련의 건설과 함께 시장은 활성화되었고, 기근이 끝나고 풍년이 들었다.

1924년 레닌이 죽은 후 소련 공산당 정치국(Politburo) 출신의 7명 위원 사이에 권력 투쟁이 일어났다. 이 권력 투쟁은 크게 좌우의 대립이었으며, 좌익은 트로츠키를 중심으로 구성되었으며 신경제 정책을 종식하고 빠른 산업화를 추진하여 혁명을 해외로 전파하려 했다. 반면 스탈린(Joseph Stalin, 1879~1953)을 중심으로 한 우익은 트로츠키와는 달리 국가의 안정을 더 중시하는 국가사회주의를 내세웠다. 좌우의 권력 투쟁은 우파의 승리로 끝이 났다. 1927년 트로츠키는 외국으로 추방되었고, 수많은 반대파가 숙청당했다. 스탈린은 1928년 레닌의 신경제 정책을 대체해 경제 발전 5개년 계획을 발표했고, 1929년 구 차르 정부가 부러울 정도의 강력한 독재 정권을 수립했다.

제1, 2차 경제 개발 5개년 계획(1928~1937)으로 철강 연생산량은 4백만 톤에서 1,800만 톤으로, 석탄 년 생산량은 3,600만 톤에서 1억 2천 8백만 톤으로 크게 증가했다. 급격한 산업화만큼 빠르게 농촌도 농업 생산물의 공동 생산 체제를 도입했다. 농민의 많은 저항에도 불구하고 정부의 농민 집단화 정책으로 개인 농장은 사라지고 모든 농민이 집단 농장에서 일하게 되었다. 1930년 약 1,000만 농가가 집단 농장을 구성했다. 1934년 2,600만 가족 농장이 25만 개의 위원회로 구성되었다. 이와 같은 정책은 농민들의 농작물 축재와 가축의 대량도살 등으로 인해 공동 생산의 이상이 실현되지 않고 1932년과 1933년 오히려 대기근이 찾아드는 등 어려움을 겪었다. 그리고 후에 공산주의의 한 취약점으로 꼽히게 되는 강제 노동 생산 즉, 생산성 없는 경제 활동의 첫 장을 열었다. 그러나 스탈린의 경제 정책은 수출을 증대시키고 생산력을 향상시켰다. 그리고 상업 중심의 후진국을 급속도로 산업화하는 데 성공함으로써 국내외에서 폭넓게 인정받았다.

대기근이 발생했을 때 스탈린은 정치적인 위기를 맞았으나, 1934년 제17차 당 대회에서 뽑힌 중앙 위원과 후보 위원 139명 중 98명을 처형하고 17명을 강제 수용소로 쫓아내는 등 대의원 1961명 중 무려 1,108명을 체포해 감옥에 가두는 공포 정치로 맞섰다. 1937년 1월과 1938년 3월 대규모의 마녀 재판을 감행하여 트로츠키 추종자 31명을 처형하는 등 그의 정적 숙청 작업은 계속되었다. 1937년 6월 한 달 동안 미하일 투하체프스키 등 8명의 장군을 간첩 혐의로 처형하고, 군 장성급 1,500명을 처형했다. 이 숙청으로 붉은 군대 간부 최고 군사 회의 멤버의 75%가, 대령 이상 고급 장교 중 70% 이상이 제거되었다. 1936~1938년 동안 무려 8백만 명의 소비에트 연방의원이 감금되고, 수백만 명이 시베리아 강제 수용소로 끌려가 돌아오지 않았다.

3 제2차 세계대전

제2차 세계대전은 독일, 이탈리아, 일본의 전체주의 국가와 영국, 프랑스, 미국 등 연합국 사이의 충돌이었다. 이는 인류 역사상 가장 많은 인명 피해와 재산 피해를 남긴 가장 참혹했던 전쟁이었다. 신무기의 발달에 따른 유례없는 학살 전쟁으로 전사자가 약 2,500만, 민간인 희생자가 약 3,000만 등 총 약 6,500만 명이 희생되었다. 이 전쟁으로 세계는 새로운 장을 열었으며, 이를 이끌어가는 주요 세력으로 미국이 등장했다. 중국에는 공산당 정권이 수립되었고, 소련은 동유럽에서 세력을 장악하여 서방 체제에 대립하는 사회주의 체제를 건설했다. 1946년 처칠은 소련과 동유럽을 철의 장막으로 표현함으로써 냉전 체제의 시작을 알렸다.

1) 외교 혁명(1933~1937)

유럽에서 제2차 세계대전은 '아리안족(Aryans)'만이 대문명을 창조할 수 있다는 히틀러의 믿음에서 출발했다. 히틀러는 순수 아리안족으로 구성된 독일을 수호하기 위해 슬라브족의 위협을 물리치고 더 넓은 영토와 더 강한 국력이 필요하다고 생각했다. 그래서 그는 소련과의 일전이 불가피하다고 믿었다.

베르사유 조약에 따라 히틀러는 프랑스가 점거한 독일 서부 국경 중공업 지대에 비무장 지대를 만들었고, 독일의 동부 국경 지대에 있는 폴란드와 체코슬로바키아는 프랑스와 군사 방위 조약을 맺었다. 그뿐만 아니라 베르사유 조약은 독일군의 총병력을 10만으로 제한했다. 게다가 공군은 보유할 수 없었고 해군은 제한된 병력만 허용되었다.

히틀러는 베르사유 체제가 불공정하다고 여기고 파기하는 길로 나아갔다. 1933년 군축 회의와 국제 연맹을 탈퇴했다. 그리고 1935년 3월 9일 히틀러는 베르사유 조약의 군비 조항을 폐기한다고 선언하고 공군을 창립했다. 그리고 일주일 후 군 병력을 10만에서 55만 명으로 증원했다. 히틀러가 이처럼 일방적으로 베르사유 조약을 파기하자, 프랑스, 영국, 이탈리아가 이를 비난하고 경고했지만, 이에 대한 구체적인 조치는 없었다.

또한 히틀러는 1936년 3월 7일 프랑스 관할 지역인 라인란트 비무장 지대를 점령했다. 프랑스는 영국의 도움을 원했으나 영국은 독일이 자국의 영토를 점령한 것으로 간주하여 독일의 이와 같은 행위에 정당성을 부여했다.

그 사이에 파시스트 정권으로 무장한 이탈리아가 해외 식민지 제국 건설을 추진하여 1935년 10월 아프리카의 에티오피아를 합병했다. 프랑스와 영국이 이탈리아의 침략행위를 저지하려 했으나, 히틀러가 무솔리니를 지지하고 나섰다. 무솔리니는 자신이 한 때 어릿광대로 칭했던 히틀러의 도움을 환영했다. 스페인 내전이 발생하면서 독일과 이탈리아의 관계는 더욱 결속되었다. 독일과 이탈리아는 유럽 정치와 경제 정책 그리고 전체주의 이념을 공유하면서 1936년 11월 이른바 로마－베를린 추축(Axis)을 형성하여 상호 협력 체제를 강화했다. 같은 시기에 독일과 일본도 반 코민테른(Anti－Comintern)협정을 맺고 공산주의에 대해 공동 전선을 폈다. 그 이듬해에 이탈리아가 이 협정에 가담함으로써 로마－베를린－도쿄 추축이 만들어졌다. 이로써 동서양 전체주의 침략 국가들의 동맹 관계가 구축되었다. 히틀러와 나치 독일은 이와 같은 성공적인 '외교 혁명'을 바탕으로 1937년 초 베르사유 조약을 폐기하고 독일이 다시 세계 강국임을 선언했다.

2) 전쟁 발발(1938～1939)

베르사유 조약과 생제르맹 조약에서 독일의 오스트리아와 체코슬로바키아의 합병을 영구히 금지했었다. 그러나 히틀러는 영국과 프랑스가 크게 반대하지 않을 것이라는 판단하에 1938년 초 오스트리아로 쳐들어가 나치 당원을 동원해 수상을 암살한 후 무력으로 점령했다. 영국은 히틀러의 의도를 알아차렸지만 어떤 조치도 취하지 못했다.

오스트리아의 합병으로 자신감을 얻은 히틀러의 다음 목표는 체코슬로바키아였다. 그러나 이 계획은 쉽게 실현되기 어려웠다. 왜냐하면 체코슬로바키아가 프랑스, 소련과 군사 동맹을 맺고 있었기 때문이다. 그러나 히틀러는 자신이 침략할 경우 영국과 프랑스가 개입하지 않을 것이라는 사실을 알고 있었다.

그는 1938년 9월 15일 350만 명의 독일계 주민이 살고 있는 북서 산악 국경지대의 수데텐(Sudeten) 지방을 독일에 양도할 것을 체코슬로바키아 정부에 강력하게 주장했다. 그리고 그의 목적을 달성하기 위해서는 세계 전쟁도 불사할 것이라는 그의 의지를 표명했다. 이어 영국, 프랑스, 독일, 이탈리아는 뮌헨에서 급하게 회담을 개최했고, 슈데텐 지방을 양도하고 국경선을 준수하겠다는 히틀러의 약속을 받아냈다. 영국은 이와 같은 유화 정책으로 전쟁의 위기를 넘기려 했으나 결과적으로 히틀러의 모든 요구를 인정하고 만 셈이었다. 왜냐하면 1939년 3월 히틀러는 뮌헨 협정을 어기고 아무런 저항 없이 체코슬로바키아를 점령해버렸기 때문이다.

히틀러 독일의 다음 목표는 단치히(Danzig)였다. 단치히는 베르사유 조약에 따라 자유시가 되어 폴란드의 항구 역할을 하고 있었다. 히틀러는 폴란드 정부에 자유시 단치히와 독일에서 그 곳까지 가는 도로인 '폴란드 회랑(corridor)'을 할양할 것을 요구했다. 독일의 폴란드 침공에 대비하기 위해서 영국과 프랑스는 폴란드, 루마니아, 그리스, 터키와 군사 원조 조약을 맺었다. 뿐만 아니라 히틀러를 막을 수 있는 충분한 힘을 가진 소련과도 동맹을 시도했지만 성사되지는 않았다.

이 상황에서 히틀러는 영국과 프랑스가 폴란드 문제에 적극적으로 개입하지 않을 것이라 예측했고, 그 예측은 또 다시 맞았다. 만약 영국, 프랑스, 소련의 동맹이 성립한다면 독일은 동부와 서부에 전선을 둔 양면 전쟁을 해야 한다고 생각한 히틀러는 소련과 불가침 조약을 맺는 데 성공했다. 1939년 8월 23일 이 사실이 공표되었을 때, 전 세계는 경악했다. 이 조약은 공산주의 타도를 국시로 삼던 히틀러가 국가적 이익을 앞세워 소련과 협상했다는 점에서 국제 관계의 냉혹한 현실을 잘 보여주었다. 1939년 9월 1일 히틀러는 폴란드를 쳐들어갔고, 이틀 후 영국과 프랑스가 전쟁을 선언함으로써 제2차 세계대전이 시작되었다.

3) 전쟁의 경과(1939~1945)

히틀러는 속도와 효율을 앞세운 이른바 '번개 전쟁(Blitzkrieg)'으로 유럽을 놀라게 했다. 1939년 9월 1일 약 300대의 탱크 부대와 전투기를 앞세워 침공했다. 4주 만인 9월 28일 폴란드는 항복을 했고 독일과 소련은 폴란드를 분할 점령했다.

히틀러는 서구와의 전쟁을 피하려 했으나 9월 3일 영국과 프랑스가 전쟁을 선포함으로써 피할 수 없었다. 그는 전쟁의 승리에 대한 확신을 가지고 있었고, 겨울 동안 조용히 있다가, 1940년 4월 9일 덴마크와 노르웨이를 상대로 다시 '번개 전쟁'을 시작했다. 한 달 후인 5월 10일에는 네덜란드와, 벨기에, 프랑스를 공격했다. 독일의 주력 부대는 영국과 프랑스의 예측과는 달리 벨기에와 프랑스 북동부 삼림 지대인 아르덴(Ardennes)으로 향했다. 독일의 탱크 부대는 프랑스의 주요 방어선을 피해 북부 도버 해협 방향으로 진격했다. 그 결과 33만 명(대부분 영국군)에 이르는 프랑스군과 됭케르크(Dunkirk) 해안에 집결한 전 영국군이 고립되었다가 겨우 탈출했다.

프랑스 북부 지역을 장악한 독일군은 파리로 진격했다. 이에 프랑스는 6월 22일 결국 항복했고 5분의 3에 달하는 지역을 빼앗겼다. 독일과 휴전 조약을 맺은 프랑스는 제1차 세계대전의 영웅이었던 앙리 패탱(Henri Pétain, 1856~1951)을 대통령으로 한 '비시(Vichy)' 정부로 잘 알려진 친독일 정부가 수립되었다. 프랑스를 점령함으로써 독일은 유럽의 서부와 동부를 장악했으나, 아직 영국이 버티고 있었다.

1940년 8월 초 히틀러는 영국을 침공하기 위해 육해공군의 합동작전을 펼쳤다. 승리는 공군력에 달려있었으나 영국은 처칠의 지도하에 정확한 레이더망을 갖춘 공군력을 갖추고 있었다. 그럼에도 독일 공군은 초기에 영국 공군을 밀어붙일 수 있었다. 그러나 히틀러가 영국의 사기를 저하시키기 위해 군사 기지 공격에서 시가지 공격으로 공군 공격의 목표를 바꾸면서 전세가 역전되었다. 그 결과 9월 말 영국은 독일의 공습을 성공적으로 막고 독일을 패퇴시켰다.

영국 상륙 작전에 실패한 히틀러는 이집트와 수에즈 운하를 장악하여 지중해에서 영국을 봉쇄하려 했지만, 영국이 소련의 원조를 요구한다면 다시 원치 않는 양면 전쟁을 치러야 한다는 판단하에 먼저 소련을 공격 목표로 삼았다. 독일은 소련의 침공을 위한 첫 단계로 기수를 발칸 반도로 돌렸다. 1940년 10월 루마니아를 정복하고, 그 이듬해 3월 불가리아, 4월 유고슬라비아와 그리스를 점령했다. 발칸지역 석권 후 독일은 1941년 6월 22일 마침내 소련을 공격했다.

독일은 거의 3,000km에 달하는 거리를 빠르게 진격하면서 200만 명의 러시아군을 체포했다. 1941년 11월 독일군의 한 무리는 우크라이나를 점령했고, 다른 무리는 레닌그라드를 점령했다. 그리고 세 번째 그룹은 러시아의 수도인 모스카우 40km 전방까지 육박하고 있었다. 그러나 빨리 시작된 겨울과 예측치 않은 러시아군의 저항으로 더 이상 진격은 불가능했다. 그 해 12월 소련군의 반격으로 히틀러는 과거의 나폴레옹의 전철을 밟게 되었다. 게다가 미국의 참전은 독일을 더욱 궁지로 몰았고, 유럽 전쟁을 세계 전쟁으로 변모시켜갔다.

1942년 초에도 히틀러는 승리에 대해 굳게 믿고 있었다. 일본이 남동 아시아와 태평양으로 침공하고 있을 때, 히틀러와 그의 유럽의 다른 동맹국들은 영국과 소련을 상대로 전쟁을 했다. 1942년 여름 독일은 이집트, 그리고 러시아의 볼가 강과 코카서스 지역에서 승리를 했다. 그러나 이 승리는 독일의 마지막 승리였고, 적에게 큰 타격을 안겨주지도 못했다. 1942년 10월 롬멜(Erwin Rommel, 1891～1944) 장군이 북아프리카의 엘 알라메인(El Alamein) 전투에서 영국의 몽고메리(Bernard Law Montgomery, 1887～1976) 장군에게 패했다. 1942년 11월에 영·미 연합군이 프랑스령 북아프리카에 상륙했고, 1943년 5월 독일과 이탈리아가 항복했다.

전쟁의 전환점은 동부 전선에서 발생했다. 크림 반도를 점령한 후 독일 장군들은 유전 지대인 코카서스를 계속 공략하기를 원했다. 그러나 히틀러는 볼가 강의 주요 산업 도시인 스탈린그라드 침공을 단행했다. 그러나 1942년 11월~1943년 2월 사이 독일군은 포위되었고, 최종적으로 1943년 2월 2일 30만 명의 독일 제6군이 항복을 했다. 뒤이어 독일의 아프리카 부대도 1943년 5월 튀니지에서 항복했다. 대서양 해전에서도 독일 잠수함이 연합군의 레이더에 걸려 침몰되었다.

벌써 1943년 1월 카사블랑카(Casablanca) 회담에서 루스벨트(Franklin Roosevelt, 1882~1945)와 처칠(Winston Churchill, 1874~1965)은 독일과 일본에게 무조건 항복을 요구했다. 1943년 11월 28일~1943년 12월 1일에 테헤란(Teheran)에서 위의 두 사람에 스탈린이 가담한 3국 회담이 열리고 독일의 분단 등 전후 문제에 대해 논의했다.

1943년 초 전쟁은 이미 연합군 쪽으로 기울고 있었다. 1943년 5월 13일 튀니지에서 승리한 연합군은 지중해를 건너 이탈리아로 진격했다. 그리고 시칠리아 섬을 정복한 후 이탈리아 본토로 들어갔다. 무솔리니의 체포와 추방 후 새 이탈리아 정부는 연합군에게 항복을 제의했다. 그러나 독일이 이탈리아로 쳐들어가 무솔리니를 석방하여 북이탈리아에 독일 괴뢰 정부를 수립하게 하고 나머지 이탈리아의 대부분을 점령했다. 독일은 새로운 방어선을 로마 남쪽 언덕에 구축했다. 연합군은 1944년 6월 4일 이곳을 점령하기까지 많은 희생을 치러야만 했다.

독일을 항복으로 이끈 최후의 공격은 1944년 연합군의 노르망디 상륙 작전이었다. 지금까지 공군과 해군에 의존한 전투와는 달리 영·미 연합군은 대규모 지상군을 독일의 점령지역으로 투입했다. 아이젠하워(Dwight David Eisenhower, 1890~1969) 장군의 지휘 하에 연합군은 프랑스의 서해안 노르망디에 상륙했다. 그리고 3개월 동안에 2백만의 병력과 50만 수송 차량을 독일군 전선으로 보냈다.

연합군은 남동쪽으로 이동하여 1944년 8월 말엽 파리를 탈환했다. 그리고 1945년 3월 라인 강을 넘어 베를린으로 진격했다. 4월 말 엘베 강 유역에 도착해 러시아군과 동맹했다. 독일군은 1943년 7월 5~12일 쿠르스크(Kursk)에서 소련과 사상 최대의 탱크 전에서 패한 후 두 번 다시 공세로 전환하지 못했다. 소련의 파상공세에 동부 전선 전체가 무너지기 시작했다. 소련은 1944년 5월

자국의 영토 내에서 독일군을 완전히 몰아내고, 7월에는 핀란드, 폴란드, 루마니아, 불가리아, 체코슬로바키아, 헝가리 등 동유럽을 장악했다.

1945년 1월 히틀러는 베를린에서 전쟁의 마지막 무대가 될 55피트 깊이의 지하 벙커 속으로 들어갔다. 그는 최후까지 광적인 반 셈족주의(Anti-Semitism)를 포기하지 않고 유대인에 대한 비난을 멈추지 않았다. 그러다가 마침내 무솔리니가 총살된 지 이틀 후인 4월 30일 자살했다. 5월 7일 독일 총사령부는 무조건 항복했다. 이렇게 유럽에서의 전쟁은 끝이 났다. 그 후 8월 14일 태평양 전선에서 일본군도 무조건 항복함으로써 1,800만의 인명(5천만 명으로 보기도 함)을 앗아간 제2차 세계대전은 끝났다.

4) 전후 처리 문제

(1) 대서양 선언

제2차 세계대전의 전후 처리 문제가 처음으로 논의된 것은 1941년 8월 대서양 해상 영국의 전함에서 미국의 루스벨트와 영국의 처칠 사이에 이루어진 회담이다.

이 회담은 전후의 세계 질서에 대한 청사진을 8개 평화 조항으로 발표했다. 무엇보다도 미국이 파시즘에 대항하는 민주 세력의 일원으로서의 책임을 다하

려는 임무와 결의를 표명했고, 소련을 위시한 33개 국가가 승인했다. 이 내용은 전후에 성립한 국제 연합의 원칙이 되었고, 그 내용은 다음과 같다.

1. 미국과 영국은 영토 확장이나 어떤 다른 방법으로 부를 증진하지 않는다.
2. 영토 변경은 각국 주민의 자유로운 의사에 따라야 한다.
3. 각국은 정치 체제를 선택할 수 있다. 그리고 강탈당한 주권과 자치권은 회복되어야 한다.
4. 국가의 강하고 약함과 상관없이, 그리고 패전국이든 승전국이든지 간에 세계 통상과 자원에 대해서 균등한 기회를 보장받아야 한다.
5. 노동 조건 개선, 경제적 균형, 노동자 보호 등의 목표를 달성하기 위해 긴밀한 국제 협력을 추구해야 한다.
6. 나치 독재를 물리친 후 각국은 국경 내에서 완전히 안전한 생활을 하고, 모든 인류가 공포와 결핍으로부터 해방되어야 한다.
7. 이 평화 회담은 모든 인류에게 모든 바다와 대양에서 자유로운 항해를 보장한다.
8. 각국의 무력 사용을 금한다. 육해공의 공격용 무기가 존재하는 한 장차 평화가 있을 수 없기 때문에 침략국의 무장 해제와 군비 축소를 통해 항구적인 안전 보장 체제를 확립해야 한다.

(2) 카이로 회담

연합국의 승리가 예견되면서 전후 문제를 보다 구체적으로 논의할 필요성을 느꼈다. 그리하여 1943년 11월 22일부터 26일까지 미국, 영국, 중국 등 3개 연합국 정상들은 이집트의 수도 카이로에서 정상 회담을 갖고, 1943년 11월 27일 공동선언을 발표했다. 5일간에 걸친 회담 결과를 발표한 이 선언에서 연합국은 제2차 세계대전 발발 후 최초로 일본 문제를 토의했다. 또한 회담에서 연합국은 승전하더라도 자국의 영토 확장을 도모하지 않을 것이며, 일본에게 제1차 세

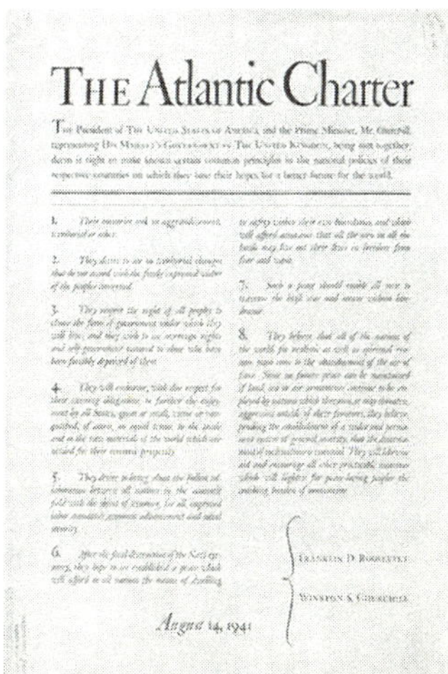
THE Atlantic Charter

August 14, 1941

계대전 후 타국으로부터 약탈한 영토를 반환할 것을 요구했다. 그리고 한국은 앞으로 '적당한 절차를 거쳐서' 자유 독립 국가로 승인할 것을 결의했다.

▲ 1943년 11월 25일 카이로에서 열린 카이로 회담에 참석한 중화민국 총통 장제스, 미국 대통령 프랭클린 루즈벨트, 영국 총리 윈스턴 처칠

(3) 테헤란 회담

연합국의 대표 3국 수상인 소련의 스탈린, 미국의 루스벨트, 영국의 처칠은 1943년 11월 이란의 수도 테헤란(Tehran)에서 만났다. 모임의 주요 목적은 독일에 대한 마지막 공격 계획을 수립하는 것이었다. 스탈린과 루스벨트는 미국과 영국이 합동으로 1944년 봄에 프랑스를 거쳐 독일로 쳐들어가는 공격계획을 성공적으로 세웠다. 이 계획은 소련이 동유럽의 국가들을 해방하고 쳐들어와 미국, 영국과 독일에서 만난다는 것을 의미했다. 이것은 패전국 독일의 분단을 예고하는 것이었다.

(4) 얄타 회담

독일의 패전이 이미 확실해진 1945년 2월 4일부터 11일까지 우크라이나 소비에트 공화국의 얄타(Yalta)에서 전후 평화 수립에 가장 중요한 비밀 회담이 열렸다. 회담 장소가 소련의 휴양지로 잘 알려진 크림 반도의 얄타인 것만으로도 그동안 천백만의 적위대로 무장하여 강력해진 소련의 영향력이 클 것이라는 것이 분명했다.

여기에서 폴란드와 동유럽 문제, 독일 문제, 국제연합(UN) 창설 등에 대한 논의를 했다. 미국의 첫 번째 관심사는 UN의 창설이었다. 여러 차례의 회의 끝에 영국과 소련도 미국의 입장에 동의하고 1945년 4월 샌프란시스코에서 첫 UN 회의가 열렸다.

독일과 동유럽의 문제에 대해서는 패전 후 나치 독일을 소련, 미국, 영국, 프랑스 4국이 분할 점령한다는 대원칙에 대해서 합의했을 뿐 구체적인 분할 지역에 관해서는 합의되지 않았다.

그리고 동독 지역과 폴란드 서쪽 국경 문제에 대해서도 구체적인 논의는 하지 않았다. 그러나 폴란드 문제를 두고 서방 국가들과 소련 사이에 불협화음이 시작되었다.

당시 회담에 참여한 3국은 서로 입장이 달랐다. 루스벨트는 일본과의 태평양 전쟁에 스탈린의 도움이 필요했다. 처칠은 동유럽과 중앙유럽, 특히 폴란드에서 민주정부를 위해 자유선거를 실시할 것을 주장했다. 그러나 스탈린은 동유럽과 중앙유럽에서 소련의 정치적 영향력이 미치는 지역을 확보하려 했다. 스탈린은 무엇보다도 역사적으로 러시아를 침략하기 위한 통로 역할을 했던 폴란드에 관심을 보였다. 그는 러시아가 역사적으로 폴란드에 지은 죄를 속죄하며, 폴란드가 강하고, 자유롭고, 독립적인 국가로 거듭나기를 바란다고 말했다.

그는 폴란드의 자유선거에 대한 그의 약속은 지켰지만, 그가 1939년 이미 합병했던 폴란드 동부 지역을 소련이 차지하는 대신, 폴란드는 독일 영토에서 그에 대한 대가를 보상받도록 했다.

요컨대, 스탈린은 폴란드에 새로운 정부가 들어서기 위해 자유선거가 실시될 것에 동의했지만 소련이 점령한 폴란드 동부 지역을 포기하지 않았다. 그리고 새로 탄생할 폴란드 정부도 소련을 위한 정부가 되어야 한다는 전제를 달았다. 이와 같은 소련의 태도는 합의를 어렵게 만들었고, 그 어려움은 뒤이어 열린 포츠담 회담에서 곧 증명되었다.

(5) 포츠담 회담

포츠담 회담은 1945년 7월 26일 미국, 영국, 소련이 독일의 포츠담의 세실리엔호프(Cecilienhof)에서 열렸다. 전후 문제에 크게 영향력을 행사해 오던 미국의 루스벨트 대통령은 4월 12일 세상을 떠났기 때문에 그를 계승한 트루먼(Harry Truman, 1884~1972) 대통령이 영국과 소련의 대표들과 함께 회담에 참석했다.

포츠담 회담에서는 무엇보다도 독일의 무장 해제, 배상금 문제, 그리고 독일의 구체적인 분할에 대해 논의를 했고, 8월 2일 합의문을 발표했다. 회담에는 소련, 미국, 영국의 통치자와 외무부 장관이 참석했다.

영국은 처음 처칠 수상이 참석했지만, 하원 선거에 패한 후 애틀리(Clement Attlee, 1883~1967) 수상이 참석했다. 프랑스는 회담에 참석하지는 않았지만, 8월 4일 회담 결과를 조건부로 승인했다. 이 회담의 중요성은 4개 연합국이 독일의 분할에 참여했다는 것과 독일에서 민주주의 정치 정당과 노동 조합을 허용했다는 사실이다.

미국의 트루먼은 회담을 하는 동안 원자폭탄 실험 성공 통보를 받았으며, 이 사실로 하여금 트루먼은 회담 중 소련에 대한 미국의 입장을 강경하게 했다고 한다. 이유가 무엇이든지 간에 미국과 소련의 관계는 냉각되었다. 포츠담에서 트루먼은 동유럽에서 철저한 자유선거가 실시될 것을 요구했지만, 스탈린은 자유선거를 통해 성립된 정부가 반 소비에트 정부라면 허용할 수 없다는 입장을 밝혔다. 스탈린은 동유럽에 공산주의 국가가 들어서지 않을 경우 소련의 군사적 안전이 보장될 수 없다고 보았다.

전쟁과 전후 문제가 점점 과거 속으로 사라지면서, 이념 문제가 논쟁의 중심에 자리를 잡았다. 서구의 많은 사람들이 소련의 정책을 세계의 공산주의화 정책으로 비난했다. 이에 반해 소련은 서구, 특히 미국의 정책을 '자본가 욕심의 끝없는 팽창', 혹은 레닌이 말한 '경제적 제국주의' 정책으로 보았다.

세계를 황폐하게 만들었던 가혹한 전쟁이 끝난 지 몇 달도 안 되어 세계는 다시 분열되었다.

4 전후 세계

1) 냉전과 미소 양극 체제

미국과 소련은 제2차 세계대전이 끝나기 전부터 전후 유럽에 대한 서로 다른 청사진을 가지고 있었다. 양국은 전쟁동안 독일, 이탈리아, 일본의 추축국을 패퇴시킨다는 공동의 목적을 위해 연합했을 뿐이었다. 제2차 세계대전 후 초강국으로 성장한 양국은 자본주의와 공산주의의 맹주로서 세력을 확대하기 위해 세계 각지에서 갈등, 긴장, 경쟁을 하면서 대립했다. 양측 사이의 긴장 상태는 군사적 충돌이 없었기 때문에 냉전(Cold War)이라 칭했다.

제2차 세계대전이 끝날 무렵부터, 소련은 이미 발칸 반도와 동부 독일을 점령한 상태였고, 이후 체코슬로바키아, 헝가리, 루마니아, 폴란드 등지에서 공산정권을 수립하면서 자본주의 진영보다 더 위협적인 공세를 취했다. 1946년 3월 5일 미국을 방문했던 처칠은 발트 해의 쉬테틴(Stettin)에서부터 아드리아 해의 트리에스테(Trieste)까지 '철의 장막(an iron curtain)'이 쳐져 있다면서 이와 같은 소련의 폐쇄성을 비판했다.

미국은 소련의 이와 같은 공세에 맞서기 위해 그리스 시민 전쟁에 개입했다. 1946년 그리스는 공산진영과 영국의 지원을 받는 자유진영 사이에 내전이 발생했다. 이 내전은 동 지중해 해상권 장악을 두고 동서 양진영이 개입한 아주 중요한 전쟁이었다. 그래서 1947년 3월 12일 트루먼은 의회에서 전후 미국의 외교 원칙을 제시하고, 소련을 상대로 전면적인 냉전을 선포했다. 트루먼은 그의 이 독트린에서 그리스와 터키에 4억 달러의 원조금을 지원할 것을 의회에 요청했다.

트루먼의 독트린은 1947년 6월 마셜 플랜(Marchall Plan)으로 알려진 유럽 부흥 프로그램으로 이어졌다. 이것은 공산주의 세력이 뿌리를 내릴 수 있는 빈곤한 유럽 국가들에 대한 경제적 지원을 목표로 하고 있었다. 이에 따라 미국은

1948년부터 1952년까지 약 130억 달러를 전쟁으로 파괴된 서유럽의 재건을 위해 지원했다.

독일에서도 동서 냉전 체제의 대립이 격렬해졌다. 독일과 베를린은 각각 미국, 영국, 프랑스, 소련의 4국이 분할 점령했다. 베를린은 소련 점령 지역 안에 있었기 때문에, 베를린 시에 있는 서방 3국의 점령지(서베를린)는 서독에서 가는 길이 확보되지 않을 경우 고립될 수밖에 없었다. 소련은 서방 3국이 개입하기 전에 재빠르게 전후 배상금의 형태로 서베를린 지역에 있는 380개의 공장을 러시아로 옮겨갔다. 그리고 동독에는 울브리히트(Walter Ulbricht, 1893～1973) 주도로 공산당이 재건되어 소련 공산주의 국가 건설이 착수되었다. 이와 같은 시기인 1948년 2월 서방 진영도 각각의 분할 지역을 확인하고 서독 연방 정부를 수립할 계획을 세웠다. 그러나 소련은 서독에서 서베를린으로의 육로를 봉쇄함으로써 서방 진영의 서베를린 진입을 막았다.

서베를린이 봉쇄되자 서방 진영은 제3차 세계대전의 위기에 직면했으나, 매일 13,000톤의 물자를 육로 대신 비행기로 공수함으로써 위기를 타개했다. 소련도 전쟁을 원하지는 않았기 때문에 이를 방해하지는 않았다. 1949년 5월 마침내 소련은 베를린 봉쇄령을 풀고, 독일에 두 국가 체제를 받아들였다. 1949년 9월 서독에 독일 연방 공화국이 수립되고, 한 달 후 동독에 독일 민주 공화국이 수립되었다. 베를린도 양분되어 동·서 진영의 끊임없는 불화의 온상이 되었다.

냉전의 위기를 겪으면서 서방 국가들은 군사 동맹의 필요성을 공감했다. 1949년 4월 벨기에, 룩셈부르크, 네덜란드, 프랑스, 영국, 이탈리아, 덴마크, 노르웨이, 포르투갈, 아이슬란드 등 서유럽 국가들은 미국 캐나다와 군사동맹을 맺고 북대서양조약기구(NATO)를 탄생시켰다. 몇 년 후 서독, 그리스, 터키도 NATO에 가담했다. 동맹국이 다른 국가로부터 공격을 받을 경우 집단으로 안전을 보장하는 체제를 가동한 것이었다.

이에 맞서 동유럽 국가들도 1955년 알바니아, 불가리아, 체코슬로바키아, 동독, 헝가리, 폴란드, 루마니아가 소련과 손을 잡고 동유럽 상호 방위를 위한 군사동맹 조약인 바르샤바(Warszawa) 조약을 맺었다. 중국도 우호 관계를 체결하여 공산주의 세력의 단결을 강화했다.

2) 냉전의 끝

1953년 스탈린 사망 후 흐루쇼프(Nikita Sergeevich Khrushchyov, 1894~1971)는 소련의 4대 서기장(1953~1964)이 되어 스탈린의 억압 정치를 비판하고 자본주의 세계와의 평화 공존을 외쳤다. 그는 1955년 서독과 국교를 맺었고, 1959년 미국을 방문하여 아이젠하워 대통령을 만났다. 그 뒤 케네디 대통령과도 대화를 계속하여 냉전 체제를 완화시켰다.

그러나 1961년 서독과 동독 사이에 장벽이 지어지고, 1962년 쿠바에서 미사일 사건으로 핵 전쟁의 위기가 고조되었으나, 이 위기는 동서 진영의 대립으로 발전하지 않았다. 미국과 소련은 평화 공존의 길을 모색하기 위해 군비 축소에 대한 논의를 시작했다. 그리고 1963년 영국과 함께 부분적인 핵실험 중지 조약을 체결했다.

1968년 국제 연합 총회에서 핵 확산 금지 조약을 채택했고, 1969년 미국과 소련은 전략 무기 제한 협정을 했다. 이러한 노력에도 불구하고 소련은 동구에서 일어나는 소련에 반하는 자유화 운동을 허용하지 않았다. 1968년 체코슬로바키아의 자유화 운동인 '프라하의 봄'은 소련군에 의해 진압되었다.

그러나 1970년대는 다시 데탕트(détente)로 알려진 새로운 국면, 즉 미국과 소련 사이에 긴장이 완화된 시기였다. 1972년 탄도탄 요격 미사일의 제한에 양국은 동의했다, 미국의 군 장교들은 양국의 힘의 균형이 핵 전쟁을 막을 수 있는 최선책이라고 생각했다. 그리고 1975년 미소 양국은 헬싱키 조약을 통해 다시 긴장 완화 정책을 추진했다. 헬싱키 조약에 참가한 미국, 캐나다, 소련을 포함한 모든 유럽 국가들은 '유럽 안보의 기초와 국가 관계의 원칙에 관한 일반적인 선언'에 서명했다. 조약은 동등한 주권 인정, 무력 사용과 위협 중단, 영토 불가침, 영토 보전, 분쟁의 평화적 해결, 내정 불간섭, 사상, 양심, 종교, 신앙 등 기본적 자유와 인권 존중, 인간의 평등과 자결권 보장, 국가 사이의 협력, 국제법상의 의무 이행 등을 내용으로 하고 있었다. 이 조약의 승인은 제2차 세계대전 이후 30년에 걸친 유럽 지역에서의 냉전의 종결을 의미했다.

데탕트 시대의 인권 보호 정책은 미국 카터(Jimmy Carter, 1924~) 정부(1977~1981)의 주요 외교 정책 중의 하나였다. 그러나 데탕트가 지속되길 바라는 희망은 1979년 소련의 아프가니스탄 침공으로 다시 위기를 맞이했다. 카터는 미국 곡물을 적재한 배가 소련으로 출항하는 것을 금지했다. 카터를 뒤 이은 레이건(Ronald Wilson Reagan, 1911~2004) 정부(1981~1989)는 소련을 '악의 제국(evil empire)'으로 칭하고 군사력을 다시 강화했다. 그러나 1985년 고르바초프(Mikhail Gorbachev, 1931~)가 소련 공산당 제8, 9대 마지막 서기장(1985~1991)에 취임하면서 냉전은 실질적으로 끝이 났다. 그는 많은 여행을 통해 소련이 서방 세계에 비해 많이 낙후되어 있음을 깨닫고 변화와 개혁의 필요성을 강조했다. 이와 같은 필요에 따라 이른바 '페레스트로이카(개혁정책)'와 '글라디노스트(개방정책)'가 시행되었다. 그는 무엇보다도 1987년 미국에 군비 축소를 제안했다. 그리고 아프가니스탄에서 군대를 철수하고 동유럽에서 소련의 지배권을 사실상 포기했다.

1989년과 1990년에 냉전은 완전히 끝이 났다. 동유럽에서 전후 체제를 뒤 흔드는 평화적인 봉기기 일어났으나, 소련은 고르바초프의 새로운 정책에 따라 공산 정권에 더 이상의 군사 지원을 하지 않았다. 이와 같은 소련의 태도는 동유럽의 공산 체제를 붕괴했다. 1990년 10월 3일 동독이 무너지고 독일이 통일된 것은 냉전 체제가 끝났다는 가장 확실한 징표였다.

이와 같은 시기에 일어난 걸프 전쟁(Persian Gulf War)은 미국과 소련의 새로 정착된 관계를 시험한 사건이었다, 1990년 8월 초 이라크 군대는 아라비아 반도 북동쪽 모서리에 있는 작은 나라 쿠웨이트를 점령했다. 세계는 이라크의 침입을 비난했고, 1991년 초 미국을 중심으로 다국적군이 형성되어 이라크를 공격하여 쿠웨이트를 해방시켰다. 이 전쟁에서 고르바초프와 소련은 적극적으로 개입하지는 않았지만 미국을 지지했다.

그리고 소련은 1991년 해체되었다. 이에 따라 두 개의 초강대국이 이끄는 동서의 대결 구도가 사라지고, 1992년 미국은 세계 최고의 군사력을 지닌 국가로 등장했다. 그러나 부시 대통령(George H. W. Bush, 1989~1993)이 걸프 전쟁에서 외쳤던 '새로운 세계 질서(New World Order)'에서 미국이 할 수 있는 역할이 어떤 것일지는 과제로 남겨졌다.

참고문헌

Baldwin, John W., *The Scholastic Culture of the Middle Ages*, 1000-1300, Waveland Press, 1997 : 한국어 역 : 박은구·이영재, 『중세 문화 이야기』, 혜안, 2002.

Blois, L. de, Spek, J. van der, *Een Kennismaking Met de Oude Wereld, Uitgeverij Coutinho b.* v., 한국어 역 : 윤진, 『서양 고대 문명의 역사』, 다락방, 2003.

Burns, Edward M., *Western Civilization*, 10th Edition, New York, 1984, 한국어 역 : 손세호, 『서양 문명의 역사』, 상, 하권, 소나무, 1987.

Duby, Georges, *Les Trois ordres ou l'imaginaire du féodalisme*, Gallimard, 1978, 한국어 역, 성백용, 『세 위계 : 봉건제의 상상 세계』, 문학과 지성사, 1997.

Delouche, Frédéric etc., *Histoire de l'Europe*, Hachette, 1992, 한국어 역 : 윤승준, 『새 유럽의 역사』, 제4판, 까치, 1998.

Herrin, Judith, *Byzantium*, Penguin Books Ltd., 2007, 한국어 역 : 이순호, 『어느 중세 제국의 경이로운 이야기』, 비잔티움, 글항아리, 2010.

Duroselle, Jean-Baptiste, *L'idee d'europe dans l'histoire*, 한국어 역 : 이규현·이용재, 『유럽의 탄생』, 지식의 풍경, 2003.

Fuhrmann, Horst, *Einladung ins Mittelalter*, München, 2000, 한국어 역 : 안인희, 『중세로의 초대』, 초판 제3쇄, 2005.

Geiss, Imanuel etc.(Ed.), *Epochen und Strukturen. Grundzüge einer Universalgeschichte für die Oberstufe*, 2Bde., Frankfurt am Main, 1996.

Gelfert, Hans-Dieter, *Typisch Amerikanisch*, C. H. Beck, 2002, 한국어 역 : 이미옥, 『전형적인 미국인』, 에코 리브르, 2003.

Lamm, Robert, *The Humanities in Western Culture*, The McGraw-Hill Companies, 1996, 한국어 역 : 이희재, 『그림과 함께 읽는 서양 문화의 역사』, 4권, 사군자, 2000.

Langer, William L., *Perspectives in Western Civilization*, 2 vols., 한국어 역 : 박상익, 『호메로스에서 돈키호테까지』, 푸른역사, 2001.

Reitz, Manfred, *Das Leben auf der Burg*, Jan Thorbecke, 2004, 한국어 역 : 이현정, 『성에서 살던 중세인들의 꿈과 일상』, 중세 산책, 플래닛 미디어, 2006.

Strayer, Joseph R., *Western Europe in the Middle Ages-A Short History*, Scott, Forestman and Company, 1982, 한국어 역 : 김동순, 『서양 문화의 뿌리를 찾아서』, 성균관대출판부, 2008.

Swanson, Robert, *The Twelfth-century Renaissance*, Manchester University Press, 1999, 한국어 역 : 최종원·이석우, 『12세기 르네상스』, 심산, 2009.

Syme, Ronald, *The Roman Revolution*, Oxford University Press, 1939, 한국어 역 : 허승일·김덕수, 『로마 혁명사』, 2권, 한길사, 2006.

Spielvogel, Jackson J., *Western Civilization. A Brief History*, 3rd Edition, Thomson Learning, 2005.

권형진, 『독일사』, 대한교과서주식회사, 2005.

김병용, 『서양중세사입문』, 조선대학교출판부, 2007.

김병용, 「유럽 중세 도시의 중산층 "첸수알레스(censuale)" – 레겐스부르크 성 엠메람 수도원 문서를 중심으로」, 『역사학연구』 27(2006), p.417～440.

김병용, 「중세 교회의 결혼관과 각 계층의 결혼 제 양상」, 『역사문화연구』 15(2001), p.195～219.

김병용, 「서기 476년 중세의 시작? – 로마제국과 게르만 민족의 관계를 중심으로」, 『독일연구』 9(2005), p.1～22.

김병용, 「루도비쿠스 황제의 수도원 개혁과 수도원 동맹 운동」, 『서양중세사연구』 24(2009), p.29～49.

김진웅, 『서양사개론』, 형설출판사, 2003.

김영한 엮음, 『서양의 지적운동 Ⅱ』, 지식산업사, 1998.

김창성 편, 『세계사 산책 : 서양 고대』, 솔, 2003.

대구사학회 편, 『세계문화사』, 형설출판사, 1999.

민석홍, 『서양사개론』, 삼영사, 1989.

박종열 외, 『세계문화사』, 형설출판사, 2010.

배영수 외, 『서양사강의』, 개정판, 한울아카데미, 2010.

서양중세사학회 편, 『서양 중세사 강의』, 느티나무, 2003.

손영호, 『테마로 읽는 세계사 산책』, 학지사, 2008.

이석우 외, 『서양문화사강의』, 형설출판사, 2005.

이주영, 『경험으로 본 서양사』, 삼지원, 2001.

이주영·김형인, 『미국현대사의 흐름, 뉴딜에서 현재까지』, 비봉출판사, 2003.

이주영, 『역사의 이해와 해석』, 건국대학교출판부, 2004.

이주영, 『서양문명의 역사』, 삼영사, 2008.

임희완, 『서양사의 이해』, 제3판, 박영사, 1999.
임희완, 『서양 문명의 정체성』, 그리심, 2008.
전지용, 『서양 근현대사』, 조선대학교출판부, 2011.
정만득, 『미국의 청교도 사회 : 정착 초기의 역사』, 비봉출판사, 2001.
차하순, 『새로 쓴 서양사 총론』, 2권, 제4판, 탐구당, 2005
최혜영, 『그리스 문명』, 살림출판사, 2004.
최호근, 『서양 현대사의 블랙박스, 나치 대학살』, 푸른역사, 2006
허승일 외, 『인물로 보는 서양 고대사 : 고대 그리스에서 로마 제정까지』, 도서출판 길, 2006.
허승일, 『스파르트 교육과 시민생활』, 삼영사, 1998.
허승일, 『로마사 입문』, 서울대학교출판부, 1993.
홍성표, 『서양 중세사회와 여성』, 느티나무, 1998.

찾아보기

ㅅ

ㅇ

ㅈ

ㅊ

ㅋ

ㅌ

ㅍ

ㅎ

저자 약력

조선대학교 인문과학대학 교수
독일 뮌스터대학교 졸업(Magister Artium)
독일 함부르크대학교 박사(Dr. Phil.)

주요 저서 및 논문

유로 게르만 독일의 문화 나들이(공저, 건국대학교출판부)
역사와 종교. 정치사회적 갈등과 세계사적 비교(조선대학교 출판부)
중세의 도시재판권 자치화(역사교육 90, 2004)
서기 476년 중세의 시작?(독일연구 9, 2005)
성직서임권 투쟁과 클뤼니의 정체성(서양사론 85, 2005)
유럽 중세 도시의 중산층 "첸수알레스"(역사학연구 27, 2006)
서양 중세 도시 성과 축조와 유지(호서사학회 59, 2011)

서양사의 이해

초판 1쇄 발행 / 2012년 3월 15일
초판 2쇄 발행 / 2013년 3월 15일

저자 김병용
발행처 형설출판사
서울시 종로구 통의동 7-33 · 전화 (02) 738-6052~4 · 팩시밀리 (02) 736-7134
대구광역시 북구 노원로 1길 56 · 전화 (053) 425-2811~4 · 팩시밀리 (053) 425-7315
발행인 장지익
등록 라-제9호 · 1962년 5월 1일
홈페이지 http://www.hyungseul.co.kr
e-mail hs@hyungseul.co.kr

정가 20,000원

ISBN 978-89-472-7244-5 93900